इलाहाबाद उच्च न्यायालय

ग्रुप C परीक्षा

नवीनतम संस्करण

अभ्यास किट

16 टेस्ट्स

08 मॉक टेस्ट्स

08 सेक्शनल टेस्ट्स

वास्तविक परीक्षा प्रारूप पर आधारित टेस्ट

✓ पूर्णतः संशोधित और अद्यतन

✓ सभी बहुविकल्पीय प्रश्नो का विस्तृत विश्लेषण

शीर्षक	: इलाहाबाद उच्च न्यायालय ग्रुप C परीक्षा
लेखक का नाम	: **Mr. Rohit Manglik**
प्रकाशक	: **EduGorilla Community Pvt. Ltd.**
प्रकाशक का पता	: 12/651 प्रथम तल, अरविन्दो पार्क के सामने, निकट जामा मस्जिद, इंदिरा नगर लखनऊ, उत्तर प्रदेश, 226016, भारत।

कॉपीराइट EduGorilla

ISBN : 978-93-55565-37-2

प्रथम संस्करण

अस्वीकरण EduGorilla

Compiled and created by EduGorilla Community Pvt. Ltd

रोहित मांगलिक
सीईओ, EduGorilla

प्रिय छात्रों,
एक बहुत ही प्रचलित कहावत है कि “सफलता उन्हीं को मिलती है जो उसके लिए कड़ी मेहनत करते हैं।” लेकिन मैंने लोगों को उनकी परीक्षाओं के लिए दिन-रात एक करके मेहनत करते हुए देखा है, पर फिर भी वे सफल नहीं हो पाते। तो वहीं दूसरी ओर, कुछ लोग बस आधी मेहनत करके परीक्षा में सफलता प्राप्त करते हैं। तो, क्या वे किस्मत वाले हैं? नहीं मेरा मानना है, कि ऐसा इसलिए है क्योंकि वे सिर्फ कड़ी नहीं बल्कि कुशल तरीके से अपनी तैयारी करते हैं। इसी तरह आपको भी अपनी परीक्षाओं की तैयारी के लिए अपनी योजना बनानी चाहिए, ताकि आपकी भी सफलता की संभावना बढ़ सके। तो तैयार हो जाइये EduGorilla के साथ अपनी परीक्षा में चयन होने की संभावना को 16 गुना बढ़ाने के लिए।

EduGorilla आपको न केवल कड़ी मेहनत करने में मदद करता है, बल्कि एक स्मार्ट और योजनाबद्ध तरीके से तैयारी करने में भी सहायता प्रदान करता है। EduGorilla की तैयारी पैकेज के साथ आप अपने परीक्षा में चयन होने के रास्ते को सहज और मनोरंजक बना सकते हैं। अपनी तैयारी के लिए सही रास्ता खोजना मुश्किल हो सकता है, यदि आप ये नहीं जानते कि आपको किस दिशा में जाना है। चिंता न करें हम आपके साथ खड़े हैं! EduGorilla आपकी सफलता में आपका मार्गदर्शक बनेगा। हमारे तैयारी पैकेज के साथ आप रणनीतिक रूप से तैयारी कर, अपनी परीक्षा में सिर्फ एक ही प्रयास में सफल हो सकते हैं।
EduGorilla के तैयारी पैकेज में शामिल हैं-

- टेस्ट सीरीज़
- किताबें

हमारे तैयारी पैकेज को सभी तरह के नये बदलवों, विशेषज्ञों की राय एवं छात्रों के प्रतिक्रिया के अनुसार तैयार किया गया है। जो आपको परीक्षा के प्रत्येक चरण की चयन प्रक्रिया को पार करने के योग्य बनाता है।

हमारी किताबें शिक्षकों और विशेषज्ञों द्वारा आपकी परीक्षा के लिए तैयार की गई हैं, 150+ वर्षों के अनुभव के साथ; ताकि आपको आसान, कुशल और प्रभावी शिक्षण प्रदान किया जा सके। हमारी स्मार्ट किताबें न सिर्फ आपको प्रश्नों के उत्तर देने की समझ देती हैं, अपितु आपके अभ्यास के लिए समान रूप के प्रश्न भी प्रदान करती हैं।

EduGorilla की सक्षम टेस्ट सीरीज आपको वास्तविक अनुभव और आत्मविश्वास प्रदान करती हैं, जिसके माध्यम से आप केवल एक प्रयास में अपनी ऑफलाइन अथवा ऑनलाइन परीक्षा पास कर सकते हैं। वर्तमान में हम 83,000+ मॉक टेस्ट्स और 1,440+ प्रतियोगी एवं शैक्षणिक परीक्षाओं की तैयारी कराते हैं।

अर्थात, EduGorilla आपकी तैयारी में आपकी सहायता करने का कोई भी मौका नहीं छोड़ता है और परीक्षा के सभी चरणों को कवर करता है, ताकि परीक्षा की तैयारी के लिए आपको कहीं और भटकना ना पड़े।

हम आपको डिफेन्स, बैंकिंग, टीचिंग और अन्य राष्ट्रीय एवं राज्य स्तरीय परीक्षाओं के लिए सम्पूर्ण तैयारी पैकेज प्रदान करते हैं। अतः इससे कोई फर्क नहीं पड़ता कि आप किस परीक्षा के लिए तैयारी कर रहे हैं, क्योंकि आप सफलता हासिल करेंगे।

आपको परीक्षा की शुभकामनाएं!

रोहित मांगलिक,
संस्थापक और मुख्य कार्यकारी अधिकारी, EduGorilla

प्रस्तावना

EduGorilla छात्रों को उनकी परीक्षा में सफल होने के लिए मार्गदर्शन प्रदान करता है। जिसको ध्यान में रखते हुए हमारे कुल 150+ वर्षों का अनुभव रखने वाले प्रतिष्ठित विशेषज्ञों ने कड़े प्रयासों के द्वारा "इलाहाबाद उच्च न्यायालय : ग्रुप C परीक्षा" को तैयार किया है। इस किताब के प्रश्नों को हाल ही में परीक्षा के पाठ्यक्रम और पैटर्न में हुए सभी बदलावों को ध्यान में रखकर बनाया गया है। वो प्रश्न जिनकी इलाहाबाद उच्च न्यायालय ग्रुप C परीक्षा परीक्षा में आने कि संभवना काफी प्रबल है, उनको इस किताब मे रखा गया है। आप EduGorilla की "इलाहाबाद उच्च न्यायालय : ग्रुप C परीक्षा" के माध्यम से अपनी सफलता की संभावना को 16 गुना बढ़ा सकते हैं।

EduGorilla ये अपनी संपूर्ण तैयारी पैकेज के माध्यम से साकार करता है। इस किट में आपको प्रश्न अच्छी तरह अवधारित एवं संरचित रूप मे मिलेंगे जिन्हे आपकी जरूरतों के अनुसार बनाया गया है। इसके माध्यम से आपको स्मार्ट तरीके से परीक्षा के लिए अभ्यास करने में मदद मिलेगी। साथ ही आपको सहायक, समाधान और स्मार्ट उत्तर पत्रिका भी प्रदान की जायेंगी। जिससे आप अपना मूल्यांकन स्वयं कर सकते हैं। आप स्वयं की समीक्षा कर, उन सभी बिन्दुओं पर खुद को बेहतर तरीके से तैयार कर सकते हैं।

EduGorilla आपको अपनी परीक्षा में सफ़लता दिलाने और आपके लक्ष्य को हासिल करने में आपकी सहायता करने का वादा करता हैं। हम अपने प्रतिभागियों पर पूरा भरोसा करते हैं और उन्हें मेरिट सूची के शीर्ष पर देखते हैं। शीर्ष स्थान की ओर आपका पहला कदम है हमारे साथ तैयारी शुरू करना। EduGorilla की "इलाहाबाद उच्च न्यायालय : ग्रुप C परीक्षा" की विशेषताएं कुछ इस प्रकार हैं।

- अच्छी तरह से शोध किया हुआ पाठ्यक्रम
- उच्च गुणवत्ता
- विस्तृत उत्तर और विश्लेषण
- स्मार्ट उत्तर पत्रिका
- परीक्षा सुसंगत प्रश्न

इस प्रकार EduGorilla आपकी तैयारी को मजबूत और आपको परीक्षा में सफल होने के योग्य बनाता है।

इलाहाबाद उच्च न्यायालय ग्रुप C परीक्षा परीक्षा की योग्यता, परीक्षा पैटर्न, विषय को जानने के लिए QR कोड को स्कैन करें।

Book ID: 1202

विषय-सूची

मॉक टेस्ट 01

Hindi

Q.1 "विकास पानी पीता है।" में कौन सी क्रिया है?

A. सकर्मक **B.** अकर्मक **C.** प्रेरणार्थक **D.** संयुक्त

Q.2 'अपने आप यह काम सीख लूँगा।' इस वाक्य में निजवाचक सर्वनाम क्या है?

A. आप **B.** सीख **C.** यह **D.** काम

Q.3 'अक' प्रत्यय युक्त पद नहीं है:

[HTET TGT Science, 2020]

A. विधायक **B.** प्रेरक **C.** निंदक **D.** लड़ाक

Q.4 निम्नलिखित शब्दों में से किसमें 'अ' उपसर्ग का प्रयोग हुआ है?

A. अनमोल **B.** अधजला **C.** अछूता **D.** अंतर्राष्ट्रीय

Ques (5-7):निर्देश: दिए गए गद्यांश को ध्यानपूर्वक पढ़िए तथा पूछे गए प्रश्नों के उत्तर के रूप में सबसे उपयुक्त विकल्प का चयन कीजिए।

कछुआ, मगर और शार्क के समान, गंगा की डॉल्फिन एक अत्यंत प्राचीन जलचर है। औपचारिक रूप से इसकी खोज सन् 1801 में हुई थी। पहले यह दक्षिण एशिया, विशेष रूप से भारतीय उपमहाद्वीप में बहुत बड़े क्षेत्र में फैली हुई थी तथा बड़ी संख्या में पाई जाती थी। यह भारत, बांग्लादेश तथा नेपाल में कई नदियों में मिलती थी, किंतु वर्तमान समय में केवल गंगा, ब्रह्मपुत्र, मेघना और कर्णफुली में शेष बची है। कभी-कभी यह चम्बल, घाघरा और सप्तकोशी नदियों में भी देखने को मिल जाती है।

गंगा की डॉल्फिन भारत के सात राज्यों की चुनी हुई नदियों में मिलती है। ये राज्य हैं- असम, उत्तर प्रदेश, मध्य प्रदेश, बिहार, राजस्थान, झारखंड और पश्चिम बंगाल। यहाँ इसे गंगा, चंबल, घाघरा, गंडक, सोन, कोसी, ब्रह्मपुत्र आदि नदियों तथा इनकी सहायक नदियों में देखा जा सकता है। केवल ताज़े पानी की नदियों में रहने वाली यह डॉल्फिन अकेली अथवा बहुत छोटे-छोटे झुंडों में रहती है। इसके झुंड में सदस्यों की संख्या प्रायः तीन से अधिक नहीं होती। सामान्यतया बच्चेवाली मादा डॉल्फिन, अपने बच्चे के साथ विचरण करती हुई दिख जाती है।

Q.5 गंगा की डॉल्फिन की खोज किस सन् में हुई?

A. 1807 **B.** 1809 **C.** 1801 **D.** 1810

Q.6 गद्यांश के अनुसार गंगा की डॉल्फिन भारतीय उपमहाद्वीप के किस देश की नदी में नहीं पाई जाती?

A. भारत **B.** बांग्लादेश **C.** पाकिस्तान **D.** नेपाल

Q.7 गंगा की डॉल्फिन भारत के कितने राज्यों की नदियों में पाई जाती हैं?

A. सात **B.** आठ **C.** छह **D.** दस

Q.8 निम्न में से शुद्ध वर्तनी वाला शब्द है:

A. आगतुंक **B.** आगतुक **C.** आगंतुक **D.** आगंतूक

Q.9 निम्न में से शुद्ध वर्तनी वाला शब्द है:

A. जागृत **B.** जागरत **C.** जग्रत **D.** जाग्रत

Q.10 निम्नलिखित में से नीचे दिए गए वाक्य के लिए एक शब्द का चयन कीजिए -

ऐसी चन्द्रिका (या शोभा) जिसे देखने या समझने वाला कोई न हो |

A. अरण्य-चंद्रिका **B.** अरम्ब चंद्रीका

C. चंद्रीका **D.** अनुमोदनीय चंद्रण

Q.11 दिए गए वाक्य के लिए एक शब्द का चयन कीजिए।

'जो परिणय सूत्र में न बँधा हो'

A. अज्ञ **B.** अभियोगी

C. सद्यःपरिणीत **D.** अपरिणीत

Q.12 किस मुहावरे का अर्थ 'लज्जित होना' नहीं है?

A. पानी पानी हो जाना **B.** घड़ों पानी पड़ना

C. गांठ बांधना **D.** इनमें से कोई नहीं

Q.13 'थाली का बैगन होना' इस मुहावरे का सही अर्थ क्या है?

A. बहुत रुचिकर होना **B.** सर्वत्र सुलभ होना

C. अस्थिर विचार का होना **D.** मनपसन्द का होना

Q.14 निम्न में 'पार्श्विक' वर्ण कौन-सा है?

[HTET PGT - Computer Science, 2019]

A. य **B.** व **C.** र **D.** ल

Q.15 अलक और अलिक का अर्थ है:

[MP Sub Inspector (MPSI), 2017]

A. केश और मस्तक **B.** मस्तक और मांग

C. तेल और मस्तक **D.** पलक और मस्तक

Q.16 'हरिश्चंद्र' में संधि है:

A. स्वर संधि **B.** विसर्ग संधि

C. व्यंजन संधि **D.** उपर्युक्त में से कोई नहीं

Q.17 'खंड' का संधि-विच्छेद है:

A. खन + ड **B.** खण + ड

C. खम् + ड **D.** इनमें से कोई नहीं

Q.18 "राजा की सभा = राजसभा" में कौन-सा समास है?

A. बहुव्रीहि समास **B.** अव्ययीभाव समास

C. तत्पुरुष समास **D.** द्वन्द्व समास

Q.19 'विद्यासागर अपनी मूर्खता से धनहीन हो गया।' इसमें रेखांकित शब्द में कौन-सा समास है?

A. अव्ययीभाव समास **B.** तत्पुरुष समास

C. कर्मधारय समास **D.** द्विगु समास

Q.20 अखिल भुवन चर-अचर जग हरिमुख में लखि मातु।

चकित भयी, गदगद वचन, विकसित दृग पुलकातु।

उपर्युक्त काव्य पंक्ति में कौन सा रस है?

A. वीभत्स रस **B.** अद्भुत रस

C. भयानक रस **D.** रौद्र रस

Q.21 'अभी-अभी एक लड़का ये समान रखकर वापस जा रहा था।' वाक्य में प्रयुक्त काल बताएं।

A. वर्तमान काल **B.** आसन्न भूतकाल

C. भविष्यत काल **D.** इनमें से कोई नहीं

Q.22 निम्नलिखित विकल्पों में से 'उग्र' शब्द का विलोम क्या होगा?

A. उदात्त **B.** अनुपमा **C.** सौम्य **D.** विरत

Q.23 दिए गए विकल्पों में से 'अधो' शब्द का विलोम क्या होगा?

A. उऋण **B.** ऊर्ध्व **C.** उद्धत **D.** उदात्त

Q.24 निम्नलिखित में से कौन-सा शब्द 'पक्षी' का पर्यायवाची नहीं है?

[UPSSSC Junior Assistant, 2020]

A. द्विज **B.** खग **C.** पंथी **D.** विहग

Q.25 निम्नलिखित में से कौन-सा शब्द 'पुत्री' का पर्यायवाची नहीं है?

[UPSSSC Junior Assistant, 2020]

A. दुहिता **B.** दौहित्र **C.** तनया **D.** सुता

English

Q.26 Direction: Select the most appropriate synonym of the underlined word.

The <u>rapacious</u> plunderers did not spare even the people living in the slums.

A. Warlike **B.** Barbarous
C. Avaricious **D.** Nomadic

Q.27 Direction: Choose an antonym for the word given below.

Poignant

A. Wretched **B.** Tearful
C. Disturbing **D.** None of the above

Q.28 Direction: Select the most appropriate synonym of the underlined word.

Multidisciplinary studies on <u>kindred</u> topics are lacking in Indian universities.

A. Quixotic **B.** Extraneous
C. Akin **D.** Wonted

Q.29 "The wind lies asleep in the arms of the dawn

Like a child that has cried all night."

The second line is an example of:

[RTET - Level 2 (Mathematics & Science), 2021]

A. Simile **B.** Metaphor
C. Personification **D.** Alliteration

Ques (30-39):Direction: The following items have a sentence with a blank space and four words or groups of words given after the sentence. Select whichever word or group of words you consider most appropriate for the blank space and indicate your response.

Q.30 Satish is seated ______ Sunita.

[Intelligence Bureau Security Assistant, 2017]

A. Besides **B.** Beside **C.** Clearly **D.** Closest

Q.31 I _____ her speak on Friday night about the advantages of organic gardening.

[Intelligence Bureau Security Assistant, 2017]

A. will have heard **B.** would hear
C. would have heard **D.** will hear

Q.32 ______ to go out to an Italian restaurant tonight?

[Intelligence Bureau Security Assistant, 2017]

A. Do you like **B.** Are you liking
C. You like **D.** Would you like

Q.33 Excuse me, ______ time please?

[Intelligence Bureau Security Assistant, 2017]

A. You have the **B.** What is
C. Have you got the **D.** What

Q.34 He likes reading. He was a _____ reader. (Fill in the best fitting word).

[Intelligence Bureau Security Assistant, 2017]

A. Anxious **B.** Enthusiastic
C. Voracious **D.** Fervent

Q.35 He intended to buy second hand bike after __________too long.

A. Contemplating **B.** Explaining
C. Claiming **D.** Arguing

Q.36 The Hotel chef acted in a very __________fashion when I attempted to find out the ingredients of their signature dish.

A. Cagey **B.** Accept
C. Experience **D.** Assume

Q.37 The little kid __________ as soon as the clown started talking

A. Brokedown **B.** Broke in
C. Broke up **D.** Break into

Q.38 The student ______________the professor for doubts in the assignment sheet.

A. Called on **B.** Called off
C. Called around **D.** Called up

Q.39 It is advisable to ____________sweets and junk food in order to stay healthy.

A. Cut down **B.** Cut off
C. Cut back on **D.** Cut in

Ques (40-42):Direction: Fill in the blank with the correct option.

Q.40 Speak softly lest the baby _______ wake up.

A. would **B.** might **C.** may **D.** has had

Q.41 It is time when they _______ studying for their final examination.

A. started **B.** have started
C. are starting **D.** will start

Q.42 The policeman asked the lady if the purse she _______ contained money.

A. had lost **B.** loses **C.** was lost **D.** has lost

Q.43 Rearrange the following words and phrases to form a meaningful sentence:

in increasing/cities/they help/connectivity between

A. In increasing connectivity between cities they help.
B. They help in increasing connectivity between cities.
C. They help in increasing connectivity between cities.
D. In increasing cities connectivity between they help

Q.44 Direction: Change the following sentence given below in the appropriate narration form.

He said, " bathe regularly".

A. He said that he had taken bath regularly.
B. He said that he bathed regularly.
C. He said that he has taken a bath regularly.
D. He said that he took a bath regularly.

Q.45 Choose the correctly punctuated sentence.

A. Sir. I would like you to grant me leave.
B. Sir; I would like you to grant me leave.
C. Sir! I would like you to grant me leave.
D. Sir, I would like you to grant me leave.

Q.46 Direction: In the following question, groups of four words are given. In each group, one word is correctly spelt. Find the correctly spelled word.

A. veretinary　B. veratinary
C. vetarinary　D. veterinary

Q.47 Direction: In the given question, a part of the sentence is made bold. Below are given alternatives to the bold part at (A), (B), and (C) which may improve the sentence. Choose the correct alternative. In case no replacement is needed, mark (D) as your answer.

The article explores the problem and the **consequences damage arises** out of dumping about 5 to 13 million tonnes of plastic into the ocean each year.

A. consequential damaging arising
B. consequences for damages arising
C. consequential damage arising
D. No replacement required

Q.48 Direction: In the following question, out of the four alternatives, choose the one which can be substituted for the given sentence.

Fear of enclosed places

A. Claustrophobia　B. Microphobia
C. Chromophobia　D. Chronophobia

Q.49 Find out the correct meaning of the idiomatic expression:

Bell the cat

A. Tame some animals
B. Warn the owners
C. Do the impossible task
D. Ring the bells regularly

Q.50 In each of the following questions find out the alternative which will replace the question mark.

Race : Fatigue :: Fast : ?

A. Food　B. Laziness　C. Hunger　D. Race

General Studies

Q.51 उरी बांध निम्नलिखित में से किस नदी पर बना है:

A. सतलुज　B. सिंधु　C. गंगा　D. झेलम

Q.52 किस मण्डल को विश्व के उत्कृट कालीन उद्योगों का केन्द्र माना जाता है?

[UPSSSC Rajasva Lekhpal, 2015]

A. देवीपटन　B. अलीगढ़　C. आज़मगढ़　D. मिर्ज़ापुर

Q.53 बनारस हिंदू विश्वविद्यालय की स्थापना किस वर्ष हुई थी?

[UPSSSC Junior Assistant, 2020], [Allahabad High Court Review Officer (RO), 2019]

A. 1906　B. 1911　C. 1916　D. 1920

Q.54 BRICS का क्या अर्थ है?

A. ब्राजील, रूस, भारत, चीन और दक्षिण अफ्रीका
B. ब्राजील, रूस, इंडोनेशिया, कनाडा और दक्षिण अफ्रीका
C. ब्राजील, रूस, भारत, कनाडा और सऊदी अरब
D. ब्राजील, रूस, इंडोनेशिया, चीन और दक्षिण कोरिया

Q.55 निम्नलिखित में से कौन सा एक धन विधेयक से संबंधित प्रावधान नहीं है?

A. संविधान का अनुच्छेद 110 धन विधेयकों की परिभाषा से संबंधित है।
B. यदि कोई प्रश्न उठता है कि कोई विधेयक धन विधेयक है या नहीं, तो लोकसभा अध्यक्ष का निर्णय अंतिम होता है।
C. राज्यसभा को 14 दिनों के भीतर लोकसभा को विधेयक वापस करना होगा, चाहे वह सिफारिशों के साथ या बिना सिफारिश के हो।
D. राष्ट्रपति या तो विधेयक को अपनी सहमति दे सकते हैं या विधेयक पर अपनी सहमति रोक सकते हैं और सदनों के पुनर्विचार के लिए विधेयक को वापस कर सकते हैं।

Q.56 मेगस्थनीज ने निम्नलिखित में से किस मौर्य नगर के प्रशासन का विवरण दिया है?

A. पाटलिपुत्र　B. प्रयाग　C. तोसली　D. उज्जैनी

Q.57 भारत के इतिहास के संदर्भ में दीवान-ए-रियासत था:

A. विभाग, जो गरीब लड़कियों के विवाह के लिए प्रावधान करने और गरीबी से पीड़ित लोगों को वित्तीय सहायता प्रदान करने के लिए स्थापित किया गया था।
B. स्वास्थ्य विभाग ने मुफ्त चिकित्सा उपचार प्रदान करने के लिए स्थापित किया है।
C. विभाग, जो दासों के कल्याण से संबंधित प्रावधान करने के लिए स्थापित किया गया था।
D. विभाग, जो बाजार को विनियमित करने और आवश्यक वस्तुओं की कीमतों को नियंत्रित करने के लिए स्थापित किया गया था।

Q.58 मनत ________ देश की मुद्रा है।

A. अज़रबैजान　B. आर्मीनिया
C. अल्बानिया　D. एंडोरा

Q.59 निम्नलिखित में से किस चट्टान में जीवाश्म नहीं पाए जाते हैं?

A. अवसादी　B. आग्नेय
C. कायांतरित　D. इनमें से कोई भी नहीं

Q.60 निम्नलिखित में से कौन प्रशांत महासागर का एक गर्म महासागर है

A. कुरोशियो करंट　B. हम्बोल्ट करंट
C. कैनरी करंट　D. लैब्राडोर करंट

Q.61 1927 में साइमन कमीशन के गठन का मुख्य उद्देश्य क्या था?

A. भारत में रेलवे के विकास पर खर्च किए गए धन का अनुमान लगाना
B. संवैधानिक सुधार के प्रश्न पर विचार करना
C. राजस्व के नए स्रोतों का अध्ययन
D. भारत की शिक्षा के प्रसार और सुधार का आकलन करना

Q.62 राष्ट्रीय स्वयंसेवक संघ एक ऐसा संगठन है जिसका उद्देश्य भारतीय संस्कृति को बढ़ावा देना और उसे कायम रखना है, इसकी स्थापना 1925 में किसके द्वारा की गई थी?

A. एम. एस. गोलवलकर　B. के.एस. सुदर्शन
C. केशव बलिराम हेडगेवार　D. मोहन भागवत

Q.63 1995 में, GATT को _______ द्वारा प्रतिस्थापित किया गया था।

A. यूरोपीय संघ **B.** विश्व व्यापार संगठन
C. संयुक्त राष्ट्र **D.** विश्व बैंक

Q.64 कौन-से शास्त्रीय नृत्य रूप का उत्तर प्रदेश में उद्भव हुआ?

[UPSSSC Rajasva Lekhpal, 2015]

A. भरत नाट्यम **B.** कुचीपुड़ी
C. घूमर **D.** कथक

Q.65 भोजन के समय खाद्य पदार्थों को सजाने की औपचारिक परंपरा निम्नलिखित में से कौन है?

[UPSSSC Junior Assistant, 2020]

A. जरदोजी **B.** चिकनकारी
C. दस्तरख्वान **D.** खरिजा

Q.66 कोलंबिया की राजधानी निम्नलिखित में से कौन है?

A. येरेवन **B.** पोडगोरिका
C. नासाउ **D.** बोगोटा

Q.67 माइक्रोसॉफ्ट ऑफिस में Ctrl + = मुख्य प्रभाव क्या है?

A. अपरकेस **B.** सुपरस्क्रिप्ट
C. सबस्क्रिप्ट **D.** लोअरकेस

Q.68 वेबपृष्ठ पर वापस आने वाले उपयोगकर्ताओं की पहचान करने के लिए क्या उपयोग किया जाता है?

[RRB (NTPC), 2017]

A. कुकीज़ **B.** उपयोगकर्ता नाम
C. कैश **D.** पासवर्ड

Q.69 _______ धातुओं में आघातवर्धनीयता और तन्यता दोनों गुण होते हैं।

A. सोडियम **B.** सोना **C.** सीरियम **D.** पारा

Q.70 निश्चित अनुपात का नियम _____ द्वारा दिया गया था।

[RRB/RRC Group D, 2018]

A. डेमोक्रिटस **B.** लावोइसियर
C. प्राउस्ट **D.** जॉन डाल्टन

Q.71 आईएसडीएन (ISDN) का अर्थ है:

A. इंटीग्रेटेड सर्विस डिजिटल नेटवर्क
B. इंटरनेशनल सर्विस डिजिटल नेटवर्क
C. इंटेलीजेंट सर्विस डिजिटल नेटवर्क
D. इंटीग्रेटेड सर्वर डिजिटल नेटवर्क

Q.72 ब्रिटेन के राजा चार्ल्स III द्वारा विज्ञान के क्षेत्र में उनके विशिष्ट कार्य के लिए प्रतिष्ठित ऑर्डर ऑफ मेरिट से किसे सम्मानित किया गया है?

A. वेंकी रामकृष्णन **B.** एलेस बालियात्स्की
C. लिकिथ वाईपी **D.** मिशेल पूनावाला

Q.73 ICC बोर्ड ने सर्वसम्मति से किसे दूसरे दो साल के कार्यकाल के लिए अंतर्राष्ट्रीय क्रिकेट परिषद् (ICC) के स्वतंत्र अध्यक्ष के रूप में फिर से चुना है?

A. शंकरसुब्रमण्यम के **B.** फ्रांसेस्का मैकडोनाग
C. रोजर बिन्नी **D.** ग्रेग बार्कले

Q.74 उत्तर प्रदेश के राज्य मंत्रिमंडल ने किस जिले में चौथे टाइगर रिजर्व की अधिसूचना को मंजूरी दे दी है?

A. लखनऊ **B.** चित्रकूट
C. बिजनौर **D.** लखीमपुर खीरी

Q.75 _______ विश्व कुश्ती चैंपियनशिप में चार पदक जीतने वाले पहले भारतीय हैं।

A. विनेश फोगाट **B.** बजरंग पुनिया
C. बबिता कुमारी **D.** गीता फोगाट

Mathematics

Q.76 एक गोले और एक बेलन की त्रिज्या समान है और बेलन की ऊँचाई 7 सेमी है। एक गोले के वक्र पृष्ठीय क्षेत्रफल और एक बेलन के आयतन का अनुपात ज्ञात कीजिए।

A. $4:7$ **B.** $3:4$ **C.** $5:4$ **D.** $3:7$

Q.77 एक शंकु, अर्द्धगोला तथा बेलन समान आधार पर खड़े हैं तथा उनकी ऊँचाई भी समान है। उनके आयतन का अनुपात है-

A. 3 : 1 : 2 **B.** 1 : 2 : 3 **C.** 3 : 2 : 1 **D.** 2 : 1 : 3

Q.78 एक बौछार में, 5 सेमी बारिश होती है। 1.5 हेक्टेयर जमीन पर गिरने वाले पानी की मात्रा है:

A. 75 मी ^{3} **B.** 750 मी ^{3}
C. 7500 मी ^{3} **D.** 75000 मी ^{3}

Q.79 एक वर्ग के विकर्ण की लम्बाई ज्ञात कीजिए यदि वर्ग का क्षेत्रफल 50 सेमी ^{2} है।

A. $50\sqrt{2}$ सेमी **B.** 5 सेमी
C. $15\sqrt{2}$ सेमी **D.** 10 सेमी

Q.80 आयत जिसकी लंबाई और चौड़ाई 12 सेमी और 8 सेमी है, के क्षेत्रफल का उस आयत के विकर्ण से परिभाषित वर्ग के क्षेत्रफल से अनुपात क्या है?

A. $6:13$ **B.** $13:6$ **C.** $11:10$ **D.** $10:11$

Q.81 एक कक्षा में छात्रों का औसत वजन 43 किग्रा है। चार नए छात्रों को कक्षा में भर्ती कराया जाता है जिनका वजन क्रमश: 42 किग्रा, 36.5 किग्रा, 39 किग्रा और 42.5 किग्रा हैं। अब कक्षा के छात्रों का औसत वजन 42.5 किग्रा है। तो शुरुआत में छात्रों की संख्या थी?

A. 10 **B.** 15 **C.** 20 **D.** 25

Q.82 $\triangle ABC$ में, $\angle C = 3\angle B = 2(\angle A + \angle B)$ तो $\angle A, \angle B$ और $\angle C$ बराबर हैं:

[HTET TGT Mathematics, 2019]

A. $20°, 40°, 120°$ **B.** $30°, 60°, 90°$
C. $60°, 30°, 90°$ **D.** $10°, 45°, 125°$

Q.83 ΔABC में, ∠A = 12° + ∠C और ∠B = 2∠C, त्रिभुज का सबसे बड़ा कोण ज्ञात कीजिए।

A. 87° **B.** 84° **C.** 78° **D.** 93°

Q.84 $\frac{9}{10}, \frac{18}{35}, \frac{12}{25}$ का महत्तम समापवर्तक है:

A. $\frac{18}{35}$ **B.** $\frac{3}{35}$ **C.** $\frac{120}{350}$ **D.** $\frac{3}{350}$

Q.85 दो संख्याओं का अनुपात $9:11$ है और उनका म.स.प 8 है, तो उनका ल.स.प ज्ञात कीजिए।

A. 792 **B.** 565 **C.** 765 **D.** 234

Q.86 यदि ${}^nP_r = 720$ तथा ${}^nC_r = 120$, तो r का मान है:

[UPSESSB TGT Mathematics, 2013]

A. 1 **B.** 2 **C.** 3 **D.** 4

Q.87 यदि $5 \times ^{n}P_3 = 4 \times ^{(n+1)}P_3$, तो n ज्ञात करें?

A. 10 **B.** 11 **C.** 12 **D.** 14

Q.88 समीकरणों के रेखांकन $3x + y - 5 = 0$ और $2x - y - 5 = 0$ बिंदु $P(a, \beta)$ पर प्रतिच्छेद करते हैं। ($3a + \beta$) का मान क्या है?

A. 4 **B.** -4 **C.** 3 **D.** 5

Q.89 समतल $2x + y + z = 7$ और $x - y + 2z = 9$ के बीच का कोण क्या है?

A. $60°$ **B.** $120°$ **C.** $30°$ **D.** $90°$

Q.90 सम्मिश्र संख्या $z = \frac{1-i}{i}$ का वास्तविक और काल्पनिक भाग ज्ञात करें।

A. 1 ,1 **B.** -1 ,1 **C.** 1 , -1 **D.** -1 , -1

Q.91 यदि $A = \begin{bmatrix} 1 & -1 \\ -1 & 1 \end{bmatrix}$ है, तो समीकरण $A^3 - 2A^2$ ज्ञात कीजिए।

A. शून्य आव्यूह **B.** तत्समक आव्यूह
C. A के बराबर **D.** -A के बराबर

Q.92 15 मीटर ऊँची मीनार के उच्चतम शीर्ष से एक बिजली के खम्भे के निम्नतम बिन्दु (पेंदे) से $60°$ का उन्नयन कोण बनता है तथा खम्भे के उच्चतम शीर्ष से $30°$ का उन्नयन कोण बनता है, तो बिजली के खम्भे की ऊँचाई है:

[HTET TGT Mathematics, 2020]

A. 5 मी० **B.** 9 मी० **C.** 10 मी० **D.** 12 मी०

Q.93 यदि समीकरण $px^2 - 6x + q = 0$ के मूल का योग और गुणनफल 6 है, तो (p + q) किसके बराबर है?

[Indian Military Academy (IMA), 2021]

A. 8 **B.** 7 **C.** 6 **D.** 5

Q.94 यदि एक सिक्के को तीन बार उछाला जाता है तो सिक्के में एक या दो शीर्ष आने की प्रायिकता ज्ञात करें:

A. $\frac{4}{5}$ **B.** $\frac{5}{8}$ **C.** $\frac{3}{4}$ **D.** $\frac{6}{4}$

Q.95 A और B में से कम से कम एक के घटित होने की प्रायिकता ज्ञात कीजिए, यदि A और B दो स्वतंत्र घटनाएँ हैं।

A. 1- P(A') P(B') **B.** 1+ P(A') P(B')
C. P(A') - P(B') - 1 **D.** P(A') - P(B') + 1

Q.96 प्रगति और तृप्ति द्वारा एक निश्चित प्रश्न को हल करने की प्रायिकता क्रमशः $\frac{1}{3}$ और $\frac{1}{2}$ है। प्रश्न के हल होने की प्रायिकता है:

[UPSESSB TGT Mathematics, 2013]

A. $\frac{1}{2}$ **B.** $\frac{1}{3}$ **C.** $\frac{2}{3}$ **D.** $\frac{1}{6}$

Q.97 निर्देश: निम्नलिखित प्रश्न में प्रश्नचिह्न '?' के स्थान पर क्या आएगा?

990 का 66.66% + 729 का $11.11\% - \sqrt{2401} \times \sqrt{36} \div 7^2 = ?$

A. 835 **B.** 735 **C.** 755 **D.** 875

Q.98 दिए गए अनुक्रम का nवाँ पद ज्ञात कीजिए।

$4, 6, 8, 10, \ldots$

A. $2n + 4$ **B.** $2n - 2$ **C.** $2n + 2$ **D.** $2n - 4$

Q.99 दिए गए अनुक्रम का प्रथम पद और सामान्य अंतर लिखिए।

$\frac{1}{3}, \frac{5}{3}, \frac{9}{3}, \frac{13}{3}$

A. $\frac{4}{3}$ **B.** $\frac{2}{8}$ **C.** $\frac{7}{1}$ **D.** $\frac{6}{5}$

Q.100 किसी AP का 17वाँ पद उसके 10वें पद से 7 अधिक है। सामान्य अंतर ज्ञात कीजिए:

A. 2 **B.** 1 **C.** 5 **D.** 0

// स्मार्ट उत्तर पुस्तिका //

सही उत्तर उन छात्रों के प्रतिशत को इंगित करता है जिन्होंने प्रश्नों का सही उत्तर दिया था।

छोड़ दिया उन छात्रों के प्रतिशत को इंगित करता है जिन्होंने प्रश्नों को छोड़ दिया था।

प्रश्न संख्या	उत्तर	सही उत्तर	छोड़ दिया
1	A	73.66 %	7.32 %
2	A	65.37 %	7.8 %
3	D	52.68 %	7.81 %
4	C	64.39 %	8.78 %
5	C	80.98 %	6.34 %
6	C	70.73 %	2.93 %
7	A	81.95 %	6.34 %
8	C	66.83 %	7.8 %
9	D	30.73 %	8.78 %
10	A	50.24 %	7.32 %
11	D	67.32 %	7.8 %
12	C	48.78 %	7.81 %
13	C	62.44 %	6.34 %
14	D	24.39 %	7.32 %
15	A	25.85 %	6.35 %
16	B	40.0 %	8.29 %
17	C	54.15 %	6.83 %
18	C	56.59 %	7.8 %
19	B	46.34 %	8.78 %
20	B	50.73 %	8.29 %
21	B	66.83 %	6.34 %
22	C	62.93 %	6.83 %
23	B	48.29 %	7.32 %
24	C	49.27 %	8.29 %
25	B	52.68 %	6.83 %
26	C	29.27 %	13.17 %
27	D	7.32 %	14.63 %
28	C	12.68 %	10.25 %
29	A	35.12 %	15.12 %
30	B	43.9 %	16.59 %
31	D	13.17 %	15.12 %
32	D	36.59 %	16.58 %
33	C	17.56 %	16.59 %
34	C	15.12 %	16.59 %
35	A	23.9 %	16.59 %
36	A	31.71 %	16.58 %
37	C	24.39 %	15.61 %
38	A	32.68 %	16.59 %
39	C	8.78 %	16.59 %
40	D	8.29 %	14.64 %
41	A	18.54 %	14.63 %
42	A	39.02 %	13.18 %
43	B	45.85 %	15.13 %
44	B	33.66 %	15.12 %
45	D	55.61 %	15.12 %
46	D	35.61 %	13.66 %
47	C	31.22 %	12.19 %
48	A	32.2 %	15.6 %
49	C	43.41 %	15.13 %
50	C	27.8 %	15.13 %
51	D	32.68 %	13.17 %
52	D	43.41 %	11.71 %
53	C	41.95 %	14.64 %
54	A	55.61 %	15.12 %
55	D	29.76 %	13.17 %
56	A	58.05 %	12.68 %
57	D	34.15 %	14.63 %
58	A	26.83 %	13.17 %
59	B	40.0 %	13.17 %
60	A	14.15 %	12.68 %
61	B	42.93 %	13.17 %
62	C	30.24 %	15.13 %
63	B	50.24 %	13.17 %
64	D	56.59 %	12.19 %
65	C	51.22 %	13.66 %
66	D	37.07 %	13.17 %
67	C	29.76 %	15.12 %
68	A	27.8 %	12.69 %
69	B	41.46 %	14.64 %
70	C	16.59 %	15.12 %
71	A	34.63 %	13.66 %
72	A	20.49 %	15.12 %
73	D	27.8 %	12.69 %
74	B	29.27 %	12.19 %
75	B	45.37 %	13.65 %
76	A	25.37 %	20.97 %
77	B	27.32 %	20.0 %
78	B	20.98 %	22.92 %
79	D	24.39 %	19.02 %
80	A	25.37 %	23.41 %

प्रश्न संख्या	उत्तर	सही उत्तर	छोड़ दिया
81	C	26.34 %	18.05 %
82	A	26.34 %	21.95 %
83	B	35.61 %	22.44 %
84	D	34.63 %	22.44 %

प्रश्न संख्या	उत्तर	सही उत्तर	छोड़ दिया
85	A	43.9 %	17.56 %
86	C	24.39 %	22.44 %
87	D	9.76 %	14.63 %
88	D	15.61 %	20.98 %

प्रश्न संख्या	उत्तर	सही उत्तर	छोड़ दिया
89	A	13.66 %	23.41 %
90	D	6.83 %	22.44 %
91	A	20.0 %	21.95 %
92	A	13.66 %	23.41 %

प्रश्न संख्या	उत्तर	सही उत्तर	छोड़ दिया
93	B	27.32 %	20.48 %
94	C	23.9 %	22.44 %
95	A	14.15 %	20.97 %
96	C	15.12 %	22.44 %

प्रश्न संख्या	उत्तर	सही उत्तर	छोड़ दिया
97	B	33.17 %	21.46 %
98	C	37.56 %	22.44 %
99	A	49.76 %	18.53 %
100	B	31.22 %	23.41 %

कार्य विश्लेषण	
औसत अंक (%)	33.0%
टॉपर्स स्कोर (%)	92.0%
आपका स्कोर	

//संकेत और समाधान//

1. "विकास पानी पीता है।" में सकर्मक क्रिया है। वे क्रियाएँ, जिनका प्रभाव वाक्य में प्रयुक्त कर्ता पर न पड़ कर कर्म पर पड़ता है। अर्थात् वाक्य में क्रिया के साथ कर्म भी प्रयुक्त हो, उन्हें सकर्मक क्रिया कहते हैं। विकास पानी पीता है। इसमें पीता है (क्रिया) का फल कर्ता पर ना पड़के कर्म पानी पर पड़ रहा है। इसलिए यह सकर्मक क्रिया है।

अतः विकल्प (A) सही है।

2. 'अपने आप यह काम सीख लूँगा।' इस वाक्य में निजवाचक सर्वनाम 'आप' है।

अर्थात जिन शब्दों में काम करने वाले व्यक्ति के साथ अपनापन प्रकट होता है। उन शब्दों को निजवाचक सर्वनाम के रूप में जाना जाता है। जैसे: आप, स्वयं, खुद, अपना, हमारा इत्यादि।

अतः विकल्प (A) सही है।

3. दिए गये विकल्पों में से 'लड़ाक' 'अक' प्रत्यय युक्त शब्द नही है।

विधायक, प्रेरक, निंदक इन तीनो में अक प्रत्यय का प्रयोग हुआ है।

'लड़ाक' शब्द में 'अक' प्रत्यय नहीं है बल्कि यह शब्द 'आक' प्रत्यय के योग से बना है। 'लड़ + आक = लड़ाक।

अक और आक दोनों प्रत्यय कर्तृवाचक कृदन्त प्रत्यय हैं। अक, अक्कड़, आक, आकु, आऊ, इका, एरा, ऐया, वाला और वैया आदि प्रत्यय वाले शब्द 'कर्तृवाचक कृदन्त' होते हैं।

कर्तृवाचक कृदन्त प्रत्यय: वह प्रत्यय जो किसी शब्द से जुड़कर किसी कार्य करने वाले अर्थात् कर्ता का बोध कराए, वह कर्तृवाचक कृदन्त प्रत्यय कहलाता है।

उदाहरण: चाल+ आक = चालाक, बिक + आऊ = बिकाऊ

अतः विकल्प (D) सही है।

4. दिए गए विकल्पों में 'अछूता' शब्द में 'अ' उपसर्ग का प्रयोग हुआ है जिसका विग्रह 'अ + छूता' है।

अन्य विकल्प:

- 'अनमोल - अन+मोल' में उपसर्ग'अन' है।
- 'अधजला - अध+जला' में उपसर्ग 'अध' है।
- 'अंतर्राष्ट्रीय - अंतर+राष्ट्रीय' में उपसर्ग 'अंतर' है।

अत: विकल्प (C) सही है।

5. गंगा की डॉल्फिन की खोज सन् 1801 में हुई।

- गंगा की डॉल्फिन एक अत्यंत प्राचीन जलचर है।
- पहले यह दक्षिण एशिया, विशेष रूप से भारतीय उपमहाद्वीप में बहुत बड़े क्षेत्र में फैली हुई थी तथा बड़ी संख्या में पाई जाती थी।

अतः विकल्प (C) सही है।

6. गद्यांश के अनुसार, गंगा की डॉल्फिन भारतीय उपमहाद्वीप के पाकिस्तान देश की नदी में नहीं पाई जाती।

- यह भारत, बांग्लादेश तथा नेपाल में कई नदियों में मिलती थी, किंतु वर्तमान समय में केवल गंगा, ब्रह्मपुत्र, मेघना और कर्णफुली में शेष बची है।
- कभी-कभी यह चम्बल, घाघरा और सप्तकोशी नदियों में भी देखने को मिल जाती है।

अतः विकल्प (C) सही है।

7. गंगा की डॉल्फिन भारत के सात राज्यों की चुनी हुई नदियों में मिलती है।

- ये राज्य हैं- असम, उत्तर प्रदेश, मध्य प्रदेश, बिहार, राजस्थान, झारखंड और पश्चिम बंगाल।
- डॉल्फिन का अर्थ- एक प्रकार की मछली।

अतः विकल्प (A) सही है।

8. दिए गए विकल्पों में 'आगंतुक' शुद्ध वर्तनी है।

आगंतुक शब्द का अर्थ बिना पहले से तिथि, समय आदि की सूचना दिए हुए घर में अचानक या बताकर आ पहुँचने वाला कोई प्रिय अथवा सत्कार योग्य व्यक्ति।

अतः विकल्प (C) सही है।

9. दिए गए विकल्पों में 'जाग्रत' शुद्ध वर्तनी हैं।

जाग्रत शब्द का अर्थ: वह अवस्था जिसमें समस्त तथ्यों या बातों का ज्ञान हो।

अतः विकल्प (D) सही है।

10. ऐसी चन्द्रिका (या शोभा) जिसे देखने या समझने वाला कोई न हो' इसके लिए एक शब्द 'अरण्य-चंद्रिका' होगा।

अन्य विकल्प गलत हैं और उनमें वर्तनीगत अशुद्धि भी हैं।

अतः विकल्प (A) सही है।

11. 'अपरिणीत' अर्थात 'जो परिणय सूत्र में न बँधा हो'।

- यह व्याकरण का ही एक रूप है जिसे 'वाक्यांश के लिए एक शब्द कहते हैं।
- वाक्यांश के लिए एक शब्द अर्थात 'किसी शब्द समूह को परिभाषित करने के लिए किसी एक शब्द विशेष का प्रयोग किया जाए'।

अतः विकल्प (D) सही है।

12. 'गांठ बांधना' मुहावरे का अर्थ - याद रखना होता है। अन्य सभी मुहावरों का अर्थ लज्जित हो जाना है। अतः सही विकल्प (C) 'गाँठ बांधना' है।

मुहावरे: गाँठ बांधना

अर्थ: याद रखना

वाक्य प्रयोग: जीवन मे हर एक अनुभव से मिले सबक को गाँठ बांधकर रखना चाहिए।

अत: विकल्प (C) सही है।

13. जब कोई शब्द समूह या पद या वाक्यांश निरंतर अभ्यास के कारण सामान्य अर्थ न देकर विशेष अर्थ व्यक्त करने लगे तो उसे मुहावरा कहते हैं।

'थाली का बैंगन होना' मुहावरे का अर्थ "अस्थिर विचार का होना अथवा ऐसा इंसान जिसके पास कोई सिद्धांत न हो" है।

वाक्य प्रयोग: वह तो थाली का बैंगन है, उसकी बात पर भरोसा मत करो।

अतः विकल्प (C) सही है।

14. जिन वर्णों के उच्चारण में पार्श्व से ध्वनि का आगमन होता है, पार्श्विक वर्ण कहलाते हैं। इन वर्णों के उच्चारण में श्वास वायु जिह्वा के दोनों पार्श्वों (बगल) से निकलती है। 'ल' ऐसी ही ध्वनि है। अतः ल पार्श्विक वर्ण है।

अतः विकल्प (D) सही है।

15. 'अलक और अलिक' का अर्थ 'केश और मस्तक' है।

समश्रुत शब्द: कुछ शब्द ऐसे होते हैं जिनमें स्वर, मात्रा अथवा व्यंजन में थोड़ा-सा अन्तर होता है। वे बोलचाल में लगभग एक जैसे लगते हैं, परन्तु उनके अर्थ में भिन्नता होती है। ऐसे शब्द 'समश्रुत/श्रुतिसम भिन्नार्थक शब्द' कहलाते हैं।

जैसे- घन और धन दोनों के उच्चारण में कोई खास अन्तर महसूस नहीं होता परन्तु अर्थ में भिन्नता है। घन-बादल, धन-सम्पत्ति

अतः विकल्प (A) सही है।

16. 'हरिश्चंद्र' में विसर्ग संधि है।

'हरिश्चंद्र' का संधि-विच्छेद है - हरि:+ चंद्र।

विसर्ग के साथ स्वर अथवा व्यंजन के मिलने से जो विकार उत्पन्न होता है, उसे विसर्ग संधि कहते हैं। जैसे- नम: + कार = नमस्कार आदि।

अतः विकल्प (B) सही है।

17. 'खंड' का संधि-विच्छेद है - खम् + ड।

खंड में व्यंजन संधि है।

जब संधि करते समय व्यंजन के साथ स्वर या कोई व्यंजन के मिलने से जो रूप में परिवर्तन होता है, उसे ही व्यंजन संधि कहते हैं। यानी जब दो वर्णों में संधि होती है तो उनमे से पहला यदि व्यंजन होता है और दूसरा स्वर या व्यंजन होता है तो उसे हम व्यंजन संधि कहते हैं। जैसे- अहम् + कार = अहंकार, उत् + लास = उल्लास आदि।

अतः विकल्प (C) सही है।

18. "राजा की सभा = राजसभा" में तत्पुरुष समास है।

- तत्पुरुष समास वह होता है, जिसमें उत्तर पद प्रधान होता है, अर्थात प्रथम पद गौण होता है एवं उत्तर पद की प्रधानता होती है व समास करते वक़्त बीच की विभक्ति का लोप हो जाता है।
- "राजा की सभा = राजसभा" में 'की' विभक्ति का लोप हो रहा है। इसलिए, यहाँ तत्पुरुष समास है।

अत: विकल्प (C) सही है।

19. 'विद्यासागर अपनी मूर्खता से धनहीन हो गया।' इसमें रेखांकित शब्द में तत्पुरुष समास है।

- 'धनहीन' अर्थात् 'धन (से) हीन'। यह तत्पुरुष समास का उदाहरण है।
- इस समास में प्रथम पद गौण और उत्तर पद की प्रधानता होती है।
- समास करते वक्त बीच की विभक्ति का लोप हो जाता है।
- वह समास, जिसका उत्तरपद या अंतिम पद प्रधान हो। अर्थात् प्रथम पद गौण हो और उत्तरपद की प्रधानता हो, तत्पुरुष समास कहलाता है।

अत: विकल्प (B) सही है।

20. उपर्युक्त काव्य पंक्तियों में 'अद्भुत रस' है।

जिसका स्थायी भाव विस्मय है।

मुख में अखिल भुवनों और चराचर प्राणियों का दिखना, विस्मय प्रकट कर रहा है।

जब किसी व्यक्ति के मन में अद्भुत या आश्चर्यजनक वस्तुओं को देखकर विस्मय, आश्चर्य आदि के भाव उत्पन्न होते हैं तो वहाँ अद्भुत रस होता है।

अत: विकल्प (B) सही है।

21. 'अभी-अभी एक लड़का ये समान रखकर वापस जा रहा था।' वाक्य में प्रयुक्त आसन्न भूतकाल है।

आसन्न भूतकाल - क्रिया के जिस रूप से यह पता चले कि क्रिया अभी कुछ समय पहले ही पूर्ण हुई है।

जैसे - सोहन पढ़कर आया है, अभी तो खाया है।

अत: विकल्प (B) सही है।

22. दिए गए विकल्पों में से 'उग्र' शब्द का विलोम सौम्य है।

उग्र का अर्थ - भयानक, तीव्र

सौम्य का अर्थ - शीतल, सुंदर

अतः विकल्प (C) सही है।

23. दिए गए विकल्पों में से 'अधो' शब्द का विलोम ऊर्ध्व है।

अधो का अर्थ - नीचे की ओर

ऊर्ध्व का अर्थ - ऊपर की ओर

अतः विकल्प (B) सही है।

24. 'पक्षी' शब्द का पर्यायवाची शब्द 'पंथी' नहीं है।

- अन्य विकल्प 'पक्षी' शब्द के ही पर्यायवाची शब्द हैं।
- पंथी के पर्यायवाची शब्द पथिक, बटोही, राही, यात्री, मुसाफिर, राहगीर, आदि हैं।
- पक्षी के अन्य पर्यायवाची शब्द द्विज, शकुन्त, गगनचर, पखेरू, विहग, नभचर, खग, आदि हैं।

अतः विकल्प (C) सही है।

25. 'पुत्री' शब्द का पर्यायवाची शब्द 'दौहित्र' नहीं है।

- अन्य विकल्प 'पुत्री' शब्द के ही पर्यायवाची शब्द हैं।
- दौहित्र के पर्यायवाची शब्द बेटी की संतान, नाती, दोहता, धेवता, आदि हैं।
- पुत्री के अन्य पर्यायवाची शब्द बेटी, आत्मजा, तनुजा, लड़की, नन्दिनी, कन्या, दुहिता, तनया, सुता, आदि हैं।

अतः विकल्प (B) सही है।

26. Rapacious means aggressively greedy or grasping.

Avaricious means having or showing an extreme greed for wealth or material gain.

Hence, the correct option is (C).

27. All of the words are have the same meaning.

Poignant: evoking a keen sense of sadness or regret.

Wretched: very unhappy

Tearful: crying or nearly crying

Disturbing: making you worried or upset

Hence, the correct option is (D).

28. The above sentence means that multidisciplinary studies on related topics are lacking in Indian universities.

Let's look at the meaning of the underlined word and the option:

- Kindred: Similar in kind; related.
- Akin: Of similar character.

Here we find that both kindred and akin have the same meaning.

Let's look at the meaning of other words:

- Quixotic: Extremely idealistic; unrealistic and impractical.
- Extraneous: Irrelevant or unrelated to the subject.
- Wonted: Habitual; usual.

Hence, the correct option is (C).

29. 'Simile' is a figure of speech.

'A simile' is a comparison between two unlike things using the words 'like' or 'as'.

For example:

- As slippery as an eel.
- Like peas in a pod.

Hence, the correct option is (A).

30. The usage of the words given in the options are:

Besides: (preposition) in addition to; apart from.

Beside: (preposition) at the side of; next to.

Clearly: (adverb) in a clear manner; in a manner which is easy to understand; with clarity.

Closest: it is a superlative degree of adjective 'close'. Only the shortest distance away or apart in space or time.

"Satish is seated ______ Sunita."

Here in the given sentence, if we try to put all the options one by one, we find that "clearly" cannot be used in the blank as it is an adverb which does not show any relation between Satish and Sunita. "Closest" takes preposition "to" with it. So, "closest" will also not be correct. If we put "besides", it will not make any sense. The only word that fits perfectly is "beside" which makes a meaningful sentence.

Hence, the correct option is (B).

31. This sentence is in the future indefinite tense as it mentions the action which is to take place in future.

"Would" is the past of "will". It is generally used to denote past routine action or when we talk about future action in the past.

E.g., Rani told me she would give you notes.

We use future perfect tense for time expression. As, in the sentence, there is no time expression, we will not use "will have heard".

The correct sentence: "I will hear her speak on Friday night about the advantages of organic farming."

Hence, the correct option is (D).

32. "______ to go out to an Italian restaurant tonight?"

In the given sentence word **"tonight"** suggests that it is not a routine activity but it is for that one night only which is yet to happen. This eliminates option A), i.e. **"do you like"** and option (B), **"are you liking"** which is used for the action in progress.

The question mark, in the end, confirms that it is an interrogative sentence. Therefore, option (C), **"you like"** gets eliminated too.

"Would" is commonly used for expressing a polite request.

The correct sentence: **"Would you like to go out to an Italian restaurant tonight?"**

Hence, the correct option is (D).

33. Correct sentence: Excuse me, Have you got the time please?

Have(got) the time: it is an expression to ask someone what time it is. Also, it is used to ask someone for some of his time.

Hence, the correct option is (C).

34. Let us find out the usage of all the words given in the option:

- **Voracious:** (adjective) Someone who wants a lot of new information and knowledge
- **Anxious:** (adjective) Very eager or concerned to do something or for something to happen.
- **Enthusiastic:** (adjective) Having or showing intense and eager enjoyment, interest, or approval.
- **Fervent:** (adjective) Having or displaying a passionate intensity.

Voracious is the correct word to fill the given blank as voracious means someone who wants a lot of new information and knowledge.

So the correct sentence is:

He likes reading. He was a voracious reader.

Hence, the correct option is (C).

35. 'Contemplating' is the correct word that should come in place of the blank. It means to think deeply about the subject for a period of time. So, the complete sentence is, "He intended to buy second-hand bike after contemplating too long".

Hence, the correct option is (A).

36. 'Cagey' is the correct word that should come in the place of the blank. It is used to denote something that is characterized by great caution and wariness. So, the complete sentence is, "The Hotel chef acted in a very cagey fashion when I attempted to find out the ingredients of their signature dish".

Hence, the correct option is (A).

37. The correct word that should come in place of the blank is 'broke up'. 'Break up' means to start laughing. So, the complete sentence is, "The little kid broke up as soon as the clown started talking".

Hence, the correct option is (C).

38. The correct word that should come in place of the blank is 'called on'. 'Called on' means to ask for an answer or opinion. So, the complete sentence is, "The student called on the professor for doubts in the assignment sheet".

Hence, the correct option is (A).

39. The correct word that should come in place of the blank is 'cut back on'. 'Cut back on' means to consume less. So, the complete sentence is, "It is advisable to cut back on sweets and junk food in order to stay healthy".

Hence, the correct option is (C).

40. Complete sentence: Speak softly lest the baby should wake up.

Modals are used as helping verbs in sentences to express certainty, possibility, willingness, obligation, necessity or ability.

The modal 'should' denotes suggestion or duty.

- For example: You should chew your food properly.

The correlative pair 'lest...should' conveys a negative meaning.

- For example: Work hard lest you should fail. (Work hard; otherwise, you will fail.)

Modals are always followed by the base form of the verb.

Thus, 'should' is the correct word for the given blank.

Hence, the correct option is (D).

41. Whenever we use the word- it is time, the sentence is in the past tense.

We use 'it is time' to express a present moment. In the above sentence, 'it is time' is used to tell that subject has started studying as it is time for their exams.

The structure is- it is time + subject + past verb form.

Past tense is used to indicate that an action is completed.

- For example: It is time the Indian team started winning matches.

Thus, the complete sentence is- It is time when they started studying for their final examination.

Hence, the correct option is (A).

42. If a principal clause is past tense then the dependent clause will also be in the past tense.

The above sentence is in the past tense, thus the dependent clause will be in past perfect.

The structure of past perfect tense is- sub + had +V3 (past participle) + object.

In the above sentence, the purse is already lost after that the policeman is asking the lady.

The complete sentence is- The policeman asked the lady if the purse she had lost contained money.

Hence, the correct option is (A).

43. Correct Sentence: They help in increasing connectivity between cities.

Option B) is the only one that is grammatically correct and the formation of the sentence is also proper.

From the given options, option D) can be ruled out as it doesn't make complete sense, and hence the sentence is wrong. In option A) the subject 'they' should be at the beginning instead of the end and so that option is incorrect as well. In option C) the conjunction 'between' is not connecting two different parts of the sentence and its usage is wrong.

Hence, the correct option is (B).

44. The given sentence,

He said, "bathe regularly".

The original sentence is in 'direct speech' and this needs to be converted to 'indirect speech'.

- Said will not change.
- In order to convert from direct speech to indirect speech, the inverted commas need to be removed.
- The conjunction 'that' is added in order to join the 2 clauses in the sentence.
- There will be a change in the tense of the reported speech as this is cannot be considered a habitual action.

Thus, the final statement will be: "He said that he bathed regularly".

Hence, the correct option is (B).

45. Sir, I would like you to grant me leave.

A full stop (.) is used to mark the end of a statement and start a new sentence,

For example: I live in India. My house is big.

A semicolon (;) is used when we need to connect independent clauses and to show a close relationship between them.

For example: She was hurt; she knew he had said that to upset him.

An exclamation mark (!) is used to denote a sudden outcry or emphasis.

For example: His behaviour made me furious!

The comma (,) is used to separate ideas or elements. Also, it is used after salutation or ending.

For example: Thanks for your help, Tom.

Hence, the correct option is (D).

46. The correct spelling is 'veterinary'. 'Veterinary' is related to the medical care and treatment of animals.

Hence, the correct option is (D).

47. The original sentence is incorrect.

Reason: The given part is grammatically as well as contextually incorrect as two nouns 'consequences' and 'damage' are coming together and making no sense. Instead of 'consequences' the adjective 'consequential' would make sense in the given context of the sentence.

Besides, usage of the second verb 'arises' is also ungrammatical here.

Ex. My mother is next to the lady wears the red hat. (Incorrect)

Ex. My mother is next to the lady wearing the red hat. (Correct)

Instead of 'arises', present participle 'arising' should be used here.

Clearly, among the given choices option (C) replaces the bold part most appropriately.

The sentence after replacement becomes:

The article explores the problem and the consequential damage arising out of dumping about 5 to 13 million tonnes of plastic into the ocean each year.

Hence, the correct option is (C).

48. Claustrophobia(noun)- "fear of being in closed spaces".

E.g: He suffers from claustrophobia so he never travels on underground trains.

Microphobia(noun)- "Fear of minute objects, microorganisms, or germs".

Chromophobia(noun)- "An abnormal fear of colors or a color".

Chronophobia(noun)- "Fear of time".

Hence, the correct option is (A).

49. To "bell the cat" is an idiom that means to do something which is very daunting/difficult or to do an impossible task.

Hence, the correct option is (C).

50. As the result of Race is Fatigue similarly the result of Fast is Hunger.

Hence, the correct option is (C).

51. उरी बांध भारत के जम्मू और कश्मीर के बारामुला जिले में उरी के पास झेलम नदी पर 480 मेगावाट का जलविद्युत ऊर्जा केंद्र है। यह नियंत्रण रेखा के बहुत पास स्थित है, जो भारत और पाकिस्तान के बीच वास्तविक सीमा है। स्टेशन बड़े पैमाने पर एक पहाड़ी के नीचे 10 किमी सुरंग के साथ बनाया गया है।

अतः विकल्प (D) सही है।

52. मिर्ज़ापुर मण्डल को विश्व के उत्कृट कालीन उद्योगों का केन्द्र माना जाता है।

मिर्जापुर मण्डल: दुनिया के बेहतरीन कालीन उद्योगों का केंद्र, अपनी प्राकृतिक सुंदरता के लिए एक बहुत ही लोकप्रिय पर्यटन स्थल और उत्तर प्रदेश के सबसे तेजी से बढ़ते क्षेत्रों में से एक है। इसमें विंध्याचल शक्तिपीठ शामिल है।

अतः विकल्प (D) सही है।

53. बनारस हिंदू विश्वविद्यालय की स्थापना वर्ष 1916 में हुई थी।

बनारस हिंदू विश्वविद्यालयपूर्व में सेंट्रल हिंदू कॉलेज, वाराणसी, उत्तर प्रदेश, भारत में स्थित एक कॉलेजिएट, केंद्रीय और अनुसंधान विश्वविद्यालय है। विश्वविद्यालय भारत सरकार द्वारा प्रतिष्ठित संस्थान के रूप में घोषित आठ सार्वजनिक संस्थानों में से एक है।

अतः विकल्प (C) सही है।

54. BRICS ब्राजील, रूस, भारत, चीन और दक्षिण अफ्रीका की संयुक्त अर्थव्यवस्थाओं के लिए एक संक्षिप्त शब्द है। गोल्डमैन सैक्स के अर्थशास्त्रियों ने मूल रूप से 2003 में BRIC (दक्षिण अफ्रीका के बिना) शब्द गढ़ा था। विश्लेषकों ने अनुमान लगाया था कि 2050 तक ये चार अर्थव्यवस्थाएं सबसे प्रभावशाली होंगी। 13 अप्रैल 2011 को BRICS का निर्माण करते हुए दक्षिण अफ्रीका को सूची में जोड़ा गया था।

अतः विकल्प (A) सही है।

55. "राष्ट्रपति या तो विधेयक को अपनी सहमति दे सकते हैं या विधेयक पर अपनी सहमति रोक सकते हैं और सदनों के पुनर्विचार के लिए विधेयक को वापस कर सकते हैं।" एक धन विधेयक से संबंधित प्रावधान नहीं है।

लोकसभा राज्यसभा की सभी या किसी भी सिफारिश को स्वीकार या अस्वीकार कर सकती है। यदि राज्यसभा 14 दिनों के भीतर लोकसभा को विधेयक वापस नहीं करती है, तो विधेयक को दोनों सदनों द्वारा मूल रूप से लोकसभा द्वारा पारित रूप में पारित माना जाता है। इस प्रकार, धन विधेयक के संबंध में लोकसभा के पास राज्यसभा की तुलना में अधिक शक्तियां हैं।

अंत में, जब कोई धन विधेयक राष्ट्रपति के समक्ष प्रस्तुत किया जाता है, तो वह या तो विधेयक पर अपनी सहमति दे सकता है या विधेयक पर अपनी सहमति रोक सकता है, लेकिन सदनों के पुनर्विचार के लिए विधेयक को वापस नहीं कर सकता।

अत: विकल्प (D) सही है।

56. पाटलिपुत्र के प्रशासन का विवरण ग्रीक शासक सेल्यूकस निकेटर प्रथम द्वारा पाटलिपुत्र में चंद्र गुप्त मौर्य के राजदूत मेगस्थनीज की "इंडिका" पुस्तक में उपलब्ध है।

मेगस्थनीज ने वर्णन किया कि पाटलिपुत्र शहर का प्रशासन 30 सदस्यों वाली एक नगर परिषद द्वारा किया जाता था और इन 30 सदस्यों को प्रत्येक 5 सदस्यों के बोर्ड में विभाजित किया गया था।

अतः विकल्प (A) सही है।

57. भारत के इतिहास के संदर्भ में दीवान-ए-रियासत विभाग, जो बाजार को विनियमित करने और आवश्यक वस्तुओं की कीमतों को नियंत्रित करने के लिए स्थापित किया गया था।

दीवान-ए-रियासत:

- इसकी स्थापना अलाउद्दीन खिलजी ने की थी।
- विभाग, जो बाजार को विनियमित करने और आवश्यक वस्तुओं की कीमतों को नियंत्रित करने के लिए स्थापित किया गया है। इसलिए, विकल्प 4 सही है।
- सरकारी गोदामों में भण्डार रख कर अनाज की आपूर्ति सुनिश्चित की गई।
- सभी वस्तुओं की कीमत तय करने के लिए नियम जारी किए गए थे।
- नायब-ए-रियासत वह अधिकारी है जो इस विभाग की देखभाल करता है।
- अलाउद्दीन की मृत्यु के बाद, इस विभाग ने अपना महत्व खो दिया और सद्र-उस-सुदुर के कार्यालय ने एक प्रमुख भूमिका निभाई।

अतः विकल्प (D) सही है।

58. मनत अज़रबैजान देश की मुद्रा है।

अज़रबैजान यूरोप और एशिया की सीमाओं में एक यूरोपीय देश है, इसकी राजधानी बाकू है। इल्हाम अलीयेव राष्ट्रपति हैं और अली असदोव देश के प्रधान मंत्री हैं। अज़रबैजान एक विकासशील देश है और मानव विकास सूचकांक में 87वें स्थान पर है। अज़रबैजान में आर्थिक विकास की उच्च दर, साक्षरता और बेरोजगारी की कम दर है।

अतः विकल्प (A) सही है।

59. जीवाश्म जैविक जीवों के संरक्षित अवशेष हैं। मृत जीव का केवल एक हिस्सा संरक्षित है। वे मुख्य रूप से अवसादी चट्टानों में पाए जाते हैं। जीवाश्मों के उपयोग के माध्यम से जीवों के विकास का पता लगाया जा सकता है और उनका दस्तावेजीकरण किया जा सकता है।

ये चट्टानें मैग्मा और लावा के जमने पर बनती हैं। यह तब बनता है जब मैग्मा ठंडा और क्रिस्टलीकृत हो जाता है, या तो पृथ्वी की सतह पर ज्वालामुखियों पर या पिघली हुई चट्टान पर। उदाहरण के लिए, ग्रेनाइट, पेगमाटाइट, आदि। इसलिए, यह चट्टान जीवाश्म आग्नेय में नहीं पाए जाते।

अतः विकल्प (B) सही है।

60. कुरोशियो धाराप्रशांत महासागर की एक गर्म समुद्री धारा है।

कुरोशियो धाराजिसे ब्लैक या जापान धारा के रूप में भी जाना जाता है, उत्तरी प्रशांत महासागर बेसिन के पश्चिम की ओर एक उत्तर-बहने वाली, गर्म महासागरीय धारा है। इसका नाम इसके पानी के गहरे नीले रंग की उपस्थिति के लिए रखा गया था।

अत: विकल्प (A) सही है।

61. नवंबर 1927 में, ब्रिटिश सरकार ने संवैधानिक सुधारों को शुरू करने के लिए भारत की संवैधानिक प्रगति पर रिपोर्ट करने के लिए साइमन कमीशन को नियुक्त किया, जैसा कि वादा किया गया था।

कई भारतीयों द्वारा इस आयोग का कड़ा विरोध किया गया।

अतः विकल्प (B) सही है।

62. राष्ट्रीय स्वयंसेवक संघ एक ऐसा संगठन है जिसका उद्देश्य भारतीय संस्कृति को बढ़ावा देना और उसे बनाए रखना है। इसकी स्थापना 1925 में केशव बलिराम हेडगेवार ने की थी। इसका मुख्यालय नागपुर, महाराष्ट्र में है। यह अखंड भारत के विचार में विश्वास करता है। KB हेडगेवारकी मृत्यु के बाद MS गोलवलकर ने इसका नेतृत्व संभाला।

अतः विकल्प (C) सही है।

63. 1995 में, GATT को विश्व व्यापार संगठन द्वारा प्रतिस्थापित किया गया था।

1 जनवरी 1995 को, WTO ने टैरिफ और व्यापार पर सामान्य समझौते (GATT) को बदल दिया, जो 1947 से अस्तित्व में, बहुपक्षीय व्यापार प्रणाली की देखरेख करने वाले संगठन के रूप में था। जिन सरकारों ने GATT पर हस्ताक्षर किए थे, उन्हें आधिकारिक तौर पर "GATT अनुबंध पक्ष" के रूप में जाना जाता था। नए विश्व व्यापार संगठन समझौतों (जिसमें अद्यतन GATT शामिल है, जिसे GATT 1994 के रूप में जाना जाता है) पर हस्ताक्षर करने पर, वे आधिकारिक तौर पर "WTO सदस्य" के रूप में जाने जाने लगे।

अत: विकल्प (B) सही है।

64. कथक शास्त्रीय नृत्य रूप का उत्तर प्रदेश में उद्भव हुआ।

कथक की उत्पत्ति उत्तर प्रदेश में हुई है और इसे शास्त्रीय नृत्य के 8वें रूप में महत्वपूर्ण नृत्यों में से एक माना जाता है। नृत्य का यह रूप लयबद्ध फुटवर्क, शानदार स्पिन, और टखने की घंटी की झंकार के साथ विषयों के नाटकीय प्रतिनिधित्व के माध्यम से रामायण और महाभारत की महाकाव्य कहानियों का वर्णन करता है। कथक नृत्य ने दुनिया भर से ख्याति अर्जित की है।

अतः विकल्प (D) सही है।

65. भोजन के समय खाद्य पदार्थों को सजाने की औपचारिक परंपरा दस्तरख्वान है।

यह शब्द मेज़पोश को संदर्भित कर सकता है जो जमीन, फर्श या मेज पर फैला हुआ है और भोजन के लिए एक स्वच्छ सतह के रूप में उपयोग किया जाता है, लेकिन इसका उपयोग संपूर्ण भोजन व्यस्था को संदर्भित करने के लिए अधिक व्यापक रूप से किया जाता है। मुगल भारतीय रसोई की किताब दस्तरख्वां-ए-अवध, जिसमें लखनऊ के अवधी व्यंजनों का विवरण है, ने दस्तरख्वां के महत्व पर जोर दिया है।

अतः विकल्प (C) सही है।

66. कोलंबिया की राजधानी बोगोटा है।

देश	कोलंबिया
राजधानी	बोगोटा
राष्ट्रपति	इवान डुक मार्क्यूज़
मुद्रा	कोलंबियाई पीसो

अतः विकल्प (D) सही है।

67. माइक्रोसॉफ्ट ऑफिस में, Ctrl + = कुंजी का प्रभाव सबस्क्रिप्ट है।

एक सबस्क्रिप्ट एक ऐसा करैक्टर है जो आमतौर पर एक संख्या या एक अक्षर होता है, एक सबस्क्रिप्ट एक अक्षर के नीचे या नीचे और दूसरे वर्ण के दाईं या बाईं ओर लिखा जाता है।

अतः विकल्प (C) सही है।

68. एक कुकी एक वेबसाइट उपयोगकर्ता की यात्रा के द्वारा ब्राउज़र को भेजे गए पाठ का एक छोटा सा टुकड़ा है।

यह उपयोगकर्ता की पसंदीदा भाषा और अन्य सेटिंग्स की तरह, उपयोगकर्ता की विज़िट के बारे में जानकारी को याद रखने में वेबसाइट की मदद करता है।

- कुकीज़ उपयोगकर्ता के अगले सर्च को आसान बना सकती हैं और साइट उपयोगकर्ता के लिए अधिक उपयोगी हो सकती है।
- HTTP कुकीज़ के रूप में जाना जाने वाला विशिष्ट कुकीज़ का उपयोग विशिष्ट उपयोगकर्ताओं की पहचान करने और आपके वेब ब्राउज़िंग अनुभव को बेहतर बनाने के लिए किया जाता है।

अतः विकल्प (A) सही है।

69. सोना धातु में आघातवर्धनीयता और तन्यता, दोनों गुण होते हैं 79 है और इसका प्रतीक Au है।

- यह सोना नाम एंग्लो सैक्सन है, जो लैटिन ऑरम, या चमकदार सुबह से उत्पन्न हुआ, जो और पहले ग्रीक से उत्पन्न हुआ था।
- यह पृथ्वी की पर्पटी में बहुतायत 0.004 ppm है। प्राकृतिक रूप से पाया जाने वाला 100% सोना समस्थानिक Au-197 है।
- सोना सभी धातुओं में सबसे अधिक आघातवर्धनीय है। इसे एकल-परमाणु चौड़ाई के तार में खींचा जा सकता है, और इसके टूटने से पहले इसे काफी बढ़ाया जाता है।
- सोना में केवल एक स्थिर समस्थानिक 197 Au होता है, जो कि इसका एकमात्र स्वाभाविक रूप से होने वाला समस्थानिक भी है, इसलिए सोना एक मोनोन्यूक्लिडिक और मोनोइसोटोपिक तत्व दोनों है।

अतः विकल्प (B) सही है।

70. निश्चित अनुपात के नियम में कहा गया है कि एक यौगिक में तत्व हमेशा द्रव्यमान के समान अनुपात होंगे।

- यह प्राउस्ट द्वारा दिया गया था।
- लावोइसियर ने दहन में ऑक्सीजन की भूमिका की खोज की।
- डेमोक्रिटस एक ग्रीक गणितज्ञ था।
- डाल्टन ने परमाणु सिद्धांत दिया जो बताता है कि विभिन्न आकार के परमाणु आकार और द्रव्यमान में भिन्न होते हैं।

अतः विकल्प (C) सही है।

71. आईएसडीएन (ISDN) का मतलब इंटीग्रेटेड सर्विस डिजिटल नेटवर्क है।

आईएसडीएन एक सर्किट-स्विच्ड टेलीफोन नेटवर्क सिस्टम है जो एक डिजिटल लाइन पर डेटा और आवाज दोनों को प्रसारित करता है। आप इसे डेटा, आवाज और सिग्नलिंग संचारित करने के लिए संचार मानकों के एक सेट के रूप में भी सोच सकते हैं।

अतः विकल्प (A) सही है।

72. नोबेल पुरस्कार विजेता प्रोफेसर वेंकी रामकृष्णन को ब्रिटेन के राजा चार्ल्स III द्वारा विज्ञान के क्षेत्र में उनके विशिष्ट कार्य के लिए प्रतिष्ठित ऑर्डर ऑफ मेरिट से सम्मानित किया गया है।

उन्हें राइबोसोमल संरचना पर अपने काम के लिए 2009 में रसायन विज्ञान में नोबेल पुरस्कार मिला और 2012 में महारानी ने उन्हें नाइट की उपाधि दी। ऑर्डर ऑफ मेरिट ब्रिटिश संप्रभु द्वारा प्रदत्त सम्मान का एक विशिष्ट चिह्न है।

अत: विकल्प (A) सही है।

73. ICC बोर्ड ने सर्वसम्मति से ग्रेग बार्कले को दूसरे दो साल के कार्यकाल के लिए अंतर्राष्ट्रीय क्रिकेट परिषद् (ICC) के स्वतंत्र अध्यक्ष के रूप में फिर से चुना है।

बार्कले को मूल रूप से नवंबर 2020 में ICC अध्यक्ष के रूप में नियुक्त किया गया था। वह पहले न्यूजीलैंड क्रिकेट (NZC) के अध्यक्ष थे और ICC मेन्स क्रिकेट वर्ल्ड कप 2015 के निदेशक थे।

अत: विकल्प (D) सही है।

74. राज्य मंत्रिमंडल ने वन्य जीवन (संरक्षण) अधिनियम 1972 के तहत चित्रकूट जिले के रानीपुर वन्यजीव अभयारण्य (RWS) में उत्तर प्रदेश के चौथे बाघ अभयारण्य की अधिसूचना को मंजूरी दे दी है।हालांकि यह वन्यजीव अभयारण्य अपने स्वयं के बाघों की मेजबानी नहीं करता है, यह अक्सर मध्य प्रदेश में पड़ोसी पन्ना टाइगर रिजर्व के बाघ अक्सर आते हैं।

अतः विकल्प (B) सही है।

75. भारत के बजरंग पुनिया ने बेलग्रेड में विश्व कुश्ती चैंपियनशिप में पुरुषों के 65 किलोग्राम वर्ग में कांस्य पदक जीता था।

इस पदक के साथ बजरंग पुनिया विश्व कुश्ती चैंपियनशिप में चार पदक जीतने वाले पहले भारतीय बन गए हैं। उन्होंने 2013 में कांस्य, 2018 में रजत और 2019 में कांस्य जीता। एक अन्य भारतीय पहलवान विनेश फोगाट ने महिलाओं के 53 किलोग्राम वर्ग में कांस्य पदक जीता।

2022 विश्व कुश्ती चैंपियनशिप संयुक्त आयोजनों की विश्व कुश्ती चैंपियनशिप का 17 वां संस्करण था और 10 से 18 सितंबर 2022 के बीच बेलग्रेड, सर्बिया में आयोजित किया गया था।

अतः विकल्प (B) सही है।

76. दिया है:

गोले का त्रिज्या $=$ बेलन की त्रिज्या

बेलन की ऊंचाई $= 7$ सेमी

जैसा कि हम जानते हैं,

गोले का वक्र पृष्ठीय क्षेत्रफल $= 4\pi r^2$

बेलन का आयतन $= \pi r^2 h$

माना गोले और बेलन की त्रिज्या r है।

बेलन का वक्र पृष्ठीय क्षेत्रफल $= \pi \times r^2 \times 7$

$\Rightarrow$ गोले का वक्र पृष्ठीय क्षेत्रफल/बेलन का आयतन $= \frac{4\pi r^2}{\pi r^2 h}$

$\Rightarrow \frac{4}{h} = \frac{4}{7}$

$\therefore$ गोले के वक्र पृष्ठीय क्षेत्रफल तथा बेलन के आयतन का अनुपात $4:7$ है।

अतः विकल्प (A) सही है।

77. दिया गया:

शंकु, गोलार्द्ध और बेलन समान आधारों पर खड़े होते हैं और उनकी ऊँचाई समान होती है

प्रयुक्त सूत्र:

शंकु का आयतन $= \frac{1}{3}\pi r^2 h$

गोलार्ध का आयतन $= \frac{2}{3}\pi r^3$

बेलन का आयतन $= \pi r^2 h$

प्रश्न के अनुसार,

$\Rightarrow \frac{1}{3}\pi r^2 h : \frac{2}{3}\pi r^3 : \pi r^2 h$

$\Rightarrow \frac{1}{3}h : \frac{2}{3}r : h$

$\Rightarrow 1:2:3$

अत: विकल्प (B) सही है।

78. 1 हेक्टेयर $= 10000$ मी ^{2}

तो, क्षेत्रफल (1.5×10000) मी ^{2}

$= 15000$ मी ^{2}

गहराई $= \frac{5}{100}$ मी $= \frac{1}{20}$ मी

$\therefore$ आयतन $=$ (क्षेत्रफल $\times$ गहराई)

$= \left(15000 \times \frac{1}{20}\right)$ मी ^{3}

$= 750$ मी ^{3}

अत: विकल्प (B) सही है।

79. दिया गया है:

वर्ग का क्षेत्रफल $= 50$ सेमी ^{2}

प्रयुक्त सूत्र:

वर्ग का क्षेत्रफल $= a^2$

भुजा ' a ' के वर्ग के लिए, विकर्ण $= \sqrt{2}a$

$a^2 = 50$ सेमी ^{2}

$\Rightarrow a = \sqrt{(5 \times 5 \times 2)} = 5\sqrt{2}$ सेमी

इसलिए, वर्ग के विकर्ण की लम्बाई $= \sqrt{2}a = \sqrt{2} \times 5\sqrt{2} = 10$ सेमी

अतः विकल्प (D) सही है।

80. दिया गया है:

आयत की लंबाई और चौड़ाई 12 सेमी और 8 सेमी है।

हम जानते हैं कि,

आयत का क्षेत्रफल $=$ लंबाई $\times$ चौड़ाई

आयत का क्षेत्रफल $= 12 \times 8 = 96$ वर्ग सेमी

अब, आयत का विकर्ण $= \sqrt{l^2 + b^2} = \sqrt{(12)^2 + (8)^2} = 4\sqrt{13}$

$\therefore$ आयत के विकर्ण से परिभाषित वर्ग का क्षेत्रफल $= 4\sqrt{13} \times 4\sqrt{13} = 208$ वर्ग सेमी

अब आयत के विकर्ण द्वारा परिभाषित वर्गाकार क्षेत्रफल के क्षेत्रफल का अनुपात $= 96:208 = 6:13$

अतः विकल्प (A) सही है।

81. माना छात्रों की संख्या $= x$

छात्रों का औसत वजन 43 किग्रा

कुल वजन 43 किग्रा

4 नए छात्रों को भर्ती करने के बाद औसत वजन 42.5 किग्रा

औसत वजन $= \frac{43 \times x + 42 + 36.5 + 39 + 42.5}{x+4} = 42.5$

$43x \times 160 = 42.5x + 170$
$43x - 42.5x = 10$
$0.5x = 10$
$x = \frac{10}{0.5}$
$x = \frac{100}{5}$

$\therefore$ छात्रों की संख्या $(x) = 20$

अतः विकल्प (C) सही है।

82. दिया गया है:

$\angle C = 3\angle B = 2(\angle A + \angle B)$

जैसा कि हम जानते है,

एक त्रिभुज में सभी कोणों का योग $180°$ है।

$\angle C = 3\angle B = 2(\angle A + \angle B) = k$

3 और 2 का ल.स.प 6 है।

$\frac{\angle C}{6} = k$

$\Rightarrow \angle C = 6k$.....(1)

$\Rightarrow \frac{(3\angle B)}{6} = k$

$\Rightarrow \angle B = 2k$...(2)

$\Rightarrow \frac{[2(\angle A + \angle B)]}{6} = k$

$\Rightarrow \angle A + \angle B = 3k$...(3)

समीकरण (2) और (3) से,

$\angle A = k$

$\angle B = 2k$

$\angle C = 6k$

$\triangle ABC$ में,

$\angle A + \angle B + \angle C = 180°$

$\Rightarrow k + 2k + 6k = 180°$

$\Rightarrow 9k = 180°$

$\Rightarrow k = 20°$

$\angle A = k = 20°$

$\angle B = 2k = 2 \times 20° = 40°$

$\angle C = 6k = 6 \times 20° = 120°$

$\therefore \angle A = 20°, \angle B = 40°, \angle C = 120°$

अत: विकल्प (A) सही है।

83. दिया गया है:

ΔABC में, $\angle A = 12° + \angle C$ और $\angle B = 2\angle C$

$\angle A = 12° + \angle C$ ----(1)

$\angle B = 2\angle C$ ----(2)

हम जानते हैं, $\angle A + \angle B + \angle C = 180°$

अब, समीकरणों (1) और (2) से, हमारे पास है

$\Rightarrow 12° + \angle C + 2\angle C + \angle C = 180°$

$\Rightarrow 4\angle C = 168°$

$\Rightarrow \angle C = 42°$

$\angle A = 12° + 42°$

$\Rightarrow \angle A = 54°$

$\angle B = 2\angle C$

$\Rightarrow \angle B = 2 \times 42°$

$\Rightarrow \angle B = 84°$

$\therefore$ त्रिभुज का सबसे बड़ा कोण का मान 84° है।

अतः विकल्प (B) सही है।

84. दिया गया है:

$\frac{9}{10}, \frac{18}{35}, \frac{12}{25}$

प्रयुक्त सूत्र:

भिन्न का महत्तम समापवर्तक = (अंश का महत्तम समापवर्तक)/(हर का लघुतम समापवर्त्य)

दिए गए अंशों को ध्यान में रखते हुए

$(9,18$ और $12)$ का महत्तम समापवर्तक $= 3$

$(10,35$ और $25)$ का लघुतम समापवर्त्य $= 350$

$\therefore \frac{9}{10}, \frac{18}{35}, \frac{12}{25} =$ का महत्तम समापवर्तक $= \frac{3}{350}$

अतः विकल्प (D) सही है।

85. दिया गया है,

दो संख्याओं का अनुपात $= 9:11$

माना दो संख्या $9x$ और $11x$ हैं।

म.स.प $= 8$

इसलिए, संख्या 72 और 88 होगी।

जैसा कि हम जानते हैं,

दो संख्याओं का गुणनफल = म.स.प × ल.स.प

$\therefore 72 \times 88 = 8 \times$ ल.स.प

$\Rightarrow \frac{(72\times88)}{8} =$ ल.स.प

$\Rightarrow 72 \times 11 =$ ल.स.प

$\therefore$ ल.स.प $= 792$

इसलिए, उनका ल.स.प 792 है।

अतः विकल्प (A) सही है।

86. क्रमचय: क्रमचय को r चीजों की एक व्यवस्था के रूप में परिभाषित किया जाता है जिसे कुल n चीजों में से किया जा सकता है। यह ^nP_r द्वारा दर्शाया गया है।

$^nP_r = \frac{n!}{(n-r)!}$

$720 = \frac{n!}{(n-r)!}$

$(n-r)! = \frac{n!}{720}$

संचय: दिए गए n वस्तुओं में से r वस्तुओं के चयन की संख्या को ^nC_r से दर्शाया जाता है।

$^nC_r = \frac{n!}{r!(n-r)!}$

$120 = \frac{n!}{r!(n-r)!}$

$(n-r)!$ का मान रखने पर हमें प्राप्त होता है,

$120 = \frac{n!}{r!\frac{n!}{720}}$

$r! = \frac{720}{120} = 6$

$r! = 3 \times 2 \times 1$

$r = 3!$

अत: विकल्प (C) सही है।

87. $^nP_3 = n \times (n-1) \times (n-2)$

$^{(n+1)}P_3 = (n+1) \times n \times (n-1)$

प्रयुक्त सूत्र,

$^nP_r = \frac{n!}{(n-r)!}$

अब,

$5 \times n \times (n-1) \times (n-2) = 4 \times (n+1) \times n \times (n-1)$

या, $5(n-2) = 4(n+1)$

या, $5n - 10 = 4n + 4$

या, $5n - 4n = 4 + 10$

तो, $n = 14$

अतः विकल्प (D) सही है।

88. जब समीकरणों के आलेख बिंदु $P(\alpha, \beta)$ पर प्रतिच्छेद करते हैं, तब,

$3\alpha + \beta - 5 = 0 \cdots$ (i)

$2\alpha - \beta - 5 = 0 \cdots$ (ii),

समीकरण (i) + (ii) पर,

$5\alpha - 10 = 0$

$\alpha = 2$

समीकरण (ii) से,

$3 \times 2 + \beta - 5 = 0$

$\beta = -1$

अब,

$(3\alpha + \beta) = 3 \times 2 - 1 = 6 - 1 = 5$

अत: विकल्प (D) सही है।

89. दो समतलों $a_1x + b_1y + c_1z = d_1$ और $a_2x + b_2y + c_2z = d_2$ के बीच न्यून कोण θ निम्न सूत्र द्वारा दिया गया है:

$\cos\theta = \frac{a_1a_2+b_1\,b_2+c_1c_2}{\sqrt{(a_1^2+b_1^2+c_1^2)(a_2^2+b_2^2+c_2^2)}}$

दिया है: $2x + y + z = 7$ और $x - y + 2z = 9$

इसका मतलब,

$a_1 = 2, b_1 = 1, c_1 = 1$ और $a_2 = 1, b_2 = -1, c_2 = 2$

कोण θ के लिए उपरोक्त सूत्र का उपयोग करके:

$\cos\theta = \frac{2\times1+1\times(-1)+1\times2}{\sqrt{(2^2+1^2+1^2)(1^2+(-1)^2+2^2)}}$

$= \frac{3}{\sqrt{6\times6}}$

$= \frac{3}{6}$

$= \frac{1}{2}$

$\Rightarrow \theta = 60°$

अत: विकल्प (A) सही है।

90. गणना:

$\Rightarrow z = \frac{1-i}{i}$

अंश और हर में i द्वारा गुणा करने पर

$\Rightarrow z = \frac{1-i}{i} \times \frac{i}{i}$

$= \frac{i-i^2}{i^2}$

$= \frac{i+1}{-1}$

$= -1 - i$

$Re(z) = -1$

$lm(z) = -1$

अत: विकल्प (D) सही है।

91. दिया गया है,

$A = \begin{bmatrix} 1 & -1 \\ -1 & 1 \end{bmatrix}$

$A^2 = A \cdot A$

$= \begin{bmatrix} 1 & -1 \\ -1 & 1 \end{bmatrix} \times \begin{bmatrix} 1 & -1 \\ -1 & 1 \end{bmatrix}$

$= \begin{bmatrix} 1+1 & -1-1 \\ -1-1 & 1+1 \end{bmatrix}$

$= \begin{bmatrix} 2 & -2 \\ -2 & 2 \end{bmatrix}$

$A^3 = A^2 \cdot A$

$= \begin{bmatrix} 2 & -2 \\ -2 & 2 \end{bmatrix} \times \begin{bmatrix} 1 & -1 \\ -1 & 1 \end{bmatrix}$

$= \begin{bmatrix} 2+2 & -2-2 \\ -2-2 & 2+2 \end{bmatrix}$

$= \begin{bmatrix} 2 & -2 \\ -2 & 2 \end{bmatrix}$

$= \begin{bmatrix} 4 & -4 \\ -4 & 4 \end{bmatrix}$

अब,

$A^3 = \begin{bmatrix} 4 & -4 \\ -4 & 4 \end{bmatrix}$ और

$2A^2 = 2 \times \begin{bmatrix} 2 & -2 \\ -2 & 2 \end{bmatrix}$

$= \begin{bmatrix} 4 & -4 \\ -4 & 4 \end{bmatrix}$

$\therefore A^3 - 2A^2 = \begin{bmatrix} 4 & -4 \\ -4 & 4 \end{bmatrix} - \begin{bmatrix} 4 & -4 \\ -4 & 4 \end{bmatrix}$

$= \begin{bmatrix} 0 & 0 \\ 0 & 0 \end{bmatrix}$

इसलिए, व्यंजक $A^3 - 2A^2$ एक शून्य आव्यूह है।

अत: विकल्प (A) सही है।

92. जैसा कि हम जानते हैं,

$\tan\theta =$ लंब /आधार

$\tan 30^\circ = \frac{1}{\sqrt{3}}$

$\tan 60^\circ = \sqrt{3}$

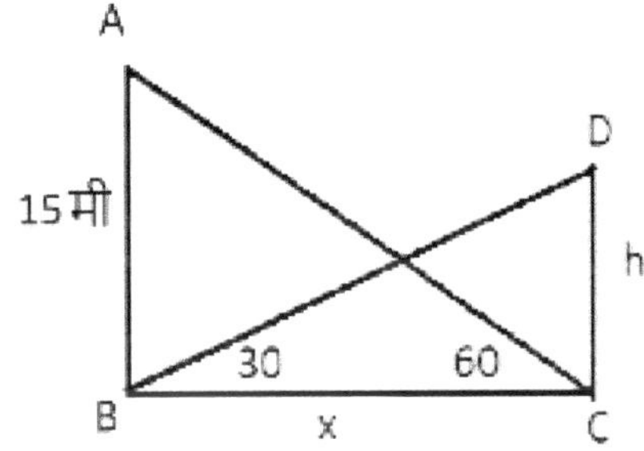

$\triangle ABC$ में,

$\tan 60^\circ = \frac{15}{x}$

$\Rightarrow \sqrt{3} = \frac{15}{x}$

$\Rightarrow x = \frac{15}{\sqrt{3}}$

$\Rightarrow x = \frac{15}{\sqrt{3}} \times \frac{\sqrt{3}}{\sqrt{3}}$

$\Rightarrow x = 5\sqrt{3}$ मी०

अब, $\triangle BDC$ में,

$\tan 30^\circ = \frac{h}{x}$

$\Rightarrow \frac{1}{\sqrt{3}} = \frac{h}{5\sqrt{3}}$

$\Rightarrow h = 5$ मी०

इस प्रकार, बिजली के खम्भे की ऊँचाई 5 मी० है।

अतः विकल्प (A) सही है।

93. दिया है:

अभिव्यक्ति $px^2 - 6x + q$

मूल का योग = 6 और मूल का गुणनफल = 6

प्रयुक्त सूत्र:

मूल का योग $= \frac{-b}{a}$ और मूल का गुणनफल $= \frac{c}{a}$

गणना:

अभिव्यक्ति $px^2 - 6x + q$

यहां, a = p, b = -6 और c = q

मूल का योग $= \frac{-b}{a} = -\frac{(-6)}{p}$

$6 = \frac{6}{p}$

$\Rightarrow p = 1$

अब, मूल का गुणनफल $= \frac{c}{a} = \frac{q}{p}$

$6 = \frac{q}{1}$ (p का मान रखने पर)

तो $q = 6$

इसलिए, $(p + q) = 6 + 1 = 7$

इसलिए, सही उत्तर 7 है।

अत: विकल्प (B) सही है।

94. संकल्पना:

$P(A) = \frac{n(A)}{n(S)}$

जहाँ $n(A) =$ घटना A के लिए अनुकूल मामलों की संख्या और $n(S) =$ प्रतिदर्श समष्टि की गणन-संख्या।

यदि एक सिक्के को तीन बार उछाला जाता है, तो संभावित परिणाम हैं:

$S = \{HHH, HHT, HTH, THH, THT, TTH, HTT, TTT\}$

एक या दो शीर्ष आने की प्रायिकता:

$A = \{HHT, HTH, THH, THT, TTH, HTT\}$

$P(A) = \frac{6}{8}$

$= \frac{3}{4}$

अत: विकल्प (C) सही है।

95. दिया गया:

A और B दो स्वतंत्र घटनाएँ हैं।

संकल्पना:

किन्हीं दो स्वतंत्र घटनाओं A और B के लिए: P(A ∩ B) = P(A)·P(B)

व्याख्या:

A और B में से कम से कम एक के घटित होने की प्रायिकता का अर्थ है "A लेकिन B या B नहीं लेकिन A या A और B दोनों नहीं"।

अप्रत्यक्ष रूप से इसका अर्थ है '1 - न तो A और B के घटित होने की प्रायिकता '।

⇒ P (A और B में से कम से कम एक) = 1 - P (न तो A और B)

⇒ P(A और B में से कम से कम एक) = 1 - P(A' ∩ B')

अब, P(A' ∩ B') = P(A') P(B') क्योंकि A और B स्वतंत्र घटनाएँ हैं।

⇒ P(A और B में से कम से कम एक) = 1 - P(A')P(B')

अत: विकल्प (D) सही है।

96. माना $A =$ तृप्ति

माना $B =$ प्रगति

A तक प्रश्न के हल होने की प्रायिकता $P(A) = \frac{1}{2}$

B द्वारा प्रश्न को हल करने की प्रायिकता $P(B) = \frac{1}{3}$

चूँकि प्रश्न को A और B द्वारा स्वतंत्र रूप से हल किया जाता है,

$\therefore P(AB) = P(A).P(B) = \frac{1}{2} \times \frac{1}{3} = \frac{1}{6}$

$P(A') = 1 - P(A) = 1 - \frac{1}{2} = \frac{1}{2}$

$P(B') = 1 - P(B) = 1 - \frac{1}{3} = \frac{2}{3}$

प्रश्न के हल होने की प्रायिकता $= P(A \cup B)$

$= P(A) + P(B) - P(AB)$

$= \frac{1}{2} + \frac{1}{3} - \frac{1}{6}$

$= \frac{4}{6}$

$= \frac{2}{3}$

अत: विकल्प (C) सही है।

97. Given:

990 का 66.66% + 729 का 11.11% $- \sqrt{2401} \times \sqrt{36} \div 7^2 = ?$

$= \frac{2}{3} \times 990 + \frac{1}{9} \times 729 - 49 \times \frac{6}{49}$

$= \frac{2}{3} \times 990 + \frac{1}{9} \times 729 - 6$

$= 660 + 81 - 6$

$= 660 + 75$

$= 735$

∴ ? का मान 735 है।

अतः विकल्प (B) सही है।

98. दिया गया क्रम 4,6,8,10 ... nवाँ है

किसी AP का सामान्य या nवाँ पद $T_n = a + (n - 1)d$ के रूप में दिया गया है

जहाँ पे,

$a =$ पहला पद

$d =$ सामान्य अंतर

इस दिए गए क्रम में d का मान 2 है।

$\therefore d = a_2 - a_1 = a_3 - a_2 ...$

दिए गए मानों को प्रतिस्थापित करें,

$T_n = 4 + (n - 1) \times 2$

$\Rightarrow T_n = 4 + 2n - 2$

$\Rightarrow T_n = 2n + 2$

अतः विकल्प (C) सही है।

99. दिया गया $\frac{1}{3}, \frac{5}{3}, \frac{9}{3}, \frac{13}{3}, \ldots$ है

यहां, $a_1 = \frac{1}{3}, a_2 = \frac{5}{3}, a_3 = \frac{9}{3}, a_4 = \frac{13}{3}$

प्रथम पद $= a_1 = \frac{1}{3}$

सामान्य अंतर, $d = a_2 - a_1 = a_3 - a_2$

$d = a_2 - a_1 = \frac{5}{3} - \frac{1}{3} = \frac{5-1}{3} = \frac{4}{3}$

$= a_3 - a_2 = \frac{9}{3} - \frac{5}{3} = \frac{9-5}{3} = \frac{4}{3}$

$= a_4 - a_3 = \frac{13}{3} - \frac{9}{3} = \frac{13-9}{3} = \frac{4}{3}$

अतः विकल्प (A) सही है।

100. प्रश्न के अनुसार,

मान लीजिए a और d दिए गए AP का प्रथम पद और सामान्य अंतर हैं।

किसी AP का सामान्य या nवाँ पद इस प्रकार दिया गया है,

$T_n = a + (n-1)d$

$a_{17} = a + (17-1)d = a + 16d$

$a_{10} = a + (10-1)d = a + 9d$

शर्त के अनुसार, $a_{17} - a_{10} = 7$

$\Rightarrow (a + 16d) - (a + 9d) = 7$

$\Rightarrow 7d = 7$

$\Rightarrow d = \frac{7}{7} = 1$

तो, सामान्य अंतर 1 है।

अतः विकल्प (B) सही है।

मॉक टेस्ट 02

Hindi

Q.1 'बाघिन' का पुल्लिंग क्या होगा?

A. बाघी **B.** बाग **C.** बाघ **D.** बाघा

Q.2 विदुषी का पुल्लिंग रूप होगा:

A. विदवान **B.** विदाता **C.** विद्वान **D.** विद्योता

Q.3 'आन' प्रत्यय से बना शब्द निम्न में से कौन सा है?

[MP Jail Prahari, 2018]

A. आनन्द **B.** उड़ान
C. आन - बान **D.** आना

Q.4 अभि – उपसर्ग से बना शब्द निम्न में से कौन सा है?

[MP Jail Prahari, 2018]

A. अभीराम **B.** अबिराम **C.** अभिराम **D.** अविराम

Ques (5-7):निर्देश: दिए गए गद्यांश को ध्यानपूर्वक पढ़िए तथा पूछे गए प्रश्नों के उत्तर के लिए सही विकल्प का चयन कीजिए।

कर्मों से बहुत कुछ बदला जा सकता है। दुनिया कर्म प्रधान है, कर्म से किस्मत को भी बदला जा सकता है। जरूरत है इसकी शक्ति को पहचानने और इसे पूर्ण निष्ठा और लगन से करने की। सत्य से प्रेरित कार्य व्यक्ति को महान बनाते हैं। ऐसा व्यक्ति सरल, सबल, सशक्त, प्रेमी, दानी, ज्ञानी और कल्याणकारी होता है। कृत्य के बारे में कहावत है कि जैसा बोओगे, वैसा काटोगे। कहते भी हैं कि बोया पेड़ बबूल का तो आम कहाँ से होए। गीता में भी कहा गया है कि इंसान को केवल कर्म का ही अधिकार है, उसके फल के बारे में चिंता करने का नहीं। गीता के अनुसार अपनी किस्मत को बदलने के लिए कर्मठता ही पहला और सबसे बड़ा रास्ता है। किसी दूसरे के साथ पूर्ण रूप से जीने से बेहतर है कि हम अपने कर्म के अनुसार अपूर्ण जिएं। दूसरों के जीवन की उन्नति और सफलता से ईर्ष्या न कर अपने जीवन से नकारात्मक विचारों को दूर कर अपनी आत्मा को उज्ज्वल बनाना चाहिए।

Q.5 गद्यांश में दुनिया के किस रूप का चित्रण हुआ है?

1. धर्म प्रधान
2. कर्म प्रधान
3. जाति प्रधान
4. राजनीति प्रधान

[CTET Paper - I, 2022]

A. 1 **B.** 2 **C.** 3 **D.** 4

Q.6 'कर्मठता' शब्द है:

1. विशेषण
2. विशेष्य
3. संज्ञा
4. क्रिया

[CTET Paper - I, 2022]

A. 1 **B.** 2 **C.** 3 **D.** 4

Q.7 "कर्म से <u>किस्मत</u> को भी बदला जा सकता है" में रेखांकित शब्द के स्थान पर कौन-सा विकल्प उपयुक्त होगा?

1. भाग्यवान
2. भाग्य
3. भाग्यहीन
4. भाग्यशाली

[CTET Paper - I, 2022]

A. 1 **B.** 2 **C.** 3 **D.** 4

Q.8 निचे दिए गए शब्दों में शुद्ध शब्द की वर्तनी का चयन कीजए।

A. आशीर्वाद **B.** ओघोगिक
C. आधीन **D.** अनाधिकार

Q.9 निम्नलिखित में से शुद्ध वर्तनी का चयन कीजिए:

A. हठधर्मिता **B.** दूशाला **C.** संसकार **D.** प्रतीपादन

Q.10 निर्देश: वाक्यांश के लिए एक शब्द का चयन कीजिये।
आवश्यकता से अधिक वर्षा

A. अत्वृष्टि **B.** अल्पवृष्टि **C.** ओलावृष्टि **D.** अतिवृष्टि

Q.11 निर्देश: वाक्यांश के लिए एक शब्द का चयन कीजिये।
आड़ या परदे के लिये रथ या पालकी को ढकनेवाला कपड़ा

A. अंडज **B.** आगत **C.** ओहार **D.** औरस

Q.12 'अकेला चना भाड़ नहीं फोड़ता' का अर्थ है:

A. एक चना किसी काम का नहीं
B. एक चना शक्तिहीन होता है
C. अकेला व्यक्ति किसी बड़े कार्य को नहीं कर सकता
D. एक चने से भूख नहीं मिटती

Q.13 'बाँझ क्या जाने प्रसव की पीड़ा' का अर्थ है:

A. दूसरों का दुःख-दर्द नहीं समझना
B. सहानुभूति नहीं दिखाना
C. सन्तानहीन होना
D. जिस पर बीतती है, वहीं जानता है

Q.14 'अयोगवाह' किसे कहते है?

[UPTET Science and Maths, 2019], [UPTET Social Studies, 2019]

A. महाप्राण को **B.** संयुक्त व्यंजन को
C. अल्पप्राण को **D.** विसर्ग को

Q.15 कपिश और कपीश का अर्थ है:

[MP Sub Inspector (MPSI), 2017]

A. केकड़ा और कूड़ा **B.** बंदर और बेल
C. गर्मी और बंदर **D.** मटमैला और बंदर

Q.16 इनमें से व्यंजन संधि आधारित शब्द है:

A. अन्वेषण **B.** उद्धार **C.** लघूर्मि **D.** पुरोहित

Q.17 "<u>निश्चय</u> करने पर व्यक्ति क्या नहीं कर सकता!" - रेखांकित शब्द में कौन-सी संधि है?

A. अयादि संधि **B.** स्वर संधि
C. विसर्ग संधि **D.** व्यंजन संधि

Q.18 'दशानन' में कौन-सा समास है?

A. तत्पुरुष **B.** कर्मधारय **C.** बहुव्रीहि **D.** द्विगु

Q.19 काल के कुल भेद होते है:

A. 2 **B.** 4 **C.** 3 **D.** 5

Q.20 'कृतज्ञ' का विलोम शब्द है:

[UPPSC Staff Nurse, 2017]

A. कृपण **B.** कुतर्क **C.** कृतघ्न **D.** कृतकार्य

Q.21 कौन-सा शब्द 'अनीक' का पर्यायवाची है?

[UPSSSC Village Development Officer, 2018]

A. अर्जुन **B.** सेना **C.** अग्नि **D.** घोडा

Q.22 'आकाश' का विलोम बताइए।

[UPSSSC Village Development Officer, 2018]

A. धरती **B.** पाताल **C.** अनर्थ **D.** अनघ

Q.23 निर्देश: दिए गए शब्द के पर्यायवाची शब्द का चयन करें।

समुद्र

A. मेघ **B.** पयोधि **C.** नीरज **D.** परिणाम

Q.24 'मेरे तो गिरधर गोपाल दूसरों न कोई। जाके सिर मोर मुकुट मेरो पति सोई।' इसमें कौन-सा रस है?

A. श्रृंगार रस **B.** वीर रस
C. हास्य रस **D.** भयानक रस

Q.25 'ऊंटपटांग' शब्द में समास होता है:

A. बहुब्रीहि **B.** द्वन्द्व **C.** द्विगु **D.** तत्पुरूष

English

Ques (26-27):Direction: Fill in the blank with the most appropriate word from the options given below.

Q.26 Yesterday, she ______ cookies for us.

A. Make **B.** Made **C.** Makes **D.** Making

Q.27 The soldiers ______ protect our country are true heroes.

A. Whose **B.** Who's **C.** Whom **D.** Who

Ques (28-29):Direction: Each of the following sentences in this section has a blank space and four words or group of words given after the sentence. Select the word or group of words you consider most appropriate for the blank space.

Q.28 A woman got into the car and ______.

[UPSC NDA, 2019]

A. drove off **B.** broke down
C. rode in **D.** drove in

Q.29 The lecture was not very interesting. In fact I ______ in the middle of it.

[UPSC NDA, 2019]

A. showed off **B.** put off
C. dozed off **D.** plugged off

Q.30 Direction: In the following sentence conjugate the verb in the appropriate form.

It might be dangerous. Suppose they ___ lost. (to get)

A. gotten **B.** got
C. have gotten **D.** get

Q.31 Direction: Choose the right question tag for the given blank.

She hasn't come yet, _____?

A. hasn't she **B.** haven't she
C. doesn't she **D.** has she

Q.32 Direction: Change the following sentence given below in the appropriate narration form.

She said, "I will have cooked the food by the time they arrive".

A. She said that she will have cooked the food by the time they would arrive.
B. She said that she would cooked the food by the time they will arrive.
C. She said that she would have cooked the food by the time they will arrive.
D. She said that she would have cooked the food by the time they arrived.

Q.33 Directions: Choose the option with the correct punctuation marks:

what a beautiful painting it is

A. What a beautiful painting it is.
B. What a beautiful painting it is?
C. What a beautiful painting it is!
D. What a beautiful painting, it is.

Q.34 Direction: In the given question, a part of the sentence is made bold. Below are given alternatives to the bold part at (A), (B), and (C) which may improve the sentence. Choose the correct alternative. In case no replacement is needed, mark (D) as your answer.

The prospects for Britain's orderly withdrawal from the European Union on March 29 **have receded further**, even as MPs rallied to stop a no-deal scenario.

A. Had recede further
B. Has receded further
C. Have receded for further
D. No replacement required

Q.35 Direction: Select the option which means the same as the group of words given.

A place where Buddhist monks live

A. Stupa **B.** Temple
C. Monastery **D.** Pagoda

Q.36 Direction: Fill in the blank with the correct pronoun.

The man _______ we met at the mall yesterday is the owner of the bookstore near your house.

A. whom **B.** who **C.** which **D.** whose

Q.37 Direction: Select the suitable conjunction to complete the sentence.

The poor villagers can neither read _____ write their own language.

A. or **B.** nor **C.** when **D.** as

Q.38 Direction: Fill in the blank with the appropriate article.

The members of the committee appointed him ___ president of the company.

A. a **B.** an
C. the **D.** No article required

Q.39 Direction: Choose the appropriate collective noun to complete the given sentence.

The villagers were shocked to see ____ of ships approaching the shore.

A. an army **B.** a crowd **C.** a fleet **D.** a flock

Q.40 Direction: Choose the most appropriate modal for the blank.

She ____ swim for hours at the age of eight.

A. can **B.** may **C.** might **D.** could

Q.41 Direction: Fill in the blanks with the correct preposition.

The food was distributed ________ the children.

A. among **B.** between **C.** from **D.** within

Q.42 Direction: Choose the correct intensifier from the options given below.

Open the window, will you? It's ___ boiling in here.

A. quite **B.** totally **C.** very **D.** really

Q.43 Select the misspelt word.

A. Quintessence **B.** Discrimination
C. Unconsionable **D.** Community

Q.44 Direction: Select the most appropriate meaning of the given idiom.

Be hard up

[SSC CGL, 2022]

A. Find it very difficult to wake up early
B. Have very little money
C. Unable to calculate
D. Have difficulty in climbing stairs

Q.45 Direction: Which figure of speech is used in this text?

Just act naturally when you ask the superstar for an autograph.

A. Oxymoron **B.** Antithesis
C. Metaphor **D.** Simile

Q.46 Direction: Complete the pattern analogy.

Pain : Sedative :: Grief : ?

A. Consolation **B.** Ache
C. Trance **D.** Stimulant

Q.47 Direction: In the following question, choose the word opposite in meaning to the given word.

Unscrupulous

A. Dishonest **B.** Honest
C. Dastardly **D.** Venal

Q.48 Direction: In the following question, out of the given alternatives, choose the one which best expresses the meaning of the given word.

Starkly

A. Quickly **B.** Slowly
C. Smoothly **D.** Prominently

Q.49 Direction: Select the synonym of the word abundant which Is mentioned in bold.

Scientists' research has revealed that viruses are by far the most **abundant** life forms on Earth. There are a million times more viruses on the planet than stars in the universe. Viruses also harbor the majority of genetic diversity on Earth. Scientists are finding evidence of viruses as a planetary force, influencing the global climate and geochemical cycles. They have also profoundly shaped the evolution of their hosts. The human genome, for example, contains 100,000 segments of virus DNA.

A. Plentiful **B.** Inadequate
C. Lacking **D.** Scanty

Q.50 Direction: Rearrange the jumbled words to make a meaningful sentence.

tomorrow / I / have / Jaipur / to / /to / go

A. Tomorrow I have to go to Jaipur.
B. I have to go to Jaipur tomorrow.
C. I to go to Jaipur have tomorrow.
D. Jaipur I have to go to tomorrrow.

General Studies

Q.51 उत्तर प्रदेश का राज्य वृक्ष ______ है।

A. बरगद का पेड़ **B.** अशोक का पेड़
C. आम का पेड़ **D.** उपरोक्त में से कोई नहीं

Q.52 निम्नलिखित में से कौन सा राष्ट्रीय उद्यान सिक्किम में स्थित है?

A. काजीरंगा राष्ट्रीय उद्यान
B. डिब्रू सैखोवा राष्ट्रीय उद्यान
C. कंचनजंगा राष्ट्रीय उद्यान
D. ओरांग राष्ट्रीय उद्यान

Q.53 उड़ीसा का कोणार्क सूर्य मंदिर ______ जिले में स्थित है।

A. पुरी **B.** भुवनेश्वर **C.** कटक **D.** देवगढ़

Q.54 उत्तर प्रदेश लोकायुक्त अधिनियम कब पारित किया गया?

A. 1970 **B.** 1972 **C.** 1975 **D.** 1977

Q.55 उत्तर प्रदेश के किस हवाई अड्डे को अंतर्राष्ट्रीय हवाई अड्डा लाइसेंस प्राप्त हुआ है?

A. अयोध्या **B.** कुशीनगर **C.** कानपुर **D.** प्रयागराज

Q.56 सरकारी व्यवसाय के संचालन के लिए करों और अन्य प्राप्तियों के माध्यम से केंद्र सरकार द्वारा प्राप्त सभी राजस्व का श्रेय किसको दिया जाता है?

A. भारत का आकस्मिकता कोष
B. सार्वजनिक खाता
C. भारत का समेकित कोष
D. जमा और अग्रिम कोष

Q.57 निम्नलिखित में से किसे "भारतीय क्रांति की जननी" कहा जाता है?

[UPTET Social Studies, 2019]

A. कल्पना दत्त **B.** मैडम भीकाजी कामा
C. एनी बेसेंट **D.** प्रीतिलता वड्डेदार

Q.58 कांग्रेस छोड़ने के बाद 1939 में सुभाष चंद्र बोस ने अपनी पार्टी बनाई, जिसका नाम क्या था?

A. सोशलिस्ट ब्लॉक
B. क्रांतिकारी समाजवादी ब्लॉक
C. अखिल भारतीय फॉरवर्ड ब्लॉक
D. स्वदेशी आंदोलन

Q.59 साहित्य अकादमी का मुख्यालय कहाँ है?

A. बेंगलुरु **B.** उत्तर प्रदेश
C. पंजाब **D.** नई दिल्ली

Q.60 उत्तर प्रदेश की सितारा देवी निम्नलिखित में से किस कला के लिए प्रसिद्ध है?

A. कथक **B.** ठुमरी
C. भरतनाट्यम **D.** उपरोक्त में से कोई नहीं

Q.61 कतर की राजधानी क्या है?

A. बेरूत **B.** पुरुष **C.** तेहरान **D.** दोहा

Q.62 निम्नलिखित में से कौन एक पॉइंटिग इनपुट डिवाइस नहीं है?

A. ट्रैक बॉल **B.** जॉयस्टिक
C. डिजिटाइज़िंग टैबलेट **D.** स्कैनर

Q.63 मुख्य मेमोरी के दो प्रकार हैं-

A. प्राथमिक और माध्यमिक
B. यादृच्छिक और अनुक्रमिक
C. रोम और रैम
D. उपरोक्त सभी

Q.64 मानव शरीर में सबसे मजबूत मांसपेशी कहाँ पाई जाती है?

A. जबड़े **B.** जांघ **C.** गर्दन **D.** हाथ

Q.65 ESN का का पूर्ण रूप क्या है?

A. इलेक्ट्रॉनिक सिस्टम नंबर
B. इलेक्ट्रॉनिक सीरियल नंबर
C. इलेक्ट्रॉनिक सीरियल नेटवर्क
D. इक्विपमेंट सीरियल नंबर

Q.66 बिहार सरकार ने किस संगठन के साथ राज्य के कलाकारों, हस्तशिल्प और कई अन्य जातीय कलाओं को अंतर्राष्ट्रीय प्रदर्शन प्राप्त करने में मदद करने के लिए एक समझौता ज्ञापन पर हस्ताक्षर किए हैं?

A. गृह मंत्रालय
B. यूनेस्को
C. भारतीय सांस्कृतिक संबंध परिषद
D. दोनों (A) और (C)

Q.67 किस राज्य ने 'रक्षा और एयरोस्पेस इकाई और रोजगार प्रोत्साहन नीति-2022' को मंजूरी दी?

A. बेंगलुरु **B.** उत्तर प्रदेश
C. पंजाब **D.** नई दिल्ली

Q.68 "कल्पसूत्र" जैन धर्म से संबंधित एक ग्रंथ है। इसे _____ ने लिखा है।

A. भद्रबाहु **B.** चाणक्य **C.** सूरदास **D.** चंद्रगुप्त

Q.69 चोल वंश निम्नलिखित में से किसके शासनकाल में अपने उत्कर्ष पर पहुँचा था?

A. ज्ञानेंद्र चोल **B.** राजेंद्र चोल प्रथम
C. सुंदर चोल **D.** उपरोक्त में से कोई नहीं

Q.70 इज़राइल की मुद्रा क्या है?

A. टोग्रोग **B.** रियाल
C. इजरायली दीनार **D.** न्यू इज़राइली शेकेल

Q.71 30 सितंबर 2022 को गांधीनगर में 36वें राष्ट्रीय खेलों में महिलाओं के 49 किग्रा वर्ग में स्वर्ण किसने जीता है?

A. कर्णम मल्लेश्वरी **B.** रेणु बाला चानू
C. मीराबाई चानू **D.** कुंजारानी देवी

Q.72 5 अक्टूबर 2022 को प्रक्षेपित NASA मिशन में अंतरिक्ष में जाने वाली पहली मूल अमेरिकी महिला कौन बनीं हैं?

A. एंड्रयू लुइस **B.** निकोल मान
C. डायना **D.** बेथेनी मोंटेक

Q.73 सिंधु नदी _______ के निकट एक ग्लेशियर से निकलती है।

A. बोखार चू **B.** गौमुख **C.** चेमयुंगडुंग **D.** गैरसैण

Q.74 निम्नलिखित में से किस एक मिट्टी में लौह ऑक्साइड की मात्रा अधिक होती है लेकिन नाइट्रोजन और चूने की कमी होती है और अम्लता की उच्च मात्रा के कारण कृषि के लिए अनुपयुक्त होती है?

A. शुष्क मिट्टी **B.** लैटेराइट मिट्टी
C. जलोढ़ मिट्टी **D.** रेगुर मिट्टी

Q.75 कोशिका के वैज्ञानिक अध्ययन को क्या कहा जाता है?

A. हिस्टोलॉजी **B.** साइटोलॉजी
C. फिजियोलॉजी **D.** टेक्सोनौमी

Mathematics

Q.76 यदि किसी गोले की त्रिज्या में 2.5 डेसीमीटर की वृद्धि होती है, तो इसके पृष्ठीय क्षेत्रफल में 110 डेसीमीटर ^{2} की वृद्धि होती है। गोले का आयतन (डेसीमीटर ^{3} में) ज्ञात कीजिए?

$\left(\pi = \frac{22}{7}\right.$ लें)

[SSC CGL, 2020]

A. $\frac{4}{7}$ **B.** $\frac{3}{7}$ **C.** $\frac{13}{21}$ **D.** $\frac{11}{21}$

Q.77 ∆ABC में, O और I क्रमशः त्रिभुज के लंब केंद्र और अन्त: केंद्र हैं। यदि ∠BIC : ∠AOC = 11 : 12 और उनका योग 360° का $63\frac{8}{9}\%$ है। ∆ABC में, ∠A, ∠B, और ∠C के बीच का अनुपात ज्ञात कीजिए?

A. 2 : 3 : 4 **B.** 1 : 2 : 3 **C.** 4 : 5 : 6 **D.** 3 : 4 : 5

Q.78 एक त्रिभुज के तीनों कोणों कि कोज्याओं का योग ज्ञात कीजिए जिसकी भुजाएं 11 सेमी, 60 सेमी और 61 सेमी हैं।

A. $\frac{59}{60}$ **B.** $\frac{60}{61}$ **C.** $\frac{71}{60}$ **D.** $\frac{71}{61}$

Q.79 एक बिसात (शतरंज बोर्ड) पर एक सीधे पथ की लंबाई में विकर्णों पर 6 क्रमागत वर्गों को कितने विभिन्न प्रकार से चयनित किया जा सकता है ?

[UPSC Prelims, 2021]

A. 4 **B.** 6 **C.** 8 **D.** 12

Q.80 यदि सम्मिश्र संख्या के आयताकार रूप को $z = \frac{5}{2} + \frac{5\sqrt{3}}{2}i$ के रूप में दर्शाया गया है, तो इसके ध्रुवीय रूप को किस रूप में दर्शाया गया है?

A. $5\left(\cos\left(\frac{2\pi}{3}\right) - i\sin\left(\frac{2\pi}{3}\right)\right)$
B. $5\left(\cos\left(\frac{\pi}{3}\right) - i\sin\left(\frac{\pi}{3}\right)\right)$
C. $5\left(\cos\left(\frac{2\pi}{3}\right) + i\sin\left(\frac{2\pi}{3}\right)\right)$
D. $5\left(\cos\left(\frac{\pi}{3}\right) + i\sin\left(\frac{\pi}{3}\right)\right)$

Q.81 यदि आव्यूह $\begin{bmatrix} \cos\theta & \sin\theta & 0 \\ \sin\theta & \cos\theta & 0 \\ 0 & 0 & 1 \end{bmatrix}$ एकल है, तो θ का मान ज्ञात कीजिए।

A. $\frac{\pi}{4}$ **B.** $\frac{\pi}{2}$ **C.** π **D.** 0

Q.82 इमारत के शीर्ष से एक खंभे के शीर्ष का अवनमन कोण 60° है। इमारत के आधार से खंभे के शीर्ष का उन्नयन कोण 45° है। इमारत और खंभे की औसत ऊंचाई ज्ञात कीजिये यदि इमारत और खंभे के बीच की दूरी 450 मी है।

A. 665.04 मी **B.** 839.71 मी
C. 789.60 मी **D.** 986.5 मी

Q.83 एक गैस स्टेशन पर रुकने वाला व्यक्ति अपने टायरों की जांच करने के लिए कहेगा की प्रायिकता 0.12 है, वह अपने तेल की जांच करने के लिए कहेगा की प्रायिकता 0.29 है और वह उन दोनों को जांचने के लिए कहेगा की प्रायिकता 0.07 है। जिस व्यक्ति के टायरों की जांच की गई है, उसके तेल की भी जांच होने की प्रायिकता क्या है?

A. 0.34 **B.** 0.58 **C.** 0.24 **D.** 0.41

Q.84 निर्देश: निम्नलिखित प्रश्न में प्रश्नवाचक चिन्ह (?) के स्थान पर क्या आएगा:

$$12\frac{2}{3} \times \sqrt{324} - 1450 \text{ का } 34\% = ?^{\frac{1}{2}} - 280$$

A. 144 **B.** 225 **C.** 361 **D.** 441

Q.85 तीन संख्याएँ एक समांतर श्रेणी में इस प्रकार हैं जिससे उनका योग 18 है और उनके वर्गों का योग 158 है। तो उनमें से सबसे बड़ी संख्या क्या है?

A. 10 **B.** 11
C. 12 **D.** इनमें से कोई नहीं

Q.86 यदि एक समांतर श्रेणी के 11वें पद का दोगुना इसके 21वें पद के 7 गुना के बराबर है, तो इसका 25वां पद किसके बराबर है?

A. 24 **B.** 120
C. 0 **D.** इनमें से कोई नहीं

Q.87 उन तरीकों की संख्या क्या है जिसमें 4 लड़के और 4 लड़कियों को एक पंक्ति में इस प्रकार व्यवस्थित किया जा सकता है जिससे कोई भी दो लड़कियां और कोई भी दो लड़के एक साथ नहीं बैठे?

A. $(4!)^2$ **B.** $2(4!)^2$
C. 8! **D.** इनमें से कोई नहीं

Q.88 एक बंद बेलन के वक्र पृष्ठीय क्षेत्रफल और आयतन का अनुपात 4 : 7 है। यदि इसका कुल पृष्ठीय क्षेत्रफल 253 सेमी^{2} है, तो इसकी ऊँचाई है।
(जहाँ $\pi = \frac{22}{7}$)

A. 9 सेमी **B.** 10 सेमी **C.** 8 सेमी **D.** 5 सेमी

Q.89 8.4 सेमी त्रिज्या वाले एक ठोस धातु के गोले को पिघलाया जाता है और 18.9 सेमी ऊंचाई वाले शंकु में परिवर्तित कर दिया जाता है। शंकु के आधार की त्रिज्या (सेमी में) क्या है?

A. 10.5 **B.** 11.2 **C.** 10.8 **D.** 9.8

Q.90 वर्ग का परिमाप, आयत के परिमाप का दोगुना है यदि आयत की लंबाई और चौड़ाई का अनुपात 7 : 4 है। आयत की चौड़ाई 28 इकाई है। वर्ग का क्षेत्रफल कितना है?

A. 5814 वर्ग इकाई **B.** 2880 वर्ग इकाई
C. 5929 वर्ग इकाई **D.** 1372 वर्ग इकाई

Q.91 एक कक्षा में सभी छात्रों का औसत वजन 55 किग्रा है। लड़कों और लड़कियों के औसत वजन का अनुपात 5 : 4 है। यदि 40% छात्र लड़के हैं और शेष लड़कियां हैं, तो लड़कों का औसत वजन (किलो में) क्या है?

[SSC MTS, 2021]

A. 62.5 **B.** 65 **C.** 66 **D.** 60.8

Q.92 $\frac{4}{25}, \frac{8}{35}$ और $\frac{22}{40}$ का महत्तम समापवर्तक(H.C.F) ज्ञात कीजिए:

A. $\frac{1}{700}$ **B.** $\frac{5}{1400}$ **C.** $\frac{3}{1400}$ **D.** $\frac{1}{2800}$

Q.93 दो परस्पर अपवर्जित घटनाओं A और B के लिए P(A) = 0.2 और $P(\bar{A} \cap B) = 0.3$ हैं। $P(A|(A \cup B))$ किसके बराबर है?

A. $\frac{1}{2}$ **B.** $\frac{2}{5}$ **C.** $\frac{2}{7}$ **D.** $\frac{2}{3}$

Q.94 दो संख्याओं का ल.स.प. उनके म.स.प. का 15 गुना है। यदि संख्याओं का योग 464 है और कोई एक संख्या 435 है, तब इनके ल.स.प. और म.स.प. के योग तथा संख्याओं के अंतर का अनुपात ज्ञात कीजिए।

A. 7 : 8 **B.** 9 : 8 **C.** 8 : 7 **D.** 8 : 9

Q.95 समीकरण $x^2 + kx + 4 = 0$ के वास्तविक मूलों के लिए k का सबसे छोटा मान क्या है?

A. -2 **B.** 4 **C.** 16 **D.** 6

Q.96 यदि दो पासे फेंके जाते हैं, तो क्या प्रायिकता है कि पासे के पृष्ठों का योग अभाज्य है?

A. $\frac{5}{12}$ **B.** $\frac{1}{2}$ **C.** $\frac{1}{3}$ **D.** $\frac{7}{12}$

Q.97 श्रेणी $\frac{1}{2} + \frac{5}{6} + \frac{7}{6} \ldots$ कैसी श्रेणी है?

A. समांतर श्रेणी **B.** गुणोत्तर श्रेणी
C. हरात्मक श्रेणी **D.** घातांकीय श्रेणी

Q.98 एक आयताकार मैदान की लम्बाई और चौड़ाई का अनुपात 7 : 5 है, और उस मैदान का क्षेत्रफल 6860 सेमी^{2} है। आयताकार मैदान की लम्बाई ज्ञात कीजिये।

A. 98 **B.** 84 **C.** 70 **D.** 64

Q.99 एक त्रिभुज ABC में, ∠ACB = 55°, ∠ABC = 65° है, तो ∠BIC का मान ज्ञात कीजिए, यदि I त्रिभुज का अंतः केंद्र है।

A. 150° **B.** 135° **C.** 120° **D.** 130°

Q.100 निम्न आकृति में दर्शाए गए चतुर्भुज का क्षेत्रफल ज्ञात करें (रेखांकित नहीं मापा गया है)

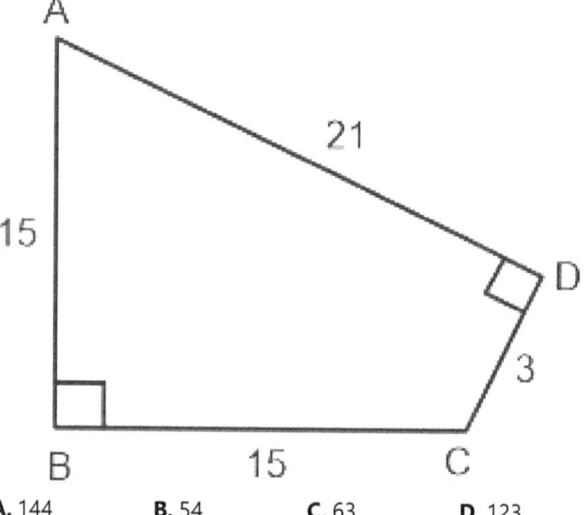

A. 144 **B.** 54 **C.** 63 **D.** 123

// स्मार्ट उत्तर पुस्तिका //

सही उत्तर — उन छात्रों के प्रतिशत को इंगित करता है जिन्होंने प्रश्नों का सही उत्तर दिया था।

छोड़ दिया — उन छात्रों के प्रतिशत को इंगित करता है जिन्होंने प्रश्नों को छोड़ दिया था।

प्रश्न संख्या	उत्तर	सही उत्तर	छोड़ दिया
1	C	42.69 %	1.01 %
2	C	45.5 %	1.74 %
3	B	86.21 %	0.0 %
4	C	49.99 %	1.38 %
5	B	84.55 %	0.0 %
6	C	60.18 %	1.8 %
7	B	41.74 %	1.66 %
8	A	59.52 %	1.1 %
9	A	63.22 %	1.55 %
10	D	64.24 %	1.96 %
11	C	68.96 %	1.75 %
12	C	76.12 %	0.0 %
13	D	45.8 %	1.84 %
14	D	14.11 %	3.81 %
15	D	49.14 %	1.95 %
16	B	49.09 %	1.39 %
17	C	49.9 %	1.43 %
18	C	85.0 %	0.0 %
19	C	89.1 %	0.0 %
20	C	29.18 %	4.39 %
21	B	44.98 %	1.82 %
22	B	44.46 %	1.37 %
23	B	47.65 %	1.06 %
24	A	45.81 %	1.35 %
25	D	43.42 %	1.17 %
26	B	61.16 %	1.39 %
27	D	25.38 %	4.06 %
28	A	55.27 %	1.24 %
29	C	44.73 %	1.83 %
30	B	47.98 %	1.68 %
31	D	87.62 %	0.0 %
32	D	10.64 %	3.63 %
33	C	49.24 %	1.86 %
34	D	10.29 %	4.0 %
35	C	82.3 %	0.0 %
36	A	58.57 %	1.53 %
37	B	66.71 %	1.77 %
38	C	58.2 %	1.79 %
39	C	61.98 %	1.31 %
40	D	58.78 %	1.9 %
41	A	49.47 %	1.86 %
42	D	54.1 %	1.41 %
43	C	53.66 %	1.13 %
44	B	13.13 %	4.09 %
45	A	48.56 %	1.49 %
46	A	62.05 %	1.55 %
47	B	89.75 %	0.0 %
48	D	51.27 %	1.24 %
49	A	61.07 %	1.96 %
50	B	61.1 %	1.14 %
51	B	61.61 %	1.4 %
52	C	53.42 %	1.17 %
53	A	43.64 %	1.26 %
54	C	67.03 %	1.23 %
55	B	60.88 %	1.97 %
56	C	51.9 %	1.07 %
57	B	61.32 %	1.36 %
58	C	81.37 %	0.0 %
59	D	81.55 %	0.0 %
60	A	48.27 %	1.38 %
61	D	77.92 %	0.0 %
62	C	48.14 %	1.04 %
63	A	68.2 %	1.09 %
64	A	41.18 %	1.33 %
65	B	53.53 %	1.28 %
66	C	49.93 %	1.87 %
67	B	56.85 %	1.6 %
68	A	45.84 %	1.77 %
69	B	62.68 %	1.82 %
70	D	80.53 %	0.0 %
71	C	81.92 %	0.0 %
72	B	40.28 %	1.06 %
73	A	61.45 %	1.97 %
74	B	29.82 %	3.7 %
75	B	63.96 %	1.05 %
76	D	22.48 %	3.87 %
77	A	24.12 %	3.78 %
78	D	49.03 %	1.34 %
79	B	42.9 %	1.85 %
80	D	68.72 %	1.27 %

प्रश्न संख्या	उत्तर	सही उत्तर / छोड़ दिया
81	A	27.58 % / 3.22 %
82	B	42.65 % / 1.03 %
83	B	13.34 % / 3.05 %
84	B	67.44 % / 1.85 %
85	B	40.23 % / 1.5 %
86	C	50.87 % / 1.83 %
87	B	44.31 % / 1.11 %
88	C	52.3 % / 1.9 %
89	B	43.8 % / 1.69 %
90	C	52.78 % / 1.38 %
91	A	67.83 % / 1.39 %
92	A	69.76 % / 1.39 %
93	B	54.54 % / 1.41 %
94	C	60.46 % / 1.54 %
95	B	67.48 % / 1.37 %
96	A	58.41 % / 1.9 %
97	A	65.92 % / 1.72 %
98	A	57.74 % / 1.17 %
99	C	63.53 % / 1.6 %
100	A	63.68 % / 1.99 %

कार्य विश्लेषण	
औसत अंक (%)	40.0%
टॉपर्स स्कोर (%)	62.0%
आपका स्कोर	

//संकेत और समाधान//

1. दिए गए विकल्पों में 'बाघिन' शब्द का पुल्लिंग 'बाघ' होगा। अन्य विकल्प अनुचित हैं।

वे संज्ञा शब्द जो हमें पुरुष जाति के व्यक्ति, वस्तु आदि का बोध कराते हैं, वे पुल्लिंग शब्द कहलाते हैं। जैसे: बकरा, घोड़ा, लड़का, आदमी, शेर, हाथी, भेड़िया, खटमल, बन्दर, कुत्ता, बालक, शिशु, पत्रकार, राजा, राजकुमार आदि।

अत: विकल्प (C) सही है।

2. 'विदुषी' का पुल्लिंग 'विद्वान' है।

वे संज्ञा शब्द जो हमें पुरुष जाति के व्यक्ति, वस्तु आदि का बोध कराते हैं, वे पुल्लिंग शब्द कहलाते हैं। जैसे: बकरा, घोड़ा, लड़का, आदमी, शेर, हाथी, भेड़िया, खटमल, बन्दर, कुत्ता, बालक, शिशु, पत्रकार, राजा, राजकुमार आदि।

अत: विकल्प (C) सही है।

3. दिए गए विकल्पों में से आन प्रत्यय से बना शब्द उड़ान है।

प्रत्यय: वे शब्दांश या अव्यय, जो किसी शब्द के अंत में जुड़कर उसके अर्थ में (मूल शब्द के अर्थ में) विशेषता ला दे या उसका अर्थ ही बदल दे।

जैसे - आस, वत, ता, वान आदि।

उदाहरण – मानव + ता= मानवता, शक् + ति= शक्ति आदि।

अत: विकल्प (B) सही है।

4. दिए गए विकल्पों में से 'अभि' उपसर्ग से बना शब्द अभिराम है।

उपसर्ग: जो शब्दांश के आरम्भ में लगकर उसके अर्थ में परिवर्तन करते है, उन्हें उपसर्ग कहते है अर्थात भाषा के वे छोटे से छोटा सार्थक खंड, जो शब्द के आरंभ में लगकर नए शब्द का निर्माण करता है, उसे उपसर्ग कहते है।

उदाहरण: प्र, सु, अति, अधि, अनु, नि आदि।

अत: विकल्प (C) सही है।

5. गद्यांश में दुनिया के कर्म प्रधान रूप का चित्रण हुआ है।

गद्यांश के अनुसार, कर्मों से बहुत कुछ बदला जा सकता है। दुनिया कर्म प्रधान है, कर्म से किस्मत को भी बदला जा सकता है। जरूरत हे इसकी शक्ति को पहचानने और इसे पूर्ण निष्ठा और लगन से करने की।

अतः विकल्प (B) सही है।

6. 'कर्मठता' शब्द में भाववचाक संज्ञा है।

जिस शब्द से किसी वस्तु अथवा व्यक्ति के गुण, दशा, भाव, व्यापार, धर्म, अवस्था, स्वभाव का बोध होता हैं, उसे भाववाचक संज्ञा कहते है, जैसे-दया, सच्चाई, क्रोध, दरिद्रता, चढ़ाई आदि। अनेक भाववाचक संज्ञाएं व्यक्तिवाचक संज्ञा, जातिवाचक संज्ञा, सर्वनाम, क्रिया, विशेषण, क्रिया विशेषण तथा अव्ययों में प्रत्यय लगाकर बनती है:

- व्यक्तिवाचक संज्ञा से- शिव से शिवत्व, गाँधी से गाँधीवाद।
- जातिवाचक संज्ञा से- लड़का से लड़कपन, मित्र से मित्रता।
- सर्वनाम से- अपना से अपनापन, मम से ममता।
- क्रिया से- सजाना से सजावट, बहना से बहाव।
- विशेषण से- भोला से भोलापन, सरल से सरलता।
- अव्यय से- दूर से दूरी, समीप से सामीप्य।

अतः विकल्प (C) सही है।

7. उपर्युक्त प्रश्नानुसार रेखांकित शब्द 'किस्मत' के स्थान पर 'भाग्य' शब्द उपयुक्त होगा।

अतः विकल्प (B) सही है।

8. उपरोक्त विकल्पों में 'आशीर्वाद' शब्द वर्तनीगत शुद्ध है। '**आशीर्वाद**' शब्द का अर्थ है आशीष ; बड़ों का छोटों के लिए शुभ उद्गार ; कल्याण एवं मंगलकामना ; दुआ।

अन्य विकल्प:

अशुद्ध शब्द	शुद्ध शब्द	अर्थ
ओघोगिक	औघोगिक	वस्तुएँ तैयार करने के काम से संबंध रखनेवाला।
आधीन	अधीन	जो किसी के अधिकार शासन या वश में हो।
अनाधिकार	अनधिकार	अधिकार या योग्यता एवं पात्रता का अभाव।

अतः विकल्प (A) सही है।

9. दिए गए विकल्पों में से 'हठधर्मिता' शब्द वर्तनीगत शुद्ध है।

हठधर्मिता का अर्थ होता है - अपनी अनुचित बात पर भी अड़े रहने की अवस्था या भाव। हठधर्मी विशेषण शब्द है जिसका अर्थ कट्टरता होता है।

- उदाहरण: वे सच्चे साहित्य की आत्मा से जुड़े थे तथा वे कभी भी व्यक्तिगत पक्षपात या **हठधर्मिता** से नहीं बंधे।

अत: विकल्प (A) सही है।

10. 'आवश्यकता से अधिक वर्षा' के लिए एक शब्द 'अतिवृष्टि' होगा।

'अतिवृष्टि' का विलोम - अनावृष्टि।

अल्पवृष्टि- आवश्यकता से कम बरसात

ओलावृष्टि- ओले की बरसात

अतः विकल्प (D) सही है।

11. आड़ या परदे के लिये रथ या पालकी को ढकनेवाला कपड़ा के लिए वाक्यांश के लिए एक शब्द ओहार है।

अंडज: अंडे से उत्पन्न

आगत: आया हुआ, जैसे: विदेशज शब्द भी आगत कहलाते है।

औरस: विवाहित स्त्री से उत्पन्न

अतः विकल्प (C) सही है।

12. 'अकेला चना भाड़ नहीं फोड़ता' का अर्थ होता है - अकेला व्यक्ति किसी बड़े कार्य को नहीं कर सकता ।

वाक्य प्रयोग - अकेले शाकिब उल हसन बांग्लादेश को विश्वविजेता नहीं बना सकता क्योंकि अन्य टीमें अधिक अनुभवी है तथा ऐसे में बांग्लादेश के लिए अकेला चना भाड़ नहीं फोड़ सकता।
अतः विकल्प (C) सही है।

13. 'बाँझ क्या जाने प्रसव की पीड़ा' का अर्थ है - जिस पर बीतती है, वहीं जानता है।

वाक्य प्रयोग - कितनी कड़ी मेहनत करके गंगा प्रसाद ने जायदाद बनाई, अब उसके बेटे उसे उड़ा रहे हैं। सच है, बांझ क्या जाने प्रसव की पीड़ा।
अतः विकल्प (D) सही है।

14. ऐसे वर्ण जो "अ" के योग से उच्चारित होते हैं और व्यंजन वर्णों का उच्चारण वहन करते हैं अयोगवाह कहलाते हैं। ये न तो स्वर के अंतर्गत आते हैं और न ही व्यंजन के अन्तर्गत आते हैं। लेकिन यह स्वर के अंत में अवश्य लगते हैं हिंदी में अयोगवाह की संख्या 2 होती है। अं एवं अ: अयोगवाह होते हैं। अयोगवाह अनुस्वार (ं) और विसर्ग (ः) को को कहते हैं।

अतः विकल्प (D) सही है।

15. कपिश और कपीश का अर्थ मटमैला और बंदर है।

कुछ शब्द ऐसे होते हैं जिनमें स्वर, मात्रा अथवा व्यंजन में थोड़ा-सा अन्तर होता है। वे बोलचाल में लगभग एक जैसे लगते हैं, परन्तु उनके अर्थ में भिन्नता होती है। ऐसे शब्द 'समश्रुत/श्रुतिसम भिन्नार्थक शब्द' कहलाते हैं।

उदाहरण: घन और धन दोनों के उच्चारण में कोई खास अन्तर नहीं होता परन्तु अर्थ में भिन्नता, जैसे- घन-बादल और धन-सम्पत्ति होता है।

अतः विकल्प (D) सही है।

16. दिए गए विकल्पों में 'उद्धार' शब्द व्यंजन संधि आधारित शब्द है। अतिरिक्त विकल्प स्वर तथा विसर्ग संधि हैं।

- व्यंजन संधि में त् + ह आये तो त् का द् तथा ह का ध में रूपांतरण होगा। जैसे – उत् + हरण = उद्धरण, पद् + हती = पद्धति।

अन्य विकल्प:

अनु + एषण (यण संधि)	यण संधि में इ, ई, उ, ऊ या ऋ का मेल यदि असमान स्वर से हो तो इ, ई का 'य'; उ, ऊ का 'व' और ऋ का 'र' हो जाता है। जैसे - यदि + अपि (इ + अ) = यद्यपि, अनु + एषण = अन्वेषण।
लघु + ऊर्मि (दीर्घ संधि)	जब दो सवर्ण, ह्रस्व या दीर्घ, स्वरों के मेल होने पर दीर्घ स्वर बन जाता है, तब उसे दीर्घ संधि कहते हैं। जैसे – शिव + आलय (अ + आ) = शिवालय, गिरि + इन्द्र (इ + इ) = गिरीन्द्र।
पुरः + हित (विसर्ग संधि)	यदि विसर्ग से पहले 'अ' हो और बाद में घोष व्यंजन हो तो विसर्ग 'ओ' में बदल जाता है। जैसे – मनः + भाव = मनोभाव, यशः + दा = यशोदा।

अतः विकल्प (B) सही है।

17. <u>निश्चय</u> शब्द में विसर्ग संधि है।

विसर्ग संधि	स्वर और व्यंजन के मेल से विसर्ग में जो विसर्ग होता है उसे विसर्ग संधि कहते है।	निश्चय = निः + चय (:+च्=श्)

अन्य विकल्प -

संधि	परिभाषा
अयादि संधि	जब संधि करते समय ए , ऐ , ओ , औ के साथ कोई अन्य स्वर हो तो (ए का अय), (ऐ का आय), (ओ का अव), (औ – आव) बन जाता है। यही अयादि संधि कहलाती है। जैसे - गै + अक = गायक
स्वर संधि	स्वर संधि दो स्वरों के मेल से होने वाले विकार (परिवर्तन) को स्वर-संधि कहते हैं। जैसे - विद्या + आलय = विद्यालय।
व्यंजन संधि	व्यंजन का व्यंजन से अथवा किसी स्वर से मेल होने पर जो परिवर्तन होता है उसे व्यंजन संधि कहते हैं। क् + ग = ग्ग जैसे दिक् + गज = दिग्गज।

अतः विकल्प (C) सही है।

18. 'दशानन' में बहुव्रीहि समास है।

बहुव्रीहि समास - जिस समास में कोई पद प्रधान न होकर (दिए गए पदों में) किसी अन्य पद की प्रधानता होती है। यह अपने पदों से भिन्न किसी विशेष संज्ञा का विशेषण है।

अतः विकल्प (C) सही है।

19.

काल के भेद – काल के 3 भेद होते हैं

(i) भूतकाल

(ii) वर्तमान काल

(iii) भविष्य काल

काल का अर्थ है – समय। क्रिया के जिस रूप से उसके होने के समय का बोध हो उसे काल कहते हैं।

अतः विकल्प (C) सही है।

20. कृतज्ञ' का विलोम शब्द कृतघ्न है।

- 'कृतज्ञ': जो उपकार या नेकी को मानता हो, आभारी।
- कृतघ्न: किए हुए उपकार को न माननेवाला।

अतः विकल्प (C) सही है।

21. 'अनीक' का पर्यायवाची शब्द 'सेना' है।

अनीक के अन्य पर्यायवाची शब्द- सेना, ऊनी, कटक, दल, चमू , अनीक, अनीकिनी आदि।

अन्य विकल्प:

- अर्जुन के पर्यायवाची शब्द - धनञ्जय, कर्णारि, कौंतेय, पार्थ, गांडीवधर, गांडीवी, कपिध्वज, सव्यसाची
- अग्नि के पर्यायवाची शब्द - धनंजय, हुताशन, आग, धूमकेतु, रोहिताश्व, दहन
- घोड़ा के पर्यायवाची शब्द – घोटक, तुरंग, घोट, अश्व, हय

अतः विकल्प (B) सही है।

22. 'आकाश' का विलोम 'पाताल' है।

अम्बर का पर्यायवाची शब्द 'आकाश' है।

विपरीत (उल्टा) अर्थ बताने वाले शब्दों को विपरीतार्थक शब्द या विलोम शब्द कहते हैं।

- अनर्थ का विलोम 'अर्थ' है।
- अनघ का विलोम 'नघ' है।

अतः विकल्प (B) सही है।

23. दिए गए विकल्पों में समुद्र का पर्यायवाची 'पयोधि' है।

समुद्र के अन्य पर्यायवाची शब्द हैं 'सागर, उदधि, समर' आदि। अन्य विकल्प असंगत हैं।

अन्य पर्यायवाची शब्द:

- मेघ: घन, जलधर, जलद, वारिद आदि।
- नीरज: सरोज, जलज, पंकज, कमल, कंज आदि।
- परिणाम: फैसला, निर्णय, निश्चय आदि।

अतः विकल्प (B) सही है।

24. उपरोक्त काव्य पंक्ति इन पंक्तियों में श्रृंगार रस' की प्रतीत होती है।

क्योंकि इस पद में मीरा कृष्ण के प्रेम में मग्न हैं, उन्होंने कृष्ण को ही अपना सर्वस्व मान लिया है।

वो कृष्ण के प्रति प्रेम व्यक्त करने में स्वयं को धन्य मानती हैं और वह कृष्ण के प्रति प्रेम के आनंद में निमग्न हो जाती हैं।

अतः विकल्प (A) सही है।

25. 'ऊंटपटांग' शब्द शब्द का विग्रह है- ऊट पर टांग। 'ऊंटपटांग' शब्द का अर्थ है बेतुका। 'ऊंटपटांग' शब्द में तत्पुरुष समास है।

'संक्षिप्तिकरण' को समास कहते हैं। इस समास में आने वाले कारक चिन्हों को, से, के लिए, से, का/के/की, में, पर आदि का लोप होता है।

अतः विकल्प (D) सही है।

26. 'Made' is the correct solution because the sentence is in the simple past tense.'Yesterday' is there in the sentence which implies that it is past tense.

Other options are rejected because:

'Make' is a simple present tense that is used to express an action that is currently going on or habitually performed.

'Makes' is plural of make.

'Making' is in continuous tense which is used if the action is going on.

Hence, the correct option is (B).

27. 'Who' is used to introduce a clause giving further information about a person or people previously mentioned.

In the sentence, the main clause contains 'Soldiers', so 'who' is the correct answer.

Other options are rejected because :

'Whose' means belonging to or associated with which person.

'Who's is a contraction of 'who is' or 'who has' which is wrong.

We use 'whom' to refer to people in formal styles or in writing when the person is the object of the verb. Eg - Whom did he marry?

'Whom'' is grammatically incorrect.

Hence, the correct option is (D).

28. The options are all phrasal verbs.

A phrasal verb is a phrase (such as take-off or look down on) that combines a verb with a preposition or adverb or both and that functions as a verb whose meaning is different from the combined meanings of the individual words.

The most appropriate phrasal verb for the blank space is ' drove off'.

Let us look at the options one by one:

- Drove off means to leave in a car.
- Broke down means to lose control of one's emotions, often sadness.
- Rode in means to sit on and manage (a horse, bicycle, etc.)
- Drove in means travelling in an automobile.

The correct sentence is: A woman got into the car and drove off.

Hence, the correct option is (A).

29. The options are all phrasal verbs.

A phrasal verb is a phrase (such as take-off or look down on) that combines a verb with a preposition or adverb or both and that functions as a verb whose meaning is different from the combined meanings of the individual words.

The most appropriate phrasal verb for the blank space is ' dozed off'.

Let us look at the options one by one:

- Showed off means boastfully display one's abilities or accomplishments.
- Put off means an evasive reply.
- Dozed off means to sleep for a short time; nap.
- Plugged off means to work hard and in a determined way.

The correct sentence is: The lecture was not very interesting. In fact, I dozed off in the middle of it.

Hence, the correct option is (C).

30. Suppose they **got** lost.

In this sentence, the speaker is talking about a hypothetical condition that might occur in the future.

The past tense is used to refer to the present or future in hypotheses or simply to describe an event in the past.

Hence, the correct option is (B).

31. The complete sentence is: She hasn't come yet, **has she?**

The rule to use a question tag.

- First of all the helping verb is considered.
- The same helping verb is used for the question tag.
- If the sentence is negative, the tag will be positive.
- If the sentence is affirmative, the tag will be negative.
- Since the sentence is negative, a positive question tag will be used here according to the helping verb.

This way 'has she' is the question tag that should be used here.

Hence, the correct option is (D).

32. In the given sentence, the reporting verb is in Past tense. In Future Perfect tense, 'will have' changes into 'would have' in Indirect form. First-person pronoun changes according to the subject of reporting speech. So, pronoun 'I' will be replaced by 'she'.

Thus the appropriate narration form is: She said that she would have cooked the food by the time they arrived.

Hence, the correct option is (D).

33. The given sentence is an exclamatory sentence, which is used to express strong emotions of love, anger, happiness, surprise, confusion, etc. An exclamatory sentence should always end with an exclamation mark (!). The given sentence is an exclamation of joy at the beauty of the painting. Of the options given, options (A) and (D) end with full stops. Option (D) also has a comma at the end of the words, 'beautiful painting' which is not required. Option (B) ends with a question mark. Hence, all these three options are incorrect. Option (C) is correct as it ends with an exclamation mark.

Hence, the correct option is (C).

34. Recede means to go or move away; retreat; go to or toward a more distant point; withdraw.

Further means in addition; moreover.

So in this sentence, this word group is giving the correct meaning, in its original form, and does not need to be changed.

Hence, the correct option is (D).

35. 'Monastery' means a place where Buddhist monks live together.

For example: He spent several years in the monastery disguised as a monk.

Other options:

- Stupa means a dome-shaped structure erected as a Buddhist shrine.
- Temple means a building where people pray to a god or gods.
- Pagoda means a Buddhist temple in India or South-East Asia which usually is in the form of a tall tower with several levels, each of which has its own roof.

Hence, the correct option is (C).

36. By reading the sentence we can see that the filler needs a relative pronoun that is in the objective case as it is the receiver of the action (We met the man). Also, it refers to a person.

The correct choice of the filler for the blank is 'whom.'

- For example, She knew very little about the man with whom she had promised to spend the summer.

Correct sentence: The man whom we met at the mall yesterday is the owner of the bookstore near your house.

Hence, the correct option is (A).

37. "Neither/nor" are used together to state two or more things are untrue or won't happen.

We can use "neither" as a conjunction with "nor."

It connects two or more negative alternatives.

- Example: Neither Brian nor his wife mentioned anything about moving house.

Correct sentence: The poor villagers can neither read nor write their own language.

Hence, the correct option is (B).

38. The definite article 'the' is used before the nouns like 'prime minister, president, chief minister, etc.' but the name should not be mentioned in this case.

Examples:

- The prime minister is going to announce a new scheme.
- The governor appointed her the chief minister.

From the given explanation and examples, we can understand that 'the' should be used in the given blank.

Complete Sentence: The members of the committee appointed him the president of the company.

Hence, the correct option is (C).

39. A fleet is a noun that means a large group of ships, but it can be any group of vessels like planes or cars that operate as a unit.

- An army is a noun that means an organized military force equipped for fighting on land.
- A crowd is a noun that means a large number of people gathered together in a disorganized or unruly way.
- A flock is a noun that means a number of birds of one kind feeding, resting, or travelling together.

By referring to the above explanation, it can be concluded that a fleet should be the appropriate option to be chosen to fill the blank.

The correct sentence is 'The villagers were shocked to see a fleet of ships approaching the shore.'

Hence, the correct option is (C).

40. In the above sentence, it is clear that the ability of a person is being talked about. We know that 'can' and 'could' are used to show ability.

The difference between them is that 'could' is the past equivalent of 'can' which means that it is used while referring to the past.

- So, we say:
  - I can climb mountains.
- But we say:
  - My grandfather could climb mountains when he was young.

Here, it is clear from the given age of the person that she was able to swim for hours in the past when she was eight years old.

So, the most appropriate modal, here, is 'could'.

Correct sentence: She could swim for hours at the age of eight.

Hence, the correct option is (D).

41. The meaning of the preposition 'among' is- used for stating which people receive parts of something when it is divided up and shared out share/divide/distribute something.

- Example- The money has to be shared out among several projects.

The meaning of the preposition 'between' is- used for showing how something is shared or divided

- Example- We agreed to split the profits between us on a fifty-fifty basis.

So the correct sentence is- The food was distributed among the children.

Hence, the correct option is (A).

42. "really" is used when we want to show how much something is in reality, to show emphasis so using really will give us meaningful sentences thus this is the correct answer.

Correct answer: Open the window, will you? It's really boiling in here.

Hence, the correct option is (D).

43. The correct spelling of the marked word (Unconsionable) is 'Unconscionable.' All the other words in the options have their correct spellings.

'Unconscionable' is an adjective; it means not right or reasonable; unethical.

- Usage example, The unconscionable conduct of his son made him apologise in front of everyone.

Hence, the correct option is (C).

44. The most appropriate meaning of the given idiom 'Be hard up' is 'Have very little money'.

Be hard up: having very little money.

- Example: We're a bit hard up at the moment so we're not thinking about holidays.

Hence, the correct option is (B).

45. The given line talks about acting naturally when asking for an autograph from a superstar.

- The sentence uses the phrase 'act naturally' which is contradictory to each other.
- So, the sentence uses a figure of speech where contradictory words have been paired together and it is called an oxymoron.

Thus, in the given sentence an oxymoron has been applied, making option (A) the correct answer.

A figure of speech is a word or phrase that possesses a separate meaning from its literal definition.

Let us look into the different 'figures of speech' given in the options.

Antithesis - In which striking opposition or contrast of words or sentiments is made in the same sentence.

- For example - Man proposes, God disposes.

Metaphor - It implies a comparison between two unlike entities, as distinguished from simile, an explicit comparison signaled by the words like or as.

- For example - Running a workshop was a walk in the park.

Simile - When something is compared to something else by using the words 'like' or 'as'.

- For example - You are as brave as a lion.

Hence, the correct option is (A).

46. A sedative is a type of drug that provides relief from pain. Likewise, Consolation provides relief from grief.

- 'Pain' means mental or emotional distress or suffering.
- 'Sedative' means tending to calm, moderate, or tranquilize nervousness or excitement.
- 'Grief' means mental or emotional distress or suffering.
- 'Consolation' means the act or an instance of alleviating the grief, sense of loss, or trouble: comfort.

So, the word related to 'Grief' in the same manner as the "Pain : Sedative" is 'Consolation'.

Hence, the correct option is (A).

47. The word 'Unscrupulous' is an adjective; it means having or showing no moral principles; not honest or fair.

The marked option 'Honest' means free of deceit; truthful and sincere.

So, we can say that 'Honest' can function as the opposite word of 'Unscrupulous.'

Let's look at the meaning of the other option:

- Dishonest: behaving or prone to behave in an untrustworthy, deceitful, or insincere way.
- Dastardly: wicked and cruel.
- Venal: force or oblige someone to do something.

Hence, the correct option is (B).

48. The word 'Starkly' is an adverb; it means in an absolutely and sharply clear way. The word usually bears a slightly negative connotation.

The marked option 'Prominently' means so as to catch the attention; conspicuously.

We can see that the word 'Prominently' can express the meaning of the word 'Starkly.'

Let's look at the meaning of the other option:

- Quickly: at a fast speed; rapidly.
- Slowly: at a slow speed; not quickly.
- Smoothly: in a smooth way or without problems and difficulties.

Hence, the correct option is (D).

49. Let's look at the meanings of the given word and the marked option:-

- Abundant - more than enough; a lot of; suggests an even greater or richer supply than does Plentiful.
- Plentiful - existing in or yielding great quantities; implies a great or rich supply.

Let's look at the meanings of the other given options:

- Inadequate - lacking the quality or quantity required; insufficient for a purpose.
- Lacking - not available or in short supply.
- Scanty - small or insufficient in quantity or amount.

Therefore, we can say that plentiful and abundant are synonyms.

Hence, the correct option is (A).

50. 'I' is the subject. So it will be taken first of all.

- 'have to' is the helping verb. So it will be taken just after the subject.
- 'go'. is the verb. It will be placed just after the helping verb.

- 'to' is Preposition. It is used to make a relationship between Jaipur and go.
- It is obvious that 'Jaipur' will be placed in last.

Thus the completed sentence is: I have to go to Jaipur tomorrow.

Hence, the correct option is (B).

51. उत्तर प्रदेश का राज्य वृक्ष अशोक का पेड़ है। उत्तर प्रदेश दिवस 24 जनवरी को मनाया जाता है। 24 जनवरी 1950 को, संयुक्त प्रांत का नाम बदलकर उत्तर प्रदेश रखा गया। इसका गठन 1 अप्रैल 1937 को संयुक्त प्रांत के रूप में किया गया था। उत्तर प्रदेश का क्षेत्रफल 2,40,928 वर्ग किमी है। उत्तर प्रदेश की जनसंख्या 19,9,812,341 है।

अत: विकल्प (B) सही है।

52. कंचनजंगा बायोस्फीयर रिजर्व सिक्किम, भारत में स्थित एक राष्ट्रीय उद्यान और बायोस्फीयर रिजर्व है।

- इसे जुलाई 2016 में यूनेस्को की विश्व धरोहर स्थल के रूप में पहचाना गया, जो भारत का पहला "मिश्रित विरासत स्थल" बन गया।
- इसे यूनेस्को के मैन एंड बायोस्फीयर प्रोग्राम्स में भी शामिल किया गया है।
- यह उत्तर में तिब्बत में कोमोलंगमा राष्ट्रीय प्रकृति रिजर्व और पश्चिम में नेपाल में कंचनजंगा संरक्षण क्षेत्र की सीमा में है।

अन्य सभी राष्ट्रीय उद्यान असम में स्थित हैं।

अत: विकल्प (C) सही है।

53. उड़ीसा का कोणार्क सूर्य मंदिर पुरी जिले में स्थित है। कोणार्क सूर्य मंदिर, उड़ीसा, भारत के तट पर पुरी से लगभग 35 किलोमीटर (22 मील) उत्तर-पूर्व में कोणार्क में 13वीं शताब्दी ई.पू. का सूर्य मंदिर है। इस मंदिर को लगभग 1250 ई. पू. पूर्वी गंगा राजवंश के राजा नरसिंहदेव प्रथम को सौंपा गया था। हिंदू सूर्य देवता को समर्पित, मंदिर परिसर के अवशेषों में 100 फुट (30 मीटर) ऊंचे वाहन हैं, जिनमें विशाल पहिए और घोड़े हैं, सभी पत्थर से बने हैं। इस मंदिर को 1676 की शुरुआत में यूरोपीय नाविक के खातों में "ब्लैक पैगोडा" कहा जाता था क्योंकि इसका महान टॉवर काला था। इसी तरह, पुरी में जगन्नाथ मंदिर को "सफेद पैगोडा" कहा जाता था। सभी मंदिर बंगाल की खाड़ी में नाविकों के लिए महत्वपूर्ण स्थल थे।

अत: विकल्प (A) सही है।

54. उत्तर प्रदेश लोकायुक्त अधिनियम 1975 में पारित किया गया था। उत्तर प्रदेश लोक आयुक्त अधिनियम, 1975 उत्तर प्रदेश सरकार द्वारा 1975 में पारित किया गया था। संक्षिप्त शीर्षक, विस्तार और प्रारंभ - इस अधिनियम को उत्तर प्रदेश लोकायुक्त और उप-लोकायुक्त अधिनियम कहा जा सकता है।, 1975। यह पूरे उत्तर प्रदेश राज्य में फैला हुआ है और उस राज्य के मामलों के संबंध में उत्तर प्रदेश के बाहर तैनात लोक सेवकों पर भी लागू होता है।

अतः विकल्प (C) सही है।

55. प्रधान मंत्री (पीएम) नरेंद्र मोदी 20 अक्टूबर 2021 को कुशीनगर अंतर्राष्ट्रीय हवाई अड्डे का उद्घाटन करेंगे। कुशीनगर हवाई अड्डे पर श्रीलंका से अपनी पहली उड़ान का आगमन होगा।इसमें 125 सदस्यीय प्रतिनिधिमंडल है। जिसमें श्रीलंका के राष्ट्रपति , बौद्ध भिक्षु और अनुयायी शामिल हैं।

कुशीनगर:

- यह एक बौद्ध तीर्थ है जहाँ गौतम बुद्ध ने महापरिनिर्वाण किया था।
- कुशीनगर राष्ट्रीय राजमार्ग 28 पर स्थित है।

अतः विकल्प (B) सही है।

56. सरकारी व्यवसाय के संचालन के लिए करों और अन्य प्राप्तियों के माध्यम से केंद्र सरकार द्वारा प्राप्त सभी राजस्व का श्रेय भारत के समेकित कोष को दिया जाता है।

- समेकित कोष का गठन भारत के संविधान के अनुच्छेद 266 (1) के तहत किया जाता है।
- इस कोष से सरकार के सभी व्यय होते हैं।
- करों के माध्यम से संघ सरकार द्वारा प्राप्त सभी राजस्व (आयकर, केंद्रीय उत्पाद शुल्क, सीमा शुल्क और अन्य रसीदें) और सरकारी व्यवसाय के संचालन के संबंध में सरकार को मिलने वाली अन्य रसीदें यानी गैर-कर राजस्व समेकित कोष में जमा की जाती हैं।

अत: विकल्प (C) सही है।

57. मैडम कामा को भारतीय क्रांति की जननी के रूप में जाना जाता है।

- भीकाजी कामा को मैडम कामा के नाम से भी जाना जाता है और, भारतीय स्वतंत्रता आंदोलन में उनके योगदान के कारण, उन्हें भारतीय क्रांति की जननी के रूप में जाना जाता है।
- वह भारतीय स्वतंत्रता के लिए संघर्ष के उद्घोष में महत्वपूर्ण स्थान रखती है। उनका नाम बहादुरी, वफादारी और दृढ़ता का प्रतीक था।
- भारतीय डाक और तार विभाग ने उनके नाम पर 26 जनवरी 1962 को भारत के 11वें गणतंत्र दिवस पर एक स्मारक डाक टिकट जारी किया।

अत: विकल्प (B) सही है।

58. भारतीय राष्ट्रीय कांग्रेस के अखिल भारतीय फॉरवर्ड ब्लॉक का गठन 22 जून 1939 को नेताजी सुभाष चंद्र बोस द्वारा किया गया था, जिन्होंने 29 अप्रैल 1939 को भारतीय राष्ट्रीय कांग्रेस के अध्यक्ष पद से इस्तीफा दे दिया था।

- सुभाष चंद्र बोस को 1939 में डॉ. पट्टाभि सीतारमैय्या के खिलाफ भारतीय राष्ट्रीय कांग्रेस (आईएनसी) के अध्यक्ष के रूप में चुना गया था।
- सुभाष चंद्र बोस और सरदुल सिंह कविश क्रमशः पार्टी के पहले अध्यक्ष और उपाध्यक्ष थे।
- इसने 20-22 जून, 1940 को नागपुर में अपना पहला सम्मेलन आयोजित किया, जहाँ इसने भारतीय को पूर्ण स्वतंत्रता की मांग की।
- फारवर्ड ब्लॉक नाम का इसका अपना अखबार था।
- स्वतंत्रता के बाद, पार्टी मुख्यधारा की राजनीति में शामिल हो गई।

अत: विकल्प (C) सही है।

59. साहित्य अकादमी, भारत की भाषाओं में साहित्य को बढ़ावा देने के लिए समर्पित संगठन है। 12 मार्च 1954 को स्थापित, यह भारत सरकार द्वारा स्वतंत्र होने पर भी समर्थित है। यह दिल्ली में मंडी हाउस के पास रवीन्द्र भवन में है।

अतः विकल्प (D) सही है।

60. उत्तर प्रदेश की सितारा देवी कथक के लिए प्रसिद्ध है।

अपने छह दशकों के करियर में, उन्होंने रॉयल अल्बर्ट हॉल, लंदन और कार्नेगी हॉल, न्यूयॉर्क सहित कई प्रसिद्ध संगीत कार्यक्रमों में प्रदर्शन किया। उन्होंने लखनऊ घराने के तीन महान आचार्यों- अच्छन महाराज, लच्छू महाराज और शंभू महाराज के अधीन अध्ययन किया। शांतिनिकेतन में उनके प्रदर्शन को देखने के बाद उन्हें रवींद्रनाथ टैगोर द्वारा सोलह वर्ष की आयु में नृत्य की साम्राज्ञी की उपाधि दी थी।

अतः विकल्प (A) सही है।

61. कतर की राजधानी दोहा है।

कतर विश्व बैंक की उच्च आय वाली अर्थव्यवस्था है, जो दुनिया के तीसरे सबसे बड़े प्राकृतिक गैस भंडार और तेल भंडार द्वारा समर्थित है ।

अतः विकल्प (D) सही है।

62. डिजिटाइज़िंग टैबलेट एक परिधीय उपकरण है, जो उपयोगकर्ताओं को कंप्यूटर स्क्रीन पर चित्रकारी करने की अनुमति देता है।

- ट्रैकबॉल एक पॉइंटिंग डिवाइस है जो सॉकेट में रखे बॉल से बना होता है, जिसमें एक ऊपर की ओर-नीचे माउस के समान दो एक्सिस के बारे में बॉल के रोटेशन का पता लगाने के लिए सेंसर होता है।
- जॉयस्टिक लीवर-प्रकार का एक उपकरण है जिसे कई दिशाओं में घुमाया जा सकता है।
- कंप्यूटर या समान डिस्प्ले स्क्रीन पर एक छवि की गति को नियंत्रित करने के लिए उपयोग किया जाता है।
- स्कैनर एक मशीन होती है जिसके द्वारा किसी छपी हुई सामग्री यथा चित्र आदि को डिजिटल रूप में बदला जाता है।

अतः विकल्प (C) सही है।

63. कंप्यूटर की मेमोरी को दो श्रेणियों में वर्गीकृत किया जाता है प्राथमिक और माध्यमिक मेमोरी। प्राइमरी मेमोरी कंप्यूटर की मुख्य मेमोरी होती है जहाँ वर्तमान में प्रोसेसिंग डाटा रहता है। कंप्यूटर की द्वितीयक मेमोरी सहायक मेमोरी होती है, जहां लंबे समय तक या स्थायी रूप से संग्रहित होने वाला डेटा रखा जाता है।

अतः विकल्प (A) सही है।

64. मानव शरीर में जबड़े की मांसपेशियां सबसे मजबूत होती हैं।

- मैसेटर पेशी वास्तव में मनुष्यों में सबसे मजबूत मांसपेशी है।
- मैसेटर पेशी जबड़े के पीछे के पास स्थित होती है और गाल के अंदर एक मोटी पेशी होती है।
- यह चबाने के दौरान जबड़े में प्रवेश करने और बाहर निकलने का प्रभारी होता है।

अतः विकल्प (A) सही है।

65. ESN का का पूर्ण रूप इलेक्ट्रॉनिक सीरियल नंबर है।

एक इलेक्ट्रॉनिक सीरियल नंबर (ईएसएन) निर्माता द्वारा वायरलेस फोन में माइक्रोचिप पर एम्बेडेड या अंकित अद्वितीय पहचान संख्या है। ESN दो रूपों में DEC (दशमलव) और HEX (षोडेंश) रूप में है।

अतः विकल्प (B) सही है।

66. बिहार सरकार ने भारतीय सांस्कृतिक संबंध परिषद के साथ राज्य के कलाकारों, हस्तशिल्प और कई अन्य जातीय कलाओं को अंतर्राष्ट्रीय प्रदर्शन प्राप्त करने में मदद करने के लिए एक समझौता ज्ञापन पर हस्ताक्षर किए थे।

राज्य सरकार के कला और संस्कृति विभाग ने भारतीय सांस्कृतिक संबंध परिषद (आईसीसीआर) के साथ एक समझौता ज्ञापन पर हस्ताक्षर किए। इस एमओयू के बाद राज्य सरकार अन्य देशों में भी 22 मार्च को 'बिहार दिवस' का आयोजन करेगी।

अतः विकल्प (C) सही है।

67. 16 अगस्त 2022 को, उत्तर प्रदेश कैबिनेट ने "उत्तर प्रदेश रक्षा और एयरोस्पेस इकाई और रोजगार प्रोत्साहन नीति -2022" को मंजूरी दी। यह नीति मौजूदा नीति को और अधिक लचीला और आकर्षक बनाएगी। यह राज्य में रक्षा और एयरोस्पेस विनिर्माण क्षेत्रों में अधिक निवेश आकर्षित करेगा।

नई नीति का उद्देश्य यूपी के रक्षा औद्योगिक गलियारे में रक्षा और एयरोस्पेस निर्माण क्षेत्र में अपनी इकाइयां स्थापित करने वाले निवेशकों को उच्च प्रोत्साहन प्रदान करना है। नई नीति में 7 प्रतिशत/10 प्रतिशत या अधिकतम 500 करोड़ रुपये की पूंजीगत सब्सिडी का प्रावधान है।

अतः विकल्प (B) सही है।

68. कल्पसूत्र: इसमें जैन तीर्थंकरों की जीवनी है।

- पार्श्वनाथ
- महावीर

यह भद्रबाहु द्वारा चौथी शताब्दी ईसा पूर्व में लिखा गया था।

अत: विकल्प (A) सही है।

69. चोल वंश राजेंद्र चोल प्रथम के शासनकाल में अपने उत्कर्ष पर पहुँचा था।

राजेंद्र चोल प्रथम (1014-44 ई):

- उन्हें दक्षिण भारत के सबसे महान शासकों और सैन्य जनरलों में से एक माना जाता था।
- उन्होंने अपने पिता की आक्रामक विजय और विस्तार की नीति जारी रखी।
- गंगा नदी के उत्तर की ओर पहुंचने और मालदीव और श्रीलंका के लिए विदेशों में जाने के अलावा, उन्होंने दक्षिण पूर्व एशियाई क्षेत्रों पर भी आक्रमण किया।
- उसने पूरे सीलोन या श्रीलंका को जीत लिया।
- उन्होंने एक नौसैनिक अभियान में सुमात्रा के राजाओं को पराजित किया और सुमात्रा राज्य के एक हिस्से को अपने राज्य में मिला लिया।
- उन्होंने पश्चिमी चालुक्यों के जयसिम्हा द्वितीय को हराया और इसके परिणामस्वरूप, तुंगभद्रा नदी को चोलों और चालुक्यों के बीच सीमा के रूप में मान्यता दी गई थी।
- उन्होंने कई ट्रांस-गंगा राज्यों पर विजय प्राप्त की और गंगाईकोंडा चोल की उपाधि धारण की।
- उन्होंने गंगईकोंडचोलपुरम शहर की स्थापना की और शहर में प्रसिद्ध रामेश्वरम मंदिर का निर्माण किया।
- उन्होंने शहर के पश्चिमी तरफ चोलगंगम नामक एक बड़े सिंचाई टैंक की भी खुदाई की।
- उन्होंने कई उपाधियों को ग्रहण किया, जिनमें सबसे महत्वपूर्ण हैं मुदिकोंदन, गंगाईकोंडान, कदमाराम कोंडन और पंडिता गोलन।
- उन्होंने गंगाईकोंडचोलपुरम में शिव मंदिर का निर्माण किया।
- चोल वंश अपने शासनकाल के दौरान अपने उत्कर्ष पर पहुंच गया था।

अत: विकल्प (B) सही है।

70. इज़राइल की राष्ट्रीय मुद्रा नई इज़राइली शेकेल (NIS) है जिसे आमतौर पर शेकेल के रूप में जाना जाता है।

- शेकेल को 100 एगरोट (एकवचन में अगोरा) में विभाजित किया गया है।
- इज़राइली बैंकनोट चार वर्गों में आते हैं: 20, 50, 100 और 200 NIS
- यरुशलम इजरायल की राजधानी है
- इसकी संसद को कनेसेट कहा जाता है।
- इजरायल का राष्ट्रीय प्रतीक कैंडेलब्रम है।

अत: विकल्प (D) सही है।

71. भारतीय भारोत्तोलक मीराबाई चानू ने 30 सितंबर 2022 को गांधीनगर में 36वें राष्ट्रीय खेलों में महिलाओं के 49 किग्रा वर्ग में स्वर्ण पदक जीता। मीराबाई

ने अपनी मणिपुर प्रतिद्वंद्वी संजीता चानू को 191 किलोग्राम (स्नैच 84 किग्रा और क्लीन एंड जर्क 107 किग्रा) के कुल भार से हराया। इससे पहले, मीराबाई ने 30 जुलाई, 2022 को बर्मिंघम में राष्ट्रमंडल खेलों में भारत का पहला स्वर्ण पदक जीता था।

अत: विकल्प (C) सही है।

72. अमेरिकी अंतरिक्ष यात्री निकोल मान 5 अक्टूबर 2022 को NASA के प्रक्षेपण के बाद अंतरिक्ष में जाने वाली पहली मूल अमेरिकी महिला बन गई हैं। 45 वर्षीय मान उन चार अंतरिक्ष यात्रियों में से एक हैं, जिन्होंने 5 अक्टूबर को फ्लोरिडा से अंतर्राष्ट्रीय अंतरिक्ष स्टेशन (ISS) के लिए उड़ान भरी थी। मान 'क्रू 5' नामक मिशन में भाग ले रही हैं जिसमें स्पेसएक्स फाल्कन 9 रॉकेट वाले प्रक्षेपण यान का उपयोग किया जा रहा है।

अत: विकल्प (B) सही है।

73. सिंधु नदी बोखार चू के निकट एक ग्लेशियर से निकलती है। तिब्बत में, इसे सिंगी खंबन या लोइन के मुंह के नाम से जाना जाता है। यह कैलाश पर्वत श्रृंखला में 4,164 मीटर की ऊँचाई से निकलती है और नीचे की ओर बहती है।

नदी का नाम	उत्पत्ति स्थल
सिंधु नदी	बोखार चू
गंगा नदी	गौमुख
ब्रह्मपुत्र नदी	चेमायुंगडुंग

गढ़वाल की पहाड़ियों में स्थित गैरसैण गंगा नदी की सहायक नदी रामगंगा उद्गम स्थल है।

अत: विकल्प (A) सही है।

74. लैटेराइट मिट्टी:

- लैटेराइट शब्द लैटिन शब्द 'लेटर' से लिया गया है जिसका अर्थ है 'ईंट'।
- लैटेराइट एक मिट्टी और चट्टान का प्रकार है जो लोहे और एल्यूमीनियम में समृद्ध है और इसे आमतौर पर गर्म और गीले उष्णकटिबंधीय क्षेत्रों में बनाया गया माना जाता है।
- लोहे के आक्साइड की मात्रा अधिक होने के कारण लगभग सभी लेटराइट जंग खाए-लाल रंग के होते हैं।
- वे अंतर्निहित मूल चट्टान के गहन और लंबे समय तक चलने वाले अपक्षय द्वारा विकसित होते हैं।
- लेटराइट मिट्टी में पोटेशियम, फास्फोरस, नाइट्रोजन, चूना और मैग्नेशिया की कम सामग्री के साथ 90 से 100% एल्यूमीनियम, लोहा, टाइटेनियम और मैंगनीज ऑक्साइड के साथ लाल से पीले रंग का होता है।
- यह बारी-बारी से गीली और सूखी अवधि के साथ भारी वर्षा और उच्च तापमान की स्थितियों में बनता है, जिससे मिट्टी का रिसाव होता है, जिससे केवल एल्यूमीनियम और लोहे के ऑक्साइड निकलते हैं।
- निम्न आधार-विनिमय क्षमता और फॉस्फोरस, नाइट्रोजन और पोटेशियम की कम सामग्री के कारण उर्वरता की कमी है।
- वे पूर्व में पठार के किनारे पर तमिलनाडु, ओडिशा के छोटे हिस्से और उत्तर में छोटानागपुर के एक छोटे हिस्से और उत्तर पूर्व में मेघालय को कवर करते हुए पाए जाते हैं।

अत: विकल्प (B) सही है।

75. कोशिका के वैज्ञानिक अध्ययन को साइटोलॉजी कहा जाता है। यह पैथोलॉजी की एक शाखा है और शरीर से ऊतक के नमूनों की जांच के माध्यम से बीमारियों और स्थितियों का निदान करने से संबंधित है।

हिस्टोलॉजी - यह कोशिकाओं, ऊतकों, और अंगों के माइक्रोनाटॉमी का अध्ययन है जो एक माइक्रोस्कोप के माध्यम से देखा जाता है।

फिजियोलॉजी - यह जीव विज्ञान की शाखा है और यह जीवित जीवों और उनके अंगों के कार्यों से संबंधित है।

टैक्सोनॉमी - यह विज्ञान की शाखा है और जैविक जीवों के वर्गीकरण से संबंधित है। यह साझा किये गये विशेषताओं के आधार पर किया जाता है।

अतः विकल्प (B) सही है।

76. दिया गया है,

एक गोले की त्रिज्या 2.5 डेसीमीटर बढ़ाई जाती है इसका पृष्ठीय क्षेत्रफल 110 डेसीमीटर ^{2} बढ़ जाता है।

जैसा कि हम जानते हैं,

गोले का पृष्ठीय क्षेत्रफल $= 4\pi r^2$

गोले का आयतन $= \left(\frac{4}{3}\right) \times \pi r^3$

जहां $r =$ त्रिज्या और $\pi = \frac{22}{7}$

$a^2 - b^2 = (a+b)(a-b)$

प्रश्न के अनुसार,

$4\pi(r+2.5)^2 - 4\pi r^2 = 110$

$\Rightarrow 4\pi[(r+2.5)^2 - r^2] = 110$

$\Rightarrow 4\pi[(r+2.5+r)(r+2.5-r)] = 110$

$\Rightarrow 4 \times \frac{22}{7} \times (2r+2.5) \times 2.5 = 110$

$\Rightarrow 10 \times (2r+2.5) = 35$

$\Rightarrow 20r + 25 = 35$

$\Rightarrow r = \frac{1}{2}$ डेसीमीटर

अब,

आयतन $= \frac{4}{3} \times \pi \times \left(\frac{1}{2}\right)^3$

$\Rightarrow \frac{4}{3} \times \frac{22}{7} \times \frac{1}{8}$

$\Rightarrow \frac{88}{168} = \frac{11}{21}$ डेसीमीटर ^{3}

$\therefore$ गोले का आयतन $\frac{11}{21}$ डेसीमीटर ^{3} है।

अतः विकल्प (D) सही है।

77. दिया हैं:

$\angle BIC : \angle AOC = 11 : 12$

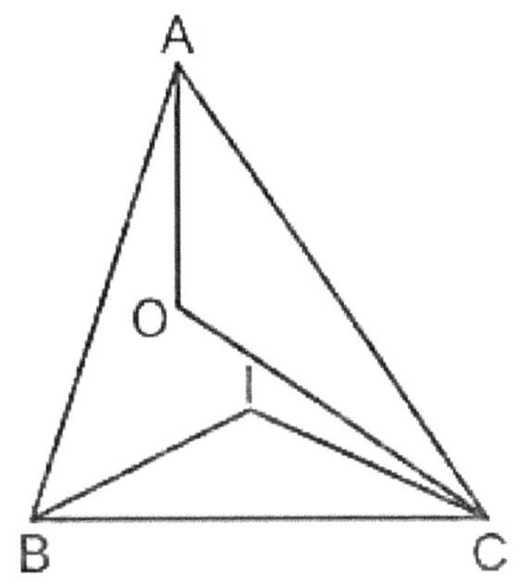

माना, ∠BIC = 11x और ∠AOC = 12x

⇒ 11x + 12x = 360° × $\frac{575}{900}$

⇒ 23x = 230°

⇒ x = 10°

∠BIC = 110°

∠AOC = 120°

अब, ∠BIC = 90° + $\frac{\angle A}{2}$

⇒ ∠A = (110° – 90°) × 2 = 40°

∠AOC = 180° – ∠B

⇒ ∠B = 180° – 120° = 60°

⇒ ∠C = 180° – 40° – 60° = 80°

∴ ∠A : ∠B : ∠C = 40° : 60° : 80° = 2 : 3 : 4

अतः विकल्प (A) सही है।

78. दिया है:

a = 11 सेमी, b = 60 सेमी और c = 61 सेमी

त्रिभुज के कोज्या नियम के अनुसार, नीचे दिखाए गए अनुसार a, b, और c भुजाओं के साथ त्रिभुज ABC के लिए ,

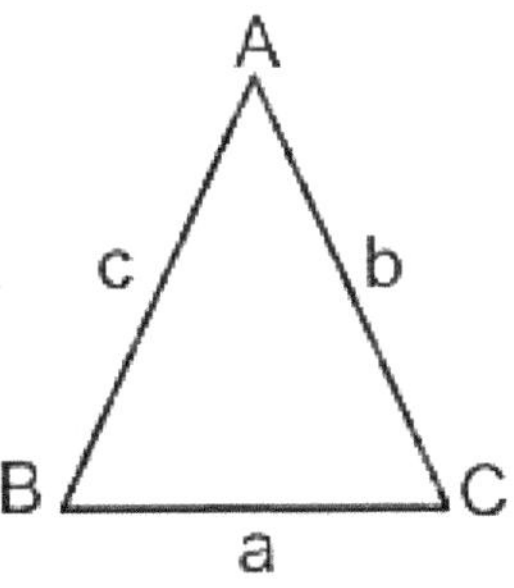

$$\cos A = \frac{(b^2+c^2-a^2)}{2bc}$$

$$\cos B = \frac{(a^2+c^2-b^2)}{2ac}$$

$$\cos C = \frac{(a^2+b^2-c^2)}{2ab}$$

अब,

$$\cos A = \frac{(3600+3721-121)}{(2\times60\times61)} = \frac{60}{61}$$

$$\cos B = \frac{(121+3721-3600)}{(2\times11\times61)} = \frac{11}{61}$$

$$\cos C = \frac{(121+3600-3721)}{(2\times11\times60)} = 0$$

∴ कोज्याओं का आवश्यक योग $= \frac{60}{61} + \frac{11}{61} = \frac{71}{61}$

अतः विकल्प (D) सही है।

79. शतरंज की बिसात पर 8 वर्गों के साथ 2 विकर्ण होते हैं और हमें क्रमागत 6 वर्ग चुनने होते हैं।

हम क्रमागत 6 वर्गों के ब्लॉक को एक मानेंगे।

इसलिए हमारे पास शतरंज की बिसात पर 3 स्थान बचे हैं जहाँ तीन में से किसी एक स्थान का चयन करके इसे व्यवस्थित किया जा सकता है। ${}^3C_1 = 3$

इसी तरह, अन्य विकर्णों के लिए भी हमें 3 अलग-अलग तरीके मिलेंगे

इसलिए, कुल मिलाकर हमारे पास क्रमागत 6 वर्ग चुनने के 6 अलग-अलग तरीके हैं।

अतः विकल्प (B) सही है।

80. दी गयी सम्मिश्र संख्या $z = \frac{5}{2} + \frac{5\sqrt{3}}{2}i$

$$r\cos\theta = \frac{5}{2}, r\sin\theta = \frac{5\sqrt{3}}{2}$$

वर्ग करने और जोड़ने पर, हमें निम्न प्राप्त होता है,

$$r^2(\cos^2\theta + \sin^2\theta) = \frac{100}{4} = 25$$

$$\therefore r = 5$$

$$\Rightarrow \cos\theta = \frac{\frac{5}{2}}{r} = \frac{\frac{5}{2}}{5} = \frac{1}{2} \text{ और } \sin\theta = \frac{\frac{5\sqrt{3}}{2}}{r} = \frac{\frac{5\sqrt{3}}{2}}{5} = \frac{\sqrt{3}}{2}$$

चूँकि यह पहले चतुर्थांश में हैं, इसलिए $\theta = \frac{\pi}{3}$

इसलिए, $z = r(\cos\theta + i\sin\theta)$ के साथ तुलना करने पर, हम इसे $5\left(\cos\left(\frac{\pi}{3}\right) + i\sin\left(\frac{\pi}{3}\right)\right)$ के रूप में लिख सकते हैं।

अतः विकल्प (D) सही है।

81. एक आव्यूह को एकल कहा जाता है यदि इसका सारणिक शून्य होता है।

अर्थात् आव्यूह A के एकल होने के लिए, $|A| = 0$

एक एकल आव्यूह के लिए, व्युत्क्रम मौजूद नहीं होता है।

दिया गया है कि, आव्यूह $\begin{bmatrix} \cos\theta & \sin\theta & 0 \\ \sin\theta & \cos\theta & 0 \\ 0 & 0 & 1 \end{bmatrix}$ एकल है,

तो, $\begin{vmatrix} \cos\theta & \sin\theta & 0 \\ \sin\theta & \cos\theta & 0 \\ 0 & 0 & 1 \end{vmatrix} = 0$

$\Rightarrow \begin{vmatrix} \cos\theta & \sin\theta \\ \sin\theta & \cos\theta \end{vmatrix} = 0$

$\Rightarrow \cos 2\theta - \sin 2\theta = 0$

$\Rightarrow \cos 2\theta = \cos\frac{\pi}{2}$

$\therefore \theta = \frac{\pi}{4}$

अत: विकल्प (A) सही है।

82. दिया है:

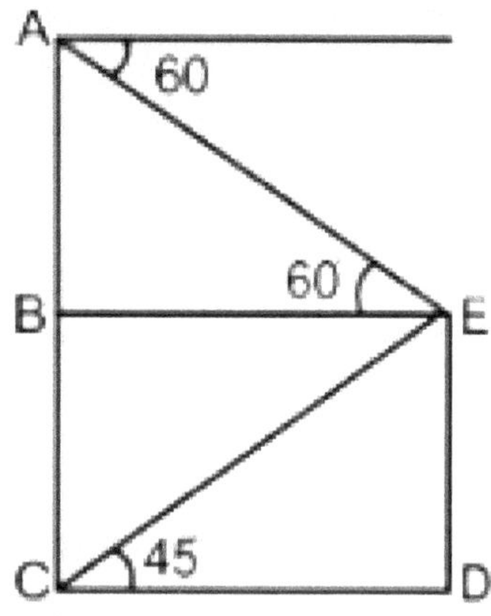

$\Rightarrow CD = 450$ मी

$\triangle CDE$ में

$\Rightarrow \tan 45 = \frac{DE}{CD}$

$DE = CD = 450$ मी

तो,

$\triangle EBA$ में

$\Rightarrow \tan 60 = \frac{AB}{BE}$

$\Rightarrow AB = 450\sqrt{3}$ मी

$\Rightarrow AC = AB + BC$

$\Rightarrow AC = 450\sqrt{3} + 450$

$\Rightarrow AC = (450 \times 1.732) + 450$

$\Rightarrow AC = 1229.42$ मी

अभीष्ट औसत ऊंचाई $= \frac{(1229.42+450)}{2} = 839.71$ मी

अतः विकल्प (B) सही है।

83. दिया है:

P (E_1) = गैस स्टेशन पर रुकने और टायर जांच कराने के लिए कहने की प्रायिकता = 0.12

P (E_2) = गैस स्टेशन पर रुकने और तेल जांच कराने के लिए कहने की प्रायिकता = 0.29

P ($E_1 \cap E_2$) = दोनों के जांच किए जाने की प्रायिकता = 0.07

$P\left(\frac{E_2}{E_1}\right)$ = जिस व्यक्ति ने अपने टायर की जांच की है, उसके तेल की भी जांच होने की संभावना है

$\because P\left(\frac{E_2}{E_1}\right) = \frac{P(E_1 \cap E_2)}{P(E_1)}$

$\therefore P\left(\frac{E_2}{E_1}\right) = \frac{0.07}{0.12} = 0.58$

अत: विकल्प (B) सही है।

84. दिया है:

$12\frac{2}{3} \times \sqrt{324} -$ 1450 का $34\% = ?^{\frac{1}{2}} - 280$

$\frac{38}{3} \times 18 - 1450 \times \frac{34}{100} = ?^{\frac{1}{2}} - 280$

$38 \times 6 - 493 + 280 = ?^{\frac{1}{2}}$

$?^{\frac{1}{2}} = 228 - 493 + 280$

$?^{\frac{1}{2}} = 15$

$? = 225$

अतः विकल्प (B) सही है।

85. दिया है, श्रेणी में तीन संख्याओं का योग 18 है और उनके वर्गों का योग 158 है।

माना कि श्रेणी में पहली संख्या a है। इसलिए, श्रेणी में दूसरी और तीसरी संख्या क्रमशः a+d और a+2d हैं।

अब, प्रश्नानुसार,

a +(a + d) + (a + 2d) = 18

⇒ 3(a + d) = 18

⇒ a + d = 6

अब, इससे हम लिख सकते हैं कि श्रेणी की पहली संख्या (6-d) और श्रेणी की तीसरी संख्या (6+d) है।

फिर से, प्रश्नानुसार,

$(6+d)^2 + 6^2 + (6 - d)^2 = 158$

$(6+d)^2 + (6 - d)^2 = 122$

$36 + d^2 + 12d + 36 + d^2 - 12d = 122$

$2d^2 = 50$

⇒ d = ±5

अब, यदि d = 5 है, तो a = 6 - (5) = 1 और a + 2d = 11 है।

अब, यदि d = - 5 है, तो a = 6 - (-5) = 11 और a + 2d = 1 है।

इसलिए, तीनों में से सबसे बड़ी संख्या 11 है।

अतः विकल्प (B) सही है।

86. दिया है, एक समांतर श्रेणी के 11वें पद का दोगुना एक समांतर श्रेणी श्रेणी के 21वें पद का 7 गुना है।

अब, समांतर श्रेणी श्रेणी का 11वां पद $T_{11} = a + (11 - 1)d = a + 10d$ है, जहाँ a श्रेणी का पहला पद है और d सार्व अंतर है।

उसी प्रकार, समांतर श्रेणी श्रेणी का 21वां पद $T_{21} = a + (21 - 1)d = a + 20d$

अब, प्रश्नानुसार,

$2T_{11} = 7T_{21}$

$\Rightarrow 2a + 20d = 7a + 140d$

$\Rightarrow 5a + 120d = 0$

$\Rightarrow a + 24d = 0$

अब, सूत्र के अनुसार श्रेणी का 25वां पद $T_{25} = a + (25 - 1)d = a + 24d = 0$

अतः विकल्प (C) सही है।

87. दिया है: 4 लड़के और 4 लड़कियों को एक पंक्ति में इस प्रकार व्यवस्थित किया जा सकता है जिससे कोई भी दो लड़कियां और कोई भी दो लड़के एक साथ नहीं बैठे।

इसका अर्थ है कि वे एक-एक करके बैठ सकते हैं।

स्थिति I: पंक्ति में पहला व्यक्ति लड़का है।

$B_1G_1B_2G_2B_3G_3B_4G_4$

उन तरीकों की संख्या 4! है जिसमें लड़कों को उन सभी के बीच व्यवस्थित किया जा सकता है।

उसी प्रकार, उन तरीकों की संख्या 4! है जिसमें लड़कियों को उन सभी के बीच पुनः व्यवस्थित किया जा सकता है।

इसलिए, तरीकों की कुल संख्या = $4! \times 4! = (4!)^2$

स्थिति II: पंक्ति में पहली व्यक्ति एक लड़की है।

$G_1B_1G_2B_2G_3B_3G_4B_4$

उन तरीकों की संख्या 4! है जिसमें लड़कियों को उन सभी के बीच व्यवस्थित किया जा सकता है।

उसी प्रकार, उन तरीकों की संख्या 4! है जिसमें लड़कों को उन सभी के बीच पुनः व्यवस्थित किया जा सकता है।

इसलिए, तरीकों की कुल संख्या = $4! \times 4! = (4!)^2$

इसलिए, तरीकों की कुल संख्या = $(4!)^2 + (4!)^2 = 2(4!)^2$

अतः विकल्प (B) सही है।

88. दिया है:

एक बंद बेलन के वक्र पृष्ठीय क्षेत्रफल और आयतन का अनुपात 4 : 7 है।

कुल पृष्ठीय क्षेत्रफल = 253 सेमी^{2}

सूत्र:

बेलन का वक्र पृष्ठीय क्षेत्रफल = $2\pi rh$

बेलन का आयतन = πr^2h

बेलन का कुल पृष्ठीय क्षेत्रफल = $2\pi rh + 2\pi r^2$

गणना:

$\frac{4}{7} = \frac{2\pi rh}{\pi r^2 h}$

$\Rightarrow \frac{4}{7} = \frac{2}{r}$

$\Rightarrow r = \frac{(2\times7)}{4}$

$\Rightarrow r = 3.5$

$2\pi rh + 2\pi r^2 = 253$

$\Rightarrow 2\pi r(h + r) = 253$

$\Rightarrow 2 \times \frac{22}{7} \times \frac{7}{2} \times \left[h + \frac{7}{2}\right] = 253$

$\Rightarrow 22\left[h + \frac{7}{2}\right] = 253$

$\Rightarrow \left[h + \frac{7}{2}\right] = \frac{253}{22}$

$\Rightarrow h + 3.5 = 11.5$

$\Rightarrow h = 11.5 - 3.5$

$\Rightarrow h = 8$

∴ बेलन की ऊँचाई 8 मीटर है।

अतः विकल्प (C) सही है।

89. दिया है:

गोले की त्रिज्या = 8.4 सेमी

शंकु की ऊंचाई = 18.9 सेमी

सूत्र:

शंकु का आयतन $= \frac{(\pi R^2 h)}{3}$

गोले का आयतन $= \frac{4\pi r^3}{3}$

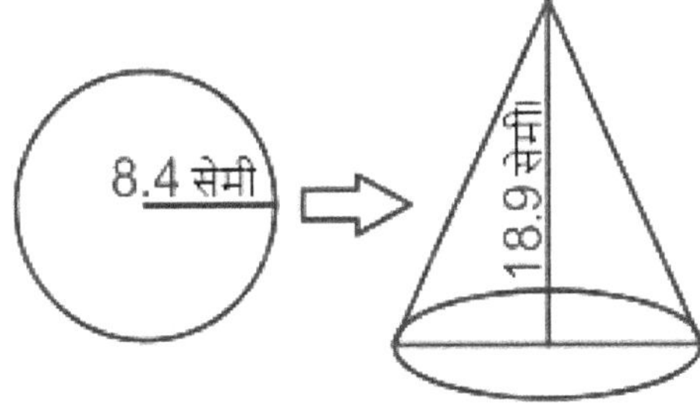

प्रश्न के अनुसार,

$\frac{4\pi\times8.4^3}{3} = \frac{\pi R^2\times18.9}{3}$

$\Rightarrow 4 \times \frac{8.4^3}{18.9} = r^2$

$\Rightarrow \frac{4\times8.4\times8.4\times8.4}{18.9} = r^2$

$\Rightarrow 125.44 = r^2$

$\Rightarrow 11.2 = r$

∴ शंकु के आधार की त्रिज्या 11.2 सेमी है।

अतः विकल्प (B) सही है।

90. दिया है:

आयत की चौड़ाई = 28 इकाई

आयत की लंबाई और चौड़ाई का अनुपात = 7 : 4

सूत्र:

वर्ग का परिमाप = 4 × भुजा

आयत का परिमाप = 2(लंबाई + चौड़ाई)

वर्ग का क्षेत्रफल = भुजा^{2}

गणना:

आयत की लंबाई = 7x

आयत की चौड़ाई = 4x

4x = 28 इकाई

⇒ x = 7

आयत की लंबाई = 7 × 7

= 49 इकाई

आयत का परिमाप = 2(28 + 49)

= 154 इकाई

वर्ग का परिमाप = आयत के परिमाप का दुगुना

⇒ 2 × 154 = 308 इकाई

4 × भुजा = 308 इकाई

भुजा = 77 इकाई

वर्ग का क्षेत्रफल = 77 × 77

= 5929 वर्ग इकाई

∴ वर्ग का क्षेत्रफल 5929 वर्ग इकाई है।

अतः विकल्प (C) सही है।

91. दिया है:

एक कक्षा में सभी छात्रों का औसत वजन 55 किग्रा है।

लड़कों और लड़कियों के औसत वजन का अनुपात 5 : 4 है।

40% छात्र लड़के हैं और बाकी लड़कियां हैं।

सूत्र:

कुल = औसत × इकाइयों की संख्या

गणना:

माना सर्वनिष्ट अनुपात P है और कुल छात्र N हैं।

लड़कों की संख्या = 0.4N

लड़कियों की संख्या = 0.6N

लड़कों का औसत वजन = 5P

लड़कियों का औसत वजन = 4P

प्रश्न के अनुसार,

0.4N × 5P + 0.6N × 4P = 55N

⇒ 4.4P = 55 (∵ N≠ 0)

$\Rightarrow P = \frac{55}{4.4}$

⇒ 5P = 62.5

∴ लड़कों का औसत वजन 62.5 वर्ष है।

अतः विकल्प (A) सही है।

92. दिया है:

$\frac{4}{25}, \frac{8}{35}$ और $\frac{22}{40}$

सूत्र:

भिन्नों का (H.C.F) = (अंश का H.C.F) / (हर का L.C.M)

गणना:

$\frac{4}{25}, \frac{8}{35}$ और $\frac{22}{40}$

25 के गुणनखंड = 5 × 5

35 के गुणनखंड = 5 × 7

20 के गुणनखंड = 2× 2 × 2 × 5

हर का L.C.M = 5 ×5 × 2^3 × 7 = 700

4 के गुणनखंड = 1 × 2 × 2

8 के गुणनखंड = 1 × 2 × 2 × 2

22 के गुणनखंड = 2 × 11

अंश का H.C.F = 2

भिन्नों का H.C.F $= \frac{2}{1400}$

∴ भिन्नों का H.C.F $\frac{1}{700}$ है।

अतः विकल्प (A) सही है।

93. दिया है:

P (A) = 0.2 और

P ($\bar{A}$ ∩ B) = 0.3

निम्न को ज्ञात करने के लिए: P (A|(A ∪ B)) = ?

P (A ∪ B) = P(A) + P(B) – P (A∩B)

यहाँ, P (A∩B) = 0 (∵ परस्पर अपवर्जी घटनाएं)

⇒ P (A ∪ B) = P(A) + P(B) .... (1)

P ($\bar{A}$ ∩ B) = P(B) – P (A ∩ B)

⇒ P ($\bar{A}$ ∩ B) = P(B) – 0

⇒ P ($\bar{A}$ ∩ B) = P(B) = 0.3

(1) में P(B) = 0.3 रखने पर, हमें निम्न प्राप्त होता है

P (A ∪ B) = 0.2 + 0.3 (∵ P (A) = 0.2)

⇒ P (A ∪ B) = 0.5

$P(A \mid (A \cup B)) = \frac{P(A \cap (A \cup B))}{P(A \cup B)}$
$\left(\because P(A \mid B) = \frac{P(A \cap B)}{P(B)}\right)$

लेकिन, P(A ∩ (A ∪ B) = P(A)

$\therefore P\left(A \mid (A \cup B)\right) = \frac{P(A)}{P(A \cup B)}$

$= \frac{0.2}{0.5}$

$= \frac{2}{5}$

अतः विकल्प (B) सही है।

94. दिया है:

ल.स.प. = 15 म.स.प.

गणना:

माना कि म.स.प. x है

ल.स.प. 15x है

माना कि दूसरी संख्या y है

⇒ 464 + y = 435

⇒ y = 29

अब,

x × 15x = 29 × 435

⇒ x^2 = 841

⇒ x = 29

ल.स.प. = 15 × x = 15 × 29 = 435

⇒ ल.स.प. और म.स.प. का योग = 435 + 29 = 464

⇒ संख्याओं का अंतर = 435 - 29 = 406

∴ अभीष्ट अनुपात = 464 : 406 = 8 : 7

अतः विकल्प (C) सही है।

95. इस प्रकार के प्रश्नों को सुलझाने के लिए हमें देखना होगा कि द्विघात समीकरण का निर्धारक (डीटरमिनंट) शून्य से बड़ा या शून्य के बराबर है या नहीं।

निर्धारक = $b^2 - 4ac$ जहाँ a, b और c समीकरण $ax^2 + bx + c = 0$ में स्थिर हैं

दिया गया है कि, समीकरण $x^2 + kx + 4 = 0$

वास्तविक समीकरण से तुलना करते हुए, हमें मिला a = 1, b = k और c = 4

वास्तविक मूलों के लिए, $k^2 - 4 \times 1 \times 4 \geq 0$

k के सबसे छोटे मान के लिए,

$k^2 - 16 = 0$

⇒ k = ±4

अतः विकल्प (B) सही है।

96. योग 2, 3, 5, 7, 11 हो सकता है

⇒ 2 को 1 तरीके से प्राप्त किया जा सकता है = (1, 1)

⇒ 3 को 2 तरीके से प्राप्त किया जा सकता है = (1, 2), (2, 1)

⇒ 5 को 4 तरीके से प्राप्त किया जा सकता है = (1, 4), (2, 3), (3, 2), (4, 1)

⇒ 7 को 6 तरीके से प्राप्त किया जा सकता है = (1, 6), (2, 5), (3, 4), (4, 3), (5, 2), (6, 1)

⇒ 11 को 2 तरीके से प्राप्त किया जा सकता है = (5, 6), (6, 5)

∴ कुल अनुकूल तरीके = 1 + 2 + 4 + 6 + 2 = 15

कुल परिणाम = 6^2 = 36

P (E) $= \frac{15}{36} = \frac{5}{12}$

∴ अभीष्ट प्रायिकता $\frac{5}{12}$ है।

अतः विकल्प (A) सही है।

97. दिया है:

श्रेणी $\frac{1}{2} + \frac{5}{6} + \frac{7}{6} \ldots$

प्रश्न के अनुसार,

दूसरा पद - पहला पद

$\Rightarrow \frac{5}{6} - \frac{1}{2} = \frac{5-3}{6} = \frac{2}{6}$

$= \frac{1}{3}$

तीसरा पद - दूसरा पद

$\Rightarrow \frac{7}{6} - \frac{5}{6} = \frac{2}{6}$

$= \frac{1}{3}$

इस श्रेणी में सार्व अंतर समान है

तब यह श्रेणी समांतर श्रेणी है।

अतः विकल्प (A) सही है।

98. दिया है:

आयताकार मैदान की लम्बाई और चौड़ाई का अनुपात = 7 : 5

आयताकार मैदान का क्षेत्रफल = 6860 सेमी^{2}

सूत्र:

आयत का क्षेत्रफल = लम्बाई × चौड़ाई

आयत का परिमाप = 2 (लम्बाई + चौड़ाई)

गणना:

माना आयत की लम्बाई और चौड़ाई क्रमशः 7x और 5x है

आयताकार मैदान का क्षेत्रफल = 6860

⇒ 7x × 5x = 6860

⇒ $35x^2 = 6860$

$$\Rightarrow x^2 = \frac{6860}{35}$$

⇒ $x^2 = 196$

$$\Rightarrow x = \sqrt{196}$$

⇒ x = 14

∴ आयताकार मैदान की लम्बाई = 7 × 14 = 98 सेमी

अतः विकल्प (A) सही है।

99.

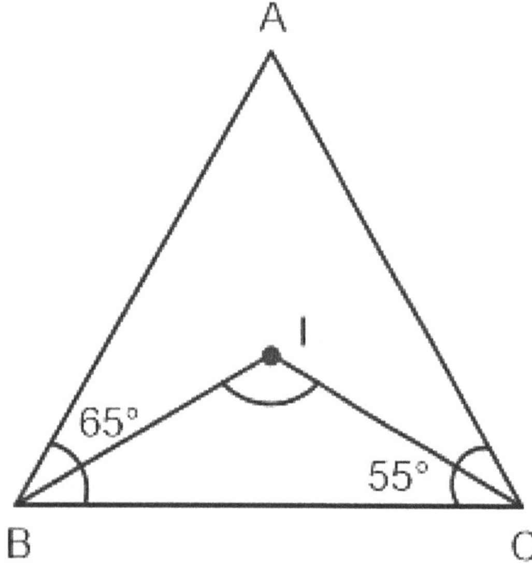

⇒ ∠ABC + ∠BAC + ∠ACB = 180°

⇒ ∠BAC = 180° - (65° + 55°) = 60°

चूँकि त्रिभुज का अंतः केंद्र I है,

$$\Rightarrow \angle BIC = 90^\circ + \frac{\angle BAC}{2}$$

मानों को प्रतिस्थापित करने पर, हमें प्राप्त होता है-

$$\Rightarrow \angle BIC = 90^\circ + \frac{60}{2} = 120^\circ$$

∠BIC का मान 120° है।

अतः विकल्प (C) सही है।

100. सूत्र:

त्रिभुज का क्षेत्रफल = $\frac{1}{2}$ × आधार × ऊंचाई

गणना:

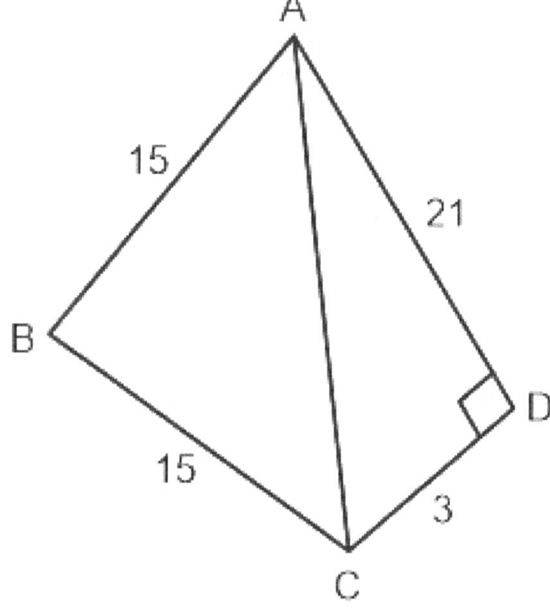

प्रश्नानुसार,

चतुर्भुज का क्षेत्रफल = ΔABC का क्षेत्रफल + ΔADC का क्षेत्रफल

$$= \left(\frac{1}{2} \times 15 \times 15\right) + \left(\frac{1}{2} \times 3 \times 21\right)$$

$$= \frac{225}{2} + \frac{63}{2}$$

$$= \frac{225+63}{2}$$

$$= \frac{288}{2}$$

= 144

∴ चतुर्भुज का अभीष्ट क्षेत्रफल 144 है।

अतः विकल्प (A) सही है।

मॉक टेस्ट 03

Hindi

Q.1 कृदन्त प्रत्यय किन शब्दों के साथ जुड़ते है?
A. संज्ञा **B.** सर्वनाम **C.** विशेषण **D.** क्रिया

Q.2 किस शब्द में उपसर्ग नहीं है?
A. अपवाद **B.** पराजय **C.** प्रभाव **D.** ओढ़ना

Q.3 वार्तनिक दृष्टि से अशुद्ध शब्द का चयन कीजिए।
[HTET PGT - Computer Science, 2019]
A. पड़ोसी **B.** सुधीजन
C. सरलतापुर्वक **D.** द्रवीभूत

Q.4 निम्नलिखित शब्दों में से शुद्ध -वर्तनी का चयन कीजिये।
A. तिरोस्कार **B.** तथास्त **C.** तिरोभ्हाव **D.** तिरस्कार

Q.5 "अंधे के हाथ बटेर लगना" मुहावरे का अर्थ बताइए।
A. अंधा भी अपना लक्ष्य प्राप्त कर सकता है
B. अंधेरे में कोई वस्तु मिल जाना
C. अपात्र को बड़ी सफलता मिलना
D. मुसीबत पर मुसीबत आना

Q.6 निम्नलिखित में से कौन सा वर्ण अर्द्धस्वर माना जाता है?
A. म **B.** स **C.** य **D.** ख

Q.7 'अली' तथा 'अलि' शब्दों के क्रमशः अर्थ है –
A. सखी तथा भौंरा **B.** भौंरा तथा सखी
C. सहपाठी तथा मक्खी **D.** भाई तथा सखी

Q.8 'भागवद्भक्ति' का संधि विच्छेद बताइये:
A. भवत् + भक्ति **B.** भागव + भक्ति
C. भागत् + भक्ति **D.** भागवत् + भक्ति

Q.9 'व्याप्त' शब्द में कौन-सी संधि है?
[UP Police Sub Inspector, 2021]
A. गुण **B.** दीर्घ **C.** अयादि **D.** यण

Q.10 जिस समास का पूर्वपद(पहलापद) प्रधान हो, उसे कौन-सा समास कहते है?
A. संबंध तत्पुरुष **B.** कर्मधारय
C. अव्ययीभाव **D.** द्वंद्व

Q.11 तत्पुरुष समास के कितने उपभेद होते है?
A. 4 **B.** 10 **C.** 8 **D.** 6

Q.12 'सामान्य' शब्द का विलोम है:
A. श्रेष्ठ **B.** सर्वज्ञ **C.** निम्न **D.** विशिष्ट

Q.13 'राजा' का विलोम शब्द कौन-सा होगा?
[UP Police Sub Inspector, 2021]
A. रानी **B.** प्रजा **C.** रंक **D.** सेनापति

Ques (14-16):निर्देश: नीचे दिये गए गद्यांश के आधार पर प्रश्नों के उत्तर दीजिए।

भारत संयुक्त राष्ट्र के प्रारम्भिक 51 सदस्यों में से एक है। स्वतंत्रता प्राप्ति के लगभग दो वर्ष पहले अप्रैल-जून 1945 में सैन फ्रांसिस्को में संयुक्त राष्ट्र की स्थापना सभा में भारत के प्रतिनिधि उपस्थित थे। अधिकांश सदस्यों द्वारा घोषणा पत्र की पुष्टि हो जाने पर संयुक्त राष्ट्र 24 अक्टूबर 1945 को अस्तित्व में आया। संयुक्त राष्ट्र की स्थापना के चार मुख्य प्रयोजन थे: (1) अन्तराष्ट्रीय शान्ति और सुरक्षा बनाए रखना, (2) राष्ट्रों के माध्यम से मैत्रीपूर्ण संबंध विकसित करना, (3) अंतराष्ट्रीय स्तर की आर्थिक, सामजिक, सांस्कृतिक एवं मानवीय समस्याओं का समाधान करना तथा मानव अधिकारों एवं मूलभूत स्वतंत्रताओं के लिये अंतराष्ट्रीय सहयोग सुनिश्चित करना, तथा (4) इन सर्वनिष्ठ उद्देश्यों को प्राप्त करने की दिशा में विभिन्न राष्ट्रों के कार्य कलापों में सामंजस्य स्थापित करने हेतु इसे एक केंद्र के रूप में कार्य करना।

Q.14 संयुक्त राष्ट्र के प्रारम्भिक सदस्यों की संख्या कितनी थी?
A. 151 **B.** 45 **C.** 24 **D.** 51

Q.15 संयुक्त राष्ट्र कब अस्तित्व में आया?
A. 10 अक्टूबर 1945 को **B.** 24 अक्टूबर 1946 को
C. 10 दिसम्बर 1945 को **D.** 24 अक्टूबर 1945 को

Q.16 संयुक्त राष्ट्र की स्थापना के कितने मुख्य प्रयोजन थे?
A. 4 **B.** 3 **C.** 1 **D.** 2

Q.17 'किसी को जीत लेने का इच्छुक' वाक्यांश के लिए एक शब्द होगा:
A. द्विज **B.** जिगिषु **C.** अछूता **D.** अछूत

Q.18 'आँखों के सामने'-वाक्यांश के लिए निम्नलिखित कौन सा शब्द होगा?
A. परोक्ष **B.** भावी **C.** प्रत्यक्ष **D.** आगत

Q.19 नायक-नायिका के मिलन की स्थिति का वर्णन किस रस के अंतर्गत किया जाता है?
A. वीर रस **B.** करुण रस **C.** भक्ति रस **D.** शृंगार रस

Q.20 इनमें से लिंग की दृष्टि से एक वाक्य गलत है:
A. दही मीठी है।
B. उसने धीमे स्वर में कहा।
C. हम नये प्रकार की वस्तु देखना चाहते हैं।
D. हिन्दी की शिक्षा अनिवार्य कर दी।

Q.21 'अमन ने श्याम को गाड़ी दी।' वाक्य किस कारक का उदाहरण है?
A. संबोधन **B.** सम्प्रदान **C.** सम्बन्ध **D.** अधिकरण

Q.22 निम्नलिखित वाक्य में कौन सा वाक्य पूर्ण भूतकाल है?
1. परीक्षा चल रही थी।
2. राम सो चूका।
3. मैंने पुस्तक खरीदी थी।
4. बच्चे ने पाठ पढ़ा।
A. परीक्षा चल रही थी। **B.** राम सो चूका।
C. मैंने पुस्तक खरीदी थी। **D.** बच्चे ने पाठ पढ़ा।

Q.23 'जननायक' का पर्यायवाची है।
A. जीविका **B.** जनसेवक **C.** परमेश्वर **D.** अखिलेश्वर

Q.24 किस मुहावरे का अर्थ 'अतिप्रिय वस्तु अर्पित कर देना' है?
A. कलेजा निकाल कर रख देना
B. कलेजा थाम कर रह जाना
C. कलेजा काँपना

D. कलेजा ठंडा होना

Q.25 'उल्लास' का पर्यायवाची है।

A. मोद **B.** अंशु **C.** शोणित **D.** पाजी

English

Q.26 Direction: Select the option that is opposite in meaning to the underlined word and mark your response accordingly.

She can quickly establish a good rapport with the children she works with.

A. Unfriendliness **B.** Unrapport
C. Disrapport **D.** Unbehaviour

Q.27 Direction: Choose the correct figure of speech in the following sentence.
Death lays his icy hand on Kings.

[UPTET Paper - I, 2022]

A. Metaphor **B.** Simile
C. Apostrophe **D.** Personification

Q.28 Direction: Choose the correct answer from the options given below:
He ____ a lot of letters yesterday.

A. had written **B.** had been writing
C. wrote **D.** has written

Q.29 Direction: Fill in the blank with the suitable option.
The Mekong is also home ___ the world's largest catfish.

A. for **B.** in **C.** to **D.** within

Q.30 Direction: Select the most appropriate word to fill in the blank.
Modern technology has created many new jobs that require _____ skills and knowledge.

[SSC MTS, 2021]

A. hard **B.** specialised
C. dangerous **D.** common

Q.31 Direction: Select the most appropriate option to fill in the blank.
I haven't got _______ with me now.

[SSC MTS, 2021]

A. lot of money **B.** any money
C. some money **D.** no money

Q.32 Direction: Change the following sentence given below in the appropriate narration form.
He said, "I bath regularly".

A. He said that he had taken bath regularly.
B. He said that he bathed regularly.
C. He said that he has taken a bath regularly.
D. He said that he took a bath regularly.

Q.33 Select the correctly punctuated sentence:

A. These countries have a lot in common; Italy, India and Brazil.
B. These countries have a lot in common: Italy, India and Brazil.
C. These countries have a lot in common, Italy, India and Brazil.
D. These countries have a lot in common Italy, India and Brazil.

Q.34 Direction: In the given question, a part of the sentence is made bold. Below are given alternatives to the bold part at (A), (B), and (C) which may improve the sentence. Choose the correct alternative. In case no replacement is needed, mark (D) as your answer.

Students from around the world **have increasing started opting to** online education.

A. has increasingly started opt to
B. have increasing starting opted to
C. have increasingly started opting for
D. No replacement required

Q.35 Direction: In the following questions, out of the given alternatives, choose the one which can be substituted for the given words/sentence.

Insufficient feeding or nourishing.

[SSC MTS, 2017]

A. Abduction **B.** Abolition
C. Addiction **D.** Malnutrition

Q.36 Select the most appropriate meaning of the underlined idiom in the given sentence.
The apple of discord among the brothers was their father's mansion in the country.

[SSC Sub Inspector (CPO), 2019]

A. reason for quarrel **B.** hopeful attention
C. Sincere affection **D.** Fruitful discussion

Q.37 Direction: Select the word that fits the analogy:
Explicit : Implicit :: Express :

A. Impress **B.** Repress
C. Compress **D.** Suppress

Ques (38-39):Direction: Select the most appropriate synonym for the underlined word.

Q.38 The King was known for his **merciful** way of forgiving first-time wrongdoers.

A. Brutal **B.** Stubborn **C.** Lenient **D.** Grateful

Q.39 Amanda was **reluctant** to let go of her dead grandmother's items.

A. Sheepish **B.** Assured
C. Hesitant **D.** Determined

Q.40 Rearrange the parts of the sentence in the correct order.
To encourage more medical institutes/ to participate in the rankings/ They said the government was trying/ that enable assessment of capabilities.

A. They said the government was trying to participate in the rankings to encourage more medical institutes that enable assessment of capabilities.
B. They said the government was trying to encourage more medical institutes that enable assessment of capabilities to

participate in the rankings.

C. To encourage more medical institutes they said the government was trying to participate in the rankings that enable assessment of capabilities.

D. To encourage more medical institutes to participate in the rankings they said the government was trying that enable assessment of capabilities.

Q.41 Pick out the correctly spelt word from the given words.

A. Insurence **B.** Insurance
C. Insuranse **D.** Insurense

Q.42 Direction: Fill in the blank with the correct preposition.

The helicopter was hovering _______ the building.

A. among **B.** beneath **C.** besides **D.** over

Q.43 Direction: Select the most appropriate article to fill in the blanks.

Desires are never ending. _____ more we get, _____ more we desire.

A. An, a **B.** The, the **C.** A, the **D.** The, an

Q.44 Direction: Choose the most suitable determiner for the given sentence.

If anyone has_____ problem, I'll be pleased to give its solution.

A. few **B.** any **C.** some **D.** many

Q.45 Direction: Choose the correct form of tense for the given sentence:

Can I have a drink before I _____ to bed?

A. go **B.** will have gone
C. will go **D.** am going

Q.46 Direction: Select the most appropriate homonym to fill in the blank.

You did the _____ thing.

A. write **B.** rite **C.** right **D.** wright

Q.47 Direction: Complete the sentence using the correct option:

George has travelled a lot. He _____ speak four languages.

A. may **B.** can **C.** need **D.** must not

Q.48 Direction: Fill in the blank with the correct verb form.

He has just _______ the work.

A. finish **B.** finished **C.** finishing **D.** finishes

Q.49 Direction: Fill in the blank with the appropriate option.

The boy _______ there for a long time.

A. has been **B.** have been
C. has **D.** has being

Q.50 Direction: Read the statement below carefully and fill in the blank(s) with the correct answer.

Swati has such a fine memory that she can recollect anything that happened _______ years ago.

A. much **B.** many **C.** little **D.** few

General Studies

Q.51 टिहरी बांध निम्नलिखित में से किस राज्य में स्थित है?

A. हिमाचल प्रदेश **B.** उत्तराखंड
C. तमिलनाडु **D.** राजस्थान

Q.52 इनमें से कौन सा हवाई अड्डा वाराणसी, उत्तर प्रदेश में स्थित है?

A. चौधरी चरण सिंह अंतर्राष्ट्रीय हवाई अड्डा
B. लोकनायक जयप्रकाश अंतरराष्ट्रीय हवाई अड्डा
C. नेताजी सुभाष चंद्र बोस अंतर्राष्ट्रीय हवाई अड्डा
D. लाल बहादुर शास्त्री अंतर्राष्ट्रीय हवाई अड्डा

Q.53 निम्नलिखित में से कौन सी नहर उत्तर प्रदेश की सबसे बड़ी नहर है?

A. निचली गंगा नहर **B.** घाघरा नहर
C. शारदा नहर **D.** केन नहर

Q.54 उत्तर प्रदेश में प्रथम राष्ट्रपति शासन किस वर्ष लगाया गया?

A. 1956 **B.** 1968 **C.** 1975 **D.** 1970

Q.55 दक्षिण अमेरिका का इनमें से कौन सा देश मकर रेखा से होकर नहीं गुजरता है?

A. चिली **B.** बोलीविया **C.** पैराग्वे **D.** ब्राजील

Q.56 पुष्कर मेला कहाँ आयोजित किया जाता है?

A. उदयपुर **B.** जैसलमेर **C.** जोधपुर **D.** अजमेर

Q.57 उत्तर प्रदेश का एक छोटा-सा शहर, _________, अपनी लाल मिट्टी के सजावटी बर्तनों के लिए जाना जाता है।

[UPSSSC Junior Assistant, 2020]

A. बरेली **B.** मेरठ
C. चुनार **D.** फिरोजाबाद

Q.58 लेबनान की राजधानी है:

A. बेयरूत **B.** त्रिपोली **C.** सिडोन **D.** टायर

Q.59 वर्ष 2022 में, अंतर्राष्ट्रीय योग दिवस का कौन सा संस्करण जून 21 को मनाया गया?

A. 4 **B.** 5 **C.** 8 **D.** 7

Q.60 बादल परिणाम हैं:

[Uttarakhand Public Service Commission (UKPSC), 2016]

A. वाष्पीकरण के
B. सामान्य ताप ह्रास दर के
C. कैटाबैटिक ह्रास दर के
D. संघनन के

Q.61 जीन है:

[Uttarakhand Public Service Commission (UKPSC), 2016]

A. डी एन ए का एक भाग
B. डी एन ए और हिस्टोन का एक भाग
C. डी एन ए, आर एन ए और हिस्टोन का एक भाग
D. उपरोक्त सभी

Q.62 "ओओपी" (OOP) का पूर्ण रूप क्या है?

A. आर्गनाइज्ड आउटपुट प्रिऑरिटी
B. ऑब्जेक्टिव ओवर प्रिऑरिटी
C. ऑब्जेक्ट-ओरिएंटेड प्रोग्रामिंग
D. इनमें से कोई नहीं

Q.63 जनवरी 2022 में क्रिकेट के प्रति उनकी सेवा के लिए किसे नाइटहुड प्रदान किया गया?

A. क्लाइव लॉयड **B.** रॉस टेलर

C. माइकल क्लार्क **D.** अजहर अली

Q.64 सरकार ने 364 करोड़ रुपये के वित्तीय परिव्यय के साथ कितने वर्षों की अवधि के लिए इमिग्रेशन वीजा फॉरेनर्स रजिस्ट्रेशन ट्रैकिंग, आईवीएफआरटी योजना को जारी रखने की मंजूरी दी है?

A. 3 **B.** 4 **C.** 5 **D.** 6

Q.65 जून 2022 में, ______ ने जेवर में राष्ट्रीय राजधानी क्षेत्र के नए हवाई अड्डे के निर्माण के लिए बिड जीती है।

A. विप्रो **B.** एचसीएल
C. टाटा प्रोजेक्ट्स **D.** रिलायंस

Q.66 खिलाफत आंदोलन कहाँ से शुरू हुआ था?

A. कानपुर **B.** दिल्ली **C.** लखनऊ **D.** आगरा

Q.67 पानीपत की पहली लड़ाई इब्राहिम लोदी और _____ के बीच लड़ी गई थी।

A. जहांगीर **B.** अकबर **C.** हुमायूँ **D.** बाबर

Q.68 प्राचीन भारतीय पाठ 'राजतरंगिणी' एक रचना है:

A. बिलहाना **B.** कल्हण
C. बाणभट्ट **D.** संध्याकार संधि

Q.69 गांधी - इरविन समझौता भारत के निम्नलिखित में से किस आंदोलन से संबंधित था?

A. रौलट सत्याग्रह
B. सविनय अवज्ञा आंदोलन
C. असहयोग आंदोलन
D. भारत छोड़ो आंदोलन

Q.70 कंप्यूटर में निम्नलिखित में कौन से दो प्रकार की मेमोरी होती हैं?

A. हार्डवेयर मेमोरी और सॉफ्टवेयर मेमोरी
B. शॉर्ट टर्म मेमोरी और लॉन्ग टर्म मेमोरी
C. अर्थमेटिक मेमोरी और लॉजिकल मेमोरी
D. रीड ओनली मेमोरी (ROM) और रैंडम एक्सेस मेमोरी (RAM)

Q.71 एमएस एक्सेल में आपके कंटेंट और पेज के किनारे के बीच का स्थान ________ है।

A. मार्जिन **B.** प्रिंट एरिया
C. ओरिएंटेशन **D.** प्रिंट टाइटल्स

Q.72 भारतीय बागवानी अनुसंधान संस्थान (IIHR) ने गेंदा की एक नई किस्म अर्का शुभा विकसित की है। संस्थान का मुख्यालय कहाँ है?

A. हैदराबाद **B.** नई दिल्ली **C.** बेंगलुरु **D.** गुरुग्राम

Q.73 निम्नलिखित में से किस नदी में भारत की सबसे बड़ी नदी बेसिन है?

A. सिंधु **B.** गंगा **C.** ब्रह्मपुत्र **D.** कृष्णा

Q.74 भारत में राजनीतिक दलों को 'मान्यता' किसके द्वारा दी जाती है?

A. राष्ट्रपति
B. संसद
C. चुनाव आयोग
D. सर्वदलीय संसदीय समिति

Q.75 इंडियन सुपर लीग का संबंध किस खेल से है?

A. कुश्ती **B.** फुटबॉल **C.** नौकादौड़ **D.** गोल्फ़

Mathematics

Q.76 एक आयत की लंबाई और चौड़ाई का अनुपात 9: 7 है। इसका क्षेत्रफल 252 वर्ग सेमी है। आयत का परिमाप ज्ञात कीजिए।

A. 16 सेमी **B.** 32 सेमी **C.** 64 सेमी **D.** 48 सेमी

Q.77 एक अधिकतम आयतन वाले लंब वृत्तीय शंकु को समान ऊंचाई वाले बेलन में अन्तर्निविष्ट किया जाता है। यदि बेलन की त्रिज्या 7 सेमी और शंकु की तिर्यक ऊंचाई 25 सेमी है, तो बेलन का आयतन (सेमी ^{3} में) ज्ञात करें।

A. 1176π सेमी ^{3} **B.** 1216π सेमी ^{3}
C. 1387π सेमी ^{3} **D.** 1495π सेमी ^{3}

Q.78 एक वर्ग का क्षेत्रफल और एक सम षट्भुज के क्षेत्रफल का अनुपात, जिनका परिमाप समान है:

[RRB/RRC Group D, 2018]

A. $2:3$ **B.** $\sqrt{3}:2$ **C.** $1:\sqrt{3}$ **D.** $4:3\sqrt{3}$

Q.79 स्टील के एक गोले, जिसकी त्रिज्या 6 सेमी है, 1 सेमी की त्रिज्या के कितने गोले बनाये जा सकते हैं?

[RRB/RRC Group D, 2018]

A. 126 **B.** 27 **C.** 64 **D.** 216

Q.80 एक कक्षा के 40 छात्रों द्वारा प्राप्त अंको का औसत 86 है। यदि 5 सर्वाधिक अंको को निकाल दिया जाये तो औसत एक अंक कम हो जाता है। शीर्ष 5 छात्रों के औसत अंक बताइये।

A. 93 **B.** 52 **C.** 47 **D.** 85

Q.81 किसी त्रिभुज ABC में, यदि $3\angle A = 4\angle B = 6\angle C$ हो, तो $\angle A$ बराबर है:

[HTET TGT Mathematics, 2020]

A. $80°$ **B.** $60°$ **C.** $40°$ **D.** $30°$

Q.82 दो संख्याओं का ल.स.प. उनके म.स.प. का 90 गुना है। ल.स.प. और म.स.प. का योग 1456 है। यदि संख्याओं में से एक 160 है, तो दूसरी संख्या क्या है?

[Territorial Army Officer, 2019]

A. 120 **B.** 136 **C.** 144 **D.** 184

Q.83 दो संख्याओं का योग 528 है और उनका म.स.प. 33 है। ऐसे युग्मों की संख्या है:

A. 3 **B.** 4 **C.** 5 **D.** 1

Q.84 5 लड़कों और 4 लड़कियों में से 4 सदस्यों की एक समिति को कितने तरीकों से बनाया जा सकता है, जिसमें कम से कम 2 लड़कियां हों?

A. 31 **B.** 41 **C.** 81 **D.** 51

Q.85 n का न्यूनतम मान जिसके लिए $\left\{\frac{(1+i)}{(1-i)}\right\}^n$ वास्तविक है, वह है:

A. 1 **B.** 2 **C.** 3 **D.** 4

Q.86 यदि एक मीनार की ऊंचाई 10 मीटर है और क्षितिज पर एक बिंदु से ऊंचाई का कोण α है। मीनार की ओर 5 मीटर चलने पर ऊँचाई का कोण β में बदल जाता है, तो $\cot\alpha - \cot\beta = ?$

A. $\frac{1}{2}$ **B.** 1 **C.** $\frac{2}{3}$ **D.** 2

Q.87 $4x^2 + kx + 5$ विभाज्य है $x + 1$ से, यही व्यंजक इनमें से और किस से विभाज्य होगा:

[RRB/RRC Group D, 2018]

A. $4x + 5$ **B.** $4x - 1$ **C.** $4x - 5$ **D.** $x - 5$

Q.88 निर्देश: निम्नलिखित प्रश्न में प्रश्नवाचक चिन्ह (?) के स्थान पर क्या आएगा:

$(\sqrt{7}-\sqrt{10})^2+(\sqrt{5}+\sqrt{14})^2=(?)^3-28$

A. $\sqrt{2}$ **B.** 4 **C.** $\sqrt{6}$ **D.** 6

Q.89 एक त्रिभुज के शीर्ष $(1,6),(3,0)$ और $(-3,-7)$ हैं। इसका क्षेत्रफल वर्ग इकाई में क्या होगा?

A. 10 **B.** 25 **C.** 30 **D.** 40

Q.90 समांतर श्रेणी में, तीन संख्याओं का योग 6 है और इसका गुणनफल 6 है। संख्याएं ज्ञात कीजिये।

A. 4,5 और 8 **B.** 1,2 और 3
C. 1,6 और 8 **D.** 1,2 और 6

Q.91 52 पत्तों की एक गड्डी में से, यदि यादृच्छिक रूप से एक पत्ता निकाला है, तो पत्ते के पान का पत्ता होने की प्रायिकता ज्ञात कीजिये।

A. $\frac{1}{4}$ **B.** $\frac{1}{8}$ **C.** $\frac{1}{26}$ **D.** $\frac{1}{2}$

Q.92 दो सिक्कों के एक साथ फेंकने पर, कम से कम एक हेड प्राप्त होने की प्रायिकता क्या है?

A. $\frac{1}{2}$ **B.** $\frac{1}{3}$ **C.** $\frac{2}{3}$ **D.** $\frac{3}{4}$

Q.93 ताश के पत्तों की गड्डी से इक्का निकालने की प्रायिकता हो सकती है:

A. $\frac{12}{13}$ **B.** $\frac{15}{26}$ **C.** $\frac{9}{13}$ **D.** $\frac{1}{13}$

Q.94 ${}^{10}C_3 \times {}^{8}C_3$ के मान की गणना कीजिए।

A. 7620 **B.** 6270
C. 5760 **D.** इनमें से कोई नहीं

Q.95 रेखीय समीकरण $4x-2y=10$ और $4x+ky=2$ के ग्राफ एक-दूसरे को बिंदु $(a,4)$ पर प्रतिच्छेदित करते हैं। k का मान क्या है?

A. -4 **B.** 4 **C.** -3 **D.** 3

Q.96 बिंदु $(-3,p)$, बिंदु $(-5,-4)$ और $(-2,3)$ को जोड़ने वाले रेखाखंड को किस अनुपात में विभाजित करता है?

A. 2:3 **B.** 3:2 **C.** 2:1 **D.** 1:2

Q.97 समांतर श्रेणी 3,15,27,39 का कौन-सा पद 123 है?

A. 10वां **B.** 9वां **C.** 11वां **D.** 12वां

Q.98 यदि AP के n पद का योग 600 है पहला पद 50 है और अंतिम पद 70 है तो n किसके बराबर है?

A. 20 **B.** 30 **C.** 40 **D.** 10

Q.99 एक समानांतर चतुर्भुज की सभी चार भुजाएं बराबर लम्बाई की हैं। विकर्ण 1: 2 के अनुपात में हैं। यदि विकर्णों की लम्बाइयों का योग 24 सेमी है, तो समानांतर चतुर्भुज का क्षेत्रफल क्या है?

A. 90 सेमी^{2} **B.** 64 सेमी^{2} **C.** 66 सेमी^{2} **D.** 56 सेमी^{2}

Q.100 यदि k एक अदिश है और I कोटि 3 का एक इकाई आव्यूह है, तो adj $(kI)=$

A. k^3 I **B.** k^2I **C.** $-k^3$ I **D.** $-k^2I$

// स्मार्ट उत्तर पुस्तिका //

सही उत्तर उन छात्रों के प्रतिशत को इंगित करता है जिन्होंने प्रश्नों का सही उत्तर दिया था।

छोड़ दिया उन छात्रों के प्रतिशत को इंगित करता है जिन्होंने प्रश्नों को छोड़ दिया था।

प्रश्न संख्या	उत्तर	सही उत्तर	छोड़ दिया
1	D	76.62 %	0.0 %
2	D	78.56 %	0.0 %
3	C	78.25 %	0.0 %
4	D	59.12 %	1.7 %
5	C	85.43 %	0.0 %
6	C	55.96 %	1.17 %
7	A	64.02 %	1.1 %
8	D	43.2 %	1.2 %
9	D	45.04 %	1.47 %
10	C	68.9 %	1.32 %
11	D	47.29 %	1.58 %
12	D	78.17 %	0.0 %
13	C	82.25 %	0.0 %
14	D	42.63 %	1.92 %
15	D	45.68 %	1.38 %
16	A	76.84 %	0.0 %

प्रश्न संख्या	उत्तर	सही उत्तर	छोड़ दिया
17	B	64.86 %	1.56 %
18	C	52.14 %	1.66 %
19	D	42.43 %	1.97 %
20	A	41.07 %	1.88 %
21	B	47.35 %	1.44 %
22	C	65.83 %	1.11 %
23	B	68.7 %	1.87 %
24	A	26.48 %	3.06 %
25	A	48.67 %	1.38 %
26	A	68.99 %	1.53 %
27	D	76.39 %	0.0 %
28	C	52.03 %	1.21 %
29	C	63.62 %	1.88 %
30	B	85.95 %	0.0 %
31	B	44.18 %	1.78 %
32	B	28.36 %	3.52 %

प्रश्न संख्या	उत्तर	सही उत्तर	छोड़ दिया
33	B	46.53 %	1.65 %
34	C	20.21 %	3.1 %
35	D	19.29 %	4.28 %
36	A	26.14 %	3.01 %
37	B	68.72 %	1.74 %
38	C	65.94 %	1.17 %
39	C	30.53 %	4.84 %
40	B	45.36 %	1.77 %
41	B	61.03 %	1.91 %
42	D	65.8 %	1.93 %
43	B	44.61 %	1.53 %
44	B	77.85 %	0.0 %
45	A	46.44 %	1.6 %
46	C	58.35 %	1.02 %
47	B	46.04 %	1.17 %
48	B	85.98 %	0.0 %

प्रश्न संख्या	उत्तर	सही उत्तर	छोड़ दिया
49	A	61.98 %	1.34 %
50	B	63.35 %	1.88 %
51	B	86.02 %	0.0 %
52	D	44.74 %	1.03 %
53	C	63.76 %	1.01 %
54	B	62.2 %	1.33 %
55	B	53.01 %	1.96 %
56	D	83.56 %	0.0 %
57	C	57.03 %	1.13 %
58	A	77.11 %	0.0 %
59	C	55.07 %	1.78 %
60	A	87.81 %	0.0 %
61	A	40.82 %	1.72 %
62	C	59.15 %	1.29 %
63	A	64.38 %	1.97 %
64	C	31.66 %	3.13 %

प्रश्न संख्या	उत्तर	सही उत्तर	छोड़ दिया
65	C	14.75 %	3.8 %
66	C	69.24 %	1.02 %
67	D	52.18 %	1.86 %
68	B	67.39 %	1.99 %
69	B	69.33 %	1.2 %
70	D	50.12 %	1.6 %
71	A	76.1 %	0.0 %
72	C	62.13 %	1.22 %
73	B	63.7 %	1.7 %
74	C	59.57 %	1.76 %
75	B	42.87 %	1.86 %
76	C	40.37 %	1.79 %
77	A	52.72 %	1.47 %
78	B	58.09 %	1.41 %
79	D	44.5 %	1.02 %
80	A	16.08 %	4.86 %

प्रश्न संख्या	उत्तर	सही उत्तर / छोड़ दिया
81	A	56.33 % / 1.25 %
82	C	52.92 % / 1.05 %
83	B	45.56 % / 1.19 %
84	C	54.0 % / 1.05 %
85	B	13.66 % / 4.24 %
86	A	68.68 % / 1.61 %
87	A	13.23 % / 3.53 %
88	B	27.92 % / 4.89 %
89	B	51.44 % / 1.03 %
90	B	42.02 % / 1.75 %
91	A	77.92 % / 0.0 %
92	D	87.01 % / 0.0 %
93	D	61.47 % / 1.98 %
94	D	59.79 % / 1.79 %
95	A	19.05 % / 3.98 %
96	C	68.88 % / 1.33 %
97	C	53.97 % / 1.07 %
98	D	83.2 % / 0.0 %
99	B	62.67 % / 1.36 %
100	B	56.77 % / 1.83 %

कार्य विश्लेषण	
औसत अंक (%)	31.0%
टॉपर्स स्कोर (%)	56.0%
आपका स्कोर	

//संकेत और समाधान//

1. कृदन्त प्रत्यय क्रिया के शब्दों के साथ जुड़ते है। धातु पदों को नाम पद बनाने वाले प्रत्ययों को कृत् प्रत्यय कहते है और कृत् प्रत्यय के प्रयोग होने से जिन नए शब्दों का निर्माण होता है उन्हें कृदन्त प्रत्यय कहते हैं। जिस शब्द के द्वारा किसी कार्य के करने या होने का बोध होता है उसे क्रिया कहते है।

अत: विकल्प (D) सही है।

2. ओढ़ना शब्द "ना" प्रत्यय लगा कर बना है। प्रभाव, पराजय, अपवाद क्रमशः उपसर्ग युक्त शब्द हैं।

अतः विकल्प (D) सही है।

3. 'सरलतापुर्वक' शब्द वार्तनिक दृष्टि से अशुद्ध है।

- 'सरलतापुर्वक' की शुद्ध वर्तनी 'सरलतापूर्वक' है।
- अतिरिक्त सभी विकल्पों की वर्तनी शुद्ध हैं।

अत: विकल्प (C) सही है।

4. दिए गए विकल्पों में तिरस्कार शब्द में वर्तनी शुद्ध है। अन्य विकल्प असंगत है।

तिरस्कार का अर्थ- अपमान

अन्य विकल्प:

अशुद्ध वर्तनी	शुद्ध वर्तनी
तिरोस्कार	तिरस्कार
तथास्त	तठस्थ
तिरोभ्हाव	तिरोभाव

अतः विकल्प (D) सही है।

5. "अंधे के हाथ बटेर लगना" मुहावरे का अर्थ अपात्र को बड़ी सफलता मिलना है।

वाक्य प्रयोग: रामू मात्र आठवीं पास हैं, फिर भी उसकी सरकारी नौकरी लग गई। इसी को कहते हैं- अंधे के हाथ बटेर लगना।

अत: विकल्प (C) सही है।

6. य वर्ण अर्द्धस्वर माना जाता है। य वर्ण के उच्चारण के लिए पहले तो जीभ 'इ' जैसी और फिर एक प्रकार के "अ" जैसी ध्वनि के लिए तैयार होती है। जिह्वा का मध्य भाग उठकर कठोर तालु के बहुत पास पहुँच जाता है। यह सघोष, अवृत्ताकार, तालव्य ध्वनि है।

उदा. - यम, वयस्क, सुरम्य आदि।

अतः विकल्प (C) सही है।

7. 'अली' तथा 'अलि' शब्दों के क्रमशः अर्थ है सखी तथा भौंरा। बाकी विकल्प असंगत है।

समरूपी भिन्नार्थक शब्द- जो शब्द सुनने में एक जैसे लगते हैं पर उनके अर्थ अलग होते हैं उन्हें समरूप भिन्नार्थक शब्द कहते हैं। इन्हें समध्वनि , समत्रुत , समोच्चरित और श्रुतिसम भिन्नार्थक शब्द भी कहते हैं। जैसे- बहु और बहू दोनों के उच्चारण में कोई खास अन्तर महसूस नहीं होता परन्तु अर्थ में भिन्नता है।

अतः विकल्प (A) सही है।

8. 'भागवद्भक्ति' का संधि विच्छेद 'भागवत् + भक्ति' होता है। इसमें व्यंजन संधि है। व्यंजन से स्वर अथवा व्यंजन के मेल से उत्पत्र विकार को व्यंजन संधि कहते है। एक व्यंजन के दूसरे व्यंजन या स्वर से मेल को व्यंजन-संधि कहते हैं। व्यंजन से स्वर अथवा व्यंजन के मेल से उत्पन्न संधि को व्यंजन संधि कहते हैं।

किसी वर्ग के पहले वर्ण – क् ,च् , ट्, त् , का मेल किसी स्वर या किसी वर्ग के तीसरे , चौथे वर्ण या , य , र , ल , व , ह। से हो तो पहला वर्ण तीसरे वर्ण (ग् ,ज् ,ड् ,द् ,ब्) मे बदलता है।

भागवत् + भक्ति – भागवद्भक्ति

जगत् + ईश – जगदीश

अतः विकल्प (D) सही है।

9. 'व्याप्त' शब्द में 'यण संधि' है। जब ह्रस्व या दीर्घ इ/ई, उ/ऊ, ऋ के पश्चात कोई असमान स्वर आये, तो इ/ई, उ/ऊ, ऋ के स्थान पर क्रमशः य्, व्, र् हो जाता है।

उदाहरण:

- वि + आप्त = व्याप्त
- अनु + अय = अन्वय
- मातृ + आज्ञा = मात्राज्ञा

अतः विकल्प (D) सही है।

10. जिस समास का पूर्वपद(पहलापद) प्रधान हो, उसे अव्ययीभाव समास कहते है।

अव्ययीभाव समास की परिभाषा- इस समास में पहला या पूर्वपद अव्यय होता है और उसका अर्थ प्रधान होता है। अव्यय के संयोग से समस्तपद भी अव्यय बन जाता है। इसमें पूर्वपद प्रधान होता है।

अव्ययीभाव समास के उदाहरण:

बेशक : बिना शक के

बेनाम : बिना नाम के

बेकाम : बिना काम के

अतः विकल्प (C) सही है।

11. तत्पुरुष समास – जिस सामासिक शब्द का दूसरा पद प्रधान होता है तथा दोनों पदों के बीच लगी विभक्ति या विभक्ति चिह्नों का लोप हो उसे तत्पुरुष समास कहते हैं।

विभक्तियों के आधार पर तत्पुरुष समास के छह उपभेद हैं-

(i) कर्म तत्पुरुष

(ii) करण तत्पुरुष

(iii) संप्रदान तत्पुरुष

(iv) अपादान तत्पुरुष

(v) संबंध तत्पुरुष

(vi) अधिकरण तत्पुरुष

अतः विकल्प (D) सही है।

12. सामान्य - मामूली, साधारण

श्रेष्ठ - अति उत्तम, उत्कृष्ट

सर्वज्ञ - सबकुछ जाननेवाला

साधारण - सब जगह पाया जानेवाला, आम, साधारण दृश्य, साधारण पहनावा, सामान्य, मामूली

विशिष्ट - विशेषता युक्त, असाधारण

अतः विकल्प (D) सही है।

13. 'राजा' का विलोम शब्द रंक होगा।

एक ऐसा शब्द जिसका अर्थ दूसरे शब्द के अर्थ के विपरीत हो।

उदाहरण: "गर्म" और "ठंडा" विलोम हैं।

अतः विकल्प (C) सही है।

14. संयुक्त राष्ट्र के प्रारम्भिक सदस्यों की संख्या 51 थी।

गद्यांश की पंक्ति: "भारत संयुक्त राष्ट्र के प्रारम्भिक 51 सदस्यों में से एक है। स्वतंत्रता प्राप्ति के लगभग दो वर्ष पहले अप्रैल-जून 1945 में सैन फ्रांसिस्को में संयुक्त राष्ट्र की स्थापना सभा में भारत के प्रतिनिधि उपस्थित थे।"

अत: विकल्प (D) सही है।

15. संयुक्त राष्ट्र 24 अक्टूबर 1945 को अस्तित्व में आया।

गद्यांश की पंक्ति: "स्वतंत्रता प्राप्ति के लगभग दो वर्ष पहले अप्रैल-जून 1945 में सैन फ्रांसिस्को में संयुक्त राष्ट्र की स्थापना सभा में भारत के प्रतिनिधि उपस्थित थे। अधिकांश सदस्यों द्वारा घोषणा पत्र की पुष्टि हो जाने पर संयुक्त राष्ट्र 24 अक्टूबर 1945 को अस्तित्व में आया।"

अत: विकल्प (D) सही है।

16. संयुक्त राष्ट्र की स्थापना के 4 मुख्य प्रयोजन थे।

गद्यांश की पंक्ति: "संयुक्त राष्ट्र की स्थापना के चार मुख्य प्रयोजन थे: (1) अन्तराष्ट्रीय शान्ति और सुरक्षा बनाए रखना, (2) राष्ट्रों के माध्यम से मैत्रीपूर्ण संबंध विकसित करना, (3) अंतराष्ट्रीय स्तर की आर्थिक, सामजिक, सांस्कृतिक एवं मानवीय समस्याओं का समाधान करना तथा मानव अधिकारों एवं मूलभूत स्वतंत्रताओं के लिये अंतराष्ट्रीय सहयोग सुनिश्चित करना, तथा (4) इन सर्वनिष्ठ उद्देश्यों को प्राप्त करने की दिशा में विभिन्न राष्ट्रों के कार्य कलापों में सामंजस्य स्थापित करने हेतु इसे एक केंद्र के रूप में कार्य करना।"

अत: विकल्प (A) सही है।

17. दिए गए विकल्पों में 'जिगिषु' दिए गए वाक्यांश के लिए उचित शब्द है।

- जिगिषु: किसी को जीत लेने का इच्छुक
- अछूता: जो छूआ न गया हो
- द्विज: दो बार जन्म लेने वाला (ब्राह्मण, पक्षी, दांत)
- अछूत: जो छूने योग्य न हो

अत: विकल्प (B) सही है।

18. 'आँखों के सामने'-वाक्यांश के लिए 'प्रत्यक्ष' शब्द होता है।

अन्य विकल्प:

- परोक्ष: आँखों से परे
- भावी: आगे होने वाला
- आगत: आया हुआ

अत: विकल्प (C) सही है।

19. नायक-नायिका के मिलन की स्थिति का वर्णन शृंगार रस के अंतर्गत किया जाता है।

इस रस का स्थायी भाव 'रति' है। इस रस के दो भेद हैं- संयोग शृंगार और वियोग शृंगार।

- संयोग शृंगार - बरतस लालच लाल की मुरली धरी लुकाय, सौंह करें, भौंहनि हँसे, देन कहे नटि जाए।
- वियोग शृंगार - भूषण वसन विलोकत सीय के प्रेम विवस मन कंप, पुलक तनु नीरज नीर भाए पिय के।

अत: विकल्प (D) सही है।

20. लिंग की दृष्टि से,'दही मीठी है' वाक्य गलत है।

शुद्ध वाक्य: 'दही मीठा है।'

उपरोक्त वाक्य में 'दही' शब्द पुल्लिंग है इसलिए यहां 'मीठी' की जगह 'मीठा' शब्द का प्रयोग होगा।

अत: विकल्प (A) सही है।

21. दिए गये विकल्पों में - 'अमन ने श्याम को गाड़ी दी।' वाक्य में सम्प्रदान कारक है - इसकी विभक्ति 'के लिए' या 'को' है।

जिसे कुछ दिया जाता है या जिसके लिए कोई काम किया जाता है, वह पद सम्प्रदानकारक का होता है।

'के हित', 'के वास्ते', 'के निर्मित' आदि प्रत्ययवाले अव्यय भी सम्प्रदानकारक के प्रत्यय है।

अत: विकल्प (B) सही है।

22. दिए गए विकल्पों में पूर्ण भूत काल विकल्प "मैंने पुस्तक खरीदी थी।" है।

पूर्ण भूतकाल: क्रिया के जिस रूप से काम के कुछ समय पूर्व ही पूरा होने का पता चले अर्थात काम अभी-अभी समाप्त हुआ कहते है।

अत: विकल्प (C) सही है।

23. दिए गए विकल्पों में जनसेवक जननायक का पर्यायवाची है।

जननायक के अन्य पर्यायवाची शब्द - लोकनायक, जननेता, लोकसेवक, लोकप्रिय आदि हैं।

अत: विकल्प (B) सही है।

24. 'कलेजा निकाल कर रख देना' मुहावरे का अर्थ – अतिप्रिय वस्तु अर्पित कर देना होता है।

वाक्य प्रयोग: बच्चे के प्यार के लिए मां कलेजा तक निकाल कर रख सकती है।

अत: विकल्प (A) सही है।

25. 'उल्लास' का पर्यायवाची मोद है।

उल्लास के अन्य पर्यायवाची- ख़ुशी, आनंद, हर्ष, सुख, आमोद, प्रसन्नता, प्रमोद।

अत: विकल्प (A) सही है।

26. The antonym of rapport is unfriendliness.

Rapport means a close and harmonious relationship in which the people or groups concerned understand each other's feelings or ideas and communicate well.

Unfriendliness means the quality or state of not being friendly.

For example; His unfriendliness with us grew with time.

Hence, the correct option is (A).

27. Personification: the act of giving a human quality or characteristic to something which is not human. Example: Lightning danced across the sky.

In the given sentence, death has been treated as an apathetic human being, so personification has been used here.

Hence, the correct option is (D).

28. Correct sentence: He wrote a lot of letters yesterday.

In the sentence, it is clearly mentioned that the action had took place 'yesterday'. So, 'simple past tense' should be used here and 'verb' should be chosen. Therefore, 'wrote' is the appropriate word.

Hence, the correct option is (C).

29. Let discuss the options:

Option(A). 'For' cannot be used because the phrase 'home for something' is incorrect.

Option (B). 'In' cannot be chosen because 'home in something' does not make any sense in the given context.

Option (D). 'within' cannot be chosen because it does not make the sentence meaningful.

Option (C). 'to' is the best fit. The phrase 'to be home to something' means to be the place where that thing is located or, in the case of living things, where they live.

Correct sentence: The Mekong is also home to the world's largest catfish.

Hence, the correct option is (C).

30. The correct answer is 'specialised.'

- The given sentence is talking about the requirement of skills and knowledge in the jobs created by modern technology.
- The use of the word 'knowledge' in the sentence indicates facts, information, and skills acquired through experience or education.
- Therefore, the most appropriate word to be filled in the blank is 'specialised'.
- The word 'specialised' means having or needing deep or special knowledge of a particular subject.

Hence, the correct option is (B).

31. Complete sentence: I haven't got any money with me now.

The correct answer is 'any money.' The given sentence is a negative sentence. A negative sentence is a sentence that states that something is false, we create negative sentences by adding the word 'not' after the auxiliary, or helping verb.

Hence, the correct option is (B).

32. The given sentence,

He said, "I bath regularly".

The original sentence is in 'direct speech' and this needs to be converted to 'indirect speech'.

Said will not change.

In order to convert from direct speech to indirect speech, the inverted commas need to be removed.

The conjunction 'that' is added in order to join the 2 clauses in the sentence.

There will be a change in the tense of the reported speech as this is cannot be considered a habitual action.

Thus, the final statement will be: "He said that he bathed regularly".

Hence, the correct option is (B).

33. The correctly punctuated sentence is: These countries have a lot in common: Italy, India and Brazil.

Colon (:) is used to start a list, however, the part of the sentence to the left of the colon is not dependent for complete meaning on the part of the sentence to the right of the colon, as there are only items listed to the right.

Hence, the correct option is (B).

34. The original sentence is incorrect.

Reason: As we can observe that the sentence is made in Present Perfect Tense (Have + V3), usage of 'increasing' is ungrammatical in the sentence. Instead of it, the adverb 'increasingly' should be used here.

Besides, the verb 'opt' always takes preposition 'for' after it. Therefore, 'to' must be replaced by 'for' to make it a grammatically correct sentence.

Clearly, among the given choices option (C) replaces the bold part most appropriately.

The sentence after replacement becomes:

Students from around the world have increasingly started opting for online education.

Hence, the correct option is (C).

35. Insufficient feeding or nourishing means Malnutrition.

Malnutrition - lack of proper nutrition, caused by not having enough to eat, not eating enough of the right things, or being unable to use the food that one does eat.

Hence, the correct option is (D).

36. Apple of discord is an idiom that means a bone of contention (a reason for quarrel).

Example:

- The ancestral property became an apple of discord among the three brothers.
- The water-sharing pact has been the apple of discord between the two states.

Hence, the correct option is (A).

37. 'Explicit' is the antonym of 'Implicit'. Similarly, the antonym of 'Express' will be "Repress'.

- Explicit: fully revealed or expressed without vagueness, implication, or ambiguity : leaving no question as to meaning or intent.
- Implicit: involved in the nature or essence of something though not revealed, expressed, or developed.
- Express: to make known the opinions or feelings of (oneself).
- Repress: to prevent the natural or normal expression(feelings), activity, or development of.

Hence, the correct option is (B).

38. 'Merciful' and 'Lenient' are synonyms.

- Merciful: To be forgiving and compassionate toward someone
- Lenient: To be tolerant and forgiving toward someone

Hence, the correct option is (C).

39. 'Reluctant' and 'Hesitant' are synonyms.

- Reluctant: Not be willing to do something; to be unsure about something
- Hesitant: Unsure or slow in doing something

Hence, the correct option is (C).

40. The correct sentence: They said the government was trying to encourage more medical institutes to participate in the rankings that enable assessment of capabilities.

Hence, the correct option is (B).

41. The correctly spelled word is 'Insurance'.

It means an arrangement by which a company or the state undertakes to provide a guarantee of compensation for specified loss, damage, illness, or death in return for payment of a specified premium.

Hence, the correct option is (B).

42. Correct Sentence: The helicopter was hovering over the building.

- The most appropriate preposition for the given blank is 'over'.
- Here, 'hover over' is a phrasal verb.
- It means 'to float or be suspended over someone or something'.
- Example: The plane hovered over the runway before making a smooth landing.

Hence, the correct option is (D).

43. Correct sentence: Desires are never ending. The more we get, the more we desire.

- "More" is a determiner and a pronoun.
- Here, it is only a determiner, and cannot be a pronoun because the noun is simply "what we get".
- In the context of the whole sentence, "more" is used twice, both times implying a continued increase of the abstract subject "what (what we get, what we desire)."
- "The" is used in the comparative phrasing of each part.
- Example: The more we see, the more we believe.

Hence, the correct option is (B).

44. Correct Sentence: If anyone has any problem, I'll be pleased to give its solution.

- The most suitable determiner for the given sentence is 'any'.
- The determiner 'any' is generally used if the sentence is interrogative and negative.
- And 'any' is used after 'if' or we can say in the 'if clause'.

Hence, the correct option is (B).

45. Correct Sentence: Can I have a drink before I go to bed?

- The correct form of tense for the given sentence is 'go'.
- Before is a preposition, an adverb, and a conjunction. Before means earlier than the time or event mentioned.
- Example: Can you call me back before 5 pm, please?
- Here, in the given question 'Before' is used as a conjunction.
- In the given question the first form of 'Go' will be used. Because when we use before in clauses in the present tense, the clause can refer to the future.

Hence, the correct option is (A).

46. Correct sentence: You did the right thing.

The homophones "right," "rite," "wright," and "write" are pronounced the same but have very different meanings, histories, and uses.

Let us see the meanings of the words:

- Right: correct; true.
- Rite: a ceremony performed by a particular group of people, often for religious purposes.
- Wright: a maker or builder.
- Write: to make words, letters, etc., especially on paper using a pen or pencil.

The given sentence says about doing correct things.

Hence, the correct option is (C).

47. Complete Sentence: George has travelled a lot. He can speak four languages.

Let us explore the given options:

- The modal verb 'may' is used for expressing the possibility.
- The modal verb 'can' means be able to through acquired knowledge or skill.
- The modal verb 'need' is used for expressing necessity or obligation.
- The modal verb 'must not' is used to indicate that something is forbidden.

Hence, the correct option is (B).

48. The correct sentence is: He has just finished the work.

- In the given options the correct verb to fill in the blank is 'finished.'
- The given sentence is in the present perfect tense, as it uses the helping verb has.
- The structure of the present perfect tense is:
- Subject + has/have + main verb (3rd form) + object
- Example: He has left the meeting.
- The third form of the verb finish is 'finished.'

Hence, the correct option is (B).

49. The correct option to fill in the blank is 'has been.'

- According to the subject-verb agreement, the singular noun (boy) should be followed by a singular verb (has). Thus option 2 does not follow.
- The helping verb 'has' takes the third form of the verb. The third form of the verb 'be' is 'been.'
- Example: The postman hasn't been yet.

Hence, the correct option is (A).

50. The correct sentence will be: Swati has such a fine memory that she can recollect anything that happened many years ago.

'Years' will take numeral determiner with it and 'many' is a numeral determiner.

- Much + uncountable noun
- Little + uncountable noun
- Few + countable noun

Here, 'years' is a countable noun hence we have to use 'many'.

Hence, the correct option is (B).

51. टिहरी बाँध भारत का सबसे ऊँचा बाँध है जो उत्तराखंड राज्य में स्थित है।

- भागीरथी और भिलंगना नदी के संगम पर बांध का निर्माण किया गया है।
- टिहरी बांध का निर्माण वर्ष 1978 में शुरू हुआ था और वर्ष 2006 में पूरा हुआ।

अतः विकल्प (B) सही है।

52. लाल बहादुर शास्त्री अंतर्राष्ट्रीय हवाई अड्डा वाराणसी, उत्तर प्रदेश में स्थित है। इसे यह नाम अक्टूबर 2005 में दिया गया था। इसने अक्टूबर 2012 में अपनी अंतरराष्ट्रीय स्थिति प्राप्त की।

हवाई अड्डा	शहर/राज्य/केंद्र प्रशासित राज्य
चौधरी चरण सिंह अंतर्राष्ट्रीय हवाई अड्डा	लखनऊ, उ.प्र.
लोकनायक जयप्रकाश अंतरराष्ट्रीय हवाई अड्डा	पटना, बिहार
नेताजी सुभाष चंद्र बोस अंतर्राष्ट्रीय हवाई अड्डा	कोलकाता, पश्चिम बंगाल
लाल बहादुर शास्त्री अंतर्राष्ट्रीय हवाई अड्डा	वाराणसी, उ.प्र.

अत: विकल्प (D) सही है।

53. शारदा नहर उत्तर प्रदेश की सबसे लंबी नहर है और यह अपनी कई शाखाओं के साथ नहरों का एक नेटवर्क बनाती है।

- शारदा नहर उत्तर प्रदेश के पीलीभीत जिले में स्थित है।
- सभी शाखाओं सहित इसकी कुल लंबाई 938 किमी है।
- निचली गंगा नहर बैराज से एक चैनल है जो नरोरा से 48 किमी दूर नरोरा नहर के चौराहे पर बैराज से निकलती है।
- यह मैनपुरी जिले में सेंगर नदी और शिकोहाबाद से गुजरने वाली भोगनीपुर शाखा बनाती है।

अत: विकल्प (C) सही है।

54. उत्तर प्रदेश में पहला राष्ट्रपति शासन 25 फरवरी 1968 को लगाया गया था।

- यह एक वर्ष और दो दिन (25 फरवरी 1968 - 26 फरवरी 1969) तक चला।
- उस समय राज्य के मुख्यमंत्री चरण सिंह थे।
- गवर्नर बेजवाड़ा गोपाल रेड्डी थे।
- राष्ट्रपति जाकिर हुसैन थे।

अतः विकल्प (B) सही है।

55. मकर रेखा बोलीविया से नहीं गुजरती है।

मकर रेखा 10 देशों, 3 महाद्वीपों और 3 जलप्रपातों से होकर गुजरती है। यह दक्षिण अमेरिका, अफ्रीका और ऑस्ट्रेलिया से होकर गुजरती है। दक्षिण अमेरिका महाद्वीप में, यह 4 देशों से होकर गुजरती है जिसमें चिली, अर्जेंटीना, पैराग्वे और ब्राजील शामिल हैं। अफ्रीका महाद्वीप में, यह नामीबिया, बोत्सवाना, मोजाम्बिक, दक्षिण अफ्रीका और मेडागास्कर से होकर गुजरती है।

मकर रेखा 3 महासागरों से होकर गुजरती है जिसमें हिंद महासागर, अटलांटिक महासागर और प्रशांत महासागर शामिल हैं।

अतः विकल्प (B) सही है।

56. राजस्थान के अजमेर जिले के पुष्कर में आयोजित होने वाला पुष्कर मेला भारत भर में प्रसिद्ध है। पुष्कर मेले को पुष्कर ऊंट मेला भी कहा जाता है। यह भारत के सबसे बड़े मेलों में से एक है। यह एक अनूठा पशु मेला है, जो अन्य मेले समान नहीं हैं। यह महत्वपूर्ण मेला राजस्थान के छोटे लेकिन खूबसूरत शहर पुष्कर में मनाया जाता है।

अत: विकल्प (D) सही है।

57. उत्तर प्रदेश का एक छोटा-सा शहर, चुनार, अपनी लाल मिट्टी के सजावटी बर्तनों के लिए जाना जाता है।

चुनार भारत के उत्तर प्रदेश राज्य के मिर्जापुर जिले में स्थित एक शहर है। यह हस्तशिल्प वस्तुओं, विशेष रूप से मूर्तियों और खिलौनों, कपों, और मिट्टी और प्लास्टर ऑफ पेरिस से प्लेटों के उत्पादन के लिए जाना जाता है। यह सीमेंट उत्पादन के लिए भी प्रसिद्ध है।

अतः विकल्प (C) सही है।

58. लेबनान पश्चिमी एशिया के लेवांत क्षेत्र का एक देश है। लेबनान को आधिकारिक तौर पर लेबनानी गणराज्य के रूप में जाना जाता है। बेयरूत लेबनान की राजधानी है।

यह एशियाई मुख्य भूमि पर सबसे छोटे संप्रभु राज्यों में से एक है जो 10,400 वर्ग किमी के क्षेत्र को आवरण करता है।

1943 में लेबनान ने स्वतंत्रता हासिल की। लेबनीज पाउंड लेबनान की मुद्रा है।

अतः विकल्प (A) सही है।

59. 21 जून, 2022 को मनाए जाने वाले अंतर्राष्ट्रीय योग दिवस के 8वें संस्करण को मानवता के लिए योग के विषय द्वारा निर्देशित किया गया था।' COVID- 19 के ठीक होने की अवधि के दौरान सही योग आसनों का चयन और जागरूकता के साथ उनका अभ्यास करने से तेजी से उपचार के लिए आराम से शरीर और दिमाग के साथ प्रतिरक्षा का निर्माण करने में मदद मिलती है।

अत: विकल्प (C) सही है।

60. बादल वाष्पीकरण का परिणाम हैं।

समुद्र, झील, तालाबों और नदियों का जल सूर्य की गर्मी से ऊपर उठकर वाष्प बन जाता है। इस वाष्प से बादल बनते हैं। जब ये बादल ठंडी हवा से टकराते हैं तो इनमें रहने वाले वाष्प के कण पानी की बूँदें बन जाते हैं।

अतः विकल्प (A) सही है।

61. जीन डी एन ए का एक भाग है।

जीन आनुवंशिकता की बुनियादी भौतिक और कार्यात्मक इकाई है। जीन डीएनए से बने होते हैं। कुछ जीन, प्रोटीन नामक अणु बनाने के निर्देश के रूप

में कार्य करते हैं। हालांकि, कई जीन प्रोटीन के लिए कोड नहीं करते हैं। एलील्स एक ही जीन के रूप होते हैं जिनके डीएनए आधारों के अनुक्रम में छोटे अंतर होते हैं।

अत: विकल्प (A) सही है।

62. "ओओपी" (OOP) का पूर्ण रूप ऑब्जेक्ट-ओरिएंटेड प्रोग्रामिंग है।

ऑब्जेक्ट-ओरिएंटेड प्रोग्रामिंग का उद्देश्य प्रोग्रामिंग में वास्तविक दुनिया की संस्थाओं जैसे विरासत, छुपाना, बहुरूपता आदि को लागू करना है। OOP का मुख्य उद्देश्य डेटा और उन पर काम करने वाले कार्यों को एक साथ बांधना है ताकि कोड का कोई अन्य भाग इस डेटा को उस फ़ंक्शन के अलावा एक्सेस न कर सके।

अतः विकल्प (C) सही है।

63. वेस्टइंडीज के पूर्व कप्तान क्लाइव लॉयड को क्रिकेट के प्रति उनकी सेवा के लिए नाइटहुड की उपाधि दी गई। विंडसर कैसल में ड्यूक ऑफ कैम्ब्रिज द्वारा जनवरी 2022 में क्लाइव लॉयड को नाइटहुड प्रदान किया गया था।

कुल मिलाकर क्लाइव लॉयड ने 110 टेस्ट और 87 एक दिवसीय अंतरराष्ट्रीय मैच खेले और अब तक के सबसे सफल कप्तानों में से एक हैं। उन्होंने 1975 और 1979 में वेस्ट इंडीज की विश्व कप विजेता टीम का नेतृत्व किया।

अत: विकल्प (A) सही है।

64. सरकार ने 364 करोड़ रुपये के वित्तीय परिव्यय के साथ इमिग्रेशन वीजा फॉरेनर्स रजिस्ट्रेशन ट्रैकिंग, आईवीएफआरटी योजना को पांच साल की अवधि के लिए जारी रखने की मंजूरी दी है। यह योजना अप्रैल 2021 से मार्च 2026 तक प्रभावी रहेगी। आईवीएफआरटी के शुरू होने के बाद, वीजा और ओवरसीज सिटीजन ऑफ इंडिया के कार्डों की संख्या में 7.7% की चक्रवृद्धि वार्षिक वृद्धि दर, सीएक्यूआर की वृद्धि दर्ज की गई।

अतः विकल्प (C) सही है।

65. जून 2022 में, टाटा प्रोजेक्ट्स ने जेवर में राष्ट्रीय राजधानी क्षेत्र के नए हवाई अड्डे के निर्माण के लिए बिड जीती है।

टाटा प्रोजेक्ट्स अनुबंध के लिए शापूरजी पलोनजी ग्रुप और लार्सन एंड टुब्रो को पछाड़कर जेवर में राष्ट्रीय राजधानी क्षेत्र के नए हवाई अड्डे का निर्माण करेगी। हालांकि सौदे के आकार का खुलासा नहीं किया गया है, लेकिन सूत्रों ने इसे 6,000 करोड़ रुपये से अधिक का अनुमान लगाया है।

अत: विकल्प (C) सही है।

66. अली ब्रदर्स, मौलाना अब्दुल कलाम आज़ाद, हसरत मोहानी और अन्य उल्लेखनीय मुस्लिम नेताओं के नेतृत्व में 1919 में लखनऊ में अखिल भारतीय खिलाफत समिति का गठन किया गया था।

- प्राथमिक उद्देश्य भारतीय मुसलमानों की नाराजगी को दूर करना और उन्हें ब्रिटिश साम्राज्य के खिलाफ अखिल भारतीय आंदोलन में शामिल करना था।
- यह संगठन लखनऊ, भारत में हैथ शौकत अली, जमींदार शौकत अली सिद्दीकी के परिसर में स्थित था।
- उन्होंने मुसलमानों में राजनीतिक एकता बनाने और खिलाफत की रक्षा के लिए अपने प्रभाव का उपयोग करने का लक्ष्य रखा।

अत: विकल्प (C) सही है।

67. पानीपत का पहला युद्ध 1526 में बाबर और इब्राहिम लोदी की सेनाओं के बीच लड़ा गया था जिसमें लोधी की हार हुई थी और भारत में मुगल शासन की स्थापना हुई थी।

अत: विकल्प (D) सही है।

68. प्राचीन भारतीय ग्रन्थ 'राजतरंगिणी' कल्हण की एक रचना है।

1148 में कश्मीरी ब्राह्मण कल्हण द्वारा संस्कृत पद्य में लिखित राजतरंगिणी। यह कश्मीर क्षेत्र में इतिहास के पूरे काल को अपनी रचना की तिथि से आरंभ करता है।

अत: विकल्प (B) सही है।

69. गांधी-इरविन समझौता भारत के सविनय अवज्ञा आंदोलन से संबंधित था।

- समझौते पर महात्मा गांधी और लॉर्ड इरविन ने हस्ताक्षर किए थे।
- इस समझौते पर 5 मार्च 1931 को हस्ताक्षर किए गए थे।
- लंदन में आयोजित दूसरे गोलमेज सम्मेलन से पहले इस पर हस्ताक्षर किए गए थे।
- गांधी-इरविन समझौते के अनुसार, गांधीजी ने सविनय अवज्ञा आंदोलन स्थगित कर दिया और दूसरे गोलमेज सम्मेलन में भाग लेने के लिए सहमत हुए।

अत: विकल्प (B) सही है।

70. कंप्यूटर में रीड ओनली मेमोरी (ROM) और रैंडम एक्सेस मेमोरी (RAM) दो प्रकार की मेमोरी होती हैं।

- रेम (RAM) पद का अर्थ है कि - किसी भी यादृच्छिक क्रम में यादृच्छिक अभिगम स्मृति में संग्रहीत डेटा को एक्सेस कर सकता है - जैसा कि नाम से पता चलता है कि यादृच्छिक क्रम में या, अन्य तरीके से, जिसमें किसी भी यादृच्छिक बिट डेटा को किसी भी अन्य बिट के रूप में जल्दी से एक्सेस किया जा सकता है।
- रोम (ROM) का अर्थ रीड ओनली मेमोरी है और यह इसका अर्थ है कि जब डेटा को इस प्रकार की कंप्यूटर मेमोरी से पढ़ा जा सकता है, तो डेटा को आम तौर पर इसके लिए नहीं लिखा जा सकता है।

अत: विकल्प (D) सही है।

71. मार्जिन आपके कंटेंट और पेज के किनारे के बीच का स्थान है।

- मार्जिन नॉर्मल पर सेट होते हैं, जो पेज के कंटेंट और प्रत्येक किनारे के बीच एक इंच का स्थान होता है।
- अपने डेटा को पेज पर अधिक आराम से फिट करने के लिए आपको मार्जिन समायोजित करने की आवश्यकता हो सकती है।
- प्रिंटेड पेज पर एक्सेल वर्कशीट को बेहतर ढंग से संरेखित करने के लिए, आप मार्जिन बदल सकते हैं, कस्टम मार्जिन निर्दिष्ट कर सकते हैं, या वर्कशीट को केंद्र में या तो क्षैतिज या ऊर्ध्वाधर रूप से पेज पर रख सकते हैं।

अत: विकल्प (A) सही है।

72. भारतीय बागवानी अनुसंधान संस्थान (IIHR) ने गेंदा की एक नई किस्म अर्का शुभा विकसित की है। संस्थान का मुख्यालय बेंगलुरु में है।

- संस्थान का मुख्य शोध लक्ष्य फलों, सब्जियों, सजावटी और औषधीय उत्पादों, सुगंधित पौधों में उच्च उपज देने वाली किस्मों को विकसित करके बागवानी फसलों की किस्मों की पैदावार में वृद्धि करना और बागवानी फसलों की उत्पादकता बढ़ाने हेतु उन्नत उत्पादन तकनीकों का विकास करना था।
- संस्थान को एक कृषि प्रौद्योगिकी सूचना केंद्र (ATIC) भी मिला है, जो संस्थान द्वारा विकसित सूचना और प्रौद्योगिकियों के प्रसार के लिए एक एकल खिड़की एजेंसी है।

अत: विकल्प (C) सही है।

73. जलग्रहण क्षेत्र की दृष्टि से गंगा बेसिन भारत की सबसे बड़ा नदी बेसिन है।

यह देश के 26% भूभाग (8,61,404 वर्ग किमी) को कवर करता है और भारत की लगभग 43% आबादी को सहारा देती है। गंगा बेसिन का लगभग 79% क्षेत्र भारत में स्थित है। बेसिन में 10 राज्य और एक केंद्र शासित प्रदेश शामिल हैं

जो उत्तराखंड, उत्तर प्रदेश, मध्य प्रदेश, राजस्थान, हरियाणा, हिमाचल प्रदेश, छत्तीसगढ़, झारखंड, बिहार, पश्चिम बंगाल और दिल्ली हैं।

अत: विकल्प (B) सही है।

74. भारत में राजनीतिक दलों को 'मान्यता' चुनाव आयोग द्वारा दी जाती है।

- भारत का चुनाव आयोग भारत में संघ और राज्य चुनाव प्रक्रियाओं के प्रशासन के लिए जिम्मेदार एक स्वायत्त संवैधानिक प्राधिकरण है।
- यह निकाय भारत में लोकसभा, राज्य सभा और राज्य विधानसभाओं और देश में राष्ट्रपति और उपराष्ट्रपति के कार्यालयों के चुनावों का संचालन करता है।
- भारतीय संविधान का भाग XV चुनावों से संबंधित है और इन मामलों के लिए एक आयोग की स्थापना करता है।

अत: विकल्प (C) सही है।

75. इंडियन सुपर लीग भारतीय व्यवसायिक फुटबॉल लीग है। लीग में पूरे भारत से 11 टीमें खेलती हैं। इसका गठन 2013 में भारत में फुटबॉल को प्रोत्साहित करने व भारतीय फुटबॉल को अंतर्राष्ट्रीय स्तर पर लाने के लिए किया गया था। यह अगस्त से मई के बीच खेली जाती है और फ़ाइनल में श्रंखला का विजेता घोषित किया जाता है।

अतः विकल्प (B) सही है।

76. दिया है-

एक आयत की लंबाई और चौड़ाई का अनुपात $9:7$ है।

माना कि आयत की लंबाई $(L) = 9k$

आयत की चौड़ाई $(B) = 7k$

आयत का क्षेत्रफल $(A) = 252$ वर्ग सेमी

$\Rightarrow 9k \times 7k = 252$

$\Rightarrow 63k^2 = 252$

$\Rightarrow k^2 = 4$

$\Rightarrow k = \pm 2$

क्योंकि लंबाई और चौड़ाई ऋणात्मक नहीं हो सकते,

$\Rightarrow k = 2$

$\Rightarrow L = 9k = 18$ सेमी

$\Rightarrow B = 7k = 14$ सेमी

आयत का परिमाप $(P) = 2 \times (L + B)$

$\Rightarrow P = 2 \times (18 + 14)$

$\Rightarrow P = 2 \times 32$

$\Rightarrow P = 64$ सेमी

अतः विकल्प (C) सही है।

77. शंकु का आयतन तभी अधिकतम होगा, यदि शंकु की ऊंचाई और शंकु की त्रिज्या, बेलन की ऊंचाई और त्रिज्या के समान होगी।

माना बेलन की ऊंचाई, त्रिज्या और तिर्यक ऊंचाई क्रमशः h, r और l है।

जैसा कि हम जानते हैं

$l^2 = r^2 + r^2$

$l = \sqrt{25^2 - 7^2}$

$l = 24$ सेमी

बेलन का आयतन

$V = \pi r^2 h$

$= \pi \times 7^2 \times 24$

$= 1176\pi$ सेमी ^{3}

अतः विकल्प (A) सही है।

78. माना षट्भुज और वर्ग का परिमाप 12 सेमी है।

$\Rightarrow$ वर्ग की भुजा $= \frac{12}{4} = 3$ सेमी

$\therefore$ वर्ग का क्षेत्रफल $= 3 \times 3 = 9$ सेमी ^{2}

$\Rightarrow$ षट्भुज की भुजा $= \frac{12}{6} = 2$ सेमी

$\Rightarrow$ षट्भुज का क्षेत्रफल $= 6 \times \left[\frac{\sqrt{3}}{4}\right] \times a^2$

$= 6 \times \left[\frac{\sqrt{3}}{4}\right] \times 2 \times 2$

$= 6\sqrt{3}$

$\therefore$ आवश्यक अनुपात $= 9:6\sqrt{3} = \sqrt{3}:2$

अतः विकल्प (B) सही है।

79. स्टील के गोले की त्रिज्या $R = 6$ सेमी

छोटे गोले की त्रिज्या $r = 1$ सेमी

हम जानते हैं,

गोले का आयतन $= \left(\frac{4}{3}\right) \times \pi r^3$

माना स्टील के गोले से 1 सेमी त्रिज्या के n गोले बनाये गये हैं।

प्रश्न के अनुसार,

$\left(\frac{4}{3}\right) \times \pi R^3 = n \times \left(\frac{4}{3}\right) \times \pi r^3$

$\Rightarrow 6 \times 6 \times 6 = n \times 1 \times 1 \times 1$

$\Rightarrow n = 216$

अतः विकल्प (D) सही है।

80. दिया गया है कि, एक कक्षा के 40 छात्रों द्वारा प्राप्त अंको का औसत 86 है।

औसत = सभी अंको का योग / छात्रों की संख्या

सबसे पहले हम अभी अंको का योग निकालेंगे

$= 86 \times 40 = 3440$

अब जो योग उन पाँच अंको को निकालने के बाद बनेगा, वह है

$= 35 \times 85 = 2975$

दोनों का अंतर $= 3440 - 2975 = 465$

अब पाँच अंको का औसत $= \frac{465}{5} = 93$

अतः विकल्प (A) सही है।

81. जैसा कि हम जानते हैं,

त्रिभुज के सभी कोणों का योग 180° होता है।

3,4 और 6 का लघुत्तम समापवर्त्य 12 है।

अब,

$\Rightarrow \frac{3\angle A}{12} = \frac{4\angle B}{12} = \frac{6\angle C}{12} = k$

$\angle A = 4k$

$\angle B = 3k$

$\angle C = 2k$

$\angle A + \angle B + \angle C = 180^\circ$

$\Rightarrow 4k + 3k + 2k = 180^\circ$

$\Rightarrow 9k = 180^\circ$

$\Rightarrow k = 20^\circ$

$\angle A = 4 \times 20^\circ = 80^\circ$

$\therefore \angle A = 80^\circ$

अतः विकल्प (A) सही है।

82. दिया गया है,

ल.स.ग. $= 90 \times$ म.स.प

ल.स.प. $+$ म.स.प $= 1456$

संख्याओं में से एक $= 160$

जैसा कि हम जानते है,

दो संख्याओं का गुणनफल $=$ उनके ल.स.प. और म.स.प. का गुणनफल

माना म.स.प. x है और दूसरा नंबर N है।

$\Rightarrow$ ल.स.प. $= 90x$

ल.स.प. और म.स.प. का योग $= 91x$

$\Rightarrow 91x = 1456$

$\Rightarrow x = 16$

ल.स.प $\times$ म.स.प $= 160 \times N$

$\Rightarrow 90 \times 16 \times 16 = 160 \times N$

$\Rightarrow N = 144$

$\therefore$ दूसरी संख्या 144 है।

अतः विकल्प (C) सही है।

83. दिया है:

दो संख्याओं का योग = 528

म.स.प. = 33

माना दो संख्याएँ 33x और 33y हैं जहाँ x और y एक दूसरे के अभाज्य हैं।

तदनुसार,

33x + 33y = 528

⇒ 33(x + y) = 528

⇒ x + y = 16

इसलिए, ऐसे युग्मों की संख्या (1, 15) (3, 13) (5, 11) (7, 9) है जहाँ x और y एक दूसरे के अभाज्य हैं।

∴ ऐसे युग्मों की संख्या 4 है।

अतः विकल्प (B) सही है।

84. दिया गया है,

लड़कों की संख्या = 5

लड़कियों की संख्या = 4

चूंकि 4 सदस्यों की समिति से कम से कम 2 लड़कियां हैं। इसलिए एक समिति में 2,3 और 4 लड़कियां हो सकती हैं।

इसलिए,

${}^5B_0 \times {}^4G_4 + {}^5B_1 \times {}^4G_3 + {}^5B_2 \times {}^4G_2$

$= 1 + \left(\frac{5\times4!}{1!\times4!}\right) \times \left(\frac{4\times3!}{3!\times1!}\right) + \left(\frac{5\times4\times3!}{2\times1\times3!}\right) \times \frac{(4\times3\times2\times1)}{(2\times1\times2\times1)}$

$= 1 + 20 + 60$

$= 81$

अतः विकल्प (C) सही है।

85. दिया है, $\left\{\frac{(1+i)}{(1-i)}\right\}^n$

$= \left\{\frac{(1+i)\times(1+i)}{(1-i)\times(1+i)}\right\}^n$

$= \left[\frac{\{(1+i)^2\}}{\{(1-i^2)\}}\right]^n$

$= \left[\frac{(1+i^2+2i)}{\{1-(-1)\}}\right]^n$

$= \left[\frac{\{1-1+2i\}}{\{1+1\}}\right]^n$

$= \left[\frac{2i}{2}\right]^n$

$= i^n$

अब, वास्तव में है $n = 2$ [$i^2 = -1$होता है]

तो, n का न्यूनतम मान 2 है

अतः विकल्प (B) सही है।

86.

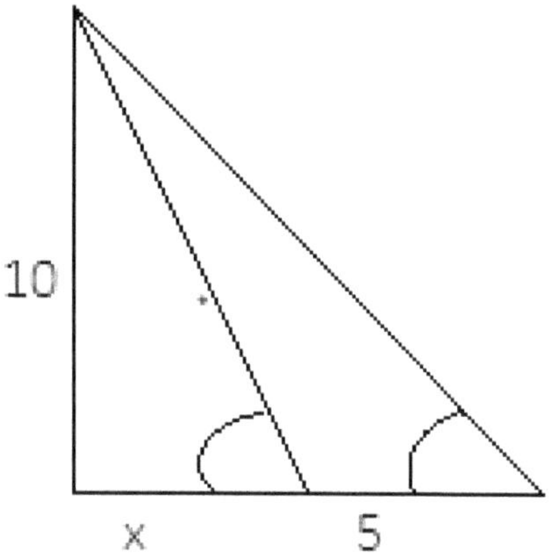

$\cot\theta =$ आधार /लम्बवत्त

$\cot\alpha = \frac{x+5}{10}$ और $\cot\beta = \frac{x}{10}$

$\cot\alpha - \cot\beta = \frac{x+5}{10} - \frac{x}{10}$

$= \frac{x+5-x}{10} = \frac{5}{10}$

$= \frac{1}{2}$

अतः विकल्प (A) सही है।

87. दिया है:

$4x^2 + kx + 5$ विभाज्य है $(x+1)$ से

अब हम कह सकते हैं x = (-1)

$\Rightarrow 4(-1)^2 + k(-1) + 5 = 0$

$\Rightarrow 4 - k + 5 = 0$

$\Rightarrow k = 9$

$\Rightarrow 4x^2 + 9x + 5 = 0$

$\Rightarrow 4x^2 + 5x + 4x + 5 = 0$

$\Rightarrow x(4x+5) + 1(4x+5) = 0$

$\Rightarrow (4x+5)(x+1) = 0$

अब, हम कह सकते हैं $4x^2 + kx + 5$, $(4x + 5)$ द्वारा भी विभाज्य होगा

अतः विकल्प (A) सही है।

88. $\left(\sqrt{7} - \sqrt{10}\right)^2 + \left(\sqrt{5} + \sqrt{14}\right)^2 = (?)^3 - 28$

$(?)^3 = 7 + 10 - 2\sqrt{70} + 5 + 14 + 2\sqrt{70} + 28$

$(?)^3 = 36 + 28 = 64$

$\therefore ? = \sqrt[3]{64} = 4$

अतः विकल्प (B) सही है।

89. दिया गया है:

एक त्रिभुज के शीर्ष $(1,6), (3,0)$ और $(-3,-7)$ हैं।

हम जानते है कि,

त्रिभुज का क्षेत्रफल $= \left(\frac{1}{2}\right)\left|\left(x_1(y_2 - y_3) + x_2(y_3 - y_1) + x_3(y_1 - y_2)\right)\right|$

प्रश्न के अनुसार,

$= \left(\frac{1}{2}\right)|(1(0-(-7+3(-7-6)+(-3)(6-0)|$

$= \left(\frac{1}{2}\right)|(7-39-18)|$

$= \left(\frac{1}{2}\right) \times |-50|$

$= 25$

$\therefore$ वर्ग इकाई में इसका क्षेत्रफल 25 है।

अतः विकल्प (B) सही है।

90. दिया गया है:

तीन संख्याओं का योग $= 6$

संख्याओं का गुणनफल $= 6$

माना कि समांतर श्रेणी में तीन संख्याएँ क्रमशः $a, (a+d)$ और $(a+2\,d)$ हैं जहाँ d एक सर्वान्तर है।

$a + a + d + a + 2d = 6$

$\Rightarrow 3a + 3d = 6$

$\Rightarrow a + d = 2$

तो,

$a \times (a+d) \times (a+2d) = 6$

$\Rightarrow a \times (a+d+d) = \frac{6}{2} = 3$

$\Rightarrow a \times (2+d) = 3$

$\Rightarrow (2-d) \times (2+d) = 3$

$\Rightarrow 4 - d^2 = 3$

$\Rightarrow d^2 = 1$

$\Rightarrow d = +-1$

जब, $d = -1$ तो $a = 3$

जब $d = 1$, तो $a = 1$

$\therefore$ तीन संख्याएँ $= 3,2,1$ या $1,2,3$

अतः विकल्प (B) सही है।

91. 52 पत्तों की गड्डी में, पान के 13 पत्ते होते हैं।

पान का पत्ता होने की प्रायिकता $= \frac{13}{52}$

$= \frac{1}{4}$

अत: विकल्प (A) सही है।

92. दिया गया है:

दो सिक्कों का एक साथ फेंकना।

संभावित परिणाम $= (H,H),(H,T),(T,H),(T,T)$

संभावित परिणामों की कुल संख्या $= 4$

कम से कम एक हेड 3 बार आता है।

इसलिए, अनुकूल परिणामों की कुल संख्या $= 3$

अब, कम से कम एक हेड प्राप्त होने की प्रायिकता $= \frac{3}{4}$

$\therefore$ दो सिक्कों के एक साथ फेंकने में, कम से कम एक हेड प्राप्त होने की प्रायिकता $\frac{3}{4}$ है।

अत: विकल्प (D) सही है।

93. दिया गया है:

कुल ताश के पत्ते 52 है और कुल इक्के 4 है।

हम जानते है कि,

प्रायिकता = अनुकूल परिणामों की संख्या/संभावित परिणामों की कुल संख्या

अनुकूल परिणामों की संख्या 4 इक्के कार्ड है।

ताश खेलने की कुल संख्या 52 पत्ते है।

प्रायिकता $= \left(\frac{4}{52}\right)$

$= \left(\frac{1}{13}\right)$

$\therefore$ ताश के पत्तों से एक इक्का निकालने की प्रायिकता $\frac{1}{13}$ है।

अत: विकल्प (D) सही है।

94. हम जानते है कि,

$^nC_r = \frac{n!}{r!(n-r)!}$

$n! = 1 \times 2 \times 3 \times \ldots \times n$

$0! = 1$

^nC_r और $n!$ की परिभाषा का प्रयोग करने पर, हम निम्न की गणना कर सकते हैं:

$= {}^{10}C_3 \times {}^8C_3$

$= \frac{10!}{3!(10-3)!} \times \frac{8!}{3!(8-3)!}$

$= \frac{10!}{3!\times 7!} \times \frac{8!}{3!\times 5!}$

$= \frac{10\times 9\times 8}{3\times 2\times 1} \times \frac{8\times 7\times 6}{3\times 2\times 1}$

$= 120 \times 56$

$= 6720$

अत: विकल्प (D) सही है।

95. दिया गया है:

दो रेखीय समीकरण एक-दूसरे को बिंदु $(a, 4)$ पर प्रतिच्छेदित करते हैं।

$4x - 2y = 10 \quad \ldots(1)$

$4x + ky = 2 \quad \ldots(2)$

समीकरण (1) और (2) को हल करने पर, हमें ज्ञात होगा,

$-2y - ky = 8$

$\Rightarrow -y(2 + k) = 8$

$y = 4$ रखने पर चूँकि प्रतिच्छेदन बिंदु $(a, 4)$ थे

$-4(2 + k) = 8$

$\Rightarrow k = -4$

अत: विकल्प (A) सही है।

96. खंड सूत्र का उपयोग करते हुए, यदि कोई बिंदु (x, y), बिंदु (x_1, y_1) और (x_2, y_2) को जोड़ने वाले रेखा खंड को आंतरिक रूप से $\alpha: 1$ के अनुपात में विभाजित करता है, तो $(x, y) = \left[\frac{\alpha x_2 + x_1}{\alpha + 1}, \frac{\alpha y_2 + y_1}{\alpha + 1}\right]$ होता है।

माना बिंदु $(-3, p)$, बिंदु $(-5, -4)$ और $(-2,3)$ को जोड़ने वाले रेखा खंड को $\alpha: 1$ के अनुपात में विभाजित करता है।

$-3 = \frac{(-2\alpha - 5)}{(\alpha + 1)}$

$\Rightarrow -3\alpha - 3 = -2\alpha - 5$

$\Rightarrow -\alpha = -2$

$\Rightarrow \alpha = 2$

$\therefore$ बिंदु $(-3, p)$, बिंदु $(-5, -4)$ और $(-2,3)$ को जोड़ने वाले रेखा खंड को $2: 1$ के अनुपात में विभाजित करता है।

अत: विकल्प (C) सही है।

97. दी गयी श्रृंखला $3, 15, 27, 39, \ldots$ है।

यहाँ हम देख सकते हैं कि, $a = 3$, और $d = 12$

हम जानते है कि,

$\therefore T_n = a + (n - 1)d$

$\Rightarrow 123 = 3 + (n - 1)12$

$\Rightarrow 120 = (n - 1)12$

$\Rightarrow n = 11$

अत: विकल्प (C) सही है।

98. दिया गया है:

AP का पहला पद, $a = 50$

AP का अंतिम पद, $l = 70$

एक AP के n पदों का योग $= 600$

जैसा कि हम जानते हैं,

एक AP के n पदों का योग $= S_n = \frac{n}{2} \times [a + l]$

$\Rightarrow 600 = \frac{n}{2}(50 + 70)$

$\Rightarrow 600 = \frac{n}{2} \times 120$

$\Rightarrow 5 = \frac{n}{2}$

$\therefore n = 10$

अत: विकल्प (D) सही है।

99. दिया हुआ,

विकर्णों की लम्बाइयों का योग = 24 सेमी

चूँकि एक समांतर चतुर्भुज की चारों भुजाएँ समान लंबाई की होती हैं, तो यह एक समचतुर्भुज है।

समचतुर्भुज का क्षेत्रफल $= \frac{1}{2} \times$ पहला विकर्ण $\times$ दूसरा विकर्ण

पहला विकर्ण $= 24 \times \left(\frac{1}{3}\right) = 8$ सेमी

दूसरा विकर्ण $= 24 \times \left(\frac{2}{3}\right) = 16$ सेमी

समांतर चतुर्भुज का क्षेत्रफल = समचतुर्भुज का क्षेत्रफल

$= \left(\frac{1}{2}\right) \times 8 \times 16 = 64$ सेमी2

अतः विकल्प (B) सही है।

100. यदि, हमें एक वर्ग आव्यूह A दिया जाता है, तो निम्न को इस प्रकार सिद्ध किया जाता है

$\Rightarrow adj(kA) = k^{(n-1)} adj(A)$

साथ ही, गुणा करके,

माना $I = \begin{bmatrix} 1 & 0 & 0 \\ 0 & 1 & 0 \\ 0 & 0 & 1 \end{bmatrix}$ फिर, $kI = \begin{bmatrix} k & 0 & 0 \\ 0 & k & 0 \\ 0 & 0 & k \end{bmatrix}$

$\Rightarrow adj(kI) = \begin{bmatrix} k^2 & 0 & 0 \\ 0 & k^2 & 0 \\ 0 & 0 & k^2 \end{bmatrix}$

$\Rightarrow$ adj $(kI) = k^2 I$

अतः विकल्प (B) सही है।

मॉक टेस्ट 04

Hindi

Ques (1-2):निर्देश: वाक्य में रेखांकित शब्द का उचित व्याकरणिक परिचय छाँटिए।

Q.1 अभिषेक किसे देख रहा है?

A. सर्वनाम, स्त्रीलिंग, बहुवचन, कर्म कारक
B. सर्वनाम, पुल्लिंग, एकवचन, करण कारक
C. सर्वनाम, पुल्लिंग, प्रश्नवाचक, कर्ताकारक
D. सर्वनाम, प्रश्नवाचक, एकवचन, कर्म कारक

Q.2 बिल्ली गाड़ी के नीचे बैठी हैं।

A. अव्यय, संबंधबोधक, गाड़ी से संबंध
B. अव्यय, योजक
C. अव्यय, योजक, बिल्ली और गाड़ी को जोड़ रहा है
D. अव्यय, क्रिया विशेषण

Q.3 'अ' उपसर्ग से बने शब्द को बताइए:

A. अनीति **B.** आगमन **C.** अत्यन्त **D.** अनुज

Q.4 औना प्रत्यय से बना शब्द है:

[MP Sub Inspector (MPSI), 2017]

A. बिचौन **B.** बिछौना **C.** बीचोन **D.** बीचौन

Ques (5-7):निर्देश: निम्नलिखित गद्यांश को पढ़कर पूछे गए प्रश्नों के सबसे उपयुक्त उत्तर वाले विकल्प को चुनिए।

आधुनिकतावाद, अपनी व्यापक परिभाषा में, आधुनिक सोच, चरित्र, या प्रथा है अधिक विशेष रूप से, यह शब्द उन्नीसवीं सदी के अंत और बीसवीं सदी के आरम्भ में मूल रूप से पश्चिमी समाज में व्यापकतम पैमाने पर और सुदूर परिवर्तनों से उत्पन्न होने वाली सांस्कृतिक प्रवृत्तियों के एक समूह एवं सम्बद्ध सांस्कृतिक आन्दोलनों की एक सारणी दोनों का वर्णन करता है। यह शब्द अपने भीतर उन लोगों की गतिविधियों और उत्पादन को समाहित करता है जो एक उभरते सम्पूर्ण औद्योगीकृत विश्व की नवीन आर्थिक, सामाजिक एवं राजनीतिक स्थितियों में पुराने होते जा रहे कला, वास्तुकला, साहित्य, धार्मिक विश्वास, सामाजिक संगठन और दैनिक जीवन के "पारंपरिक" रूपों को महसूस करते थे। आधुनिकतावाद ने ज्ञानोदय की सोच की विलंबकारी निश्चितता को और एक करुणामय, सर्वशक्तिशाली निर्माता के अस्तित्व को भी मानने से अस्वीकार कर दिया। इसका मतलब यह नहीं है कि सभी आधुनिकतावादी लोगों या आधुनिकतावादी आन्दोलनों ने या तो धर्म को या ज्ञानोदय की सोच के पहलुओं को मानने से इंकार कर दिया है, इसके बजाय कि आधुनिकतावाद को अतीत काल की ''सूक्तियों'' के पूछताछ के रूप में देखा जा सकता है। आधुनिकतावाद की एक मुख्य विशेषता आत्म-चेतना है। इसकी वजह से अक्सर रूप और कार्य पर प्रयोग किया जाता है जो प्रक्रियाओं और प्रयुक्त सामग्रियों की तरफ (और मतिहीनता की अगली प्रवृत्ति की तरफ) ध्यान आकर्षित करता है। "मेक इट न्यू!" के लिए कवि एज्रा पाउंड पर रूप निदर्शनात्मक निषेधाज्ञा लग गई थी। आधुनिकतावादियों के "नव निर्माण" में एक नया ऐतिहासिक युग शामिल था या नहीं, यह अब बहस का मुद्दा बना हुआ है।

Q.5 प्रस्तुत गद्यांश का उचित शीर्षक क्या होगा?

A. आधुनिकता और समाज **B.** वर्तमान काल
C. आधुनिकतावाद **D.** आधुनिक सोच

Q.6 आधुनिकतावाद नहीं हैं:

A. नई सोच
B. पश्चिमी समाज के व्यापक परिवर्तन
C. रूढ़िवादी परंपरा
D. अतीत काल की सूक्तियां

Q.7 आधुनिकतावाद की मुख्य विशेषता क्या है?

A. आत्मचेतना **B.** रूढ़िवादी सोच
C. परंपरा **D.** विचार

Q.8 निम्नलिखित में से शुद्ध वर्तनी का चयन कीजिए:

A. उन्नती **B.** बहिष्कार **C.** परिस्थिती **D.** प्रसंशा

Q.9 निम्नलिखित में से शुद्ध वर्तनी का चयन कीजिए।

A. अन्ताक्षरी **B.** परिक्षा **C.** प्रसन्न **D.** प्रोद्योगिकी

Q.10 निर्देश: वाक्यांश के लिए एक शब्द बताइए।
'जिसमें कोई दोष न हो'

A. निर्दोष **B.** निर्दोश **C.** निरदोश **D.** निर्दोस

Q.11 निर्देश: दिए गए वाक्यांश के लिए एक शब्द बताएं।
'जो कहने सुनने में लज्जापूर्ण या घिनौना हो'

A. अनुचित **B.** अश्लील
C. आपत्तिजनक **D.** निषिद्ध

Q.12 'हुक्का पानी बंद' मुहावरे का अर्थ है:

A. अत्यधिक लाभ प्राप्त करना
B. बिरादरी से अलग करना
C. निरुत्तर होना
D. लज्जित होना

Q.13 'अधिक खाने वाले को बहुत कम खाना मिलना' मुहावरे का अर्थ है:

A. ऊंट के मुंह में हल्दी **B.** ऊंट के मुंह में जीरा
C. हाथी के मुंह में धनिया **D.** हाथी के मुंह में जीरा

Q.14 निम्नलिखित में से कौन सा वर्ण घोष वर्ण नहीं हैं?

A. ए **B.** छ **C.** अ **D.** ड

Q.15 गृह और ग्रह का अर्थ होगा:

[MP Sub Inspector (MPSI), 2017]

A. घर और ध्रुव **B.** घर और नौ ग्रह
C. घर और संसार **D.** मकान और झोपड़ी

Q.16 'अभ्युदय' शब्द में संधि का प्रकार बताइए:

A. वृद्धि संधि **B.** व्यंजन संधि
C. गुण संधि **D.** यण् संधि

Q.17 अति + उत्तम की संधि क्या होगी?

A. अत्युत्तम **B.** अतिउत्तम **C.** अतीउत्तम **D.** अत्यूत्तम

Q.18 'यज्ञशाला' में कौन-सा समास है?

A. तत्पुरुष समास **B.** द्वंद्व समास
C. द्विगु समास **D.** कर्मधारय समास

Q.19 'सत्यप्रिय' में निम्नलिखित में से कौन-सा समास है?

A. तत्पुरुष समास **B.** कर्मधारय समास
C. बहुव्रीहि समास **D.** द्वंद्व समास

Q.20 पद्यांश में प्रस्तुत रस का चयन कीजिए:
"कौन हो तुम वसंत के दूत,
विरस पतझड़ में अति सुकुमार,
घन तिमिर में चपला की रेखा,
तपन में शीतल मंद बयार।"

A. शांत **B.** करुण
C. वियोग श्रृंगार **D.** संयोग श्रृंगार

Q.21 निम्नलिखित वाक्य में कौन सा वाक्य अपूर्ण वर्तमान काल है?

A. परीक्षा चल रही है
B. यदि वर्षा होती तो अच्छी फसल होती
C. उसने खेलों में भाग लिया होगा
D. मैंने रोटी खायी

Q.22 'आदि' का अर्थ है:

[MP Sub Inspector (MPSI), 2017]

A. दूसरा **B.** आखरी
C. इनमें से कोई नहीं **D.** प्रथम

Q.23 'चिरंतन' का विलोम शब्द है:

[MP Sub Inspector (MPSI), 2017]

A. अंत **B.** आदि **C.** निरंतन **D.** नश्वर

Q.24 दिए गए विकल्पों में से 'सम्पन्न' शब्द का विलोम क्या होगा?

A. भाग्यवान **B.** उन्नति **C.** विपन्न **D.** धनी

Q.25 निर्देश: दिए गए शब्द का पर्यायवाची ज्ञात कीजिए।
देवता

[UPPSC Staff Nurse, 2022]

A. विभूति **B.** गीर्वाण **C.** प्रकम्पन **D.** नाराच

English

Q.26 Direction: A sentence with an underlined word is given below. Select the most appropriate antonym for the underlined word.

Feroza was sure her daughter was **competent** enough to qualify for the finals.

A. Capable **B.** Frugal **C.** Wise **D.** Inept

Q.27 Direction: Which figure of speech is used in the following sentence?

Variety is the spice of life.

A. Simile **B.** Personification
C. Metaphor **D.** Apostrophe

Ques (28-39):Direction: Select the most appropriate option to fill in the blank.

Q.28 Vivek has a strong resemblance _____ his grandfather.

A. with **B.** to **C.** from **D.** about

Q.29 You can go to _____ National Art Gallery but I want to visit _____ zoo first.

A. no word required, the
B. the, the
C. a, a
D. the, no word required

Q.30 You really need ________ some guidance in Chemistry.

A. to take **B.** take
C. to be taking **D.** taking

Q.31 When I solved the sum _____, I was very happy.

A. oneself **B.** herself **C.** myself **D.** itself

Q.32 "If you are focused, you can __________ your goals", her coach said.

A. achieve **B.** achieves
C. achieved **D.** achieving

Q.33 The old woman walked carefully with her heavy load ____ she should fall.

A. unless **B.** until **C.** although **D.** lest

Q.34 All the members present in the meeting agreed __________ my proposal.

A. on **B.** to **C.** upon **D.** with

Q.35 After the driver ______________ the car out of the bush, we climbed back into the car.

A. backs **B.** is backing
C. has backed **D.** had backed

Q.36 Do you know the reason _______ his absence.

A. on **B.** of
C. for **D.** none of these

Q.37 We walked _____ the beach, collecting small crabs in a bucket.

A. along **B.** below **C.** under **D.** over

Q.38 He lived a hand ________ mouth existence, surviving on just a few rupees a week.

A. in **B.** to **C.** for **D.** inside

Q.39 We have been looking for a new flat ________ ages.

A. since **B.** for **C.** in **D.** during

Q.40 Choose the correctly punctuated sentence.

A. It is mentioned in the notice, all of us should read it.
B. It is mentioned in the notice! all of us should read it.
C. It is mentioned in the notice? all of us should read it.
D. It is mentioned in the notice; all of us should read it.

Q.41 Direction: In the following question, out of the given alternatives, choose the one which can be substituted for the given words/sentence.

Governed by a sense of duty

A. Conscious **B.** Sensible
C. Intelligent **D.** Conscientious

Q.42 Direction: Choose the correct meaning of the idiom and mark the answer.

Be in the eye of a storm

A. Be caught in heavy rain
B. Be very worried due to something
C. Be in conflict with many people
D. Be in the middle of a difficult situation

Q.43 In the following question, find out the alternative which will replace the question mark:

Peace : Chaos :: Creation : ?

A. Build **B.** Construction
C. Destruction **D.** Manufacture

Q.44 Direction: Change the following sentence given below in the appropriate narration form.

The Manager said, "Well, what can I do for you?"

A. The Manager said what he could do for him.
B. The Manager wonder what he could do for him.
C. The Manager wanted to know what he could do for him.
D. The Manager said that he couldn't do anything for him.

Ques (45-46):Direction: Select the most appropriate synonym of the given word.

Q.45 Pernicious

A. Filthy **B.** Foul
C. Continuous **D.** Injurious

Q.46 SUMMON

A. Call for **B.** Dismiss **C.** Order **D.** Appear

Q.47 Direction: Rearrange the following words/phrases to make a meaningful sentence.

entered the shop / of a theatrical company / the invisible man / for clothes.

A. Entered the shop of a theatrical company for clothes the invisible man.
B. Of a theatrical company for clothes the invisible man entered the shop.
C. For clothes the invisible man entered the shop of a theatrical company.
D. The invisible man entered the shop of a theatrical company for clothes.

Q.48 Direction: Select the most appropriate option to fill in the blank.

Radha's presentation was the ___________ in her class.

A. better **B.** great
C. dangerous **D.** best

Q.49 Four words are given, out of which only one word is spelled correctly. Choose the correctly spelt word:

[Delhi Forest Guard, 2021]

A. Guarantee **B.** Guarenty
C. Gurantee **D.** Garantee

Q.50 Direction: Replace the phrase in bold with the correct option given below.

No sooner **do the bell ring** than the students ran out of their classes.

A. did the bell ring
B. did the bells ring
C. do the bell rang
D. No correction required

General Studies

Q.51 "रसीला कारू" की जैव विविधता हॉटस्पॉट में स्थित है -

[Rajasthan Police Sub Inspector, 2016]

A. प्रशांत महासागर **B.** एशिया
C. मध्य अमरीका **D.** अफ्रीका

Q.52 निम्नलिखित में से कौन सा लोहा और इस्पात उद्योग हिंदुस्तान स्टील लिमिटेड द्वारा शासित नहीं है?

[Rajasthan Police Sub Inspector, 2016]

A. दुर्गापुर **B.** राउरकेला **C.** कुल्टी **D.** भिलाई

Q.53 किस वर्ष को अंतर्राष्ट्रीय जैव विविधता वर्ष घोषित किया गया था?

[Rajasthan Police Sub Inspector, 2016]

A. 2002 **B.** 2010 **C.** 2016 **D.** 1972

Q.54 निम्नलिखित में से कौन उत्तर प्रदेश का लोकप्रिय लोक गीत है?

A. कजरी **B.** बिहुगीत **C.** पांडवानी **D.** लावणी

Q.55 उत्तर प्रदेश में प्रमुख रेल इंजन संयंत्र कहाँ पर स्थित हैं?

[UPSSSC Rajasva Lekhpal, 2015]

A. कानपुर क्षेत्र **B.** अलीगढ़ क्षेत्र
C. फतेहपुर क्षेत्र **D.** मुगलसराय क्षेत्र

Q.56 निम्नलिखित में से कौन-सा एक उत्तर प्रदेश राज्य के अधीनस्थ न्यायिक सेवा के रूप में कार्य करता है?

[UPSSSC Rajasva Lekhpal, 2015]

A. इटावा ज़िला न्यायालय
B. चन्दौली ज़िला न्यायालय
C. पीलीभीत ज़िला न्यायालय
D. बाँदा ज़िला न्यायालय

Q.57 निम्नलिखित में से कौन सा दर्रा पीर पंजाल सीमा से होकर गुजरता है और मनाली और लेह को सड़क मार्ग से जोड़ता है?

A. बनिहाल दर्रा **B.** बारालाचा दर्रा
C. रोहतांग दर्रा **D.** नाथुला दर्रा

Q.58 निम्नलिखित घटनाओं को कालानुक्रमिक रूप से संयोजित कीजिये:

1. असहयोग आंदोलन
2. गांधी की पहली प्रमुख सार्वजनिक उपस्थिति
3. पूना सार्वजनिक सभा की स्थापना
4. जलियांवाला बाग हत्याकांड

नीचे दिए गए कूट का प्रयोग कर सही उत्तर चुनिए:

A. 1, 2, 3, 4 **B.** 4, 1, 2, 3
C. 3, 2, 4, 1 **D.** 2, 1, 3, 4,

Q.59 निम्नलिखित में से कौन UNO (संयुक्त राष्ट्र संगठन) से संबद्ध नहीं है?

A. ILO **B.** WHO
C. ASEAN **D.** उपर्युक्त सभी

Q.60 कथकली नृत्य शैली किससे संबंधित है?

A. कर्नाटक **B.** केरल **C.** तमिलनाडु **D.** आंध्र प्रदेश

Q.61 चरकुला _________ का प्रसिद्ध लोक नृत्य है।

A. बुंदेलखंड
B. ब्रजभूमि
C. अवध
D. उपरोक्त में से कोई भी नहीं

Q.62 ENIAC का पूर्ण नाम क्या है?

A. इलेक्ट्रॉनिक न्यूमेरिकल इंटरप्रेटर एंड कंप्यूटर
B. इलेक्ट्रॉनिक न्यूमेरिकल आइसोलेटर एंड कंप्यूटर
C. इलेक्ट्रॉनिक न्यूमेरिकल इंटीग्रेटर एंड कोडर
D. इलेक्ट्रॉनिक न्यूमेरिकल इंटीग्रेटर एंड कंप्यूटर

Q.63 QWERTY की बोर्ड (Keyboard) का आविष्कार किसने किया था (की बोर्ड के संस्थापक)?
A. मार्टिन कूपर
B. क्रिस्टोफर लैथम शोलेज
C. जेम्स गोस्लिंग
D. इनमें से कोई नहीं

Q.64 चूहे का जहर बनाने के लिए किस रासायनिक पदार्थ का उपयोग किया जाता है?
A. एथाइल अल्कोहल
B. मिथाइल इसोसाइनेट
C. पोटेशियम साइनाइड
D. एथाइल आइसोसाइनाइड

Q.65 'लाल स्याही' किससे निर्मित की जाती है?
A. फिनोल B. एनिलिन C. कांगो लाल D. इओसिन

Q.66 अक्सर समाचारों में सुनाई देने वाला शब्द "लिवैंट" मोटे तौर पर निम्नलिखित में से किस क्षेत्र से संगत है?
[UPSC Prelims, 2022]
A. पूर्वी भूमध्यसागरीय तट के पास का क्षेत्र
B. उत्तरी अफ्रीकी तट के पास का मिस्र से मोरक्को तक फैला क्षेत्र
C. फारस की खाड़ी और अफ्रीका के शृंग (हॉर्न ऑफ़ अफ्रीका) के पास का क्षेत्र
D. भूमध्य सागर के सम्पूर्ण तटवर्ती क्षेत्र

Q.67 केंद्र सरकार ने जुलाई 2022 के 1-10 से अपनी 29 अधिकृत शाखाओं के माध्यम से चुनावी बांड जारी करने और भुनाने के लिए किस बैंक को अधिकृत किया है?
A. भारतीय स्टेट बैंक B. ऐक्सिस बैंक
C. आईसीआईसीआई बैंक D. एचडीएफसी बैंक

Q.68 मेजर ध्यानचंद खेल विश्वविद्यालय उत्तर प्रदेश में कहाँ स्थित है?
A. ग्रेटर नोएडा B. मेरठ
C. लखनऊ D. कानपुर

Q.69 भारत के राष्ट्रपति द्वारा जिन श्रेणियों के अंतर्गत संसद सदस्यों को नामित किया जाता है, उनमें निम्नलिखित में से कौन-सी श्रेणी नहीं है?
[Indian Military Academy (IMA), 2022]
A. साहित्य B. विज्ञान C. कला D. राज्य सेवा

Q.70 निम्नलिखित में से किस भारतीय विचारक ने अकाल के प्रभावों के प्रतिकार के लिए काम के बदले भोजन कार्यक्रम की बात सबसे पहले कही थी?
[Indian Military Academy (IMA), 2022]
A. कौटिल्य B. आर्यभट्ट C. चंद्रगोमिन D. प्रभाकर

Q.71 निम्नलिखित में से किस ग्रह के ज्ञात उपग्रहों की संख्या सर्वाधिक है?
[Indian Military Academy (IMA), 2022]
A. मंगल B. नेप्च्यून C. बृहस्पति D. शनि

Q.72 निम्नलिखित में से कौन वह महिला श्रमिक नेता नहीं है, जिन्होंने 1920 के दशक में हड़तालों गें श्रमिकों को संगठित किया था?
[Indian Military Academy (IMA), 2022]
A. सरला देवी चौधुरानी B. उषाबाई डांगे
C. प्रभावती देवी D. अनसूया बहन

Q.73 उज्बेकिस्तान की राजधानी क्या है ?
A. काबुल B. मस्कट C. अंकारा D. ताशकंद

Q.74 मानव आहार नलिका के निम्नलिखित में से किस भाग की लंबाई सबसे अधिक हो सकती है?
[Indian Military Academy (IMA), 2022]
A. आमाशय B. क्षुद्रांत्र C. बृहदांत्र D. मलाशय

Q.75 यूएनईएससीओ का पूर्ण रूप क्या है?
A. यूनाइटेड नेशन्स एनवायर्नमेंटल, साइंटिफिक एंड कल्चरल आर्गेनाईजेशन
B. यूनाइटेड नेशन्स एजुकेशनल, साइंटिफिक एंड कल्चरल आर्गेनाईजेशन
C. यूनाइटेड नेशन्स एजुकेशनल, साइंटिफिक एंड कोआपरेटिव आर्गेनाईजेशन
D. इनमे से कोई भी नहीं

Mathematics

Q.76 दो शंकुओं की त्रिज्याओं का अनुपात क्रमशः $5:6$ है और उनके आयतनों का अनुपात क्रमशः $8:9$ है। उनकी ऊंचाइयों का अनुपात ज्ञात कीजिए।
A. 32:25 B. 25:32 C. 27:20 D. 20:27

Q.77 एक शंक्वाकार आकृति में सुधार किया जाता है जहां त्रिज्या 20 प्रतिशत बढ़ जाती है और ऊंचाई 20 प्रतिशत कम हो जाती है। आकृति के आयतन में क्या परिवर्तन है?
A. 15.2 प्रतिशत वृद्धि B. 20 प्रतिशत वृद्धि
C. 20 प्रतिशत कमी D. 15.2 प्रतिशत कमी

Q.78 एक वर्ग का परिमाप 15 सेमी लंबाई और 13 सेमी चौड़ाई वाले आयत के परिमाप के तीन गुना के बराबर है। उस वृत्त की परिधि क्या है जिसका व्यास वर्ग की भुजा के बराबर है?
A. 132 सेमी B. 156 सेमी C. 136 सेमी D. 162 सेमी

Q.79 18 मीटर के चौकोर पार्क के चारों ओर एक गोलाकार फुटपाथ बनाया जाना था। फुटपाथ की अधिकतम चौड़ाई 5 मीटर है। फुटपाथ को सीमेंट करने की लागत की गणना 15 रुपये प्रति मीटर ^{2} पर ज्ञात कीजिए।
[IBPS PO, 2021]
A. 5000 रुपये B. 4750 रुपये
C. 4360 रुपये D. 4380 रुपये

Q.80 कक्षा में कुछ छात्रों का औसत वजन 38 किलोग्राम है, जब 4 नए छात्रों को शामिल किया गया था, औसत वजन 39.5 किलोग्राम और उन 4 छात्रों का वजन 46,52,36 और 42 किलोग्राम था। कक्षा में 4 नए छात्रों सहित छात्रों की कुल संख्या ज्ञात करें।
A. 12 B. 16 C. 18 D. 22

Q.81 x का मान ज्ञात कीजिये।

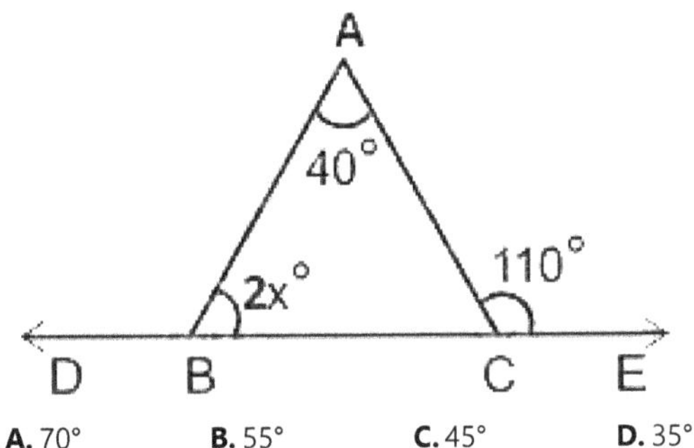

A. 70° **B.** 55° **C.** 45° **D.** 35°

Q.82 एक त्रिभुज के सबसे बड़े कोण और सबसे छोटे कोण का अनुपात $2:1$ है। त्रिभुज का दूसरा सबसे बड़ा कोण $33°$ है। त्रिभुज के सबसे बड़े कोण के 50 प्रतिशत का मान क्या होगा?

A. 98° **B.** 69° **C.** 59° **D.** 49°

Q.83 उन तरीकों की संख्या क्या है जिसमें 11 खिलाड़ियों की एक क्रिकेट टीम का चयन 15 खिलाड़ियों में से किया जा सकता है?

A. 364 **B.** 1001 **C.** 1365 **D.** 32760

Q.84 4 अंगुलियों में 6 अंगूठियां कितने प्रकार से पहनी जा सकती हैं कि कोई भी अंगुलियां बिना अंगूठी के न रहे?

A. 84 **B.** 360 **C.** 120 **D.** 240

Q.85 एक त्रिभुज बिंदु $A(-1,2), B(-1,-2)$ और $C(2,-2)$ से बनता है। त्रिभुज का क्षेत्रफल ज्ञात कीजिये:

A. 4 वर्ग इकाई **B.** 8 वर्ग इकाई
C. 6 वर्ग इकाई **D.** 3 वर्ग इकाई

Q.86 $5+4i$ का मापांक है:

A. 41 **B.** -41 **C.** $\sqrt{41}$ **D.** $-\sqrt{41}$

Q.87 दीवार की तरफ झुकी हुई सीढ़ी का उन्नयन कोण $60°$ है और सीढ़ी का आधार दीवार से 3.6 मी दूर है। सीढ़ी की लंबाई (मी में) ज्ञात करें:

[SSC Sub Inspector (CPO), 2020]

A. 5.4 **B.** 3.6 **C.** 14.4 **D.** 7.2

Q.88 एक पत्ते को 52 पत्तों की एक अच्छी तरह से मिलायी हुई एक गद्दी से निकला जाता है। एक जुआरी यह दांव लगाता है कि यह या तो एक पान या एक इक्का है। तो इस दावें को उसके जीतने के प्रतिकूल संयोगानुपात क्या हैं?

A. 9:4 **B.** 4:9 **C.** 35:52 **D.** 1:3

Q.89 एक आयताकार बक्से में एक परत में छह गोलाकार तोप के प्लास्टिक के गोलों को कसकर पैक किया गया। प्रत्येक पंक्ति में दो तोप के गोले हैं और प्रत्येक स्तंभ में तीन तोप के गोले हैं। बक्से का कौन सा भाग खाली है?

A. $\frac{10}{24}$ **B.** $\frac{10}{21}$ **C.** $\frac{10}{27}$ **D.** $\frac{11}{21}$

Q.90 दो संख्याओं का HCF और LCM 24 और 168 हैं और संख्याएँ $1:7$ के अनुपात में हैं। दो संख्याओं में से बड़ी संख्या ज्ञात कीजिए:

A. 168 **B.** 144 **C.** 108 **D.** 72

Q.91 दो संख्याओं का योग 60 है जबकि संख्याओं का HCF और LCM क्रमशः 12 और 72 हैं। इन संख्याओं के व्युत्क्रम का योग ज्ञात कीजिए:

A. $\frac{5}{6}$ **B.** $\frac{5}{72}$ **C.** $\frac{6}{5}$ **D.** $\frac{72}{5}$

Q.92 बिंदु $(2,3),(3,4),(5,6)$ और $(4,5)$ एक _______ के शीर्ष हैं।

A. चतुर्भुज **B.** त्रिकोण
C. वर्ग **D.** इनमे से कोई भी नहीं

Q.93 यदि $B=\begin{vmatrix}1 & 4\\ 2 & k\end{vmatrix}$ एक अव्युत्क्रमणीय आव्यूह है तो k का मान क्या होगा?

A. 2 **B.** 27 **C.** -27 **D.** 8

Q.94 यदि $(x-4)$ और $(x+6)$ समीकरण के गुणनखंड $x^2+ax+b=0$ हैं, तो $(a-b)$ का मान ज्ञात कीजिए?

A. 22 **B.** -34 **C.** 17 **D.** 26

Q.95 एक बॉक्स में 4 टेनिस गेंदें, 6 सीजन गेंदें और 8 ड्यूस गेंदें हैं। बॉक्स से यादृच्छिक रूप से 3 गेंदें निकाली जाती हैं। क्या प्रायिकता है कि गेंदें भिन्न हैं?

A. $\frac{4}{17}$ **B.** $\frac{3}{11}$ **C.** $\frac{2}{13}$ **D.** $\frac{5}{17}$

Q.96 एक पासा तीन बार लुढ़काया जाता है और ऊपर तरफ प्रदर्शित होने वाली तीन संख्याओं का योग 15 है। इसका कितना संयोग हो सकता है की पहला लुढ़काव (रोल) चार था?

A. $\frac{1}{216}$ **B.** $\frac{2}{69}$ **C.** $\frac{1}{5}$ **D.** $\frac{3}{71}$

Q.97 $(-5)^5\times(-5)^6\times(5)^2$ हल कीजिए:

[MP Jail Prahari, 2018]

A. $(-5)^{13}$ **B.** $(-5)^9$ **C.** $(5)^{13}$ **D.** $(-5)^3$

Q.98 यदि किसी AP के 3वें और 9वें पद क्रमशः 4 और -8 हैं, तो इस AP का कौन सा पद शून्य है?

A. 10 **B.** 8 **C.** 6 **D.** 5

Q.99 a, b और c के ऐसे मान ज्ञात कीजिए कि निम्नलिखित संख्याएं $a, 7, b, 23, c$ AP में हों:

A. $a=-1,\ b=15$ और $c=31$
B. $a=-2,\ b=10$ और $c=30$
C. $b=-1,\ a=15$ और $c=31$
D. $c=-1,\ a=15$ और $b=31$

Q.100 AP में तीन संख्याओं का योग 24 है और उनके वर्गों का योग 194 है। संख्याएँ ज्ञात कीजिए:

A. 5,8,11 **B.** 9,8,7 **C.** 6,8,10 **D.** 7,8,9

// स्मार्ट उत्तर पुस्तिका //

सही उत्तर उन छात्रों के प्रतिशत को इंगित करता है जिन्होंने प्रश्नों का सही उत्तर दिया था।

छोड़ दिया उन छात्रों के प्रतिशत को इंगित करता है जिन्होंने प्रश्नों को छोड़ दिया था।

प्रश्न संख्या	उत्तर	सही उत्तर	छोड़ दिया
1	D	81.52 %	0.0 %
2	A	57.94 %	1.53 %
3	A	66.19 %	1.91 %
4	B	66.71 %	1.54 %
5	C	84.03 %	0.0 %
6	C	55.82 %	1.23 %
7	A	87.07 %	0.0 %
8	B	85.75 %	0.0 %
9	C	81.63 %	0.0 %
10	A	18.74 %	3.28 %
11	B	45.72 %	1.85 %
12	B	78.6 %	0.0 %
13	B	83.4 %	0.0 %
14	B	61.72 %	1.02 %
15	B	44.01 %	1.65 %
16	D	65.69 %	1.68 %
17	A	50.26 %	2.0 %
18	A	50.41 %	1.95 %
19	C	88.6 %	0.0 %
20	D	29.27 %	4.28 %
21	A	32.5 %	3.23 %
22	D	56.74 %	1.0 %
23	D	78.05 %	0.0 %
24	C	84.95 %	0.0 %
25	B	40.19 %	1.74 %
26	D	50.63 %	1.5 %
27	C	59.82 %	1.88 %
28	B	82.05 %	0.0 %
29	B	79.54 %	0.0 %
30	A	84.72 %	0.0 %
31	C	48.62 %	1.97 %
32	A	58.51 %	1.65 %
33	D	58.52 %	1.55 %
34	B	50.07 %	1.03 %
35	D	40.6 %	1.05 %
36	C	46.23 %	1.78 %
37	A	42.44 %	1.06 %
38	B	77.18 %	0.0 %
39	D	11.82 %	4.78 %
40	D	49.7 %	1.02 %
41	D	10.45 %	4.35 %
42	D	10.15 %	4.24 %
43	C	44.35 %	2.0 %
44	C	45.88 %	1.72 %
45	D	53.85 %	1.72 %
46	A	69.74 %	1.74 %
47	D	66.8 %	1.05 %
48	D	55.02 %	1.73 %
49	A	85.15 %	0.0 %
50	B	44.93 %	1.03 %
51	D	24.5 %	3.83 %
52	C	65.1 %	1.68 %
53	B	61.07 %	1.83 %
54	A	85.19 %	0.0 %
55	D	41.47 %	1.92 %
56	A	52.91 %	1.39 %
57	C	76.06 %	0.0 %
58	C	15.18 %	3.53 %
59	C	51.31 %	1.09 %
60	B	77.71 %	0.0 %
61	B	78.24 %	0.0 %
62	D	23.53 %	4.49 %
63	B	23.16 %	3.4 %
64	C	60.52 %	1.84 %
65	D	44.83 %	1.11 %
66	A	84.42 %	0.0 %
67	A	76.33 %	0.0 %
68	B	65.89 %	1.11 %
69	D	47.7 %	1.08 %
70	A	48.91 %	1.83 %
71	D	49.58 %	1.58 %
72	C	40.47 %	1.38 %
73	D	41.21 %	1.48 %
74	B	46.03 %	1.86 %
75	B	67.47 %	1.94 %
76	A	88.87 %	0.0 %
77	A	69.72 %	1.94 %
78	A	86.34 %	0.0 %
79	D	57.0 %	1.56 %
80	B	26.44 %	4.9 %

प्रश्न संख्या	उत्तर	सही उत्तर	छोड़ दिया
81	D	49.53 %	1.13 %
82	D	15.39 %	3.16 %
83	C	42.23 %	1.86 %
84	B	84.9 %	0.0 %
85	C	49.85 %	1.11 %
86	C	86.73 %	0.0 %
87	D	43.09 %	1.79 %
88	A	26.87 %	3.85 %
89	B	45.82 %	1.87 %
90	A	62.71 %	1.41 %
91	B	67.42 %	1.21 %
92	A	46.09 %	1.64 %
93	D	68.51 %	1.16 %
94	D	49.42 %	2.0 %
95	A	48.17 %	1.29 %
96	C	81.55 %	0.0 %
97	A	45.41 %	1.72 %
98	D	67.39 %	1.72 %
99	A	32.33 %	3.15 %
100	D	89.07 %	0.0 %

कार्य विश्लेषण	
औसत अंक (%)	**64.0%**
टॉपर्स स्कोर (%)	**68.0%**
आपका स्कोर	

//संकेत और समाधान//

1. 'किसे' शब्द सर्वनाम, प्रश्नवाचक, एकवचन, कर्म कारक है।

- किसे शब्द प्रश्नवाचक सर्वनाम है। अर्थात् इसके माध्यम से प्रश्न पूछा जाता है।
- यह एक उभयलिंगी है अर्थात् हम इसका प्रयोग स्त्रीलिंग, पुल्लिंग दोनों के लिए कर सकते हैं।
- किसे शब्द एकवचन हैं।

उपर्युक्त वाक्य में वह के द्वारा देखने की क्रिया का प्रभाव किसे पर पड़ रहा है इसलिए, यहाँ कर्म कारक है।

अतः विकल्प (D) सही है।

2. 'नीचे' शब्द अव्यय, संबंधबोधक, गाड़ी से संबंध रूप में है।

वे शब्द जो संज्ञा/सर्वनाम का अन्य संज्ञा/सर्वनाम के साथ संबंध का बोध कराते है उसे संबंधबोधक अव्यय कहते है। ये संज्ञा या सर्वनाम के बाद प्रयुक्त होते है। संबंधबोधक अव्यय कहलाते है।

अतः विकल्प (A) सही है।

3. दिए गए विकल्पों में से 'अनीति' शब्द 'अ' उपसर्ग से बना है।

- अनीति = अ + नीति
- 'अ' उपसर्ग से बनने वाले अन्य शब्द - अछूता, अथाह, अटल आदि।
- 'अ' का अर्थ – अभाव, निषेध

अन्य विकल्प:

- आगमन = आ + गमन
- अत्यन्त = अति + अंत
- अनुज = अनु + ज

अतः विकल्प (A) सही है।

4. दिए गए सभी विकल्पों में 'बिछौना' शब्द 'औना' प्रत्यय से बना है, अन्य सभी विकल्प का कोई सार्थक अर्थ न होने की वजह से वह गलत हैं।

- बिछौना = बिछ + औना
- इसमें कृत् प्रत्यय है।
- कृत् प्रत्यय- जो प्रत्यय क्रिया के मूल रूप (धातु) से जोड़े जाते हैं, कृत् प्रत्यय कहलाते हैं।

प्रत्यय: प्रत्यय वे शब्द हैं जो दूसरे शब्दों के अन्त में जुड़कर, अपनी प्रकृति के अनुसार, शब्द के अर्थ में परिवर्तन कर देते हैं।

जैसे- ता, औना, अन, अत, आदि।

अतः विकल्प (B) सही है।

5. प्रस्तुत गद्यांश का उचित शीर्षक 'आधुनिकतावाद' है।

आधुनिकतावाद एक लंबी प्रक्रिया के बाद उपजी अवधारणा है, जिसमें आधुनिक आयामों को अपनाया गया।

उपरोक्त गद्यांश के सभी वाक्य आधुनिकता वादी सिद्धांत के इर्द-गिर्द घूमते हैं। अतः इसका उचित शीर्षक आधुनिकतावाद ही होगा।

अतः विकल्प (C) सही है।

6. आधुनिकतावाद 'रूढ़िवादी परंपरा' नहीं है।

उपरोक्त प्रश्न में आधुनिकतावाद की सभी विशेषताएं बताई गई हैं। रूढ़ीवादी परंपराएं आधुनिकतावाद की विशेषता नहीं है। रूढ़िवाद के विरोध में ही आधुनिकतावाद का जन्म हुआ है।

अतः विकल्प (C) सही है।

7. आधुनिकतावाद की मुख्य विशेषता'आत्मचेतना' है।

गद्यांश के अनुसार- वाक्य संदर्भ - आधुनिकतावाद की एक मुख्य विशेषता आत्म-चेतना है।

आत्म चेतना का अर्थ - दर्शन और मनोविज्ञान में वह स्थिति जिसमें किसी प्रकार की अनुभूति होने पर उसके साथ ही इस बात की भी चेतना या ज्ञान होता है कि हमें यह अनुभूति हो रही है।

अतः विकल्प (A) सही है।

8. 'बहिष्कार' शब्द की वर्तनी शुद्ध है। अन्य विकल्प त्रुटिपूर्ण हैं।

'बहिष्कार' का अर्थ अलग करना, बाहर करना होता है।

अत: विकल्प (B) सही है।

9. 'प्रसन्न' शब्द की वर्तनी शुद्ध है। अन्य विकल्प त्रुटिपूर्ण हैं।

'प्रसन्न' का अर्थ खुश, हर्षित होता है।

अत: विकल्प (C) सही है।

10. 'जिसमें कोई दोष न हो' को 'निर्दोष' कहा जाता है।

भाषा को सुंदर, आकर्षक और प्रभावशाली बनाने के लिए अनेक शब्दों के स्थान पर एक शब्द का प्रयोग किया जाता है तो वह वाक्यांश के लिए एक शब्द कहलाता है।

अत: विकल्प (A) सही है।

11. दिए गए वाक्य के लिए उपयुक्त एक शब्द अश्लील है।

अनुचित: जिसमें नैतिकता न हो या जो नैतिक न हो।

आपत्तिजनक: जिस बात पर आपत्ति (संदेह) किया जाए।

निषिद्ध: जिसका निषेध (रोकना) किया गया हो।

अतः विकल्प (B) सही है।

12. 'हुक्का पानी बंद कर देना' मुहावरे का सही अर्थ बिरादरी से अलग करना है।

मुहावरे	अर्थ	वाक्य प्रयोग
हुक्का पानी बंद करना	बिरादरी से अलग करना	गांवों में अन्तरजातीय विवाह करने वालों का हुक्का पानी बंद हो जाता है।

अतः विकल्प (B) सही है।

13. 'अधिक खाने वाले को बहुत कम खाना मिलना' के लिए उचित मुहावरा ऊंट के मुंह में जीरा है।

वाक्य प्रयोग: राम किसन जब श्याम को भोजन कराने लगा तो श्याम ने राम किसन से कहा की भोजन अच्छा कराना कभी ऊंट के मुंह मे जीरे वाली बात मत कर देना।

मुहावरा: मुहावरा का शाब्दिक अर्थ 'अभ्यास' है। मुहावरा शब्द अरबी भाषा का शब्द है। हिन्दी में ऐसे वाक्यांशों को मुहावरा कहा जाता है, जो अपने साधारण अर्थ को छोड़कर विशेष अर्थ को व्यक्त करते हैं।

अतः विकल्प (B) सही है।

14. 'छ' वर्ण घोष नहीं हैं। यह अघोष वर्ण है। 'ए, अ, ड' घोष वर्ण हैं।

जिन वर्णों के उच्चारण में केवल नाद का उपयोग होता है, उन्हे घोष वर्ण कहते हैं। स्पर्श वर्णों में प्रत्येक वर्ग का तीसरा, चौथा और पाँचवाँ वर्ण, सभी स्वर वर्ण और य, र, ल, व, ह घोष वर्ण हैं।

अतः विकल्प (B) सही है।

15. गृह और ग्रह का अर्थ 'घर और नौ ग्रह' होगा।

- गृह का अर्थ - घर
- वाक्य प्रयोग - आज उसके नये घर का गृह प्रवेश है।
- ग्रह का अर्थ - नौ ग्रह
- वाक्य प्रयोग - आज कल उसके ग्रह नक्षत्र ठीक नहीं चल रहे।

समश्रुत शब्दः कुछ शब्द ऐसे होते हैं जिनमें स्वर, मात्रा अथवा व्यंजन में थोड़ा-सा अन्तर होता है। वे बोलचाल में लगभग एक जैसे लगते हैं, परन्तु उनके अर्थ में भिन्नता होती है। ऐसे शब्द 'समश्रुत/श्रुतिसम भिन्नार्थक शब्द' कहलाते हैं।

जैसे- घन और धन दोनों के उच्चारण में कोई खास अन्तर महसूस नहीं होता परन्तु अर्थ में भिन्नता है। घन- बादल, धन- सम्पत्ति।

अतः विकल्प (B) सही है।

16. 'अभ्युदय' शब्द में यण् संधि है।

- 'अभ्युदय': अभि + उदय (इ + उ = यु)
- अत: यहाँ 'इ' के बाद असमान स्वर है।

संधि	**परिभाषा**	**उदाहरण**
यण संधि	इ, ई, उ, ऊ या ऋ का मेल यदि असमान स्वर से हो तो इ, ई का 'य'; उ, ऊ का 'व' और ऋ का 'र' हो जाता हैं।	जैसे: यदि + अपि (इ + अ) = यद्यपि, अनु + एषण = अन्वेषण

अतः विकल्प (D) सही है।

17. 'अत्युत्तम' में यण संधि है। अति + उत्तम = अत्युत्तम (इ + उ = यु), इ, ई, उ, ऊ या ऋ का मेल यदि असमान स्वर से होता है तो इ, ई को 'य'; उ, ऊ को 'व' और ऋ को 'र' हो जाता है। इसे यण संधि कहते हैं।

संधि – दो वर्णों (स्वर या व्यंजन) के मेल से होने वाले विकार को संधि कहते हैं। दूसरे अर्थ में- संधि का सामान्य अर्थ है मेल। इसमें दो अक्षर मिलने से तीसरे शब्द रचना होती है, इसी को संधि कहते है। संधि के तीन प्रकार हैं - 1. स्वर, 2. व्यंजन और 3. विसर्ग		
संधि	परिभाषा	उदाहरण
स्वर	दो स्वरों से उत्पन्न विकार अथवा रूप - परिवर्तन को स्वर संधि कहते है।	लघु + ऊर्मि = लघूर्मि
व्यंजन	एक व्यंजन के दूसरे व्यंजन या स्वर से मेल को व्यंजन-संधि कहते हैं।	उत् + नयन = उन्नयन
विसर्ग	स्वर और व्यंजन के मेल से विसर्ग में जो विसर्ग होता है, उसे 'विसर्ग संधि' कहते है।	ज्योतिः + चक्र = ज्योतिश्चक्र

अतः विकल्प (A) सही है।

18. 'यज्ञशाला' में तत्पुरुष समास है।

- इसका समास विग्रह है- "यज्ञ के लिए शाला"।
- तत्पुरुष समास वह होता है, जिसमें उत्तर पद प्रधान होता है, अर्थात् प्रथम पद गौण होता है एवं उत्तर पद की प्रधानता होती है, व समास करते वक़्त बीच की विभक्ति का लोप हो जाता है।

अत: विकल्प (A) सही है।

19. 'सत्यप्रिय' शब्द में बहुव्रीहि समास है।

- जिस समास में कोई पद प्रधान न होकर (दिए गए पदों में) किसी अन्य पद की प्रधानता होती है, वहाँ बहुव्रीहि समास होता है। यह अपने पदों से भिन्न किसी विशेष संज्ञा का विशेषण है।
- 'सत्यप्रिय' का समास-विग्रह है- सत्य प्रिय है जिसे अर्थात् विशेष व्यक्ति।
- 'सत्यप्रिय' शब्द में कोई पद प्रधान नहीं है, अपितु ये किसी तीसरे शब्द का बोध करा रहा है, इसलिए, इसमें बहुव्रीहि समास है।

अत: विकल्प (C) सही है।

20. "कौन हो तुम वसंत के दूत,
विरस पतझड़ में अति सुकुमार,
घन तिमिर में चपला की रेखा,
तपन में शीतल मंद बयार।"

दिए गए पद्यांश में कवि ने नायिका के रूप का वर्णन किया है जोकि उसे संयोगवश मिला है। इस प्रकार मनु आगंतुक से कहते हैं कि वे तो अपने जीवन को पतझड़ के समान मानते हैं और उस नारी को वसंत का दूत समझते हैं तथा यह स्पष्ट कर देना चाहते हैं कि उन्हें उसकी बातें सुनकर यह आशा हो चली है कि उसके जीवन से शीघ्र ही सरसता और मधुरता का आगमन होगा। दिए गए पद्यांश में प्रस्तुत रस संयोग श्रृंगार है। संयोग श्रृंगार, श्रृंगार रस का एक भेद जिसमें नायक नायिका के मिलन आदि का वर्णन होता है।

जब पति-पत्नी / प्रेमी-प्रेमिका / नायक-नायिका के मन में स्थाई भाव रति जागृत होकर आस्वादन के योग्य हो जाता है, तो इसे श्रृंगार रस कहा जाता है। श्रृंगार रस में प्रेम का वर्णन होता है। जब विभाव, अनुभाव और व्यभिचारी के संयोग से रति नामक स्थायी भाव रस रूप में परिणत हो, तो उसे श्रृंगार रस कहते हैं।

अत: विकल्प (D) सही है।

21. दिए गए विकल्पों में अपूर्ण वर्तमान काल का उदाहरण विकल्प परीक्षा चल रही है।

अपूर्ण वर्तमान: क्रिया के जिस रूप से यह ज्ञात हो कि काम अभी वर्तमान काल में जारी है, समाप्त नहीं हुआ है, अपूर्ण वर्तमान काल कहते है।

अत: विकल्प (A) सही है।

22. 'आदि' का अर्थ प्रथम है।

आदि के पर्यायवाची शब्द - प्रथम, पहला, आरंभिक, आरंभ, शुरुआत, इत्यादि, वगैरह, मूलकारण, बुनियाद, ईश्वर, परमात्मा आदि।

अतः विकल्प (D) सही है।

23. 'चिरंतन' का विलोम शब्द नश्वर है।

चिरंतन का अर्थ - हमेशा रहने वाला

नश्वर का अर्थ - मर्त्य

विपरीत (उल्टा) अर्थ बताने वाले शब्दों को विलोम शब्द कहते हैं।

उदाहरण: रात-दिन, धरती-आकाश

अतः विकल्प (D) सही है।

24. दिए गए विकल्पों में से 'सम्पन्न' शब्द का विलोम विपन्न है।

सम्पन्न का अर्थ - अमीर, धनी, धनवान

विपन्न का अर्थ - विपत्तिग्रस्त, दुःखी

अतः विकल्प (C) सही है।

25. देवता का पर्यायवाची शब्द गीर्वाण है।

गीर्वाण का अर्थ देवता होता है।

देवता का पर्यायवाची शब्द- सुर, देव, अमर, आदितेय, वसु, निर्जर, त्रिदश, गीर्वाण आदि है।

यह संज्ञा पुल्लिंग शब्द है।

अत: विकल्प (B) सही है।

26. The sentence talks about Feroza being sure that her daughter had the necessary skills to qualify for the finals of a certain competition.

Competent: Having the necessary ability, knowledge, and/or skill to do something successfully.

Inept: Not having the required skills.

Thus, it is clear that 'competent' and 'inept' are antonyms.

Hence, the correct option is (D).

27. A metaphor is the comparison of two contradictory or different entities that share some similar characteristics.

- A metaphor can sometimes use words like 'is', 'are', or 'was' (and other words) to signal that a metaphor is present.
- However, a metaphor never uses the words 'like' or 'as' to compare.
- The line "Variety is the spice of life" compares two contradictory things, i.e. variety and the spice of life. Also, the word 'is' is used to signal that a metaphor is present.

So, the poetic device/figure of speech used is a metaphor.

Hence, the correct option is (C).

28. Vivek has a strong resemblance to his grandfather.

The preposition 'to' is used for identifying a particular relationship between one person and another.

Example: They have got to live a man's life, pushing all these things before them, and get on as well as they can.

Hence, the correct option is (B).

29. The complete correct sentence is "You can go to **the** National Art Gallery but I want to visit **the** zoo first."

- In the given sentence, the nouns 'National Art Gallery' and 'Zoo' are specific or particular nouns.
- The article 'the' is a definite article used before a specific or particular noun.
- 'The' is a definite article which restricts the meaning of a noun to one specific thing.
- The indefinite article 'a' is grammatically and contextually incorrect as it is used before a general noun.

Hence, the correct option is (B).

30. The correct sentence is, "You really need to take some guidance in Chemistry."

"Need" is usually used with an infinitive or an object + an infinitive. "Need" is followed by active or passive "to-infinitives" to express active or passive meanings, respectively.

Therefore, "to-infinitive" should be used in the blank.

Example: She expected him to take the bribe.

Hence, the correct option is (A).

31. As we know that,

The pronoun 'oneself' is used as the object of a verb or preposition when this is the same as the subject of the clause and the subject is stated or understood as 'one'.

The pronoun 'herself' is used as the object of a verb or preposition to refer to a female person or animal previously mentioned as the subject of the clause.

The pronoun 'myself' is used by a speaker to refer to himself or herself as the object of a verb or preposition when he or she is the subject of the clause.

The pronoun 'itself' is used as the object of a verb or preposition to refer to a thing or animal previously mentioned as the subject of the clause.

Thus, the correct sentence is, "When I solved the sum myself, I was very happy."

Hence, the correct option is (C).

32. Correct sentence: "If you are focused, you can achieve your goals", her coach said.

The given sentence is in the simple present tense.

Can (Modal verb) is used to make general statements about what is possible. Modal verb: They give additional information about the function of the main verb that comes after it.

- Example: an, could, may, might, should, ought, must, have to, shall, will

The coach is referring to the future consequences that is it is in the simple future tense.

- So, we should use 'achieve'.

Achieves is used in the simple present tense, here you is a Second-person singular. Achieved used in an event that has happened already which is not in this case. Achieving is used in continuous tense which is not in this case.

Hence, the correct option is (A).

33. Correct sentence: The old woman walked carefully with her heavy load lest she should fall.

Some conjunctions given below are used in a pair known as correlative conjunctions. Such as:

Whether...or, either...or, lest...should, so...that, neither...nor, not only...but also, though...yet, etc.

For example:

- He likes not only milk cake but other sweets. (Incorrect)
- He likes not only milk cake but also other sweets. (Correct)

The conjunction 'lest...should' is used to prevent something undesirable or to avoid the risk of anything.

According to the above explanation and the example, 'lest' will be used in the blank part of the sentence.

Hence, the correct option is (D).

34. The given options are:

Agreed 'on' means to share the same opinion about items, topics, or standards.

- All parties agreed on plans to expand the committee.

Agreed 'to' means to commit to a course of action, a proposal, etc.

- The supervisor agreed to the recommendation submitted by the working group.

Agreed 'upon' means to share the same opinion about items, topics, or standards.

- We met at the agreed-upon time.

Agreed 'with' means to have the same opinion as another person or to approve of something.

- Virat agreed with the approach Root adopted.

The correct sentence is: "All the members present in the meeting agreed to my proposal".

Hence, the correct option is (B).

35. As we know that, the second verb of the sentence is 'climbed', which shows simple past tense. The action shown by the first sentence happens 'before' the action of the second sentence, viz, we climbed back into the car.

This means that the verb in the blank is showing an action happening even before the action shown by simple past tense verb 'climbed'.

So, we must use past perfect tense in such cases. The past perfect tense form is only reflected by the verb 'had backed'.

Thus, the correct sentence is, "After the driver had backed the car out of the bush, we climbed back into the car."

Hence, the correct option is (D).

36. The preposition 'for' is used for talking about reasons or causes. It is used after nouns such as 'reason' or 'cause'.

The preposition 'on' is used for concerning a particular subject.

The preposition 'of' is used for concerning or showing someone or something.

Thus, the correct sentence is, "Do you know the reason for his absence".

Hence, the correct option is (C).

37. A preposition is a word or group of words used before a noun, pronoun, or noun phrase to show direction, time, place, location, spatial relationships, or to introduce an object. Some examples of prepositions are words like "in," "at," "on," "of," and "to".

The preposition "**along**" means from one part of a road, river, etc., to another.

Thus, the correct sentence is, "We walked **along** the beach, collecting small crabs in a bucket."

Hence, the correct option is (A).

38. The correct sentence is, "He lived a hand **to** mouth existence, surviving on just a few rupees a week."

A hand-to-mouth existence is a way of life in which you have hardly enough food or money to live on. To live (from) hand to mouth is a phrase which means to have just enough money to live on and nothing extra.

Hence, the correct option is (B).

39. We have been looking for a new flat during ages.

- The most suitable answer of the given fill in the blank is 'for'.
- We know that the given sentence is an example of the present perfect continuous tense.
- We use the preposition 'for' to talk about an amount of time or space. The amount of time could be seconds, minutes, hours, days, months, or even years.
- The amount of time does not need to be exact. We could use 'for' when you are talking about vague periods of time, like "for the weekend", "for ages" or "for a long time".

Hence, the correct option is (D).

40. A correct answer is an option (D), i.e. It is mentioned in the notice; all of us should read it.

The semicolon; is used to join two complete sentences or independent clauses.

Example: Your mother looks worried; she has checked your report card.

Hence, the correct option is (D).

41. The meaning of the given options are:

Conscientious: Someone who is very careful to do their work properly; one having a sense of duty that is right or wrong.

Conscious: Able to see, hear, feel, etc. things; awake.

Sensible: Able to make good judgments based on reason and experience; practical

Intelligent: Having or showing the ability to understand, learn, and think; clever.

Thus, the given words can be substituted by conscientious.

Hence, the correct option is (D).

42. The idiom 'be in the eye of a storm' means 'be in the middle of a difficult situation or controversy'.

- Meteorologically, the eye of a storm or hurricane is the calmest part, but it is not safe to take refuge. In fact, getting into the eye of a storm would be the most dangerous thing to do.
- Example: The minister was in the eye of a storm when his son-in-law was arrested on corruption charges.

Hence, the correct option is (D).

43. The logic followed here is:

As opposite meaning of peace is chaos similarly opposite meaning of creation is destruction.

The other options are not the suitable options.

Hence, the correct option is (C).

44. The given sentence is,

The Manager said, "Well, what can I do for you?"

The given sentence is in interrogative form. To convert such sentences into indirect narration, the below rules are followed:

- Inverted commas (" ") are removed.
- 'Said' will change into 'wanted to know'.
- If the reported speech is in the form of WH-Question (who/what/why/how/where/when/which etc), no conjunction is used before the question word. The question word itself works as a conjunction.
- The sign of interrogation (?) is removed and a full stop is used.
- 'Can' will change into 'could'.
- First-person pronoun changes according to the subject of reporting speech.

Thus the appropriate narration form is,

The Manager wanted to know what he could do for him.

Hence, the correct option is (C).

45. The meaning of "Pernicious" is "Injurious".

The meaning of the given word and the correct option is:

- Pernicious means having a harmful effect, especially in a gradual or subtle way.
- Injurious means causing or likely to cause damage or harm.

The meaning of other options are:

- Filthy means disgustingly dirty.
- Foul means offensive to the senses, especially through having a disgusting smell or taste or being dirty.
- Continuous means forming an unbroken whole; without interruption.

Therefore, we find that both Pernicious and Injurious express similar meanings.

Hence, the correct option is (D).

46. Of the given options, the only word that is similar in meaning is 'call for' which means to summon or request someone or something.

The word 'summon' is a verb that means order someone to be present.

- For example: They were summoned to the court to give advice.
- For example: As I neared home, I could hear my mother calling for me.

Hence, the correct option is (A).

47. The correct arrangement is "The invisible man entered the shop of a theatrical company for clothes".

But, we need to find the grammatical or contextual connections between the parts to find the correct sequence. So, it is as:

The given jumbled sentence contains an adjective and a noun.

- It can be used as the subject.
- It is the first part of the sentence.

The given jumbled sentence with a verb. It will become the second part of the sentence.

The given jumbled sentence ends with 'a clothes'. The other part starts with 'of a'.

- It shows belongingness.
- It will become the third part of the sentence.

Hence, the correct option is (D).

48. The correct sentence with the appropriate word from the given options is: Radha's presentation was best in her class.

Superlative adjectives are used to describe an object which is at the upper or lower limit of a quality (the tallest, the smallest, the fastest, the highest). They are used in sentences where a subject is compared to a group of objects.

In the given sentence, 'best' is the superlative form of good, with the comparative form being 'better'.

In the given sentence, Radha is being compared to her whole class as a group. Thus the superlative degree best is used.

Hence, the correct option is (D).

49. The correctly spelt word is **Guarantee**.

Guarantee: A written promise by a company that it will repair or replace a product if it breaks in a certain period of time.

For example: The watch comes with a year's guarantee.

Hence, the correct option is (A).

50. The correct sentence is: No sooner did the bells ring than the students ran out of their classes.

The given sentence is an example of subject-verb inversion with negative adverb fronting.

In other words, when a negative adverb (e.g. no sooner . . . than) heads a sentence, an auxiliary verb (e.g. did) changes places with the subject (e.g. the bell).

We need an auxiliary verb for the inversion to work here, so we should replace "do" with "did" and we also change the verb according to the tense to make the sentence grammatically correct.

Hence, the correct option is (B).

51. "रसीला कारू" की जैव विविधता हॉटस्पॉट अफ्रीका में स्थित है।

- रसीला कारू जैव विविधता हॉटस्पॉट में पृथ्वी पर सबसे समृद्ध रसीला वनस्पति है।
- इस क्षेत्र में सरीसृप भी अतिवाद के अपेक्षाकृत उच्च स्तर को दर्शाता है।
- इसमें रसीले पौधों की सबसे अधिक विविधता है और सबसे अधिक प्रजातियां युक्त अर्ध-रेगिस्तान हैं।

अतः विकल्प (D) सही है।

52. कुल्टी लोहा और इस्पात उद्योग हिंदुस्तान स्टील लिमिटेड द्वारा शासित नहीं है। कुल्टी स्टील प्लांट भारतीय आयरन एंड स्टील कंपनी द्वारा शासित है। कुल्टी स्टील प्लांट एशिया का सबसे पुराना स्टील प्लांट भी है। इसकी की स्थापना 1918 में पश्चिम बंगाल में हुई थी।

दुर्गापुर, राउरकेला और भिलाई इस्पात संयंत्र हिंदुस्तान स्टील लिमिटेड के अंतर्गत आते हैं। दुर्गापुर, भिलाई और राउरकेला में स्टील प्लांट जैसे उद्योग द्वितीय पंचवर्षीय योजना (1956-61) योजना के दौरान स्थापित किए गए थे। दुर्गापुर स्टील प्लांट पश्चिम बंगाल में है। राउरकेला स्टील प्लांट ओडिशा में स्थित है। भिलाई इस्पात संयंत्र छत्तीसगढ़ में है।

अतः विकल्प (C) सही है।

53. संयुक्त राष्ट्र ने 2010 को अंतर्राष्ट्रीय जैव विविधता वर्ष घोषित किया है।

- 1959 से संयुक्त राष्ट्र ने प्रमुख मुद्दों पर ध्यान आकर्षित करने के लिए अंतर्राष्ट्रीय वर्षों को नामित किया है।
- इस प्रकार, संयुक्त राष्ट्र संगठन के उद्देश्यों को बढ़ावा देने के लिए, विशेष कार्यक्रमों या विषयों को चिह्नित करने के लिए विशिष्ट दिनों, सप्ताह, वर्षों और दशकों के अवसरों के रूप में नामित करता है।

अतः विकल्प (B) सही है।

54. कजरी उत्तर प्रदेश का एक लोकप्रिय लोक गीत है।

- यह अर्ध-शास्त्रीय गायन की एक शैली है, जिसकी उत्पत्ति भारतीय उपमहाद्वीप से हुई है।
- यह अक्सर अपने प्रेमी के लिए एक युवती की लालसा का वर्णन करने के लिए उपयोग किया जाता है क्योंकि गर्मियों में आसमान में काले मानसून के बादल मंडराते हैं, और बारिश के मौसम के दौरान शैली विशेष रूप से गाया जाता है।
- यह चैती, होरी और सवानी जैसे मौसम गीतों की श्रृंखला में आता है, और पारंपरिक रूप से उत्तर प्रदेश के गांवों और कस्बों में गाया जाता है।

अतः विकल्प (A) सही है।

55. उत्तर प्रदेश में प्रमुख रेल इंजन संयंत्र मुगलसराय क्षेत्र में स्थित है।

- भारत के वाराणसी में डीजल लोकोमोटिव वर्क्स (DLW), भारतीय रेलवे के स्वामित्व वाली एक उत्पादन इकाई है, जो डीजल-इलेक्ट्रिक इंजन और इसके अतिरिक्त पुर्जों का निर्माण करती है।
- 1961 में स्थापित, DLW ने तीन साल बाद, 3 जनवरी 1964 को अपना पहला लोकोमोटिव उतारा। यह भारत में सबसे बड़ा डीजल-इलेक्टिक लोकोमोट्िव निर्माता है।
- डीएलडब्ल्यू ने मार्च 2019 में डीजल ईंजनों का निर्माण बंद कर दिया क्योंकि भारतीय रेलवे अपने रेल नेटवर्क के 100% विद्युतीकरण की ओर बढ़ रहा है।
- यह लोकोमोटिव का निर्माण करता है, जो 1960 के दशक के मूल ALCO डिजाइन और 1990 के दशक के GM EMD डिजाइनों पर आधारित हैं।

अतः विकल्प (D) सही है।

56. इटावा ज़िला न्यायालय उत्तर प्रदेश राज्य के अधीनस्थ न्यायिक सेवा के रूप में कार्य करता है।

अधीनस्थ न्यायपालिका को 'यू पी सिविल न्यायिक सेवा' और 'उ. प्र. उच्चतर न्यायिक सेवा' दो भागों में विभाजित किया गया है। पूर्व में मुन्सिफ़्स और सिविल जज शामिल होते हैं जिनमें छोटे वाद न्यायाधीश और बाद के सिविल और सत्र न्यायाधीश (अब अतिरिक्त जिला सत्र न्यायाधीश) शामिल हैं।

जिला न्यायाधीश जिला स्तर पर अधीनस्थ न्यायिक सेवा का नियंत्रक होता है। जिला न्यायाधीश का अधिकार क्षेत्र कुछ मामलों में एक से अधिक राजस्व जिले तक फैला हुआ है। सिविल पक्ष में, मुंसिफ न्यायालय सबसे निचली अदालत है। इससे पहले, इटावा जिला न्यायालय उत्तर प्रदेश राज्य की अधीनस्थ न्यायिक सेवा के रूप में कार्य करता है।

अतः विकल्प (A) सही है।

57. रोहतांग दर्रा मनाली से लगभग 51 किमी दूर हिमालय के पीर पंजाल सीमा के पूर्वी छोर पर एक ऊंचा पहाड़ी दर्रा है। यह हिमाचल प्रदेश के लाहोल और स्पीति घाटियों के साथ कुल्लू घाटी को जोड़ता है। यह मनाली और लेह को सड़क मार्ग से जोड़ता है।

अतः विकल्प (C) सही है।

58. सही उत्तर 3, 2, 4, 1 है।

पूना सार्वजनिक सभा की स्थापना 2 अप्रैल 1870 को पूना में हुई थी। एक प्रसिद्ध वकील महादेव गोविंद रानाडे ने सार्वजनिक सभा के गठन में एक प्रमुख भूमिका निभाई।

फरवरी 1916 में बनारस हिंदू विश्वविद्यालय के उद्घाटन के समय महात्मा गांधी की पहली बड़ी सार्वजनिक उपस्थिति थी। बनारस हिंदू विश्वविद्यालय पवित्र शहर वाराणसी में स्थित है।

जलियांवाला बाग हत्याकांड या 13 अप्रैल 1919 का अमृतसर नरसंहार तत्कालीन एंग्लो-इंडियन ब्रिगेडियर आर.ई.एच. डायर के आदेश पर गोरखा ब्रिटिश भारतीय सेना द्वारा सैकड़ों निर्दोष लोगों की भीषण हत्या के लिए जिम्मेदार है।

असहयोग आंदोलन 5 सितंबर 1920 को महात्मा गांधी के नेतृत्व में भारतीय राष्ट्रीय कांग्रेस (INC) द्वारा शुरू किया गया था।

अतः विकल्प (C) सही है।

59. प्रश्न में दिए गए विकल्पों के अनुसार, ASEAN, UNO (संयुक्त राष्ट्र संगठन) से संबद्ध नहीं है।

- इंटरनेशनल लेबर ऑर्गनाइजेशन (ILO) एक संयुक्त राष्ट्र एजेंसी है जिसका जनादेश अंतर्राष्ट्रीय श्रम मानकों को निर्धारित करके सामाजिक न्याय को बढ़ावा देने और सभ्य कार्यों को बढ़ावा देने के लिए है। डब्ल्यूएचओ का मतलब विश्व स्वास्थ्य संगठन है।
- विश्व स्वास्थ्य संगठन (WHO) संयुक्त राष्ट्र की एक विशेष एजेंसी है जो अंतर्राष्ट्रीय सार्वजनिक स्वास्थ्य से संबंधित है। यह 7 अप्रैल 1948 को स्थापित किया गया था और इसका मुख्यालय जिनेवा, स्विट्जरलैंड में है। WHO संयुक्त राष्ट्र विकास समूह का सदस्य है।
- एसोसिएशन ऑफ साउथईस्ट एशियन नेशंस (ASEAN) का उद्देश्य दक्षिण पूर्व एशिया में एसोसिएशन एक क्षेत्रीय अंतर-सरकारी संगठन है, जिसमें दक्षिण-पूर्व एशिया के दस देश शामिल हैं, जो अंतर-सरकारी सहयोग को बढ़ावा देता है और एशिया में इसके सदस्यों और अन्य देशों के लिए आर्थिक, राजनीतिक, सुरक्षा, सैन्य, शैक्षिक और समाजशास्त्रीय एकीकरण की सुविधा प्रदान करता है।

अतः विकल्प (C) सही है।

60. कथकली शास्त्रीय भारतीय नृत्य का एक प्रमुख रूप है। यह कला की एक "कहानी का खेल" शैली है, लेकिन पारंपरिक रूप से पुरुष अभिनेता-नर्तकियों द्वारा पहने जाने वाले विस्तृत रंगीन मेकअप, वेशभूषा और चेहरे के मुखौटे से अलग है। कथकली केरल के मलयालम भाषी दक्षिण-पश्चिमी क्षेत्र में एक हिंदू प्रदर्शन कला है।

अतः विकल्प (B) सही है।

61. चरकुला, उत्तर प्रदेश के ब्रज क्षेत्र में किया जाने वाला नृत्य है। इस नृत्य में, कृष्ण के गीतों पर नृत्य करती बड़ी-बड़ी बहुस्तरीय वृत्ताकार लकड़ी के पिरामिडों को अपने सिर पर बाँधती महिलाएँ है। प्रत्येक पिरामिड में एक

सर्पिल में 108 जले हुए तेल के दीपक होते हैं। यह होली के बाद तीसरे दिन विशेष रूप से किया जाता है। ऐसा माना जाता है कि उस दिन राधा का जन्म हुआ था।

अतः विकल्प (B) सही है।

62. ENIAC का पूर्ण नाम "इलेक्ट्रॉनिक न्यूमेरिकल इंटीग्रेटर एंड कंप्यूटर" है। यह पहला इलेक्ट्रॉनिक सामान्य प्रयोजन कंप्यूटर था। यह ट्यूरिंग-पूर्ण, डिजिटल और कंप्यूटिंग समस्याओं की एक पूरी श्रृंखला को हल करने के लिए पुनः शुरू होने में सक्षम है।

ENIAC को संयुक्त राज्य अमेरिका की सेना की बैलिस्टिक अनुसंधान प्रयोगशाला के लिए तोपखाने की फायरिंग टेबल की गणना करने के लिए डिज़ाइन किया गया था। जब 1946 में ENIAC की घोषणा की गई तो इसे प्रेस में "जाइंट ब्रेन" के रूप में पेश किया गया। इसमें इलेक्ट्रो-मैकेनिकल मशीनों की गति एक हजार गुना थी।

अतः विकल्प (D) सही है।

63. क्रिस्टोफर लैथम शोलेज (14 फरवरी, 1819 - 17 फरवरी, 1890) एक अमेरिकी आविष्कारक थे जिन्होंने QWERTY की बोर्ड का आविष्कार किया था, और सैमुअल डब्ल्यू. सोले, कार्लोस ग्लूस्ड और जॉन प्रैट के साथ, के आविष्कारकों में से एक होने का दावा किया गया है। संयुक्त राज्य अमेरिका में पहला टाइपराइटर बनाया गया।

अतः विकल्प (B) सही है।

64. पोटेशियम साइनाइड (KCN) या जिंक फास्फाइड चूहे को मारने के लिए एक विषैले रसायन के रूप में उपयोग किया जाता है। जिंक फास्फाइड मनुष्यों के तीव्र संपर्क में अत्यधिक विषाक्त है। इसे दुर्घटनावश या जानबूझकर आत्महत्या या आत्मघाती कृत्यों के रूप में सेवन किया जा सकता है। शरीर में प्रवेश के अन्य मार्ग श्वास के माध्यम से या त्वचा के माध्यम से हो सकते हैं। जिंक फास्फाइड गैस्ट्रिक एसिड द्वारा हाइड्रोलाइज किया जाता है और फॉस्फीन गैस में बदल जाता है।

अतः विकल्प (C) सही है।

65. इओसिन एक टेट्राब्रोमोफ्लोरेसिन है। अधिकांश लाल स्याही लाल डाई इओसिन का पतला घोल है। हिस्टोलॉजिकल जांच के लिए साइटोप्लाज्म, लाल रक्त कोशिकाओं, कोलेजन, और मांसपेशी फाइबर को दागने के लिए ईओसिन का उपयोग किया जा सकता है। यह अक्सर एच एंड ई धुंधला में हेमटॉक्सिलिन के लिए एक काउंटरस्टैन के रूप में उपयोग किया जाता है।

अतः विकल्प (D) सही है।

66. लिवेंट एक अनुमानित ऐतिहासिक भौगोलिक शब्द है जो पूर्वी भूमध्यसागरीय तट के पास के क्षेत्र में पश्चिमी एशिया के एक बड़े क्षेत्र का उल्लेख करता है।

अपने सबसे संकीर्ण अर्थ में, जो आज पुरातत्व और अन्य सांस्कृतिक संदर्भों में उपयोग में है, यह दक्षिण-पश्चिमी एशिया में भूमध्यसागरीय सीमा से लगी भूमि के बराबर है, यानी सीरिया का ऐतिहासिक क्षेत्र, जिसमें वर्तमान सीरिया, लेबनान, जॉर्डन, इज़राइल, फिलिस्तीन और मध्य फरात के दक्षिण-पश्चिम में तुर्की का अधिकांश भाग शामिल है।

अत: विकल्प (A) सही है।

67. केंद्र सरकार ने भारतीय स्टेट बैंक को जुलाई के 1-10 से अपनी 29 अधिकृत शाखाओं के माध्यम से चुनावी बांड जारी करने और भुनाने के लिए अधिकृत किया है।

चुनावी बांड जारी होने की तारीख से पंद्रह कैलेंडर दिनों के लिए वैध होंगे और वैधता अवधि की समाप्ति के बाद चुनावी बांड जमा किए जाने पर किसी भी राजनीतिक दल को कोई भुगतान नहीं किया जाएगा।

अतः विकल्प (A) सही है।

68. प्रधान मंत्री श्री नरेंद्र मोदी ने 2 जनवरी 2022 को उत्तर प्रदेश के मेरठ में मेजर ध्यानचंद खेल विश्वविद्यालय की आधारशिला रखी है और यह उत्तर प्रदेश का पहला खेल विश्वविद्यालय होगा।

संस्थान आधुनिक और अत्याधुनिक खेल बुनियादी ढांचे जैसे सिंथेटिक हॉकी ग्राउंड, फुटबॉल ग्राउंड, बास्केटबॉल, वॉलीबॉल, हैंडबॉल, कबड्डी ग्राउंड, लॉन टेनिस कोर्ट आदि के साथ आएगा। यह विश्वविद्यालय एक विजन के साथ स्थापित किया जा रहा है। मजबूत खेल संस्कृति और देश में विश्व स्तरीय खेल बुनियादी ढांचा स्थापित करना।

अतः विकल्प (B) सही है।

69. संविधान के अनुसार राज्यसभा में 250 सदस्य होंगे, जिनमें से 12 सदस्यों को राष्ट्रपति द्वारा साहित्य, विज्ञान, कला और सामाजिक सेवा में विशेष ज्ञान या व्यावहारिक अनुभव रखने वाले व्यक्तियों में से नामित किया जाएगा और 238 से अधिक राज्यों और केंद्र शासित प्रदेशों के प्रतिनिधि नहीं होगा।

राष्ट्रपति कला, साहित्य, विज्ञान और समाज सेवा में विशेष ज्ञान या व्यावहारिक अनुभव रखने वाले लोगों में से 12 सदस्यों को राज्यसभा के लिए नामित करता है। नामांकन के इस सिद्धांत के पीछे तर्क यह है कि प्रतिष्ठित व्यक्तियों को चुनाव की प्रक्रिया से गुजरे बिना राज्य सभा में जगह प्रदान की जाती है।

इस प्रकार, राज्य सेवा वह श्रेणी नहीं है जिसके तहत भारत के राष्ट्रपति संसद के सदस्यों को नामांकित करते हैं।

अतः विकल्प (D) सही है।

70. कौटिल्य, भारतीय विचारकों ने सबसे पहले अकाल के प्रभावों का प्रतिकार करने के लिए काम के बदले अनाज कार्यक्रम की बात की थी। अकाल राहत पर सबसे पुराने ग्रंथों में से एक 2000 साल से भी पुराना है। इस ग्रंथ का श्रेय आमतौर पर कौटिल्य को दिया जाता है जिन्हें विष्णुगुप्त (चाणक्य) के नाम से भी जाना जाता था।

अकाल का शाब्दिक अर्थ "अत्यधिक अपर्याप्तता और भोजन की कमी" है। कौटिल्य ने अकाल के समय अमीरों के प्रावधानों पर छापा मारने की वकालत की ताकि "अतिरिक्त राजस्व वसूल कर उन्हें कम किया जा सके"।

अतः विकल्प (A) सही है।

71. शनि:

- यह सूर्य से छठा ग्रह है और हमारे सौरमंडल का दूसरा सबसे बड़ा ग्रह है।
- साथी गैस विशाल बृहस्पति की तरह, शनि एक विशाल गेंद है जो ज्यादातर हाइड्रोजन और हीलियम से बना है।
- इसके 83 चंद्रमा हैं। शनि के चंद्रमाओं की संख्या सबसे अधिक है।
- बृहस्पति के पास पहले अधिकतम चंद्रमा थे जो 79 थे।

अतः विकल्प (D) सही है।

72. प्रभावती देवी कोई महिला श्रमिक नेता नहीं थीं, जिन्होंने 1920 के दशक में हड़तालों में श्रमिकों को संगठित किया। श्रीमती उषाबाई डांगे (ताई) का जन्म 1898 में बंबई के कोलाबा जिले के एक गाँव में हुआ था। उनका विवाह सीपीआई के एक प्रमुख नेता और 'बॉम्बे टेक्सटाइल वर्कर्स' आंदोलन के कम्युनिस्ट ट्रेड यूनियन नेता एस ए डांगे से हुआ था। उनका निजी जीवन, जैसा कि उनकी कम प्रसिद्ध आत्मकथा, 'पान ऐकल्ये कोन' (कौन सुन रहा है?) में प्रलेखित है, पाठक को एक श्रमिक नेता की बाल विधवा होने की भावनाओं से छूती है।

सरला देवी चौधुरानी (जन्म सरला घोषाल; 9 सितंबर 1872 - 18 अगस्त 1945) एक भारतीय शिक्षाविद् और राजनीतिक कार्यकर्ता थीं, जिन्होंने 1910 में इलाहाबाद में भारत स्त्री महामंडल की स्थापना की थी। यह भारत में राष्ट्रीय स्तर का पहला महिला संगठन था।

हड़ताल शुरू हो गई और गांधीजी ने साबरमती नदी के तट पर प्रतिदिन कार्यकर्ताओं को संबोधित किया। अंबालाल साराभाई की बहन, अनसूया बेन,

गांधीजी के संघर्ष में उनके मुख्य सहयोगियों में से एक थीं। कुछ दिनों के बाद, मजदूरों में थकान के लक्षण दिखने लगे।

अतः विकल्प (C) सही है।

73. ताशकंद उज्बेकिस्तान की राजधानी और सबसे बड़ा शहर है, साथ ही मध्य एशिया में सबसे अधिक आबादी वाला शहर है। यह उत्तरपूर्वी उज्बेकिस्तान में कजाकिस्तान सीमा के पास स्थित है। उज्बेकिस्तान की मुद्रा सोम है। उज़्बेक देश की आधिकारिक भाषा है।

अतः विकल्प (D) सही है।

74. क्षुद्रांत्र आहार नलिका का सबसे लंबा भाग है। यह बड़ी आंत की तुलना में संकरा होता है, लेकिन आपकी पाचन नली का सबसे लंबा खंड बनाता है, लंबाई लगभग 6.7 मीटर है जो मानव शरीर की लंबाई का 3.5 गुना है। भोजन का अवशोषण छोटी आंत में होता है।

आहार नलिका: आहार नलिका उस मार्ग को संदर्भित करता है जिसके माध्यम से भोजन शरीर में प्रवेश करता है और पाचन के बाद गुदा के माध्यम से बाहर जाता है। आहार नलिका मनुष्य के पाचन में महत्वपूर्ण भूमिका निभाती है और इसे पाचन नली भी कहते हैं।

अतः विकल्प (B) सही है।

75. यूएनईएससीओ का पूर्ण रूप यूनाइटेड नेशन्स एजुकेशनल, साइंटिफिक एंड कल्चरल आर्गेनाईजेशन है।

संयुक्त राष्ट्र शैक्षिक, वैज्ञानिक और सांस्कृतिक संगठन संयुक्त राष्ट्र की एक विशेष एजेंसी है जिसका उद्देश्य शिक्षा, कला, विज्ञान और संस्कृति में अंतर्राष्ट्रीय सहयोग के माध्यम से विश्व शांति और सुरक्षा को बढ़ावा देना है।

इसमें 193 सदस्य राज्य और 11 सहयोगी सदस्य हैं, साथ ही गैर-सरकारी, अंतर सरकारी और निजी क्षेत्र में भागीदार हैं।

पेरिस, फ्रांस में वर्ल्ड हेरिटेज सेंटर में मुख्यालय, यूनेस्को के 53 क्षेत्रीय कार्यालय और 199 राष्ट्रीय आयोग हैं जो इसके वैश्विक जनादेश की सुविधा प्रदान करते हैं।

अतः विकल्प (B) सही है।

76. दिया गया है,

दो शंकुओं की त्रिज्याओं का अनुपात क्रमशः $5:6$ है और उनके आयतनों का अनुपात क्रमशः $8:9$ है।

जैसा कि हम जानते हैं,

शंकु का आयतन $= \frac{1}{3}(\pi r^2 h)$

माना कि एक शंकु की त्रिज्या $5r$ और दूसरे शंकु की त्रिज्या $6r$ है और क्रमशः उनकी ऊंचाई h_1 और h_2 है।

उनके आयतन का अनुपात है:

$\frac{1}{3}(\pi \times 25r^2 \times h_1):\frac{1}{3}(\pi \times 36r^2 \times h_2)$

$= 25h_1:36h_2$

लेकिन, उनके आयतन का अनुपात $8:9$ के बराबर है, तो:

$25h_1:36h_2 = 8:9$

$\Rightarrow h_1:h_2 = (8 \times 36):(25 \times 9)$

$\Rightarrow h_1:h_2 = 32:25$

$\therefore$ दो शंकु की ऊंचाई का अनुपात $32:25$ है।

अतः विकल्प (A) सही है।

77. दिया गया है:

एक शंक्वाकार आकृति में सुधार किया जाता है जहां त्रिज्या 20 प्रतिशत बढ़ जाती है और ऊंचाई 20 प्रतिशत कम हो जाती है।

माना शंकु की मूल त्रिज्या $= r$ इकाई

शंकु की मूल ऊंचाई $= h$ इकाई

शंकु का मूल आयतन $= \frac{1}{3}\pi r^2 h$

शंकु की नई त्रिज्या $= r + \frac{20}{100}r = \frac{6}{5}r$ इकाई

शंकु की नई ऊंचाई $= h - \frac{20}{100}h = \frac{4}{5}h$ इकाई

शंकु का नया आयतन $= \frac{1}{3}\pi\left(\frac{6}{5}r\right)^2\left(\frac{4}{5}h\right)$

आकृति के आयतन में परिवर्तन $= \frac{\left[\frac{1}{3}\pi\left(\frac{6}{5}r\right)^2\left(\frac{4}{5}h\right)\right]-\left[\frac{1}{3}\pi r^2 h\right]}{\frac{1}{3}\pi r^2 h} \times 100$

$= \frac{\frac{19}{125}\times\left[\frac{1}{3}\pi r^2 h\right]}{\frac{1}{3}\pi r^2 h} \times 100$

$= 15.2\%$

अत: विकल्प (A) सही हैं।

78. मान लीजिए, आयत की लंबाई और चौड़ाई और वर्ग की भुजा क्रमशः l सेमी, b सेमी और a सेमी है।

प्रश्न के अनुसार,

वर्ग का परिमाप $= 3 \times$ आयत का परिमाप

$4a = 3[2(l + b)]$

$\Rightarrow 4a = 3[2(15 + 13)]$

$\Rightarrow 4a = 3 \times 2 \times 28$

$a = 3 \times 2 \times 7 = 42$ सेमी

अब,

वर्ग की भुजा वृत्त के व्यास के बराबर है,

वृत्त का व्यास $= 42$ सेमी

$r = 21$ सेमी

अब,

वृत्त की परिधि हो,

वृत्त की परिधि $= 2\pi r$

$= 2 \times \frac{22}{7} \times 21$

$= 44 \times 3$

$= 132$ सेमी

अतः विकल्प (A) सही है।

79. दिया है,

वर्ग की भुजा $= 18$ मीटर

जैसा कि हम जानते है,

वर्ग का क्षेत्रफल $=$ भुजा ^{2}

वृत्त का क्षेत्रफल $= \pi r^2$

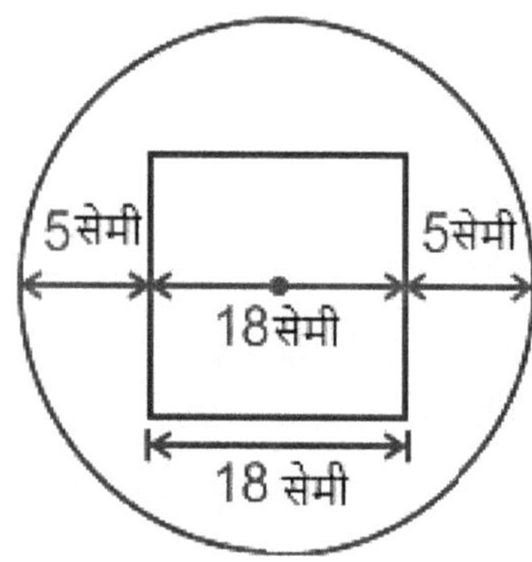

वर्ग पार्क का क्षेत्रफल $= 18 \times 18 = 324$ मीटर ^{2}

वर्ग का भाग $= 18$

वृत्त का व्यास $= 18 + 5 + 5 = 28$ मीटर

वृत्त की त्रिज्या $= \frac{28}{2} = 14$

वृत्त का क्षेत्रफल $= \pi r^2 = \left(\frac{22}{7}\right) \times 14 \times 14$

$= 616$ मीटर ^{2}

फुटपाथ का क्षेत्रफल $= 616 - 324 = 292$ मीटर ^{2}

फुटपाथ को सीमेंट करने की लागत $= 15$ रुपये प्रति मीटर ^{2}

फुटपाथ को सीमेंट करने की कुल लागत,

$= 292 \times 15$

$= 4380$ रुपये

अत: विकल्प (D) सही है।

80. दिया है,

पुराने छात्रों का औसत भार $= 38$ किलोग्राम

कुल छात्रों का औसत भार (4 नए छात्रों को सम्मिलित करने के बाद) $=$ 39.5 किलोग्राम

नये छात्रों का भार $= 46,52,36$ और 42 किलोग्राम

अब,

माना कुल छात्र x है,

विद्यार्थियों का कुल भार $= x \times 38 = 38x$

4 नए जोड़ने के बाद कुल विद्यार्थी $= x + 4$

नया वजन जोड़ने के बाद कुल वजन $= (x + 4) \times 39.5$

$= 39.5x + 158$

प्रश्न के अनुसार,

$\Rightarrow 38x + (46 + 52 + 36 + 42) = 39.5x + 158$

$\Rightarrow 38x - 39.5x = 158 - 176$

$\Rightarrow 1.5x = 18$

$\Rightarrow x = 12$

4 नए छात्रों को जोड़ने के बाद छात्रों की कुल संख्या 16 है।

अतः विकल्प (B) सही है।

81. दिया गया है:

$\angle BAC = 40°$

$\angle ACE = 110°$

$\angle ABC = 2x°$

$\angle ACB + \angle ACE = 180°$ (रेखीय युग्म)

$\Rightarrow 110° + \angle ACE = 180°$

$\Rightarrow \angle ACE = 70°$

$\angle ABC + \angle BAC + \angle ACB = 180°$ (त्रिभुज का कोण योग गुणधर्म)

$\Rightarrow 2x + 40° + 70° = 180°$

$\Rightarrow 2x = 70°$

$\Rightarrow x = \frac{70}{2} = 35°$

$\therefore$ x का मान 35° है।

अतः विकल्प (D) सही है।

82. दिया है,

एक त्रिभुज के सबसे बड़े कोण और सबसे छोटे कोण का अनुपात $2:1$ है।

एक त्रिभुज का दूसरा सबसे बड़ा कोण $33°$ है।

प्रश्न के अनुसार,

एक त्रिभुज का दूसरा सबसे बड़ा कोण $33°$ है।

त्रिभुज के शेष कोणों का योग $= 180° - 33° = 147°$

माना कि त्रिभुज का सबसे बड़ा कोण और सबसे छोटा कोण क्रमशः $2x$ और x है।

तब,

$2x + x = 147°$

$\Rightarrow 3x = 147°$

$\Rightarrow x = \frac{147°}{3}$

$\Rightarrow x = 49°$

$\Rightarrow 2x = 2 \times 49°$

$= 98^\circ$

त्रिभुज के सबसे बड़े कोण के 50 प्रतिशत का मान $= \frac{98^\circ}{2}$

$= 49^\circ$

त्रिभुज के सबसे बड़े कोण के 50 प्रतिशत का मान 49° है।

अतः विकल्प (D) सही है।

83. संयोजन उन तरीकों की संख्या है जिसमें हम एक समूह से वस्तुओं के एक समूह का चयन कर सकते हैं।

उदाहरण के लिए, n वस्तुओं के एक समूह से r वस्तुओं का चयन ${}^nC_T$ के रूप में दिया गया है।

$${}^nC_T = \frac{n!}{(n-r)!r!}$$

हमें कुल 15 खिलाड़ियों में से 11 खिलाड़ियों का चयन करना है।

इसलिए, तरीकों की संख्या $= {}^{15}C_{11}$

$\Rightarrow \frac{15!}{(15-11)!11!}$

$\Rightarrow \frac{15\times14\times13\times12\times11!}{4\times3\times2\times1\times11!}$

$\Rightarrow \frac{15\times14\times13}{2}$

$= 1365$

अतः विकल्प (C) सही है।

84. चूंकि 6 अंगूठियां और 4 उंगलियां हैं

फिर पहली उंगली में कोई भी 6 अंगूठियां हो सकती हैं, इसलिए 6 तरीके

दूसरी उंगली में शेष 5 अंगूठियां हो सकती हैं, इसलिए 5 तरीके

तीरारी उंगली में शेष 4 अंगूठियां हो सकती हैं, इसलिए 4 तरीके

चौथी उंगली में शेष 3 अंगूठियां हो सकती हैं, इसलिए 3 तरीके

तो, तरीकों की कुल संख्या = 6 × 5 × 4 × 3

= 360

अतः विकल्प (B) सही है।

85. इन बिंदुओं को ग्राफ़ पर आरेखित करना:

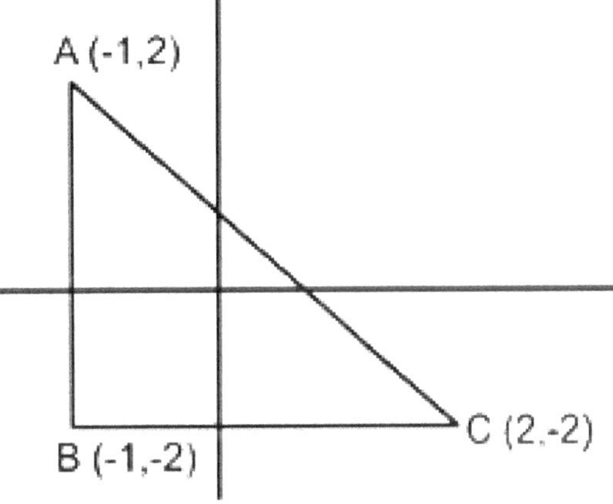

हम यह देख सकते हैं:

$AB = 2 + 2 = 4$ इकाई

$BC = 2 + 1 = 3$ और

$AC = \sqrt{[(2+1)^2 + (-2-2)^2} = 5$ सेमी

इसलिए, यह एक समकोण त्रिभुज है

$\Rightarrow$ क्षेत्रफल $= \frac{1}{2} \times 4 \times 3$

$= 6$ वर्ग इकाई

अतः विकल्प (C) सही है।

86. माना, $Z = 5 + 4i$

अब, Z के मापांक की गणना की जाती है,

$|Z| = \sqrt{(5^2 + 4^2)}$

$\Rightarrow |Z| = \sqrt{(25 + 16)}$

$\Rightarrow |Z| = \sqrt{41}$

इसलिए, $5 + 4i$ का मापांक $\sqrt{41}$ है।

अतः विकल्प (C) सही है।

87.

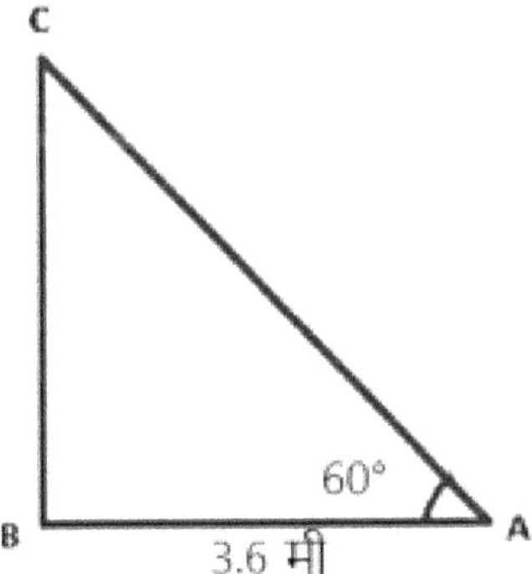

दिया है,

सीढ़ी का उन्नयन कोण $= 60°$

त्रिभुज का आधार $= 3.6$ मी

ΔBAC में,

$\tan 60° = \sqrt{3}$

$\sin 60° = \frac{\sqrt{3}}{2}$

$\sin\theta =$ लंब /कर्ण

$\tan\theta =$ लंब /आधार

$\Rightarrow \tan 60° =$ लंब /3.6

$\Rightarrow \sqrt{3} =$ लंब /3.6

$\therefore$ लंब $= \sqrt{3} \times 3.6$

$\sin 60° =$ लंब /कर्ण

$\Rightarrow \frac{\sqrt{3}}{2} = (\sqrt{3} \times 3.6)/$कर्ण

$\Rightarrow$ कर्ण $= \frac{\sqrt{3} \times 3.6 \times 2}{\sqrt{3}}$

$\Rightarrow$ कर्ण $= 3.6 \times 2$

$\Rightarrow$ कर्ण $= 7.2$ मी

कर्ण $=$ सीढ़ी की लंबाई $= 7.2$ मी

इसलिए, सीढ़ी की लंबाई 7.2 मी है।

अत: विकल्प (D) सही है।

88. माना कि A: पान के पत्ते को पत्तों की एक गड्डी से निकाला जाता है।

माना कि B: एक इक्के को पत्तों की एक गड्डी से निकाला जाता है।

चूँकि हम जानते हैं कि,एक घटना की प्रायिकता को निम्न द्वारा ज्ञात किया गया है:

$P(E) = \frac{n(E)}{n(S)}$

इसलिए, दावें को जीतने की प्रायिकता $P(A$ या $B)$ अर्थात् $P(A \cup B)$ दी गयी है।

$\Rightarrow P(A) = \frac{13}{52}, P(B) = \frac{4}{52}$ और $P(A \cap B) = \frac{1}{52}$

चूँकि हम जानते हैं कि,

$P(A \cup B) = P(A) + P(B) - P(A \cap B)$

$\Rightarrow P(A$ या $B) = P(A \cup B))$

$\Rightarrow \frac{13}{52} + \frac{4}{52} - \frac{1}{52} = \frac{4}{13}$

$\therefore$ दावें को हारने की प्रायिकता $= 1 - \frac{4}{13} = \frac{9}{13}$

$\therefore$ दावें को जीतने के प्रतिकूल संयोगानुपात $= \frac{9}{13} : \frac{4}{13}$

$= 9 : 4$

अतः विकल्प (A) सही है।

89. दिया है,

आयताकार बक्से में प्रत्येक पंक्ति में दो तोप के गोले हैं और प्रत्येक स्तंभ में तीन तोप के गोले है।

घनाभ का आयतन $= L \times B \times H$

गोले का आयतन $= \frac{4}{3} \times \pi \times r^3$

माना कि प्रत्येक गेंद की त्रिज्या $2r$ है।

बक्से की लंबाई = $3 \times 2r = 6r$

चौड़ाई $= 2 \times 2r = 4r$

ऊंचाई $= 2r$

आयतन $= 6r \times 4r \times 2r = 48r^3$

6 गेंदों का आयतन $= 6 \times \left(\frac{4}{3}\right)\left(\frac{22}{7}\right) r^3 = \left(\frac{176r^3}{7}\right)$

खाली स्थान का क्षेत्रफल $= 48r^3 - \left(\frac{176r^3}{7}\right)$

$= \left(\frac{160r^3}{7}\right)$

अभीष्ट भिन्न $= \frac{\left(\frac{160r^3}{7}\right)}{(48r^3)}$

$= \left(\frac{10}{21}\right)$

$\therefore$ बक्से का $\frac{10}{21}$ भाग खाली है।

अत: विकल्प (B) सही है।

90. दिया है,

HCF $= 24$

LCM $= 168$

संख्याओं का अनुपात $= 1 : 7$

सूत्र:

संख्याओं का गुणनफल $= LCM \times HCF$

अब,

माना संख्या x और $7x$ हैं।

$x \times 7x = 24 \times 168$

$\Rightarrow x^2 = 24 \times 24$

$\Rightarrow x = 24$

बड़ी संख्या $= 7x$

$\Rightarrow 24 \times 7$

$= 168$

अतः विकल्प (A) सही है।

91. दिया है,

दो संख्याओं का योग $= 60$

दी गई संख्याओं का HCF $= 12$

दी गई संख्याओं का LCM $= 72$

अब,

माना दो संख्याएँ $12x$ और $12y$ हैं।

प्रश्नों के अनुसार,

$12x + 12y = 60$

$\Rightarrow x + y = 5$ ... (i)

LCM $= 12 \times xy = 72$

$\Rightarrow xy = 6$ ... (ii)

(i) और (ii) से,

$\Rightarrow x = 3, y = 2$

$\Rightarrow \left(\frac{1}{2x}\right) + \left(\frac{1}{12y}\right)$

$\Rightarrow \left(\frac{1}{36}\right) + \left(\frac{1}{24}\right)$

$= \frac{5}{72}$

दी गई संख्याओं के व्युत्क्रम का योग $\frac{5}{72}$ है।

अतः विकल्प (B) सही है।

92. मान लीजिए, बिंदु $A(2,3), B(3,4), C(5,6)$ और $D(4,5)$ हैं।

दूरी $= \sqrt{(x_2 - x_1)^2 + (y_2 - y_1)^2}$

फिर, दूरी के सूत्र से

$AB = \sqrt{(3-2)^2 + (4-3)^2} = \sqrt{(1)^2 + (1)^2}$

$= \sqrt{2}$ इकाई

$BC = \sqrt{(5-3)^2 + (6-4)^2}$

$= \sqrt{(2)^2 + (2)^2} = \sqrt{4+4}$

$= \sqrt{8} = 2\sqrt{2}$ इकाई

$CD = \sqrt{(4-5)^2 + (5-6)^2}$

$= \sqrt{(-1)^2 + (-1)^2} = \sqrt{2}$ इकाई

$AD = \sqrt{(4-2)^2 + (5-3)^2} = \sqrt{(2)^2 + (2)^2}$

$= \sqrt{4+4} = \sqrt{8} = 2\sqrt{2}$ इकाई

यहाँ $AB = CD$ और $AD = BC$ अर्थात सम्मुख भुजाएँ बराबर हैं। अतः, दिए गए बिंदु चतुर्भुज के शीर्ष हैं।

अतः विकल्प (A) सही है।

93. एक आव्यूह को अव्युत्क्रमणीय कहा जाता है यदि इसका सारणिक शून्य होता है।

अर्थात् आव्यूह A के अव्युत्क्रमणीय होने के लिए, $|A| = 0$

कोटि दो के एक वर्ग आव्यूह का सारणिक:

यदि $A = \begin{bmatrix} a_{11} & a_{12} \\ a_{21} & a_{22} \end{bmatrix}$ कोटि 2 का एक वर्ग आव्यूह है तो सारणिक निम्न द्वारा दिया जाता है:

$\det(A) = |A|$

$= \Delta$

$= \begin{vmatrix} a_{11} & a_{12} \\ a_{21} & a_{22} \end{vmatrix}$

$= a_{11}a_{22} - a_{12}a_{21}$

दिया गया:

$B = \begin{vmatrix} 1 & 4 \\ 2 & k \end{vmatrix}$ एक अव्युत्क्रमणीय आव्यूह है।

इसलिए, $|B| = 0$

$\Rightarrow (k - 8) = 0$

$\therefore k = 8$

अतः विकल्प (D) सही है।

94. दिया है,

$(x - 4)$ और $(x + 6)$ समीकरण $x^2 + ax + b = 0$ के गुणनखंड हैं।

यदि $(x - p)$ गुणनखंड समीकरण $x^2 + ax + b = 0$ है तो ' p ' समीकरण का मूल होगा।

समीकरण $x^2 + ax + b = 0$ के मूल होंगे: 4 और -6

मूलों का मान रखने पर हमें दो समीकरण इस प्रकार प्राप्त होंगे:

$16 + 4a + b = 0$

$\Rightarrow 4a + b = -16 \quad -(1)$

और,

$36 - 6a + b = 0$

$\Rightarrow -6a + b = -36 - (2)$

इन दो समीकरणों को हल करने पर, हम प्राप्त करते हैं,

$\Rightarrow a = 2$ और $b = -24$

इसलिए,

$(a - b) = 2 - (-24) = 26$

अतः विकल्प (D) सही है।

95. दिया है,

एक बॉक्स में 4 टेनिस गेंदें, 6 सीजन गेंदें और 8 ड्यूस गेंदें हैं।

हम जानते है कि,

प्रायिकता $=$ अनुकूल परिणाम / कुल परिणाम

माना कि सभी गेंदें अद्वितीय हैं।

कुल 18 गेंदें हैं।

एक बार में लिए गए r चीजों के सभी n संयोजनों की संख्या $^nC_r = \frac{n!}{(r)!(n-r)!}$ द्वारा दी जाती है।

कुल तरीके $= 3$ गेंदों को $^{18}C_3$ तरीकों से चुना जा सकता है।

$= \frac{18!}{3!\times 15!}$

$= \frac{18\times 17\times 16}{3\times 2\times 1}$

$= 816$

4 टेनिस गेंदें, 6 सीजन गेंदें, 8 ड्यूज़ गेंदें, 1 टेनिस गेंद, 1 सीजन गेंद और 1 ड्यूज़ गेंद निकाली जाती हैं।

इसलिए, अनुकूल तरीके $= 4\times 6\times 8$

$= 192$

प्रायिकता $= \frac{192}{816}$

$= \frac{4}{17}$

अतः विकल्प (A) सही है।

96. दिया है,

सबसे ऊपर की तरफ में दिखाई देने वाली तीन संख्याओं का योग 15 है।

प्रश्न के अनुसार,

ऊपर की तरफ प्रदर्शित होने वाली तीन संख्याओं का योग 15 प्राप्त करने के लिए परिणामों के सभी संयोजन हैं:

$(4,5,6), (5,4,6), (6,5,4), (5,6,4), (4,6,5), (6,4,5), (5,5,5), (6,6,3), (6,3,6), (3,6,6)$ $\Rightarrow$

$n(S) = 10$

अब, वह परिणाम जिस पर पहला लुढ़काव(रोल) चार है $n(E) =$ (4,5,6), (4,6,5)

$\Rightarrow n(E) = 2$

आवश्यक संभावना $P(E)$:

$P(E) = \frac{n(E)}{n(S)}$

$= \frac{2}{10}$

$= \frac{1}{5}$

अतः विकल्प (C) सही है।

97. दिया है,

दिया गया समीकरण $(-5)^5\times(-5)^6\times(5)^2$ है।

हम जानते हैं कि:

$a^m\times a^n = a^{(m+n)}$

$(-5)^5\times(-5)^6\times(5)^2$

$= (-5)^5\times 5^6\times 5^2$

$= (-5)^5\times 5^{6+2}$

$= (-5)^5\times 5^8$

$= (-5)^{(5+8)}$ $(\because (-x)^{2n} = x^{2n}$ चूँकि कोई भी सम घातांक किसी ऋणात्मक संख्या को धनात्मक बना देगा)

$= (-5)^{13}$

अत: विकल्प (A) सही है।

98. मान लीजिए a पहला पद है और d AP का सार्व अंतर है,

दिया है, $a_3 = 4$ और $a_9 = -8$

हम जानते है,

$T_n = a + (n-1)d$

$a =$ पहला पद

$d =$ सार्व अंतर

$T_n = n$वाँ पद

$\Rightarrow T_3 = a + (3-1)d = 4$

$\Rightarrow a + 2d = 4$ $\quad \dots\dots(i)$

$\Rightarrow T_9 = a + (9-1)d = -8$

$\Rightarrow a + 8d = -8$ $\quad \dots\dots(ii)$

(i) को (ii) से घटाने पर, हम प्राप्त करते हैं

$6d = -12$

$\Rightarrow d = -2$

$d = -2$ को (i) में रखने पर, हमें प्राप्त होता है

$a + 2\times(-2) = 4$

$\Rightarrow a - 4 = 4$

$\Rightarrow a = 8$

मान लीजिए इस AP का nवाँ पद शून्य है, $a_n = 0$

$\Rightarrow \quad a + (n-1)d = 0$

$\Rightarrow 8 + (n-1)(-2) = 0$

$\Rightarrow 8 - 2n + 2 = 0$

$\Rightarrow 2n = 10$

$\Rightarrow n = 5$

इसलिए, AP का 5वाँ पद शून्य है।

अतः विकल्प (D) सही है।

99. मान लीजिए कि d AP का सार्व अंतर है,

दिया है,

$a_2 = 7$ और $a_4 = 23$

$T_n = a + (n-1)d$

$a =$ पहला पद

$d =$ सार्व अंतर

$T_n = n$वाँ पद

$\Rightarrow a + d = 7 \quad \ldots\ldots(i)$ और

$a + 3d = 23 \quad \ldots\ldots(ii)$

(i) को (ii) से घटाने पर, हमें प्राप्त होता है

$2d = 16 \Rightarrow d = 8$

$d = 8$ को (i) में रखने पर, हमें प्राप्त होता है

$a + 8 = 7 \Rightarrow a = -1$

अब,

$b = a_3 = a + 2d = -1 + 2 \times 8 = 15$ और

$c = a_5 = a + 4d = -1 + 4 \times 8 = 31$

इसलिए, $a = -1, b = 15$ और $c = 31$

अतः विकल्प (A) सही है।

100. दिया है,

AP में तीन संख्याओं का योग 24 है और उनके वर्गों का योग 194 है।

मान लीजिए कि AP में तीन संख्याएं $(a-d), a, (a+d)$ है।

प्रश्न के अनुसार,

$(a-d) + a + (a+d) = 24$

$\Rightarrow 3a = 24$

$\Rightarrow a = 8$

और $(a-d)^2 + a^2 + (a+d)^2 = 194$

$\Rightarrow a^2 + d^2 - 2ad + a^2 + a^2 + d^2 + 2ad = 194$

$\Rightarrow 3a^2 + 2d^2 = 194$

ऊपर से a का मान रखने पर,

$\Rightarrow 3 \times 64 + 2d^2 = 194$

$\Rightarrow 192 + 2d^2 = 194$

$\Rightarrow 2d^2 = 2$

$\Rightarrow d^2 = 1$

$\Rightarrow d = 1$

तो, संख्याएं हैं,

$\Rightarrow (a-d), a, (a+d)$

$\Rightarrow (8-1), 8, (8+1)$

$= 7,8,9$

अतः विकल्प (D) सही है।

मॉक टेस्ट 05

Hindi

Q.1 निम्नलिखित में नामधातु क्रिया है?

A. मैं खाना चाहता हूँ।
B. लुटेरों ने जमीन हथिया ली।
C. अध्यापिका छात्र से पाठ पढ़वाती हैं।
D. माता जी बाजार से आ गई।

Q.2 "अहा! आप आ गए" वाक्य में अहा! शब्द है?

A. संज्ञा **B.** सर्वनाम **C.** अव्यय **D.** विशेषण

Q.3 खंडहर, लुटेरा शब्द में कौन-सा प्रत्यय है?

A. हर, ऐरा **B.** ईला, तर
C. वत, तर **D.** इनमें से कोई नहीं

Q.4 'उद्दीप्त' में उपसर्ग है:

A. उत् **B.** उद् **C.** उध् **D.** उड़ी

Ques (5-7):निर्देश: निम्नलिखित गद्यांश को पढ़िए तथा पूछे गए प्रश्नों के लिए उचित उत्तर का चयन कीजिए:

पिछले पाँच सालों में ठिगने, कमज़ोर और कुपोषित बच्चों की संख्या में बढ़ोतरी हुई है। यह स्थिति एक दशक के सुधार के एकदम उलट है. दुनियाभर में बच्चों के पोषण को मापने के चार पैमाने होते हैं-लंबाई के हिसाब से वज़न कम होना, लंबाई कम होना, सामान्य से कम वज़न होना और पोषक तत्वों की कमी होना। कुपोषण को उम्र के हिसाब से लंबाई कम होने का अहम कारण माना जाता है। शुरुआत में यदि बच्चे की लंबाई कम रह गई, तो बाद में उसकी वृद्धि की संभावना बहुत कम रह जाती है। बीते कुछ वर्षों में ग्रामीण क्षेत्रों में अति कुपोषित बच्चों की संख्या में कमी आयी है।

खाद्य सुरक्षा और खाने में विविधता कुपोषण दूर करने के लिए ज़रूरी है. ये दोनों ही बातें सीधे आय से जुड़ी होती हैं। समुचित आय नहीं होगी तो बच्चे और परिवार के अन्य सदस्यों को पोषण मिलना मुमकिन नहीं है। ऐसा आकलन है कि देश में हर साल अकेले कुपोषण से 10 लाख से ज्यादा बच्चों की मौत हो जाती है। शहरी संपन्न वर्ग के बच्चों में चुनौती दूसरी है। यहांँ मोटापा बढ़ता जा रहा है। इसकी एक बड़ी वजह दौड़-भाग के खेलों में कम हिस्सा लेना है। बाहरी खेलों में हिस्सा लेना शहरी बच्चों ने पहले ही कम कर दिया था। कोरोना काल में तो यह एकदम बंद हो गया।

Q.5 शहरी वर्ग के बच्चे किस समस्या से गुज़र रहे हैं?

A. कुपोषण की **B.** वज़न कम होने की
C. मोटापे की **D.** भोजन की कमी की

Q.6 बच्चों के पोषण को मापने का पैमाना नहीं है:

A. वज़न **B.** लंबाई
C. पोषक तत्व **D.** सामाजिक श्रेणी

Q.7 विगत वर्षों में ग्रामीण क्षेत्र में किन बच्चों की संख्या में कमी आई थी?

A. कुपोषित बच्चों **B.** मोटापे से ग्रस्त बच्चों
C. ज़्यादा वज़न वाले बच्चों **D.** कम लंबाई वाले बच्चों

Q.8 शुद्ध वर्तनी वाले शब्द का चयन करें।

A. जीव्हा **B.** जीह्वा **C.** जिह्वा **D.** जिहवा

Q.9 शुद्ध वर्तनी वाले शब्द का चयन करें।

A. छिपकिली **B.** उजयाला **C.** रचयिता **D.** युधिष्ठर

Q.10 'कार्य करने वाला व्यक्ति' के लिए एक शब्द बताइये।

A. कार्यकर्ता **B.** कल्पनातीत
C. केन्द्राभिमुख **D.** कामचोर

Q.11 'जो स्त्री सूर्य भी न देख सकें' के लिए एक शब्द है:

A. विदुषी **B.** अलक्ष्या
C. असूर्यम्पश्या **D.** शास्त्रज्ञा

Q.12 'तीन तेरह होना' मुहावरे का सही अर्थ क्या है?

A. अहंकारी होना **B.** मुसीबत में पड़ना
C. तितर बितर होना **D.** गुस्सा होना

Q.13 निम्नलिखित मुहावरे और अर्थ का कौन सा युग्म उपयुक्त नहीं है?

A. चकमा देना-धोखा देना
B. कलेजा मुंह को आना-भयभीत होना
C. टेढ़ी खीर-कठिन कार्य
D. जबान पर चढ़ना - स्वादिष्ट होना

Q.14 निम्नलिखित में कौन सा वर्ण ओष्ठ्य नहीं है?

A. उ **B.** ब **C.** ऊ **D.** आ

Q.15 'कुच-कूच' शब्द युग्म का सही अर्थ है।

A. सेना-स्तन **B.** उरोज-सेना
C. उरोज-प्रस्थान **D.** स्तन-कली

Q.16 दिए गए विकल्पों में से कौन-सा शब्द व्यंजन संधि का एक प्रकार नहीं है?

A. परिणाम **B.** भूषण **C.** मतानुसार **D.** संविधान

Q.17 तद्धित' का सन्धि-विच्छेद क्या है?

[UPTET Science and Maths, 2019], [UPTET Social Studies, 2019]

A. तत् + हित **B.** तद + हित
C. तत + धित **D.** तद + धित

Q.18 'माता-पिता' में कौन-सा समास होगा?

A. तत्पुरुष समास **B.** बहुव्रीहि समास
C. द्विगु समास **D.** द्वंद्व समास

Q.19 किस शब्द में तत्पुरुष समास है?

A. क्षत्रियाधम **B.** भला-बुरा **C.** लालमणि **D.** बेकाम

Q.20 हास्य रस का स्थायी भाव ________ है।

A. हास्य **B.** हंसना **C.** खुशी **D.** हास

Q.21 'मैं अपने दादा के साथ खेत पर जाऊंगा।' प्रस्तुत वाक्य का सामान्य भूतकाल में रूप होगा?

A. मैं अपने दादा के साथ खेत पर जा रहा था।
B. मैं अपने दादा के साथ खेत पर गया।
C. संभव है कि मैं अपने दादा के साथ खेत पर जाऊं।
D. मैं अपने दादा के साथ खेत पर जाता हूँ।

Q.22 दिए गए विकल्पों में से 'उन्नयन' शब्द का विलोम क्या होगा?

A. विमुख **B.** रुकना **C.** पलायन **D.** स्थिर

Q.23 'त्रियामा' शब्द का समानार्थी शब्द क्या है?

A. रात्रि **B.** रमा **C.** रक्त **D.** रक्षा

Q.24 निम्नलिखित में से कौन-सा शब्द 'उदार' का विलोम है?
[UP Police Sub Inspector, 2021]

A. नम्र **B.** कोमल **C.** कठोर **D.** पुरुष

Q.25 "वसुंधरा" का पर्यायवाची शब्द है:
[UPPSC Staff Nurse, 2017]

A. क्षिति **B.** रत्नाकर **C.** कलाधर **D.** दिनकर

English

Q.26 Direction: Select the option that is opposite in meaning to the underlined word and mark your response accordingly.

He is essentially a crude person.

A. Coarse **B.** Refined
C. Eager **D.** Balanced

Q.27 Direction: Choose from the options, the correct synonym of the given word:

Expediency
[Allahabad High Court ARO, 2020]

A. Expense **B.** Convenience
C. Disadvantage **D.** Altruism

Q.28 Direction: Choose from the options, the correct synonym of the given word:

Emaciated

A. Lean **B.** Haggard
C. Anger **D.** Corpulent

Q.29 'O wild west wind, thou breath of Autumn's being'.

The above line contains:
[RTET - Level 2 (Mathematics & Science), 2021]

A. Personification and Alliteration
B. Simile and Alliteration
C. Personification and Simile
D. Metaphor and Personification

Q.30 Direction: Choose the correct answer to fill the blanks from the options given below:

He _______ a lot of letters yesterday.

A. had written **B.** had been writing
C. wrote **D.** has written

Q.31 Direction: Choose the correct answer to fill the blanks from the options given below:

The Mekong is also home _______ the world's largest catfish.

A. for **B.** in **C.** to **D.** within

Q.32 Direction: Choose the correct answer to fill the blanks from the options given below:

After the driver _______ the car out of the bush, we climbed back into the car.

A. backs **B.** is backing
C. has backed **D.** had backed

Q.33 Direction: Choose the correct answer to fill the blanks from the options given below:

I watched him _______.

A. fell **B.** fall **C.** to falling **D.** to fell

Q.34 Direction: Choose the correct answer to fill the blanks from the options given below:

_______ you like some water?

A. Do **B.** Would **C.** Shall **D.** Can

Ques (35-39):Directions: Each of the following items in this section has a sentence with a missing preposition. Select the correct preposition from the given options and mark your response accordingly.

Q.35 Simulations of the 20th century by climate models that exclude the observed increase ______ greenhouse gases fail to simulate the increase in temperature over the second half of the 20th century.
[UPSC NDA, 2020]

A. of **B.** in **C.** by **D.** to

Q.36 There is no cure _____ the common cold.
[UPSC NDA, 2020]

A. for **B.** of **C.** to **D.** on

Q.37 I ran _______ John yesterday, and it was a pleasant surprise.
[UPSC NDA, 2020]

A. by **B.** off **C.** beside **D.** into

Q.38 My grandmother enjoyed boating ______ the lovely lake.
[UPSC NDA, 2020]

A. in **B.** on **C.** beside **D.** within

Q.39 He visits the needy to relieve them _____ their sufferings and poverty.
[UPSC NDA, 2020]

A. from **B.** off **C.** of **D.** on

Ques (40-42):Direction: Choose the correct answer to fill the blanks from the options given below:

Q.40 A __________ of thieves was caught by the Police.
[Sainik School Entrance Class VI, 2021]

A. swarm **B.** pack **C.** team **D.** batch

Q.41 It has become his habit to _______ do his homework and then copy it from others.
[Sainik School Entrance Class VI, 2021]

A. always **B.** often
C. frequently **D.** never

Q.42 There were several ________ at the conference.
[Sainik School Entrance Class VI, 2021]

A. women **B.** woman **C.** wemens **D.** womans

Q.43 Direction: Rearrange the following words/phrases to make a meaningful sentence.

A. The availability of electric power would make a tremendous difference to the countryside and enable rural economy to be improved in various directions.

B. The availability of electric power to the countryside and enable rural economy would make a tremendous difference in various directions.

C. The availability of electric power to be improved to the countryside would make a tremendous difference and enable rural economy in various directions.

D. The availability of electric power to the countryside and enable rural economy to be improved would make a tremendous difference in various directions.

Q.44 Which of the following sentence is correctly punctuated?

A. The speaker said, please, lend me your ears.
B. The speaker said please, lend me your ears.
C. The speaker said, Please ! lend me your ears.
D. The speaker said, Please lend me your ears.

Q.45 Direction: Find the incorrectly spelled word.

A. Assiduous **B.** Exhilerate
C. Demagogue **D.** Appeasing

Q.46 Direction: In the given question, a part of the sentence is made bold. Below are given alternatives to the bold part at (A), (B), and (C) which may improve the sentence. Choose the correct alternative. In case no replacement is needed, mark (D) as your answer.

Those who willingly join terrorist organizations **subscribe in the distorted** views of ill-intentioned religious leaders.

A. subscription to the distorted
B. subscription for the distorted
C. subscribe to the distorted
D. No replacement required

Q.47 Direction: In these questions, out of the four alternatives choose the one which can be substituted for the given words/sentence.

A person who devotes his/her life for the welfare of others

[Territorial Army Officer, 2021]

A. Altruist **B.** Hermit
C. Volunteer **D.** Martyr

Q.48 Directions: Given below idioms/phrases followed by four alternative meanings to each. Choose the response which is the most appropriate expression and mark your response.

Get the jitters

[Indian Military Academy (IMA), 2020], [Officers Training Academy (OTA), 2020]

A. Feeling anxious **B.** Feeling happy
C. Stammering **D.** Feeling exposed

Q.49 In the following question, select the related word from the given alternatives.

Bihu : Asaam :: ? : Arunachal Pradesh

A. Ugadi **B.** Tamladu **C.** Chovoth **D.** Sao Joao

Q.50 Direction: Change the following sentence given below in the appropriate narration form.

"Don't hesitate to clear your doubts," the teacher said.

A. The teacher warned me not to hesitate in clearing my doubts.
B. The teacher ordered me not to hesitate in clearing my doubts.
C. The teacher persuaded me not to hesitate in clearing my doubts.
D. The teacher requested me not to hesitate in clearing my doubts.

General Studies

Q.51 __________ बैडमिंटन से जुड़ा टूर्नामेंट नहीं है।

A. सोफिया कप **B.** नारंग कप
C. दीवान कप **D.** मुरुगप्पा गोल्ड कप

Q.52 विश्व जनसंख्या दिवस किस दिन मनाया जाता है?

[SSC Constable (GD), 2019]

A. 2 जून **B.** 15 अगस्त **C.** 5 सितंबर **D.** 11 जुलाई

Q.53 उत्तर प्रदेश को पूर्व में किस नाम से जाना जाता था?

A. संयुक्त प्रांत **B.** संयुक्त राष्ट्र
C. उत्तराखंड **D.** उत्तरकाशी

Q.54 उत्तर प्रदेश के किस जिले में महान हिंदी उपन्यासकार मुंशी प्रेमचन्द का जन्म हुआ था?

A. इलाहाबाद **B.** कानपुर **C.** लखनऊ **D.** वाराणसी

Q.55 केंद्रीय सूचना आयोग (CIC) इनमें से किस मंत्रालय के अंतर्गत आता है?

A. गृह मंत्रालय
B. वित्त मंत्रालय
C. कार्मिक मंत्रालय
D. सामाजिक न्याय और सशक्तिकरण मंत्रालय

Q.56 गांधीवाद और मार्क्सवाद के बीच एक सामान्य समझौता है:

[UPSC Prelims, 2020]

A. एक सांविधिक समाज का अंतिम लक्ष्य
B. वर्ग - संघर्ष
C. निजी संपत्ति का उन्मूलन
D. आर्थिक नियतत्ववाद

Q.57 निम्नलिखित में से कौन सा कथन उन्नीसवीं शताब्दी की पहली छमाही के दौरान भारत पर औद्योगिक क्रांति के प्रभाव को सही ढंग से बताता है?

[UPSC Prelims, 2020]

A. भारतीय हस्तशिल्प बर्बाद हो गए।
B. बड़ी संख्या में भारतीय कपड़ा उद्योग में मशीनें शुरू की गईं।
C. देश के कई हिस्सों में रेलवे लाइनें बिछाई गईं।
D. ब्रिटिश निर्माताओं के आयात पर भारी शुल्क लगाए गए थे।

Q.58 उत्तरी मैदानों में गर्मियों में चलने वाली हवाओं को __________ कहा जाता है।

A. लू **B.** ट्रेड विंड **C.** पच्छमी **D.** पूर्वी

Q.59 निम्नलिखित में से कौन एक निश्चित समय पर किसी क्षेत्र में वायुमंडल की स्थिति को दर्शाता है?

A. जलवायु **B.** मौसम **C.** नमी **D.** तापमान

Q.60 निम्नलिखित में से कौन सी नदियाँ 'सुंदरवन डेल्टा' का निर्माण करती हैं?

[CTET Paper-II (Social Science), 2021]

A. महानदी एवं गोदावरी **B.** कृष्णा एवं कावेरी

C. गंगा एवं ब्रह्मपुत्र **D.** नर्मदा एवं तापी

Q.61 ______ समुदाय मोर्ले-मिंटो सुधारों द्वारा आरक्षित सीटें थीं।
A. यहूदियों **B.** मुसलमानों **C.** ईसाइयों **D.** सिखों

Q.62 वन्देमातरम आंदोलन _________ में हुआ था।
A. डेल्टाई आंध्र **B.** तटीय केरल
C. कोंकण क्षेत्र **D.** कश्मीर

Q.63 संयुक्त राष्ट्र की इनमें से कौन सी एजेंसी, अंतर्राष्ट्रीय श्रम अधिकारों का संवर्धन करती है?
[RRB (NTPC), 2021]
A. आईएमओ **B.** आईसीएओ
C. आईएलओ **D.** आईएमएफ़

Q.64 कठपुतली, स्ट्रिंग कठपुतली किस राज्य से सम्बन्धित है?
A. राजस्थान **B.** कर्नाटक **C.** मध्य प्रदेश **D.** उत्तराखंड

Q.65 निम्नलिखित में से कौन सा त्योहार उत्तर प्रदेश का प्रमुख त्योहार नहीं है?
A. शीतला अष्टमी **B.** तीज उत्सव
C. वैशाखी पूर्णिमा **D.** कृष्ण जन्माष्टमी

Q.66 लुआंदा किसकी राजधानी है:
A. स्पेन **B.** अल्बानिया **C.** बारबाडोस **D.** अंगोला

Q.67 पेरू की मुद्रा क्या है?
A. दीनार **B.** सोल
C. पौंड स्टर्लिंग **D.** इनमें से कोई नहीं

Q.68 सुपर कंप्यूटर की विशिष्ट प्रसंस्करण गति निम्न है:
A. 100 PFLOPS **B.** 20 PFLOPS
C. 30 PFLOPS **D.** 10 PFLOPS

Q.69 एक ऑप्टिकल डिस्क की स्टोरेज कैपसिटी _________ द्वारा दिया गया है।
A. सेक्टरों की संख्या × प्रति सेक्टर बाइट्स की संख्या
B. सेक्टरों की संख्या × 2 (प्रति सेक्टर बाइट्स की संख्या)
C. सेक्टरों की संख्या × 3 (प्रति सेक्टर बाइट्स की संख्या)
D. सेक्टरों की संख्या × 0.5 (प्रति सेक्टर बाइट्स की संख्या)

Q.70 प्रकाश की तीव्रता को मापने के लिए इस्तेमाल किया जाने वाला उपकरण कौन सा है?
A. एनेमोमीटर **B.** कोलोरिमेटर
C. लक्समीटर **D.** ऑल्टिमीटर

Q.71 विमान के टायर में हवा भरने के लिए किस गैस का इस्तेमाल होता है?
A. हाइड्रोजन **B.** नाइट्रोजन **C.** हीलियम **D.** नियॉन

Q.72 कोबोल (COBOL) का अर्थ है:
A. कंप्यूटर एंड बिज़नेस लैंग्वेज
B. कंप्यूटर एंड बेसिक ऑपरेशन लैंग्वेज
C. कॉमन बिज़नेस ओरिएंटेड लैंग्वेज
D. कॉमन बिज़नेस लैंग्वेज आर्गनाइज्ड

Q.73 निम्नलिखित में से किस राज्य ने 'निवासी सुरक्षा और सुरक्षा अधिनियम' नामक एक बहुउद्देश्यीय ऑनलाइन पोर्टल लॉन्च किया है?
A. पश्चिम बंगाल **B.** मेघालय
C. सिक्किम **D.** उड़ीसा

Q.74 __________ को अक्टूबर 2022 में कुवैत में भारत का अगला राजदूत नियुक्त किया गया है।
A. रवि प्रकाश **B.** सतीश सिंह
C. कुमार रंजन **D.** आदर्श स्विका

Q.75 किस राज्य ने अपने राज्य के लिए स्क्रैपिंग नीति लागू की?
A. महाराष्ट्र **B.** हिमाचल प्रदेश
C. राजस्थान **D.** उत्तर प्रदेश

Mathematics

Q.76 एक वर्ग का अधिकतम क्षेत्रफल जिसे त्रिज्या r के एक वृत्त में अंकित किया जा सकता है:
A. r^2 **B.** $2r^2$ **C.** $4r^2$ **D.** πr^2

Q.77 8 सेमी ऊंचे ठोस लंब वृत्तीय बेलन का आयतन 392π सेमी ^{3} है। इसका वक्र पृष्ठीय क्षेत्रफल (सेमी ^{2} में) ज्ञात कीजिए।
[SSC CGL, 2020]
A. 96π **B.** 161π **C.** 112π **D.** 210π

Q.78 एक सिलेन्डर का वक्र पृष्ठीय क्षेत्रफल 594 सेमी ^{2} है और उसका आयतन 1336.5 सेमी ^{3} है। सिलेन्डर की कुल उंचाई कितनी है?
A. 114 सेमी **B.** 21 सेमी **C.** 24.5 सेमी **D.** 10.5 सेमी

Q.79 दो गोलों का पृष्ठीय क्षेत्रफल 9: 4 के अनुपात में है। उनके आयतनों का अनुपात होगा:
A. 3:2 **B.** 27:8
C. 81:16 **D.** $3\sqrt{3}:2\sqrt{2}$

Q.80 एक कमरे की चार दीवारों का क्षेत्रफल 660 मीटर ^{2} है और लंबाई, चौड़ाई से दोगुनी है, और ऊँचाई 11 मीटर है। कमरे की छत का क्षेत्रफल ज्ञात कीजिए।
[Territorial Army Officer, 2019]
A. 200 **B.** 190 **C.** 210 **D.** 220

Q.81 ग्यारह क्रिकेट खिलाड़ियों की औसत आयु 20 वर्ष है। यदि कोच की उम्र भी शामिल है, तो औसत आयु में 10% की वृद्धि होती है। कोच की आयु कितनी है?
A. 48 वर्ष **B.** 44 वर्ष **C.** 40 वर्ष **D.** 36 वर्ष

Q.82 $\triangle ABC$ में, बिंदु P, Q और R को क्रमशः भुजाओं AB, BC और CA पर इस प्रकार लिया जाता है कि $BQ = PQ$ और $QC = QR$ है। यदि $\angle BAC = 75°$ है, तो $\angle PQR$ (डिग्री में) का माप क्या है?
[SSC CGL, 2022]
A. 75° **B.** 50° **C.** 30° **D.** 40°

Q.83 ΔPQR में, ∠PQR = 90° है, PX, RY और ZQ, क्रमशः QR, PQ और PR पर माध्यिकाएँ हैं। अब, $\frac{PQ^2+QR^2}{(PX)^2+RY^2}$ का मान क्या है?
A. $\frac{3}{4}$ **B.** $\frac{4}{5}$ **C.** $\frac{5}{4}$ **D.** $\frac{4}{7}$

Q.84 इनमें से सबसे छोटा ज्ञात कीजिए:
$3^{\frac{1}{4}}, 2^{\frac{1}{3}}, 5^{\frac{1}{6}}, 2^{\frac{1}{2}}$
A. $3^{\frac{1}{4}}$ **B.** $2^{\frac{1}{3}}$ **C.** $5^{\frac{1}{6}}$ **D.** $2^{\frac{1}{2}}$

Q.85 2 संख्याओं का योग 33 है और उनके म.स.प. और ल.स.प. क्रमशः 3 और 90 हैं। दोनों संख्याओं के व्युत्क्रम का अंतर क्या है?

A. $\frac{1}{60}$ **B.** $\frac{1}{30}$ **C.** $\frac{1}{90}$ **D.** $-\frac{1}{30}$

Q.86 एक पंक्ति में 6 व्यक्ति हैं। एक अन्य व्यक्ति को उनमें से 3 व्यक्तियों से इस प्रकार हाथ मिलाना है कि वह दो क्रमागत व्यक्तियों से हाथ नहीं मिलाएगा। ऐसे कितने भिन्न संभाव्य संयोजनों में हाथ मिलाए जा सकते हैं?

[UPSC Prelims, 2021]

A. 3 **B.** 4 **C.** 5 **D.** 6

Q.87 ' $CORPORATION$ ' शब्द के अक्षरों को कितने अलग-अलग तरीकों से व्यवस्थित किया जाये ताकि स्वर हमेशा एक साथ आएं?

A. 810 **B.** 1440 **C.** 2880 **D.** 50400

Q.88 उस वृत्त की त्रिज्या ज्ञात कीजिए जिसका केंद्र (4, 5) पर है और जो बिंदु (1, 9) से होकर गुजरता है।

A. 4 इकाई **B.** 5 इकाई **C.** 9 इकाई **D.** 8 इकाई

Q.89 यदि परवलय में फ़ोकस (4, 0) है और शीर्ष (2, 0) है तो इसका समीकरण ज्ञात करें।

A. $y^2 = 4x$ **B.** $y^2 = 8x - 16$
C. $y^2 = 8x$ **D.** $y^2 = 8x - 1$

Q.90 $\frac{1+i}{1-i}$ का संयुग्म ज्ञात कीजिए।

A. -1 **B.** $-i$ **C.** 1 **D.** i

Q.91 माना कि p, q और r तीन अलग-अलग धनात्मक वास्तविक संख्याएँ हैं। यदि $D = \begin{vmatrix} p & q & r \\ q & r & p \\ r & p & q \end{vmatrix}$ है, तो निम्नलिखित में से कौन-सा सही है?

A. $D < 0$ **B.** $D \leq 0$ **C.** $D > 0$ **D.** $D \geq 0$

Q.92 एक महिला अपने घर से 30 मी दूर खड़ी है। उसके ऊपर से उन्नयन कोण घर के शीर्ष की ओर 30° है और उसके पैर से उन्नयन कोण घर के शीर्ष की ओर 60° है। घर और महिला की कुल ऊंचाई पाएं।

A. 20 मीटर **B.** $50\sqrt{3}$ मीटर
C. $20\sqrt{3}$ मीटर **D.** $10\sqrt{3}$ मीटर

Q.93 निर्देश: निम्नलिखित प्रश्न में I और II से संख्यांकित दो समीकरण दिए गए हैं। समीकरण को हल कीजिये और प्रश्न का उत्तर दीजिये।

I. $x^2 - 11\sqrt{3}x + 90 = 0$

II. $y^2 - 9\sqrt{7}y + 140 = 0$

A. $x > y$ **B.** $x < y$ **C.** $x \geq y$ **D.** $x \leq y$

Q.94 एक ट्रंक में वनिला, चॉकलेट और ब्लूबेरी फ्लेवर के 3 प्रकार के आइसक्रीम हैं। एक वनिला आइसक्रीम के चयन की प्रायिकता $\frac{1}{2}$ है और एक ब्लूबेरी आइसक्रीम के चयन की प्रायिकता $\frac{2}{7}$ है। चॉकलेट आइसक्रीम की कुल संख्या 6 है। ट्रंक में आइसक्रीम की संख्या ज्ञात कीजिये।

A. 25 **B.** 30 **C.** 28 **D.** 32

Q.95 शादाब अपने बॉक्स में एक दर्जन गेंदें ले जा रहा है, उनमें से $\frac{1}{4}$ गेंदें लाल हैं और अन्य नीली हैं। यदि बॉक्स से याहच्छिक रूप से 3 गेंदे निकाली जाती हैं, तो 3 गेंदों में से कम से कम एक गेंद के नीले होने की प्रायिकता क्या है?

A. $\frac{220}{221}$ **B.** $\frac{215}{216}$ **C.** $\frac{219}{220}$ **D.** $\frac{221}{222}$

Q.96 दो पासों से 7 का योग प्राप्त करने की प्रायिकता क्या है?

A. $\frac{1}{6}$ **B.** $\frac{1}{3}$ **C.** $\frac{1}{12}$ **D.** $\frac{5}{36}$

Q.97 $\frac{4}{5} \div 3\frac{1}{4}$ का $\frac{8}{13} - \frac{\frac{1}{5}-\frac{1}{8}}{\frac{1}{5}+\frac{1}{8}} \times 5\frac{1}{5} + \frac{5}{6}$ का मान ज्ञात करें।

A. $\frac{7}{30}$ **B.** $\frac{2}{15}$ **C.** $\frac{1}{30}$ **D.** $\frac{1}{15}$

Q.98 यदि किसी A.P. में तीन संख्याओं का योग 9 है और उनका गुणनफल 24 है, तो संख्याएँ हैं:

A. 2, 4, 6 **B.** 1, 5, 3 **C.** 2, 8, 4 **D.** 2, 3, 4

Q.99 8 के प्रथम 15 गुणजों का योग ज्ञात कीजिए।

A. 960 **B.** 860 **C.** 760 **D.** 660

Q.100 यदि किसी AP के 11 वें पद का उसके 18 वें पद से अनुपात 2: 3 है, तो पहले पाँच पदों के योग का इसके प्रथम 10 पदों के योग से अनुपात ज्ञात कीजिए।

A. 3: 17 **B.** 4: 17 **C.** 5: 17 **D.** 6: 17

// स्मार्ट उत्तर पुस्तिका //

सही उत्तर उन छात्रों के प्रतिशत को इंगित करता है जिन्होंने प्रश्नों का सही उत्तर दिया था।

छोड़ दिया उन छात्रों के प्रतिशत को इंगित करता है जिन्होंने प्रश्नों को छोड़ दिया था।

प्रश्न संख्या	उत्तर	सही उत्तर	छोड़ दिया
1	B	65.81 %	1.85 %
2	C	53.74 %	1.14 %
3	A	58.09 %	1.96 %
4	A	40.13 %	1.51 %
5	C	41.49 %	1.84 %
6	D	69.59 %	1.11 %
7	A	43.06 %	1.7 %
8	C	41.03 %	1.43 %
9	C	87.8 %	0.0 %
10	A	59.7 %	1.55 %
11	C	61.28 %	1.74 %
12	C	78.29 %	0.0 %
13	D	63.11 %	1.29 %
14	D	88.77 %	0.0 %
15	C	16.15 %	4.87 %
16	C	18.0 %	3.23 %

प्रश्न संख्या	उत्तर	सही उत्तर	छोड़ दिया
17	A	68.74 %	1.86 %
18	D	85.14 %	0.0 %
19	A	42.96 %	1.71 %
20	D	80.88 %	0.0 %
21	B	53.29 %	1.91 %
22	C	47.19 %	1.33 %
23	A	85.92 %	0.0 %
24	C	82.07 %	0.0 %
25	A	44.36 %	1.27 %
26	B	62.49 %	1.19 %
27	B	44.29 %	1.26 %
28	B	13.26 %	4.8 %
29	A	67.44 %	1.14 %
30	C	81.2 %	0.0 %
31	C	88.57 %	0.0 %
32	D	57.94 %	1.94 %

प्रश्न संख्या	उत्तर	सही उत्तर	छोड़ दिया
33	B	78.48 %	0.0 %
34	B	77.69 %	0.0 %
35	B	63.29 %	1.61 %
36	A	76.85 %	0.0 %
37	D	85.2 %	0.0 %
38	A	85.11 %	0.0 %
39	C	50.4 %	1.37 %
40	B	83.27 %	0.0 %
41	D	45.13 %	1.39 %
42	A	79.3 %	0.0 %
43	A	29.4 %	4.85 %
44	D	53.28 %	1.62 %
45	B	10.42 %	4.33 %
46	C	10.23 %	4.69 %
47	A	11.4 %	3.2 %
48	A	16.74 %	3.88 %

प्रश्न संख्या	उत्तर	सही उत्तर	छोड़ दिया
49	B	62.56 %	1.79 %
50	C	63.43 %	1.64 %
51	D	82.82 %	0.0 %
52	D	50.62 %	1.73 %
53	A	89.27 %	0.0 %
54	D	57.56 %	1.16 %
55	C	78.16 %	0.0 %
56	A	15.28 %	3.26 %
57	A	61.05 %	1.26 %
58	A	60.12 %	1.99 %
59	B	54.73 %	1.72 %
60	C	55.69 %	1.1 %
61	B	61.3 %	1.86 %
62	A	65.75 %	1.08 %
63	C	86.05 %	0.0 %
64	A	79.7 %	0.0 %

प्रश्न संख्या	उत्तर	सही उत्तर	छोड़ दिया
65	B	67.49 %	1.25 %
66	D	63.15 %	1.15 %
67	B	56.15 %	1.12 %
68	A	27.58 %	4.92 %
69	A	21.65 %	3.13 %
70	C	60.38 %	1.15 %
71	B	55.33 %	1.61 %
72	C	66.12 %	1.39 %
73	B	47.14 %	1.55 %
74	D	20.52 %	4.86 %
75	D	48.19 %	1.18 %
76	B	60.7 %	1.3 %
77	C	52.3 %	1.36 %
78	B	78.4 %	0.0 %
79	B	50.66 %	1.86 %
80	A	66.61 %	1.2 %

प्रश्न संख्या	उत्तर	सही उत्तर / छोड़ दिया
81	B	63.19 % / 1.5 %
82	C	32.25 % / 4.39 %
83	B	32.91 % / 4.47 %
84	B	54.99 % / 1.2 %
85	C	63.08 % / 1.44 %
86	B	86.82 % / 0.0 %
87	D	67.52 % / 1.99 %
88	B	46.5 % / 1.51 %
89	B	61.23 % / 1.78 %
90	D	89.22 % / 0.0 %
91	B	18.12 % / 4.39 %
92	B	65.53 % / 1.68 %
93	B	13.86 % / 3.6 %
94	C	19.35 % / 3.1 %
95	C	25.35 % / 3.41 %
96	A	24.17 % / 3.58 %
97	C	26.27 % / 3.93 %
98	D	51.5 % / 1.7 %
99	A	54.44 % / 1.4 %
100	D	67.2 % / 1.38 %

कार्य विश्लेषण	
औसत अंक (%)	32.0%
टॉपर्स स्कोर (%)	65.0%
आपका स्कोर	

//संकेत और समाधान//

1. निम्नलिखित में नामधातु क्रिया "लुटेरों ने जमीन हथिया ली" है।

नामधातु क्रिया: ऐसी धातु जो क्रिया को छोड़कर किन्ही अन्य शब्दों जैसे संज्ञा, सर्वनाम, विशेषण आदि से बनती है वह नामधातु क्रिया कहते हैं। जैसे: अपनाना, गर्माना आदि।

अतः विकल्प (B) सही है।

2. अहा! शब्द अव्यय है।

यह विस्मयादिबोधक अव्यय का भेद हर्ष बोधक अव्यय है।

हर्षबोधक

जहाँ पर हर्ष (खुशी) का भाव प्रकट होता है, वहाँ हर्षबोधक विस्मय शब्दों का प्रयोग किया जाता है, जो निम्न हैं।

जैसे: आह!, वाह! शाबाश! अहा! आदि।

1. शाबाश! बहुत अच्छा खेले तुम।
2. वाह! मेरे राजा सुंदर लग रहे।

अतः विकल्प (C) सही है।

3. खंडहर, शब्द में 'हर' प्रत्यय है। जबकि लुटेरा शब्द में 'एरा' प्रत्यय है।

प्रत्यय वे शब्द हैं जो दूसरे शब्दों के अन्त में जुड़कर, अपनी प्रकृति के अनुसार, शब्द के अर्थ में परिवर्तन कर देते हैं।

अतः विकल्प (A) सही है।

4. 'उद्दीप्त' में 'उत्' उपसर्ग है।

'उद्दीप्त' अर्थात 'उत् + दीप्त = उद्दीप्त'।

उद्दीप्त का अर्थ उभड़ा हुआ, बढ़ा हुआ, जागा हुआ, उत्तेजित है।

जो शब्दांश शब्दों के प्रारम्भ में जुड़ कर उनके अर्थ में कुछ विशेषता लाते हैं, वे उपसर्ग कहलाते हैं।

अतः विकल्प (A) सही है।

5. शहरी वर्ग के बच्चे मोटापे की समस्या से गुज़र रहे हैं।

गद्यांश के अनुसार:

- शहरी संपन्न वर्ग के बच्चों में चुनौती दूसरी है। यहांँ मोटापा बढ़ता जा रहा है।
- इसकी एक बड़ी वजह दौड़-भाग के खेलों में कम हिस्सा लेना है।
- बाहरी खेलों में हिस्सा लेना शहरी बच्चों ने पहले ही कम कर दिया था।
- कोरोना काल में तो यह एकदम बंद हो गया।

अत: विकल्प (C) सही है।

6. सामाजिक श्रेणी सही उत्तर है।

दुनियाभर में बच्चों के पोषण को मापने के चार पैमाने होते हैं-लंबाई के हिसाब से वज़न कम होना, लंबाई कम होना, सामान्य से कम वज़न होना और पोषक तत्वों की कमी होना।

कुपोषण को उम्र के हिसाब से लंबाई कम होने का अहम कारण माना जाता है।

तो, स्पष्ट है कि सामाजिक श्रेणी सही उत्तर है।

अत: विकल्प (D) सही है।

7. उपयुक्त गद्यांश के अनुसार बीते कुछ वर्षों में ग्रामीण क्षेत्रों में अति कुपोषित बच्चों की संख्या में कमी आयी थी।

इसलिए, स्पष्ट है कि कुपोषित बच्चों सही उत्तर है।

अत: विकल्प (A) सही है।

8. 'जिह्वा' शब्द की वर्तनी शुद्ध है।

'जिह्वा' का अर्थ 'जीभ, ज़बान' होता है।

अत: विकल्प (C) सही है।

9. दिए गए विकल्पों में से 'रचयिता' शब्द की वर्तनी शुद्ध है। अन्य सभी शब्दों की वर्तनी त्रुटि पूर्ण हैं।

'रचयिता' का अर्थ 'रचना करने वाला' है।

अत: विकल्प (C) सही है।

10. 'कार्य करने वाला व्यक्ति' के लिए एक शब्द 'कार्यकर्ता' होगा। 'कार्यकर्ता' का विलोम 'आलसी' होता है।

एक शब्द	वाक्यांश
कल्पनातीत	जो कल्पना से परे हो
केन्द्राभिमुख	जो केन्द की ओर उन्मुख होता हो
खड्गहस्त	जो सदैव हाथ में खड्ग लिए रहता हो

अत: विकल्प (A) सही है।

11. 'जो स्त्री सूर्य भी न देख सकें' के लिए एक शब्द है - 'असूर्यम्पश्या'।

'असूर्यम्पश्या' शब्द में 'अ' उपसर्ग का योग है।

विदुषी - जो स्त्री विद्वान हो

अलक्ष्या - जो स्त्री अदृश्य/ अज्ञेय हो

शास्त्रज्ञा - जिस स्त्री को शाश्त्रों का ज्ञान हो

अत: विकल्प (C) सही है।

12. 'तीन तेरह होना' मुहावरे का सही अर्थ है – **तितर बितर होना**। अन्य विकल्प असंगत हैं।

मुहावरे	अर्थ	वाक्य प्रयोग
तीन तेरह होना	तितर बितर होना	तुम तो कहते थे कि तुम किसी से नही डरते और अब उसके आते ही तीन तेरह हो गए।

अत: विकल्प (C) सही है।

13. दिए गये विकल्पों मे से 'जबान पर चढ़ना-स्वादिष्ट होना' यह मुहावरे का युग्म उपयुक्त नही है।

ज़बान पर चढना - रट लगाना

क्रिकेट में हैट्रिक लेने के कारण हरभजन सिंह का नाम सबकी जबान पर चढ़ गया था।

अतः विकल्प (D) सही है।

14. 'आ' वर्ण ओष्ठ्य वर्ण नहीं है। यह कंठ्य वर्ण है। 'उ, ब, ऊ' ओष्ठ्य वर्ण है।

ओंठों से उच्चारित होने वाले वर्णों को ओष्ठ्य वर्ण कहा जाता है। जैसे- प, फ, ब, भ, म।

अतः विकल्प (D) सही है।

15. 'कुच-कूच' शब्द युग्म का सही अर्थ 'उरोज-प्रस्थान' है। कुच का अर्थ स्तन होता है तथा स्तन के पर्यायवाची निम्न शब्द होते है- उरोज, थन, कुच, पयोधर, वक्षोज। जबकि कूच का अर्थ प्रस्थान होता हे।

अतः विकल्प (C) सही है।

16. विच्छेद के समय किसी व्यंजन के बाद स्वर या व्यंजन आने से जो परिवर्तन होता है उसे व्यंजन संधि कहते है। जैसे सत् + जन = सज्जन (यहाँ "त्" के बाद "ज" आ जाने के कारण दोनों से "ज्ज" की प्राप्ति होती है)

परिणाम = परि + नाम

भूषण = भूष + अ न

मतानुसार = मत + अनुसार (यह स्वर संधि है)

संविधान = सम + विधान

अत: विकल्प (C) सही है।

17. 'तद्धित' का सन्धि-विच्छेद 'तत् + हित' है। यहाँ व्यंजन संधि है। इस प्रकार सही विकल्प 'तत् + हित' है।

व्यंजन संधि में वर्गों के अंतिम वर्णों को छोड़, शेष वर्णों के बाद 'ह' आये, तो 'ह' पूर्व वर्ण के वर्ग का चतुर्थ वर्ण में बदल जाता है और 'ह' के पूर्व वर्ण अपने वर्ग का तृतीय वर्ण हो जाता है। जैसे – उत् + हरण = उद्धरण, पद् + हती = पद्धति।

अत: विकल्प (A) सही है।

18. 'माता-पिता' में द्वंद्व समास होगा।

- 'माता-पिता' शब्द का समास विग्रह है - माता और पिता।
- यह द्वंद्व समास का उदाहरण है।
- जिस समास में पूर्वपद और उत्तरपद दोनों ही प्रधान हों अर्थात् अर्थ की दृष्टि से दोनों का स्वतंत्र अस्तित्व हो और उनके मध्य संयोजक शब्द का लोप हो, तब वह द्वंद्व समास कहलाता है।

अत: विकल्प (D) सही है।

19. 'क्षत्रियाधम' शब्द में तत्पुरुष समास है।

- इसका समास-विग्रह 'क्षत्रियों में अधम' होगा तथा इसमें 'में' का लोप होने के कारण, यहाँ 'संबंध तत्पुरुष समास' है।
- तत्पुरुष समास वह होता है, जिसमें उत्तर पद प्रधान होता है, अर्थात् प्रथम पद गौण होता है एवं उत्तर पद की प्रधानता होती है, व समास करते वक़्त बीच की विभक्ति का लोप हो जाता है।

अत: विकल्प (A) सही है।

20. हास्य रस का स्थायी भाव "हास" है।

हास्य रस की विशेषताएँ निम्नलिखित है:

- किसी पदार्थ या व्यक्ति की असाधारण आकृति, वेशभूषा, चेष्टा आदि को देखकर हृदय में जो विनोद का भाव जाग्रत होता है, उसे हास कहा जाता है।
- यही हास जब विभाव, अनुभाव तथा संचारी भावों से पुष्ट हो जाता है, तो उसे 'हास्य रस' कहते है।

अत: विकल्प (D) सही है।

21. 'मैं अपने दादा के साथ खेत पर जाऊंगा।'- वाक्य का सामान्य भूतकाल रूप- मैं अपने दादा के साथ खेत पर गया।

जिससे भूतकाल की क्रिया के विशेष समय का ज्ञान न हो, उसे सामान्य भूतकाल कहते हैं।

जैसे- राधा गयी।

अत: विकल्प (B) सही है।

22. दिए गए विकल्पों में से 'उन्नयन' शब्द का विलोम पलायन है।

उन्नयन का अर्थ - पहले की अवस्था से अच्छी या ऊँची अवस्था की ओर बढ़ने या बढ़ाने की क्रिया।

पलायन का अर्थ - अपने कार्य, स्थान या उत्तरदायित्व से विमुख होने की अवस्था या भाव।

अत: विकल्प (C) सही है।

23. 'त्रियामा' शब्द का समानार्थी शब्द 'रात्रि' है।

समानार्थी का अर्थ होता हैं (समान+अर्थ) अर्थात किसी शब्द का समान अर्थ वाले दूसरे शब्द या उसी के सामान कोई दूसरा नाम (वस्तु)। सामान्यत: हिन्दी में एक ही वस्तु के अनेक समान अर्थ वाले शब्द है।

अत: विकल्प (A) सही है।

24. 'उदार' का विलोम कठोर है।

किसी शब्द का विलोम शब्द उस शब्द के अर्थ से उल्टा या विपरीत अर्थ वाला होता है।

अत: विकल्प (C) सही है।

25. "वसुंधरा" का पर्यायवाची शब्द क्षिति है।

क्षिति: उर्वी, भूमि, धरती, पृथ्वी, भू, धरणी, वसुंधरा, अचला, धरा, जमीन, रत्नगर्भा, मही, वसुधा, धरित्री

पर्यायवाची शब्द उन्हें कहते हैं, जब भिन्न-भिन्न शब्दों का अर्थ समान हो, अर्थात एक ही शब्द के स्थान पर समान अर्थ वाले अलग अलग शब्द प्रयोग किये जा सके।

अत: विकल्प (A) सही है।

26. Let's look at the meaning of the given word and the correct answer.

Crude(adjective): Simple and not skillfully done or made.

Example: a crude device/weapon.

Refined (adjective): A refined substance has been made pure by removing other substances from it.

Example: refined foods such as white bread and white sugar.

Hence, the correct option is (B).

27. The correct answer is 'Convenience'.

- The word 'Expediency' means 'the quality of being convenient and practical despite possibly being improper or immoral; convenience.
- The synonyms of the word 'Expediency' are "advisability, advisableness, desirability, convenience, desirableness, expedience, judiciousness, prudence, wisdom".
- From the synonym of the given word, we can say that the word 'Convenience' is the most similar in meaning.
- The word 'Convenience' means 'the quality of being easy, useful or suitable for somebody.

Hence, the correct option is (B).

28. The correct answer is 'Haggard.'

The given word 'Emaciated' means very thin and weak, usually because of illness or extreme hunger.

Let's see the meaning of other given options:-

- 'Lean' means (used about a person or animal) thin and in good health.

- 'Haggard' means (used about a person) looking ill or tired, often with dark skin under the eyes.
- 'Anger' means the strong feeling that you have when something has happened or somebody has done something that you do not like.
- 'Corpulent' means (of a person) fat.

Hence, the correct option is (B).

29. A figure of speech is a word or phrase that is used in a non-literal way to create an effect.

Personification is a literary device that refers to giving human qualities to inanimate objects.

- For example: My computer works very hard.

Alliteration is a literary device that refers to the repetition of consonant sounds in the same line.

- For example: Shaun the Sheep

In the given line, we can see that the wind is personified as being able to breathe, just as humans.

In this line, we can also observe that the sound of the consonant 'w' is being repeated.

Hence, the correct option is (A).

30. The correct sentence is: He **wrote** a lot of letters yesterday.

In the sentence, it is clearly mention that the action had took place 'yesterday'.

So, 'simple past tense' should be used here and V2 should be chosen.

Therefore, 'wrote' is the appropriate word.

Hence, the correct option is (C).

31. The correct sentence: "The Mekong is also home to the world's largest catfish."

Option (A) 'For' cannot be used because the phrase 'home for something' is incorrect.

Option (B) 'In' cannot be chosen because 'home in something' does not make any sense in the given context.

Option (D) 'within' cannot be chosen because it does not make the sentence meaningful.

Option (C) 'to' is the best fit. The phrase 'to be home to something' means to be the place where that thing is located or, in the case of living things, where they live.

Hence, the correct option is (C).

32. The complete sentence is: After the driver **had backed** the car out of the bush, we climbed back into the car.

The second verb of the sentence is 'climbed', which shows simple past tense. The action shown by the first sentence happens 'before' the action of the second sentence, viz, we climbed back into the car. This means that the verb in the blank is showing an action happening even before the action shown by simple past tense verb 'climbed'. So, we must use past perfect tense in such cases. The past perfect tense form is only reflected by the verb 'had backed'.

Hence, the correct option is (D).

33. The correct sentence is: I watched him **fall**.

The main verb of the sentence is 'watched' with this verb we always use the bare infinitive that is don't use 'to V1'. There are some other verbs that take the bare infinitive- Watch, Let, help, etc.

Hence, the correct option is (B).

34. The correct sentence is: "**Would** you like some water?"

"Would" is the past tense form of will. Because it is past tense, it is used to talk about the past, to talk about hypotheses (when we imagine something), for politeness.

In the given sentence, it shows to give an offer to someone hence you can use 'would' to show this purpose.

For example: **Would** you like to learn other languages?

Hence, the correct option is (B).

35. The preposition 'in' is used for showing when something happens.

Complete Sentence: Simulations of the 20th century by climate models that exclude the observed increase in greenhouse gases fail to simulate the increase in temperature over the second half of the 20th century.

Hence, the correct option is (B).

36. The preposition 'for' means relating to or concerning someone or something.

Complete Sentence: There is no cure for the common cold.

Hence, the correct option is (A).

37. The preposition 'ran into' means to encounter unexpectedly.

Complete Sentence: I ran into John yesterday, and it was a pleasant surprise.

Hence, the correct option is (D).

38. The preposition 'in' is used for showing where someone or something is.

Complete Sentence: My grandmother enjoyed boating in the lovely lake.

Hence, the correct option is (A).

39. The preposition 'of' means containing or consisting of something.

Complete Sentence: He visits the needy to relieve them of their sufferings and poverty.

Hence, the correct option is (C).

40. The correct sentence is, A pack of thieves was caught by the Police.

The other option is used as:

- A swarm of bees
- A team of players
- A batch of letters

Hence, the correct option is (B).

41. The correct sentence is, It has become his habit to never do his homework and then copy it from others.

Meaning of given words:

- Always: at all times; regularly
- Often: many times
- Frequently: at frequent or short intervals
- Never: at no time; not ever

So, here 'never' is perfectly suitable for this sentence and all other option are incorrect.

Hence, the correct option is (D).

42. The correct sentence is: There were several women at the conference.

The apostrophe follows an s when that s is used to make a noun plural. Women is already a plural word (the singular is woman), and so, does not need an s before an apostrophe in the possessive case.

Hence, the correct option is (A).

43. The correct order of sentences is PRSQ, So the complete sentence is:

The availability of electric power would make a tremendous difference to the countryside and enable the rural economy to be improved in various directions.

Hence, the correct option is (A).

44. The correct punctuated sentence is The speaker said, Please lend me your ears.

An exclamation mark after 'please' makes it seem like the speaker is insistent, raising their voice or shouting. Thus, exclamation mark is not used after please.

Direct speech is a sentence in which the exact words spoken are reproduced in speech/quotation marks. A comma is used after the introductory clause, i.e., right before the quoted part-The speaker said, The part that is quoted directly by the speaker needs to be within inverted commas.

Hence, the correct option is (D).

45. The incorrectly spelled word here is exhilerate. Correct spelling is exhilarate, which means to make someone feel very happy or elated.

Assiduous means showing great care.

Demagogue is a political leader who seeks support by appealing to the desires and prejudices of ordinary people rather than by using rational argument.

Appeasing means to make somebody calmer or less angry by agreeing to what he/she wants.

Hence, the correct option is (B).

46. The original sentence is erroneous.

Reason: The word 'subscribe' must be followed the preposition 'to' instead of 'in' in this context. The expression "subscribe to" means 'accept or believe in'.

Hence 'to' should be used in place of 'in' to make the sentence grammatically and contextually correct.

Among the given choices, only option (C) replaces the given bold part most appropriately.

The sentence after replacement becomes:

Those who willingly join terrorist organizations subscribe to the distorted views of ill-intentioned religious leaders.

Hence, the correct option is (C).

47. A person who devotes his/her life for the welfare of others- Altruist.

Altruist means showing a disinterested and selfless concern for the well-being of others.

Example: He's an altruist, thinking he's doing everything for the best.

Hence, the correct option is (A).

48. Let's look at the meaning of the given idiom:

Get the jitters- to experience a temporary state of nervous anxiety or anticipation

Example:

Lo Jill always gets the jitters before exams.

Thus, from the explanation given above, we find that the first option is the correct choice.

Hence, the correct option is (A).

49. Bihu is the festival of Assam similarly, Tamladu is the festival celebrated in Arunachal Pradesh.

Hence, the correct option is (B).

50. The given sentence is,

"Don't hesitate to clear your doubts," the teacher said.

This is an imperative sentence. In such sentences, order, request, advice, or negative command is given. In negative command, the reported speech starts with Do not or Don't. Rules for changing this imperative sentence in indirect speech:

- 'said' changes to 'persuaded'
- The inverted comma (") is removed and to is used before the main verb.
- The pronoun of the reported speech changes accordingly.
- For negative commands, inverted commas are removed and not + to + verb (first form) Is used. For example, 'do not go' changes to 'not to go'.

Thus the appropriate narration form is,

The teacher persuaded me not to hesitate in clearing my doubts.

Hence, the correct option is (C).

51. सोफिया कप, नारंग कप, दीवान कप और अमृत दीवान कप बैडमिंटन के लिए व्यवस्थित टूर्नामेंट हैं। मुरुगप्पा गोल्ड कप हॉकी से जुड़ा एक टूर्नामेंट है। हॉकी से जुड़े कुछ अन्य टूर्नामेंट नेहरू ट्रॉफी, सिंधी गोल्ड कप, वेलिंगटन कप आदि हैं।

अतः विकल्प (D) सही है।

52. विश्व जनसंख्या दिवस 11 जुलाई को मनाया जाता है।

2011 में, दुनिया 7 अरब की आबादी तक पहुंच गई। इस वर्ष, परिचारक प्रतिक्रियाओं को प्रेरित करते हुए, संख्या 8 बिलियन तक पहुंच जाएगी। कुछ लोग स्वास्थ्य में हुई प्रगति पर अचंभित होंगे जिसने जीवनकाल बढ़ाया है, मातृ मृत्यु दर और बाल मृत्यु दर को कम किया है और रिकॉर्ड समय में टीका विकास को जन्म दिया है।

अतः विकल्प (D) सही है।

53. उत्तर प्रदेश को पहले संयुक्त प्रांत के नाम से जाना जाता था।

नए राज्य को 'आगरा और अवध के उत्तर पश्चिमी प्रांत' कहा जाता था, जिसे 1902 में आगरा और अवध के संयुक्त प्रांत के रूप में पुनर्नामित किया गया था और इसे आमतौर पर संयुक्त प्रांत या इसके संक्षिप्त यूपी के रूप में जाना जाता था। 1920 में, प्रांत की राजधानी को इलाहाबाद से लखनऊ स्थानांतरित कर दिया गया था।

अतः विकल्प (A) सही है।

54. धनपत राय श्रीवास्तव जिन्हें मुंशी प्रेमचंद के रूप में भी जाना जाता था का जन्म 31 जुलाई 1880 को उत्तर प्रदेश में वाराणसी के पास लमही में हुआ था। वह भारतीय उपमहाद्वीप के सबसे प्रतिष्ठित लेखकों में से एक हैं और उन्हें बीसवीं शताब्दी के शुरुआती दिनों के हिंदी लेखकों में से एक माना जाता है। उनके उपन्यासों में गोदान, कर्मभूमि, गबन, मानसरोवर शामिल हैं। उन्होंने 1907 में सोज़-ए वतन नामक एक पुस्तक में पाँच लघु कहानियों का अपना पहला संग्रह प्रकाशित किया।

अतः विकल्प (D) सही है।

55. केंद्रीग सूचना आयोग (CIC) कार्मिक मंत्रालय के अंतर्गत आता है।

- केंद्रीय सूचना आयोग (CIC) एक वैधानिक निकाय है, जिसकी स्थापना सूचना का अधिकार अधिनियम 2005 के तहत की गई थी।
- आयोग में एक मुख्य सूचना आयुक्त और 10 से अधिक सूचना आयुक्त शामिल हैं जिन्हें भारत के राष्ट्रपति द्वारा नियुक्त किया जाता है।
- श्री बिमल जुल्का जून 2020 तक भारत के वर्तमान सीआईसी है।
- प्रधान मंत्री, श्री नरेंद्र मोदी कार्मिक मंत्रालय के वर्तमान प्रमुख हैं।

अत: विकल्प (C) सही है।

56. एक सांविधिक समाज एक ऐसे समाज को संदर्भित करता है जिसमें सरकार के औपचारिक संस्थानों का अभाव होता है। गांधी की रामराज्य की अवधारणा के अनुसार, राज्य एक सामाजिक व्यवस्था है जो राजनीतिक बंधनों से मुक्त है और जिसमें स्व-शासित व्यक्ति शामिल हैं। मार्क्स ने सांप्रदायिक कम्युनिस्ट समाज की भी बात की थी। कार्ल मार्क्स ने भविष्यवाणी की थी कि सर्वहारा राज्य और उत्पादन का नियंत्रण करेंगे, सभी वर्ग मतभेदों और वर्ग विरोधी को नष्ट कर देंगे, और अंत में 'राज्य से दूर हो जाएगा'। इस प्रकार, अंतिम परिणाम एक सांविधिक समाज होगा।

अत: विकल्प (A) सही है।

57. इंग्लैंड में औद्योगिक क्रांति ने भारत को कई तरह से प्रभावित किया:

- भारतीय वस्त्रों को अब यूरोपीय और अमेरिकी बाजारों में अंग्रेजी वस्त्रों से कड़ी प्रतिस्पर्धा का सामना करना पड़ा।
- ब्रिटेन में आयातित भारतीय वस्त्रों पर भारी शुल्क लगाया गया।
- किसानों को नकदी फसल उगाने के लिए मजबूर होना पड़ा।
- औद्योगिक क्रांति के बाद, ब्रिटेन ने मशीन-निर्मित वस्तुओं और वस्त्रों का उत्पादन शुरू किया जो भारतीय सामानों की तुलना में बहुत सस्ते थे।
- वे गुणवत्ता में भी अक्सर बेहतर होते थे। भारतीय हस्तशिल्प धीरे-धीरे ख़त्म हो गया क्योंकि वे ब्रिटेन के उन सस्ते उत्पादों का मुकाबला नहीं कर सके जो भारतीय बाजारों में भरे हुए थे।

अत: विकल्प (A) सही है।

58. ग्रीष्मकाल में उत्तरी मैदानों में चलने वाली पवनों को लू कहते हैं। लू पश्चिम से आने वाली एक तेज़, गर्म और शुष्क ग्रीष्म दोपहर की हवा है जो उत्तर भारत और पाकिस्तान के पश्चिमी भारत-गंगा के मैदानी क्षेत्र में बहती है। यह मई और जून के महीनों में विशेष रूप से मजबूत होता है। इसके बहुत अधिक तापमान के कारण इसके संपर्क में आने से हीटस्ट्रोक हो सकता है। इसकी अत्यधिक कम आर्द्रता और उच्च तापमान के कारण, मई और जून के महीनों के दौरान लू से प्रभावित क्षेत्रों में व्यापक रूप से भूरे रंग के कारण वनस्पति पर गंभीर सुखाने का प्रभाव पड़ता है।

अत: विकल्प (A) सही हैं।

59. किसी भी समय किसी क्षेत्र में वायुमण्डल की स्थिति को मौसम कहते हैं। यह थोड़े समय के लिए वातावरण की स्थिति है। जलवायु एक लंबी अवधि में औसत मौसम है। वर्षा, आर्द्रता, तापमान, दबाव, बादल और हवा बुनियादी वायुमंडलीय स्थितियां हैं जो किसी क्षेत्र का मौसम बनाती हैं।

अत: विकल्प (B) सही हैं।

60. गंगा और ब्रह्मपुत्र नदियाँ 'सुंदरवन डेल्टा' बनाती हैं।

गंगा और ब्रह्मपुत्र डेल्टा:

- डेल्टा आकार में त्रिकोणीय होता है। यह नदी के मुहाने पर बना भूमि का एक क्षेत्र होता है (जहाँ नदियाँ समुद्र में प्रवेश करती हैं, उस बिंदु को नदी का मुँह कहा जाता है।
- गंगा और ब्रह्मपुत्र दुनिया का सबसे बड़ा डेल्टा, सुंदरवन डेल्टा बनाते हैं।
- सुंदरवन डेल्टा, या बंगाल डेल्टा जंगल का एक विशाल पथ है, और खारे पानी का दलदल एशिया में स्थित है, जो भारत से उत्पन्न हुआ, जो पद्म डेल्टा के निचले हिस्से का निर्माण करता है, जहाँ "गंगा और ब्रह्मपुत्र नदियाँ" बंगाल की खाड़ी में गिरती हैं।

अत: विकल्प (C) सही हैं।

61. मॉर्ले-मिंटो सुधारों द्वारा मुसलमान समुदाय के लिए सीटें आरक्षित की गईं।

मॉर्ले-मिंटो सुधारों को भारत परिषद अधिनियम 1909 के रूप में भी जाना जाता है, इस अधिनियम ने अलग और भेदभावपूर्ण मतदान प्रक्रिया की शुरुआत की। यह पहली बार था कि, विधायी निकायों में सीटें मुसलमानों के लिए धर्म के आधार पर आरक्षित थीं।

अतः विकल्प (B) सही है।

62. वन्देमातरम आन्दोलन डेल्टाई आन्ध्र में हुआ।

स्वदेशी आंदोलन को डेल्टा आंध्र में वंदेमातरम आंदोलन के रूप में जाना जाता था। आंदोलन बंगाल में सबसे मजबूत था लेकिन जल्द ही यह पूरे भारत में एक व्यापक आंदोलन बन गया।

अतः विकल्प (A) सही है।

63. अंतर्राष्ट्रीय श्रम संगठन (ILO) एजेंसी, अंतर्राष्ट्रीय श्रम अधिकारों का संवर्धन करती है।

यह सामाजिक न्याय और अंतरराष्ट्रीय स्तर पर मान्यता प्राप्त मानव और श्रम अधिकारों को बढ़ावा देने के लिए समर्पित है, अपने संस्थापक मिशन आगे बढ़ाते हुए कि श्रम शांति, समृद्धि के लिए आवश्यक है।

अत: विकल्प (C) सही है।

64. कठपुतली, स्ट्रिंग कठपुतली राजस्थान से संबंधित है।

कठपुतली विश्व के प्राचीनतम रंगमंच पर खेला जाने वाले मनोरंजक कार्यक्रम में से एक है कठपुतलियों को विभिन्न प्रकार की गुड्डे गुड़ियों, जोकर आदि पात्रों के रूप में बनाया जाता है इसका नाम कठपुतली इस कारण पड़ा क्योंकि पूर्व में भी लकड़ी अर्थात काष्ठ से बनाया जाता था इस प्रकार काष्ठ से बनी पुतली का नाम कठपुतली पड़ा। प्रत्येक वर्ष 21 मार्च को विश्व कठपुतली दिवस भी मनाया जाता है।

अतः विकल्प (A) सही है।

65. तीज उत्सव उत्तर प्रदेश का प्रमुख त्योहार नहीं है।

- तीज त्यौहार विवाहित महिलाओं द्वारा मनाया जाता है।
- महिलाएं अपने पति की रक्षा के लिए मां पार्वती की पूजा करती हैं।
- श्रावण मास के तीसरे दिन मनाया जाता है।
- हालाँकि यह उत्तर प्रदेश की महिलाओं द्वारा मनाया जाता है, हालाँकि, यह राजस्थान राज्य का मुख्य त्योहार है।

अतः विकल्प (B) सही है।

66. लुआंदा को हम लोआंदा भी बोलते है, पूर्व में साओ पाउलो डी लुआंडा, शहर, अंगोला की राजधानी भी लिखा था। उत्तरी अंगोला के अटलांटिक तट पर स्थित, यह देश का सबसे बड़ा शहर है और इसके सबसे व्यस्त बंदरगाहों में से एक है।

अतः विकल्प (D) सही है।

67. पेरू की मुद्रा सोल है।

यह एक सौ सेंटीमो में उपविभाजित है। यह नाम पेरू की ऐतिहासिक मुद्रा से लिया गया है; सोल का उपयोग 19वीं शताब्दी के दौरान 1985 तक किया गया था। शब्द की उत्पत्ति लैटिन शब्द सॉलिडस से हुई थी, लेकिन यह नाम स्पेनिश सोलर से भी संबंधित है।

अतः विकल्प (B) सही है।

68. प्रसंस्करण शक्ति सुपरकंप्यूटर और सामान्य प्रयोजन कंप्यूटर सिस्टम के बीच मुख्य अंतर है। एक सुपरकंप्यूटर 100 PFLOPS कर सकता है। एक विशिष्ट सामान्य-उद्देश्य वाला कंप्यूटर केवल सैकड़ों गिगाफ़्लॉप से लेकर दसियों टेराफ़्लॉप तक का प्रदर्शन कर सकता है।

अत: विकल्प (A) सही है।

69. एक ऑप्टिकल डिस्क की स्टोरेज कैपसिटी "सेक्टरों की संख्या $\times$ प्रति सेक्टर बाइट्स की संख्या" द्वारा दी जाती है। सबसे लोकप्रिय डिस्क लगभग 650 मेगाइइट की स्टोरेज कैपसिटी के साथ 5.25 इंच व्यास की डिस्क का उपयोग करती है।

अत: विकल्प (A) सही है।

70. लक्समीटर का उपयोग प्रकाश की तीव्रता को मापने के लिए किया जाता है, जबकि कोलोरिमेटर एक उपकरण है जिसका उपयोग रंग की तीव्रता को मापने के लिए किया जाता है। एनेमोमीटर एक ऐसा उपकरण है जो हवा की गति और हवा के दबाव को मापता है। एक ऑल्टिमीटर एक उपकरण है जो समुद्र के स्तर से ऊपर एक स्थान की दूरी को मापता है। अधिकांश ऑल्टिमीटर बैरोमीटर हैं, जिसका अर्थ है कि वे स्थान के वायु दबाव की गणना करके ऊंचाई को मापते हैं।

अतः विकल्प (C) सही है।

71. नाइट्रोजन गैस का उपयोग हवाई जहाज के टायरों में किया जाता है। ऐसा इसलिए है क्योंकि नाइट्रोजन गैस दहन का समर्थन नहीं करती है और जब विमान लैंड करता है तो व्हील फायर को रोकने में सहायता कर सकता है।

अतः विकल्प (B) सही है।

72. कोबोल (COBOL) का अर्थ कॉमन बिज़नेस ओरिएंटेड लैंग्वेज है। COBOL एक उच्च-स्तरीय प्रोग्रामिंग भाषा है जिसे व्यावसायिक अनुप्रयोगों के लिए डिज़ाइन किया गया है। यह दूसरी सबसे पुरानी प्रोग्रामिंग भाषा है क्योंकि फोरट्रान सबसे पुरानी है।

अतः विकल्प (C) सही है।

73. मेघालय सरकार ने एक बहुउद्देश्यीय ऑनलाइन पोर्टल 'मेघालय निवासी सुरक्षा और सुरक्षा अधिनियम (MRSSA)' लॉन्च किया।

डिजिटलीकरण प्रक्रिया पूरे मेघालय में 6,000 से अधिक गांवों और इलाकों को ऑनलाइन प्रणाली से जोड़ेगी। इसका उद्देश्य निवासियों की सुरक्षा और सुरक्षा सुनिश्चित करना, कई सरकारी सेवाओं के बेहतर वितरण के लिए खुफिया जानकारी एकत्र करना है।

अतः विकल्प (B) सही है।

74. विदेश मंत्रालय में संयुक्त सचिव डॉ आदर्श स्विका को कुवैत में भारत का अगला राजदूत नियुक्त किया गया है। स्विका ने कुवैत में भारतीय दूत के रूप में सिबी जॉर्ज का स्थान लिया है। साथ ही, विदेश मंत्रालय में निदेशक अवतार सिंह को गिनी गणराज्य में भारत का अगला राजदूत नियुक्त किया गया है।

अतः विकल्प (D) सही है।

75. स्क्रैपिंग नीति लागू करने वाला उत्तर प्रदेश देश का पहला राज्य बन गया है। इसके बाद से अब प्रदेश में अब तय उम्र पूरी कर चुके वाहन सड़क पर चल नहीं सकेंगे। जांच दल ऐसे अनुपयुक्त और अनुपयुक्त वाहनों को जब्त कर स्क्रैप केंद्र को सौंप देंगे। स्क्रैप सेंटर तक पहुंचने वाले वाहनों का उचित मूल्य उनके मालिकों को दिया जाएगा।

अत: विकल्प (D) सही है।

76. अधिकतम क्षेत्रफल वाले वर्ग के विकर्ण की लंबाई जिसे एक वृत्त में अंकित किया जा सकता है $= 2r$

माना वर्ग की भुजा की लंबाई है $= s$

इसलिए, $\sqrt{2}\, s = 2r$

$\Rightarrow s = \sqrt{2}r$

चौक का क्षेत्रफल $= s^2 = 2r^2$ वर्ग इकाई

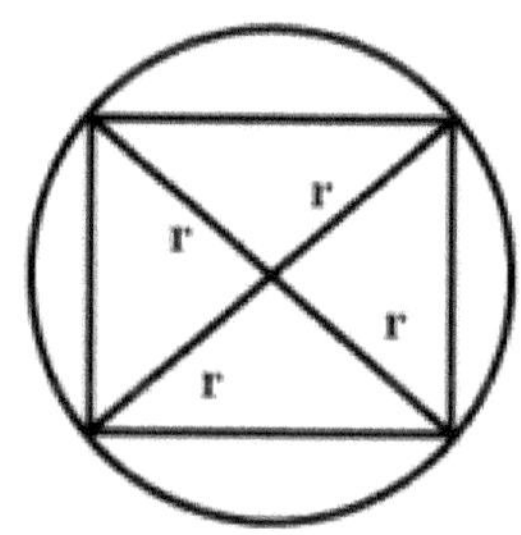

अत: विकल्प (B) सही है।

77. दिया गया है,

बेलन का आयतन $= 392\pi$ सेमी ^{3}

बेलन की ऊंचाई $(h) = 8$ सेमी

जैसा कि हम जानते हैं,

माना लम्ब वृत्तीय बेलन की त्रिज्या r है।

लंब वृत्तीय बेलन का आयतन $= \pi \times r^2 \times h$

$\pi \times r^2 \times h = 392\pi$

$\Rightarrow r^2 \times 8 = \frac{(392\pi)}{\pi}$

$\Rightarrow r^2 = \frac{392}{8}$

$\Rightarrow r^2 = 49$

$\Rightarrow r = 7$

लंब वृत्तीय बेलन का वक्र पृष्ठीय क्षेत्रफल $= 2 \times \pi \times r \times h$

वक्र पृष्ठीय क्षेत्रफल $= 2 \times \pi \times 7 \times 8$

$= 112\pi$

$\therefore$ लंब वृत्तीय बेलन का वक्र पृष्ठीय क्षेत्रफल 112π (सेमी ^{2} में) है।

अतः विकल्प (C) सही है।

78. सिलेन्डर का वक्र पृष्ठीय क्षेत्रफल $= 2\pi rh = 594$

$\Rightarrow rh = 594 \times \frac{7}{44}$

$\Rightarrow rh = 94.5$

सिलेन्डर का आयतन $= \pi r^2 h = 1336.5$

$\Rightarrow r^2 h = 425.25$

$\Rightarrow \frac{r^2 h}{rh} - \frac{425.25}{94.5}$

$\Rightarrow r = 4.5$

$\Rightarrow h = \frac{94.5}{4.5}$

$\Rightarrow h = 21$ सेमी

$\therefore$ सिलेन्डर की उंचाई $= 21$ सेमी

अत: विकल्प (B) सही है।

79. माना पहले गोले की त्रिज्या R और दूसरे गोले की त्रिज्या r है।

प्रश्नानुसार,

$\Rightarrow \frac{(4\pi R^2)}{(4\pi r^2)} = \frac{9}{4}$

$\Rightarrow \frac{R^2}{r^2} = \frac{9}{4}$

$\Rightarrow \frac{R}{r} = \frac{3}{2}$

$\Rightarrow R = \frac{3r}{2}$

उनके आयतनों का अनुपात $= \frac{4}{3} \times \pi R^3 : \frac{4}{3} \times \pi r^3$

$= \left(\frac{3r}{2}\right)^3 : r^3$

$= \frac{27}{8} : 1$

$= 27 : 8$

$\therefore$ उनके आयतनों का अनुपात $27 : 8$ है।

अत: विकल्प (B) सही है।

80. दिया गया है,

एक कमरे की चार दीवारों का क्षेत्रफल $= 660$ मीटर ^{2}

कमरे की ऊँचाई (h) $= 11$ मीटर

लंबाई = चौड़ाई से दोगुनी

जैसा कि हम जानते है,

एक कमरे की चार दीवारों का क्षेत्रफल $= 2(l + b) \times h$ जहां ' l' कमरे की लंबाई है और ' b' कमरे की चौड़ाई है और h कमरे की ऊंचाई है।

एक कमरे की छत का क्षेत्रफल $= (l \times b)$

माना कमरे की लंबाई और चौड़ाई क्रमशः $2x$ और x है।

एक कमरे की चार दीवारों का क्षेत्रफल $= 2(l + b) \times h$

$\Rightarrow 2 \times (2x + x) \times 11 = 660$

$\Rightarrow 2 \times (3x) \times 11 = 660$

$\Rightarrow x = 10$

एक कमरे की छत का क्षेत्रफल $= (l \times b)$

$= (2x \times x)$

$= 200$

$\therefore$ कमरे की छत का क्षेत्रफल 200 मीटर ^{2} है।

अत: विकल्प (A) सही है।

81. यहाँ, ग्यारह क्रिकेट खिलाड़ियों की औसत आयु $= 20$ वर्ष

11 खिलाड़ियों की कुल उम्र $= 11 \times 20 = 220$ वर्ष

यदि कोच की आयु को भी शामिल कर लिया जाए, तो औसत आयु बढ़ जाती है 10%

यानी कुल वृद्धि औसत $= 20$ का $10\% = 2$

11 खिलाड़ियों और कोच का नया औसत $= 20 + 2 = 22$ वर्ष

11 खिलाड़ियों और कोच की कुल उम्र $= 12 \times 22 = 264$ वर्ष

$\therefore$ कोच की उम्र $= (264 - 220)$ वर्ष $= 44$ वर्ष

अत: विकल्प (B) सही है।

82. दिया गया है:

$\triangle ABC$ में, $\angle BAC = 75°$

$BQ = PQ$ तथा $QC = QR$

जैसा कि हम जानते है,

त्रिभुज के तीनों कोणों का योग $= 180°$

एक सरल रेखा पर सभी कोणों का योग $= 180°$

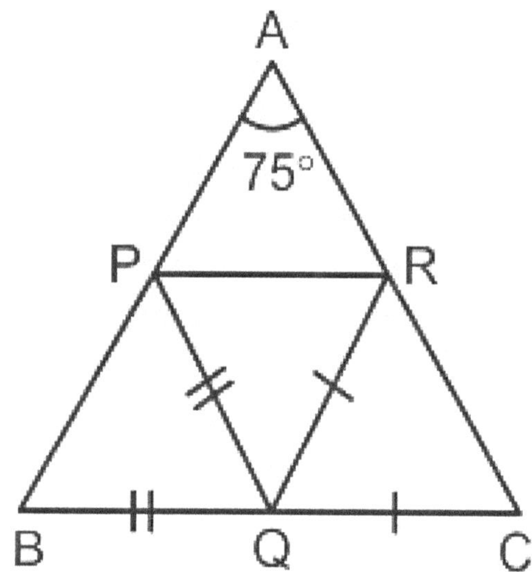

माना, $\angle ABC = x$ और $\angle ACB = y$

इसलिए, $\angle ABC = \angle PBQ = \angle QPB = x[\because BQ = PQ]$

$\angle ACB = \angle RCQ = \angle QRC = y[QC = QR]$

$\triangle ABC$ में, $\angle ABC + \angle ACB + \angle BAC = 180°$

$\Rightarrow x + y + 75° = 180°$

$\Rightarrow x + y = 180° - 75° = 105°$.....(1)

$\triangle BPQ$ तथा $\triangle CRQ$ में,

$(\angle PBQ + \angle QPB + \angle PQB) + (\angle RCQ + \angle QRC + \angle RQC)$

$\Rightarrow 180° + 180° = 360°$

$\Rightarrow (x + x + \angle PQB) + (y + y + \angle RQC) = 360°$

$\Rightarrow 2x + 2x + \angle PQB + \angle RQC = 360°$

$\Rightarrow 2(x + y) + \angle PQB + \angle RQC = 360°$

$\Rightarrow (2 \times 105°) + \angle PQB + \angle RQC = 360°$ $[\because x + y = 105°]$

$\Rightarrow \angle PQB + \angle RQC$

$\Rightarrow 360° - 210° = 150°$...(2)

साथ ही, $\angle PQB + \angle RQC + \angle PQR = 180°$

$\Rightarrow 150° + \angle PQR = 180°$ $[\because \angle PQB + \angle RQC = 150°]$

$\Rightarrow \angle PQR = 180° - 150° = 30°$

$\therefore \angle PQR$ की माप (डिग्री में) $30°$ है।

अत: विकल्प (C) सही है।

83.

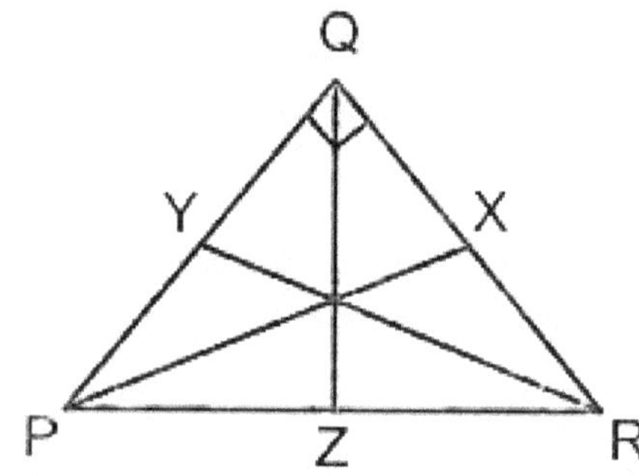

हम जानते हैं कि,

$PX^2 + RY^2 + QZ^2 = \frac{3}{4}(PQ^2 + QR^2 + PR^2)$

समकोण त्रिभुज में

$PQ^2 + QR^2 = PR^2$

$QZ = \frac{PR}{2}$

अब,

$PX^2 + RY^2 + QZ^2 = \frac{3}{4}(PQ^2 + QR^2 + PR^2)$

$\Rightarrow PX^2 + RY^2 + \left(\frac{PR}{2}\right)^2 = \frac{3}{4}(PR^2 + PR^2)$

$\Rightarrow PX^2 + RY^2 = \frac{3}{2}(PR^2) - \frac{PR^2}{4}$

$\Rightarrow PX^2 + RY^2 = \frac{6PR^2 - PR^2}{4}$

$\Rightarrow PX^2 + RY^2 = \frac{5PR^2}{4}$

$\Rightarrow PX^2 + RY^2 = \frac{5}{4}(PQ^2 + QR^2)$

$\Rightarrow \frac{(PX^2 + RY^2)}{(PQ^2 + QR^2)} = \frac{5}{4}$

$\Rightarrow \frac{PQ^2 + QR^2}{PX^2 + RY^2} = \frac{4}{5}$

अतः विकल्प (B) सही है।

84. संकल्पना:

सभी संख्याओं के घातों के हर को समान मान में लाइये।

गणना

हर 4, 3, 6, 2 का ल.स. 12 है

संख्याओं को इस रुप में भी लिखा जा सकता है

$3^{\frac{3}{12}}, 2^{\frac{4}{12}}, 5^{\frac{2}{12}}, 2^{\frac{6}{12}}$

∵ सभी घातों के हर समान हैं,

$3^3, 2^4, 5^2, 2^6$

इसमें सबसे छोटा 2^4 है

∴ इनमें से सबसे छोटा $2^{\frac{1}{3}}$ है।

अतः विकल्प (B) सही है।

85. दिया है:

म.स.प. $= 3$

ल.स.प. $= 90$

गणना:

मान लें कि संख्या $3a$ है

और दूसरी संख्या $3b$ है

प्रश्न के अनुसार:

$3a + 3b = 33$

$\Rightarrow a + b = 11$ ....(1)

$3a$ का ल.स.प.

$3b = 3ab$

इसलिए, $3ab = 90$

$\Rightarrow ab = 30$ ...(2)

समीकरण (1) और समीकरण (2) से

$a = 5$

$b = 6$

$\Rightarrow$ पहली संख्या $= 3a = 3 \times 5 = 15$

$\Rightarrow$ दूसरी संख्या $= 3b = 3 \times 6 = 18$

संख्याओं के व्युत्क्रम का अंतर

$\frac{1}{15} - \frac{1}{18} = \frac{1}{90}$

अतः विकल्प (C) सही है।

86. बाएं से दाएं शुरू करते हुए, हाथ मिलाने वाले व्यक्ति के बगल में खड़े व्यक्ति को छोड़ दिया जाएगा।

जैसे व्यक्ति 3 से हाथ मिलाता है, इसलिए बाएं से शुरू करके और पहले व्यक्ति से हाथ मिलाते हुए हम अगले को छोड़ देंगे। तीसरे व्यक्ति से हाथ मिलाने पर चौथा व्यक्ति छूट जाएगा।

इसलिए हमारे पास 2 को छोड़ने के बाद 4 व्यक्ति बचे हैं और अलग-अलग संभावित संयोजन खोजने के लिए हम उनमें से कोई 3 हाथ मिलाने के लिए करेंगे।

विशिष्ट संभावित हाथ मिलाने की संख्या $= \binom{4}{3}$

$= \frac{4!}{3! \times 1!} = 4$

अतः विकल्प (B) सही है।

87. '$CORPORATION$' शब्द में हम स्वरों $OOAIO$ को एक अक्षर मानते हैं।

इस प्रकार, हमारे पास $CRPRTN\ (OOAIO)$ है।

इसमें 7 अक्षर हैं जिनमें से R अक्षर की पुनरावृत्ति 2 बार होती है और शेष अक्षर अलग-अलग हैं।

इन अक्षरों को व्यवस्थित करने के तरीकों की संख्या $= \frac{7!}{2!}$

$= \frac{(7 \times 6 \times 5 \times 4 \times 3 \times 2 \times 1)}{2 \times 1}$

$= \frac{5040}{2}$

$= 2520$

अब, 5 स्वर जिनमें O, 3 बार आता है और शेष भिन्न हैं, को $\frac{5!}{3!} = \frac{(5 \times 4 \times 3 \times 2 \times 1)}{(3 \times 2 \times 1)}$ में व्यवस्थित किया जा सकता है

$= \frac{120}{6}$

$= 20$

∴ तरीकों की आवश्यक संख्या $= (2520 \times 20)$

$= 50400$

अतः विकल्प (D) सही है।

88. दिया है:

वृत्त के केंद्र के निर्देशांक (4, 5) है।

वृत्त बिंदु (1, 9) से होकर गुजरता है।

वृत्त का केंद्र (4, 5) पर है। चूंकि, बिंदु (1, 9) की दूरी पर स्थित है।

इस बिंदु से केंद्र वृत्त की त्रिज्या r है।

त्रिज्या, $r = \sqrt{(x_2 - x_1)^2 + (y_2 - y_1)^2}$

$\Rightarrow r = \sqrt{(1-4)^2 + (9-5)^2}$

$= \sqrt{9 + 16}$

$= 5$

∴ एक वृत्त की त्रिज्या 5 इकाई है।

अतः विकल्प (B) सही है।

89. x-अक्ष के बारे में एक परवलय सममित के लिए,

$(y - k)^2 = 4a(x - h)$

जहाँ,

फोकस $(h + a, k)$ है

शीर्ष (h, k) है

दिया है :

फोकस = (4, 0)

शीर्ष = (2, 0)

दिया गया शीर्ष (2, 0) है।

h = 2, k = 0

फोकस के लिए = (4, 0)

h + a = 4

⇒ 2 + a = 4

⇒ a = 2

तो परवलय का समीकरण,

$(y - k)^2 = 4a(x - h)$

$\Rightarrow (y - 0)^2 = 4 \times 2(x - 2)$

$\Rightarrow y^2 = 8x - 16$

∴ परवलय का समीकरण $y^2 = 8x - 16$ है।

अतः विकल्प (B) सही है।

90. माना कि,

$z = \frac{1+i}{1-i}$

अंश और हर में $(1 + i)$ से गुणा करने पर,

हम पाते हैं,

$z = \frac{1+i}{1-i} \times \frac{1+i}{1+i}$

$\Rightarrow z = \frac{(1+i)^2}{1^2-i^2}$

$\Rightarrow z = \frac{1+i^2+2i}{1-i^2}$

$\Rightarrow z = \frac{1+(-1)+2i}{1-(-1)} \quad [\because i^2 = -1]$

$\Rightarrow z = \frac{0-2i}{1+1}$

$\Rightarrow z = \frac{-2i}{2}$

$\Rightarrow z = -i$

तो, $z = \overline{z} = i$ का संयुग्मी

अतः विकल्प (D) सही है।

91. दिया गया है,

$D = \begin{vmatrix} p & q & r \\ q & r & p \\ r & p & q \end{vmatrix}$

$= p(qr - p^2) - q(q^2 - pr) + r(pq - r^2)$

$= pqr - p^3 - q^3 + pqr + pqr - r^3$

$= 3pqr - (p^3 + q^3 + r^3)$

जैसा कि हम जानते हैं,

समांतर माध्य $\geq$ ज्यामितीय माध्य

अब, p^3, q^3 और r^3 का समांतर माध्य $= \frac{p^3+q^3+r^3}{3}$

अब, p^3, q^3 और r^3 का समांतर माध्य $= (p^3 \times q^3 \times r^3)^{\frac{1}{3}} = pq$

इसलिए,

$\frac{p^3+q^3+r^3}{3} \geq pqr$

$\Rightarrow p^3 + q^3 + r^3 \geq 3pqr$

$\Rightarrow 3pqr - (p^3 + q^3 + r^3) \leq 0$

$\therefore D \leq 0$

अतः विकल्प (B) सही है।

92. एक महिला अपने घर से 30 मी दूर खड़ी है। उसके ऊपर से उन्नयन कोण घर के शीर्ष की ओर 30° है और उसके पैर से उन्नयन कोण घर के शीर्ष की ओर 60° है

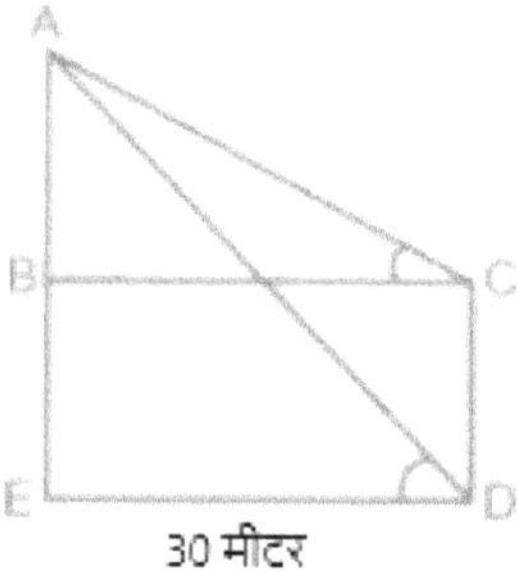

$\triangle ABC$ में,

$\Rightarrow \tan 30° = \frac{AB}{BC}$

$\Rightarrow \frac{1}{\sqrt{3}} = \frac{AB}{30}$

$\Rightarrow AB = \frac{30}{\sqrt{3}}$

$\Rightarrow AB = \frac{30\sqrt{3}}{(\sqrt{3}\times\sqrt{3})}$

$\Rightarrow AB = 10\sqrt{3}$ मीटर

$\triangle AED$, में,

$\Rightarrow \tan 60° = \frac{AE}{ED}$

$\Rightarrow \sqrt{3} = \frac{(AB+BE)}{30}$

$\Rightarrow AB + BE = 30\sqrt{3}$

$\Rightarrow BE = 30\sqrt{3} - 10\sqrt{3}$

$\Rightarrow BE = 20\sqrt{3}$ मीटर

घर की कुल ऊंचाई $= 10\sqrt{3} + 20\sqrt{3} = 30\sqrt{3}$

महिलाओं की ऊंचाई $= CD = BE = 20\sqrt{3}$

घर और महिलाओं की कुल ऊंचाई $= 30\sqrt{3} + 20\sqrt{3} = 50\sqrt{3}$

∴ घर और महिलाओं की कुल ऊंचाई $50\sqrt{3}$ है।

अतः विकल्प (B) सही है।

93. I. $x^2 - 11\sqrt{3}x + 90 = 0$

$\Rightarrow x^2 - 6\sqrt{3}x - 5\sqrt{3}x + 90 = 0$

$\Rightarrow x(x - 6\sqrt{3}) - 5\sqrt{3}(x - 6\sqrt{3}) = 0$

$\Rightarrow (x - 6\sqrt{3})(x - 5\sqrt{3}) = 0$

$\Rightarrow x = 6\sqrt{3}, 5\sqrt{3}$

II. $y^2 - 9\sqrt{7}y + 140 = 0$

$\Rightarrow y^2 - 5\sqrt{7}y - 4\sqrt{7}y + 140 = 0$

$\Rightarrow y(y - 5\sqrt{7}) - 4\sqrt{7}(y - 5\sqrt{7}) = 0$

$\Rightarrow (y - 5\sqrt{7})(y - 4\sqrt{7}) = 0$

$\Rightarrow y = 5\sqrt{7}, 4\sqrt{7}$

x और y के बीच तुलना (सारणीकरण के माध्यम से):

x का मान	**y का मान**	**सम्बन्ध**
$5\sqrt{3}$	$5\sqrt{7}$	$y > x$
$5\sqrt{3}$	$4\sqrt{7}$	$y > x$
$6\sqrt{3}$	$5\sqrt{7}$	$y > x$
$6\sqrt{3}$	$4\sqrt{7}$	$y > x$

$\therefore x < y$

अतः विकल्प (B) सही है।

94. दिया है:

आइसक्रीम के प्रकार = 3

चॉकलेट आइसक्रीम की संख्या = 6

धारणा:

प्रायिकता (घटना) = अनुकूल परिणामों की संख्या / कुल परिणाम

गणना:

आइसक्रीम की संख्या $= 6 + a + b$

माना वनिला फ्लेवर की आइसक्रीम a है

माना ब्लूबेरी फ्लेवर की आइसक्रीम b है

प्रायिकता (एक वनिला आइसक्रीम का चयन) = वनिला आइसक्रीम की संख्या / कुल आइसक्रीम

$\Rightarrow$ प्रायिकता (एक वनिला आइसक्रीम की चयन) $= \frac{a}{(6+a+b)}$

$\Rightarrow \frac{1}{2} = \frac{a}{(6+a+b)}$ .....(i)

प्रायिकता (एक ब्लूबेरी आइसक्रीम का चयन) = ब्लूबेरी आइसक्रीम की संख्या / कुल आइसक्रीम

$\Rightarrow \frac{2}{7} = \frac{b}{(6+a+b)}$ .....(ii)

समीकरण (i) और (ii), को हल करने पर, हम प्राप्त करते हैं

$\Rightarrow a = 14$ और $b = 8$

$\Rightarrow$ आइसक्रीम की कुल संख्या $= 6 + 14 + 8 = 28$

∴ ट्रंक में आइसक्रीम की कुल संख्या 28 है।

अतः विकल्प (C) सही है।

95. दिया है:

गेंदों की कुल संख्या $= 12$

लाल गेंदों की संख्या =सभी गेंदों का $\frac{1}{4}$

सूत्र:

संचय सूत्र $^nC_r = \frac{n!}{(n-r)!r!}$

लाल गेंदों की संख्या $= 12 \times \frac{1}{4} = 3$ गेंद

नीली गेंदों की संख्या $= 12 - 3 = 9$ गेंद

अब बॉक्स से 3 गेंदों के चयन के तरीकों की कुल संख्या $= {}^{12}C_3$

$\Rightarrow \frac{12\times11\times10}{3\times2} = 220$

3 लाल गेंदों में से 3 लाल गेंदों के चयन के तरीकों की कुल संख्या $= {}^3C_3$

$\Rightarrow \frac{3\times2}{3\times2} = 1$

सभी 3 लाल गेंदों के चयन की प्रायिकता $= \frac{{}^3C_3}{{}^{12}C_3} = \frac{1}{220}$

कम से कम 1 नीली गेंद के चयन की प्रायिकता $= 1 - \frac{1}{220} = \frac{219}{220}$

∴ कम से कम 1 नीली गेंद के चयन की प्रायिकता $\frac{219}{220}$ है।

अतः विकल्प (C) सही है।

96. दो पासों को उछाला जाता है,

$$S = \begin{matrix} \{(1,1) & (1,2) & (1,3) & (1,4) & (1,5) & (1,6) \\ (2,1) & (2,2) & (2,3) & (2,4) & (2,5) & (2,6) \\ (3,1) & (3,2) & (3,3) & (3,4) & (3,5) & (3,6) \\ (4,1) & (4,2) & (4,3) & (4,4) & (4,5) & (4,6) \\ (5,1) & (5,2) & (5,3) & (5,4) & (5,5) & (5,6) \\ (6,1) & (6,2) & (6,3) & (6,4) & (6,5) & (6,6)\} \end{matrix}$$

$n(S) = 36$

अब, माना कि A, 7 का योग प्राप्त करने की एक घटना है।

$A = \{(1,6), (2,5), (3,4), (4,3), (5,2), (6,1)\}$

$n(A) = 6,$

$\therefore$ 7 का योग प्राप्त करने की प्रायिकता = $\frac{n(A)}{n(S)}$

$= \frac{6}{36}$

$= \frac{1}{6}$

अतः विकल्प (A) सही है।

97. दिया हैं,

$\frac{4}{5} \div 3\frac{1}{4}$ का $\frac{8}{13} - \frac{\frac{1}{5}-\frac{1}{8}}{\frac{1}{5}+\frac{1}{8}} \times 5\frac{1}{5} + \frac{5}{6}$

$\Rightarrow \frac{4}{5} \div \frac{13}{4} \times \frac{8}{13} - \frac{\frac{3}{40}}{\frac{13}{40}} \times \frac{26}{5} + \frac{5}{6}$

$\Rightarrow \frac{4}{5} \div 2 - \frac{3}{40} \times \frac{40}{13} \times \frac{26}{5} + \frac{5}{6}$

$\Rightarrow \frac{4}{5} \times \frac{1}{2} - \frac{6}{5} + \frac{5}{6}$

$\Rightarrow \frac{2}{5} - \frac{6}{5} + \frac{5}{6}$

$\Rightarrow \frac{12-36+25}{30}$

$\Rightarrow \frac{1}{30}$

अतः विकल्प (C) सही है।

98. माना कि, तीन संख्याएँ a – d, a, a + d हैं

$\therefore$ a – d +a + a + d = 9

$\Rightarrow$ 3a = 9

$\Rightarrow$ a = 3

साथ ही, (a – d) . a . (a + d) = 24

$\Rightarrow$ (3 -d) . 3(3 + d) = 24

$\Rightarrow 9 - d^2 = 8$

$\Rightarrow d^2 = 9 - 8 = 1$

$\therefore$ d = ± 1

तो, संख्याएँ 2, 3, 4 या 4, 3, 2 है।

अतः विकल्प (D) सही है।

99. 8 के गुणज $8,16,24,32 \ldots$ हैं।

श्रृंखला AP के रूप में है, जिसका पहला पद 8 और सार्व अंतर 8 है।

इसलिए,

$a = 8$

$d = 8$

$S_{15} = ?$

n वें पद के योग के सूत्र से हम जानते हैं,

$S_n = \frac{n}{2}[2a + (n-1)d]$

$a =$ पहला पद

$d =$ सार्व अंतर

$S_n = n$ वें पद का योग

$S_{15} = \frac{15}{2}[2(8) + (15-1)8]$

$= \frac{15}{2}[16 + (14)(8)]$

$= \frac{15}{2}[16 + 112]$

$= \frac{15(128)}{2}$

$= 15 \times 64$

$= 960$

अतः विकल्प (A) सही है।

100. दिया है,

$\frac{a_{11}}{a_{18}} = \frac{a+10d}{a+17d} = \frac{2}{3}$

$a_n = a + (n-1)d$

$a =$ पहला पद

$d =$ सार्व अंतर

$a_n = n$वाँ पद

$\Rightarrow 3a + 30d = 2a + 34d$

$\Rightarrow a = 4d \quad \ldots\ldots (i)$

$\frac{S_5}{S_{10}} = \frac{\frac{5}{2}(2a+4d)}{5(2a+9d)}$

$S_n = \frac{n}{2}[2a + (n-1)d]$

$= \frac{8d+4d}{2(8d+9d)}$ [(i) से a का मान रखने पर]

$= \frac{12d}{34d} = \frac{6}{17}$

इसलिए, $S_5 : S_{10} = 6:17$

अतः विकल्प (D) सही है।

मॉक टेस्ट 06

Hindi

Q.1 किस विकल्प में 'इल' प्रत्यय का प्रयोग नहीं हुआ है?
[HTET PGT - Computer Science, 2020]

A. उर्मिल **B.** मरियल **C.** फेनिल **D.** जटिल

Q.2 'लिखावट' शब्द में किस प्रकार का प्रत्यय है?
[Super TET Paper - I, 2018]

A. आवट **B.** अट **C.** आर **D.** हार

Q.3 श्रृगार का शुद्ध रूप निम्न में से कौन है?

A. श्रृंगार **B.** श्रृगार **C.** श्रगार **D.** श्रंगार

Q.4 'जो ईश्वर में विश्वास रखता हो' के लिए एक शब्द कौन-सा होगा?
[UP Police Sub Inspector, 2021]

A. नास्तिक **B.** आस्तिक **C.** अविनीत **D.** मेधावी

Ques (5-6):निर्देश: निम्नलिखित मुहावरे का अर्थ बताइये।

Q.5 आँख का काजल चुराना

A. सफाई के साथ चोरी करना
B. अत्यधिक प्रशंसा करना
C. अत्यधिक क्रोधित होना
D. इनमें से कोई नहीं

Q.6 आँखों में खून उतरना

A. अत्यधिक क्रोध होना **B.** बहुत प्रिय होना
C. कष्टदायक होना **D.** क्रोध करना

Q.7 'श' वर्ण का उच्चारण स्थान क्या है?

A. दंत **B.** मूर्द्धा **C.** तालु **D.** दंतालु

Q.8 दिए गए शब्द -युग्म शब्द का उचित अर्थ ज्ञात कीजिए।
छर-झर

A. छरों के वेग से निकलने का शब्द -पानी गिरने का स्थान
B. छोटीनाव-पाखंडी
C. वृक्ष की शाखा-रक्षक
D. संलग्न-केशों का बंधन

Q.9 निम्न में से किसमें व्यंजन संधि है:

A. सप्तर्षि **B.** निराधार **C.** सत्कार **D.** हिमालय

Q.10 'मनोविज्ञान' में संधि है:

A. व्यंजन संधि **B.** विसर्ग संधि
C. यण संधि **D.** दीर्घ संधि

Q.11 'बंधनमुक्त' में कौन-सा समास है?

A. संबंध तत्पुरुष समास
B. कर्म तत्पुरुष समास
C. अपादान तत्पुरुष समास
D. अधिकरण तत्पुरुष समास

Q.12 किस शब्द में तत्पुरुष समास है?

A. शोकमग्न **B.** आज-कल **C.** चरणकमल **D.** आजन्म

Q.13 'तुमने गाया होगा' इस वाक्य में कौन-सा काल है?

A. संदिग्ध भूत **B.** संभाव्य भविष्य
C. अपूर्ण भूत **D.** सामान्य भविष्य

Q.14 निर्देश: दिए गए निम्नलिखित शब्दों में से पर्यायवाची शब्द का चयन करे।
कुबेर

A. यक्षराज **B.** मनोज **C.** रतिपति **D.** पुरंदर

Q.15 निम्नलिखित विकल्पों में से '**अश्व**' किसका पर्यायवाची शब्द है?

A. तुरंग **B.** शार्दूल **C.** शिखी **D.** पखेरू

Q.16 'कुरूप' का विलोम शब्द निम्न में से कौन सा है?

A. चुस्त **B.** संयोग **C.** सुरूप **D.** कटु

Q.17 'सब लोगों से सम्बन्ध रखने वाला' वाक्यांश के लिए सही शब्द है:

A. सर्वकालिक **B.** सार्वजनिक
C. सार्वदेशिक **D.** सार्वभौमिक

Q.18 'अनुप्रास, श्लेष और यमक' किस अलंकार के भेद हैं?

A. शब्दालंकार **B.** उपमा अलंकार
C. अर्थालंकार **D.** रूपक अलंकार

Q.19 'मेरे तो गिरिधर गोपाल दूसरो न कोई, जाके सिर मोर मुकुट मेरो पति सोई', इन पंक्तियों में कौन -सा रस है?

A. करुण रस **B.** श्रृंगार रस
C. शांत रस **D.** वीभत्स रस

Q.20 दिए गए विकल्पों में से 'एकांकी' शब्द का विलोम शब्द क्या होगा?

A. एकल **B.** अनेकांकी **C.** अनेकार्थी **D.** दुकेला

Ques (21-23):निर्देश: नीचे दिए गए गद्यांश को ध्यानपूर्वक पढ़िए और उस पर आधारित प्रश्न का उत्तर दीजिए।

सदाचार के कुछ सामान्य नियम हैं। सत्यवादिता सदाचारी का प्रथम लक्षण है। सदाचारी व्यक्ति कभी अपने जीवन में झूठ को स्थान नहीं देते हैं। वे अपने परिश्रम की कमाई खाते हैं। उनका जीवन सादा और विचार उच्च होते हैं। वे सांसारिक भोगों से कोसों दूर रहते हैं। सदाचारी व्यक्ति कभी अपना समय व्यर्थ नहीं खोते। उनका जीवन नियमित एवं संयमित होता है। वे किसी भी काम को कल के सहारे नहीं छोड़ते। वे अपना काम स्वयं ही करते हैं। जहाँ तक संभव होता है, वे प्रत्येक व्यक्ति के साथ मधुर व्यवहार करते हैं। इससे वे सबके प्रियजन बन जाते हैं। ईश्वर की पूजा-अर्चना भी सर्वोपरि सदाचार में आता है। सदाचारी अपनी इन्द्रियों को वश में रखते हैं। क्रोध, लोभ, ईर्ष्या और निन्दा आदि सदाचार के दुश्मन हैं। जो इन्हें त्याग देते हैं, वही सच्चे सदाचारी कहलाते हैं। सदाचार के अभाव में धन, सम्पत्ति, वैभव या अन्य उपलब्धियाँ निरर्थक हो जाती हैं। कहा भी गया है-सदाचार के अभाव में विद्या और धन अन्धे हैं एवं ऐसा धन और ऐसी विद्या संसार के लिए हानिकारक हैं। 'आँख का अन्धा और गाँठ का पूरा' कभी समाज में प्रतिष्ठा या आदर नहीं पा सकता है। यही कारण था कि रावण जैसा धनवान, पराक्रमी और विद्वान सदाचार के अभाव में आदर का पात्र नहीं बन सका। ठीक इसके विपरीत राम अपने सदाचार के सहारे ही विश्ववन्द्य हो गए।

Q.21 निम्नलिखित में से कौन-सा गुण सदाचारी का नहीं है ?

A. सादा और उच्च विचार
B. नियमित एवं संयमित जीवन
C. ऐशो आराम का जीवन
D. परिश्रम की कमाई

Q.22 सही शब्दों से वाक्य पूरा कीजिए।
सदाचारी ______ सबके प्रियजन बन जाते हैं।

A. प्रत्येक व्यक्ति की खुशामद करके
B. प्रत्येक व्यक्ति के साथ मधुर व्यवहार करके
C. प्रत्येक व्यक्ति की बात मान करके
D. प्रत्येक व्यक्ति को बहलाकर करके

Q.23 सही अर्थ का चयन कीजिए।
'आँख का अन्धा और गाँठ का पूरा' का अर्थ है:

A. जिसे दिखाई न दे **B.** मूर्ख लेकिन धनी
C. बहुत अमीर **D.** बहुत बड़ा मूर्ख

Ques (24-25):निर्देश: वाक्य में रेखांकित शब्द का उचित व्याकरणिक परिचय छाँटिए।

Q.24 '<u>लाल</u> गुलाब देखकर मन खुश हो गया।'

A. संख्यावाचक विशेषण, बहुवचन, पुल्लिंग, 'गुलाब विशेष्य का विशेष
B. गुणवाचक विशेषण, बहुवचन, पुल्लिंग, 'गुलाब विशेष्य का विशेष
C. परिमाणवाचक विशेषण, एकवचन, पुल्लिंग, 'गुलाब विशेष्य का विशेष
D. गुणवाचक विशेषण, बहुवचन, स्त्रीलिंग, 'गुलाब विशेष्य का विशेष

Q.25 राधिका ने <u>आपको</u> बुलाया है।

A. प्रथम पुरुषवाचक सर्वनाम, पुल्लिंग, एकवचन, कर्म कारक
B. निजवाचक सर्वनाम, पुल्लिंग/स्त्रीलिंग, एकवचन, कर्ता कारक
C. मध्यम पुरुषवाचक सर्वनाम, स्त्रीलिंग/पुल्लिंग, एकवचन, कर्म कारक
D. उत्तम पुरुषवाचक सर्वनाम, स्त्रीलिंग/पुल्लिंग, एकवचन, कर्म कारक

English

Q.26 Direction: Each item in this section consists of a sentence with an underlined word followed by four options. Select the option that is opposite in meaning to the underlined word.

She is a rather <u>crooked</u> woman.

A. polite **B.** generous
C. straightforward **D.** happy

Q.27 Direction: Which figure of speech in used in bold part of sentence.

'Christianity shone like a beacon in the black night of paganism.'

A. Simile **B.** Metaphor
C. Hyperbole **D.** None of the above

Ques (28-40):Direction: Choose the correct options to fill in the blanks.

Q.28 You __________ consult the Thesaurus if you need synonyms for those words.

[Sainik School Entrance Class IX, 2022]

A. had to **B.** need to **C.** used to **D.** might

Q.29 Everybody ____________ keen to participate in the Nukkad Natak.

[Sainik School Entrance Class IX, 2022]

A. is **B.** are **C.** were **D.** has

Q.30 Some of these facts _________ incorrect.

[Sainik School Entrance Class IX, 2022]

A. is **B.** are **C.** has been **D.** had been

Q.31 At this time tomorrow, we __________ our project details to our teacher.

[Sainik School Entrance Class IX, 2022]

A. will have presenting
B. have been presenting
C. shall be presenting
D. had been presenting

Q.32 Only one of the boys ___________ not done the homework.

[Sainik School Entrance Class IX, 2022]

A. can **B.** could **C.** has **D.** have

Q.33 The Middle-East job market has always been a ______ destination for Indians.

A. costly **B.** lucrative **C.** wealthy **D.** luxury

Q.34 There is no information _____ the company's profit in the report.

A. about **B.** with **C.** along **D.** among

Q.35 The method _____ by the teacher is very tedious.

A. reminded **B.** suggested
C. allowed **D.** regarded

Q.36 Planets do not have light _____ their own.

A. on **B.** of **C.** for **D.** by

Q.37 Moviemakers generally _____ historical facts to write their stories.

A. explain **B.** correct **C.** account **D.** adapt

Q.38 The pleasant _____ of the rain as it fell on the dust made me feel nostalgic.

A. incense **B.** balm **C.** aroma **D.** perfume

Q.39 The students along with the teacher ______ for winning the competition.

A. were awarded **B.** was awarded
C. is awarding **D.** awards

Q.40 He doesn't have _____ money to donate.

A. much **B.** some **C.** a little **D.** many

Q.41 Which of the following sentences has the correct punctuation marks?

A. The bridge was inaugurated by the C.M..
B. The bridge was inaugurated by the c.m.
C. the bridge was inaugurated by the C.M.
D. The bridge was inaugurated by the C.M.

Q.42 Direction: In the given question, a part of the sentence is made bold. Below are given alternatives to the bold part at (A), (B), and (C) which may improve the sentence. Choose the correct alternative. In case no replacement is needed, mark (D) as your answer.

The Delhi Congress has constituted a five-member committee **to prove in-depth, the reasons** behind the defeat of the Congress candidates in the Capital.

A. Proving in-depth, the reasons

B. Proved in-depth, the reasons
C. To probe in-depth, the reasons
D. No replacement required

Q.43 Direction: Select the most appropriate word for the given group of word.
A factual written account of important or historical events in the order of their occurrence.
[SSC Sub Inspector (CPO), 2020]

A. journal **B.** chronicle
C. manuscript **D.** register

Q.44 Direction: Choose the option which best expresses the meaning of the idiom/phrase given below.

"High on the hog"
[SSC Sub Inspector (CPO), 2018], [SSC Sub Inspector (CPO), 2017]

A. To go to bed or go to sleep
B. To study for a test
C. To live in a luxurious or costly way
D. To have something secured

Q.45 Direction: In the following question, find out the alternative which will replace the question mark.
Peace : Chaos :: Creation : ?
A. Build **B.** Construction
C. Destruction **D.** Manufacture

Q.46 Direction: Change the following sentence given below in the appropriate narration form.

The priest said, "December is the last month of the year".
A. The priest said that December was the last month of the year.
B. The priest said that December is the last month of the year.
C. The priest says that December is the last month of the year.
D. The priest told that December is the last month of the year.

Ques (47-48):Direction: Select the word that is most SIMILAR in meaning to the underlined word.

Q.47 The onus is on health policymakers and program managers in every Indian State to do everything in the best interests of children.
A. aid **B.** praise
C. innocence **D.** obligation

Q.48 He can only absolve you from mortal sins.
A. compel **B.** forgive **C.** accuse **D.** subtract

Q.49 Select the word with the correct spelling.
A. Impresionable **B.** Propencity
C. Suceptible **D.** Impeccable

Q.50 Direction: Rearrange the words given below to make a meaningful and coherent sentence.
is said / in the eastern hemisphere / the Nile / than all other rivers / to be longer
A. Than all other rivers in the eastern hemisphere is said to be longer the Nile.
B. In the eastern hemisphere the Nile to be longer than all other rivers is said.
C. The Nile is said to be longer than all other rivers in the eastern hemisphere.
D. Is said to be longer than all other rivers in the eastern hemisphere the Nile.

General Studies

Q.51 भारत में फ्रांसीसी उपनिवेश की राजधानी क्या थी?
[SSC Constable (GD), 2019]

A. पॉन्डिचेरी **B.** कालीकट **C.** कोचीन **D.** गोवा

Q.52 पानी फाउंडेशन के संस्थापक कौन से प्रसिद्ध भारतीय व्यक्तित्व हैं?
[SSC Constable (GD), 2019]

A. शाहरुख खान **B.** सलमान ख़ान
C. आमिर खान **D.** रणवीर सिंह

Q.53 एलीफेंटा की गुफाएं मुख्यतः निम्नलिखित में से किस देवता को समर्पित हैं?
A. भगवान गणेश **B.** भगवान राम
C. भगवान कृष्ण **D.** भगवान शिव

Q.54 निम्नलिखित में से किस भवन में प्रथम विद्यमान सही मेहराब पाया जाता है?
[UPSC Central Armed Police Forces AC, 2017]

A. अढाई दिन का झोंपड़ा
B. कुव्वत उल इस्लाम मस्जिद
C. सुल्तान बलबन का मकबरा
D. अलाई दरवाजा

Q.55 भारत की निम्नलिखित में से कौन सी झील लैगून नहीं है?
A. वेम्बनाड **B.** पुलिकट **C.** लोकटक **D.** चिल्का

Q.56 किसी मरुस्थल या अर्धमरुस्थल क्षेत्र में पेरिपेडीमेंट को निम्नलिखित में से किस और नाम से भी जाना जाता है?
A. इन्सेलबर्ग **B.** ज़्यूगेन **C.** बाजदा **D.** प्लाया

Q.57 निम्नलिखित में से कौन सा कारक वायुमंडलीय दाब को प्रभावित नहीं करता है?
A. ऊंचाई **B.** पृथ्वी का घूमना
C. वर्षा **D.** तापमान

Q.58 भारत में उग्रवादी आन्दोलन के जनक हैं:
A. मोतीलाल नेहरू **B.** गोपाल कृष्ण गोखले
C. वल्लभ भाई पटेल **D.** बाल गंगाधर तिलक

Q.59 पवित्र स्थान 'नैमिषारण्य' उत्तर प्रदेश के किस जिले में स्थित है?
[Super TET Paper - I, 2018]

A. अयोध्या **B.** बलिया **C.** चित्रकूट **D.** सीतापुर

Q.60 स्वामी विवेकानंद का जन्मदिन भारत में मनाया जाता है:
A. विश्व धार्मिक दिवस **B.** राष्ट्रीय युवा दिवस
C. सभी सन्यासी दिवस **D.** हिंदू पुनर्जागरण दिवस

Q.61 निम्नलिखित में से कौन एक कंप्यूटर ऑपरेटिंग सिस्टम नहीं है?
[Rajasthan Police Constable, 2020]

A. बीआईओएस **B.** मैक ओएस

C. यूनिक्स ओएस **D.** माइक्रो विंडोज

Q.62 कंप्यूटर में हार्डवेयर भागों के संदर्भ में, वीआरएएम (VRAM) का पूर्ण रूप क्या है?

A. वीडियो रैंडम एडवांस्ड मीडिया
B. वीडियो रैंडम एक्सेस मेमोरी
C. वर्सेटाइल रीड एक्सेस मेमोरी
D. वर्सेटाइल रीड एडवांस्ड मीडिया

Q.63 न्यूट्रॉन का आविष्कार किसने किया था?

A. चैडविक **B.** रदरफोर्ड **C.** बोहर **D.** न्यूटन

Q.64 गैस इंजन का आविष्कार किसने किया था?

A. डीजल **B.** डेवी **C.** डेमलर **D.** चार्ल्स

Q.65 "वीएलएसआई" (VLSI) का पूर्ण रूप क्या है?

A. विसुअल एंड लेटेंसी स्केल ऑफ़ इंटेंसिटी
B. वेरी लार्ज स्केल इंटीग्रेशन
C. वेरी लॉन्ग स्केल इंटीग्रेशन
D. वीडियो लिंक सब्सक्राइबर आइडेंटिटी

Q.66 फार्मा एंड मेडिकल डिवाइसेज सेक्टर 2022 पर अंतर्राष्ट्रीय सम्मेलन का आयोजन स्थल कौन सा था?

A. वाराणसी **B.** नई दिल्ली **C.** गांधी नगर **D.** पुणे

Q.67 15 जून 2022 को जारी एक रिपोर्ट के अनुसार, 2021 में नवीकरणीय ऊर्जा परिवर्धनों में भारत का स्थान क्या है?

A. पहली रैंक **B.** दूसरी रैंक **C.** तीसरी रैंक **D.** चौथी रैंक

Q.68 भारत के पहले 'अमृत सरोवर' का उद्घाटन कहाँ किया गया था?

A. रामपुर **B.** वाराणसी **C.** लखनऊ **D.** आजमगढ़

Q.69 भारतीय संविधान के किस अनुच्छेद में प्रसाद का सिद्धांत (Doctrine of pleasure) का साधारण कानून शामिल है?

A. अनुच्छेद 134 **B.** अनुच्छेद 217
C. अनुच्छेद 310 **D.** अनुच्छेद 365

Q.70 'गज महोत्सव' प्रतिवर्ष भारत के किस शहर में मनाया जाता है?

A. भोपाल **B.** कोटा **C.** जयपुर **D.** उदयपुर

Q.71 जुलाई 2022 में प्रधान मंत्री नरेंद्र मोदी ने 'इंडिया इंटरनेशनल बुलियन एक्सचेंज (IIBX)' का शुभारंभ कहाँ किया?

A. चेन्नई **B.** मुंबई **C.** गांधीनगर **D.** लखनऊ

Q.72 भारत की पहली पंचवर्षीय योजना कब शुरू हुई थी?

A. 1949 **B.** 1950 **C.** 1952 **D.** 1951

Q.73 गेट वे ऑफ उत्तर प्रदेश किस नगर को कहा जाता है?

A. नोएडा **B.** ग़ाज़ियाबाद
C. हाथरस **D.** मथुरा

Q.74 वर्ष 1905 में वाराणसी में संपन्न हुए भारतीय राष्ट्रीय कांग्रेस के अधिवेशन की अध्यक्षता किसने की थी?

A. आचार्य जे.बी. कृपलानी ने
B. पं.जवाहरलाल नेहरू ने
C. गोपालकृष्ण गोखले ने
D. रोमेश चंद्र दत्त ने

Q.75 दक्षिणी रेलवे का मुख्यालय _____ में स्थित है।

A. पणजी **B.** पुणे **C.** चेन्नई **D.** मदुरै

Mathematics

Q.76 त्रिज्या 3 सेमी के एक ठोस गोले को पिघलाकर एक लंब वृत्तीय शंकु इस प्रकार बनाया जाता है कि शंकु की ऊंचाई शंकु की त्रिज्या की आधी हो। शंकु की त्रिज्या ज्ञात कीजिए।

A. 3 सेमी **B.** 4 सेमी **C.** 5 सेमी **D.** 6 सेमी

Q.77 3 सेमी त्रिज्या की एक गोलाकार गेंद को पिघलाया जाता है और त्रिज्या 1.5 सेमी और 2 सेमी और x सेमी के तीन गोलाकार गेंदों में पुनःनिर्मित किया जाता है। x का मान ज्ञात कीजिए।

[Territorial Army Officer, 2019]

A. 5 सेमी **B.** 2.5 सेमी **C.** 3सेमी **D.** 2.25 सेमी

Q.78 सोमवार से बुधवार तक का औसत तापमान $37°C$ था और मंगलवार से गुरूवार तक $34°C$ था। उसमे यदि गुरूवार का तापमान, सोमवार की तुलना में $\frac{4}{5}$ रहा हो, तो गुरूवार का तापमान कितना था?

A. $36.5°C$ **B.** $36°C$ **C.** $35.5°C$ **D.** $34°C$

Q.79 ΔABC में, AP, ∠BAC का द्विभाजक और AQ, BC पर लम्ब है, तो ∠PAQ बराबर होगा:

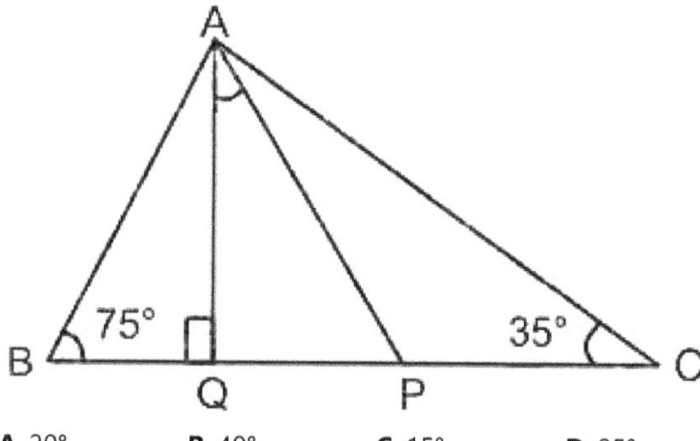

A. 20° **B.** 40° **C.** 15° **D.** 25°

Q.80 दो अभाज्य संख्याओं, x और $y(x > y)$ का लघुत्तम समापवर्त्य 161 है। तो $(x - y)$ का मान क्या है?

A. 9 **B.** 13 **C.** 15 **D.** 16

Q.81 $12,15,18,$ और 20 सैनिकों की टुकड़ियों में तैयार किए जा सकने वाले सैनिकों की न्यूनतम वर्ग संख्या क्या है?

A. 900 **B.** 400 **C.** 160 **D.** 2500

Q.82 उन तरीकों की संख्या क्या है जिसमें 5 लड़के और 4 लड़कियों को एक मेज के चारों ओर इस प्रकार बैठना है जिससे सभी लड़के एकसाथ बैठे?

A. 9! **B.** 5! 5!
C. 4! 5! **D.** इनमें से कोई नहीं

Q.83 एक समतल में 12 बिंदु हैं जिसमें से 5 समरेख हैं। बिन्दुओं के रूप में बिंदुओं द्वारा गठित त्रिकोणों की संख्या है।

A. 185 **B.** 210 **C.** 220 **D.** 175

Q.84 $P(1,2), Q(5,2), R(6,5)$ और $S(2,5)$ शीर्ष वाले चतुर्भुज का क्षेत्रफल ज्ञात कीजिये।

A. 16 वर्ग इकाई **B.** 9 वर्ग इकाई
C. 10 वर्ग इकाई **D.** 12 वर्ग इकाई

Q.85 यदि $A = \begin{bmatrix} 3 & 1 & 2 \\ 4 & 2 & 1 \\ 2 & a & 1 \end{bmatrix}$ एक अव्युत्क्रमणीय आव्यूह है तो a का मान है:

A. $\frac{8}{7}$ **B.** $\frac{4}{5}$ **C.** $\frac{7}{9}$ **D.** $\frac{5}{7}$

Q.86 आशा और सुमन की मिट्टी के किलों की ऊँचाई 9 सेमी और 16 सेमी है। यदि किले के शीर्ष एक दूसरे से 25 सेमी की दूरी पर हैं, तो दोनों किलों के बीच की दूरी (सेमी में) है:

[SSC Sub Inspector (CPO), 2020]

A. 7 **B.** 16 **C.** 25 **D.** 24

Q.87 संख्याओं 7,3,9,7,9,5,7,9,9,5 से यादृच्छिक एक संख्या का चयन किया जाता है। चयनित संख्या उनके औसत होने की प्रायिकता है:

A. $\frac{7}{10}$ **B.** $\frac{5}{10}$ **C.** $\frac{3}{10}$ **D.** $\frac{1}{10}$

Q.88 5 पुरुषों और 5 महिलाओं में से 8 व्यक्तियों का चयन किया जाना है। इस टीम में पुरुषों और महिलाओं के समान संख्या में होने की प्रायिकता ज्ञात कीजिये?

A. $\frac{1}{3}$ **B.** $\frac{4}{9}$ **C.** $\frac{5}{9}$ **D.** $\frac{2}{3}$

Q.89 एक जोड़ी पासों के एक साथ फेंकने में कुल 7 से अधिक होने की प्रायिकता क्या है?

A. $\frac{7}{12}$ **B.** $\frac{5}{36}$ **C.** $\frac{5}{12}$ **D.** $\frac{7}{36}$

Q.90 समीकरण $\frac{(120 \div 20 \times y + 31)}{(8^2 - 6 \times 4 + y^2)} = 1$ का सरलीकरण कीजिये और y का मान ज्ञात कीजिये।

[UP Police Sub Inspector, 2017]

A. 6 **B.** 3 **C.** 4 **D.** 2

Q.91 समान्तर श्रेणी 1,3,5,7, ... के 24 पदों का योग ज्ञात कीजिए।

A. 625
B. 576
C. 441
D. इनमें से कोई नहीं

Q.92 $1 + \frac{1}{2} + \frac{1}{4} + \frac{1}{8} + \cdots + \frac{1}{2^{n-1}} < 2 - \frac{1}{1000}$ को संतुष्ट करने वाले धन पूर्णांक n का महत्तम मान क्या है?

A. 8 **B.** 9 **C.** 10 **D.** 11

Q.93 यदि b^2, a^2, c^2 समान्तर श्रेणी में हैं, तब $a + b, b + c, c + a$ किस श्रेणी में होंगे?

A. समान्तर श्रेणी
B. गुणोत्तर श्रेणी
C. हरात्मक श्रेणी
D. इनमें से कोई नहीं

Q.94 बिंदु $A(\sqrt{3} + 1,4), B(1,3)$ और $C(1,5)$ द्वारा समबाहु त्रिभुज के शीर्षों को दर्शाया गया है। इस त्रिभुज का क्षेत्रफल ज्ञात कीजिए।

A. $\sqrt{2}$ **B.** $\sqrt{3}$ **C.** $\sqrt{5}$ **D.** $2\sqrt{2}$

Q.95 त्रिभुज ABC की भुजा AC को D तक इस प्रकार बढ़ाया गया है कि BC = CD है। ∠ACB 70° है, तो ∠ADB किसके बराबर होगा?

A. 35° **B.** 45° **C.** 70° **D.** 110°

Q.96 एक आयताकार क्षेत्र का क्षेत्रफल 120 मीटर ^{2} और परिमाप 46 मीटर है। उस क्षेत्र में कितना सबसे लम्बा खम्बा रखा जा सकता है?

A. 16 मीटर **B.** 19 मीटर **C.** 17 मीटर **D.** 25 मीटर

Q.97 एक समान्तर चतुर्भुज की भुजाएं 60 मीटर और 40 मीटर है। उसका एक विकर्ण 80 मीटर लम्बा है। उसका क्षेत्रफल है:

A. $500\sqrt{15}$ मीटर ^{2}
B. $600\sqrt{15}$ मीटर ^{2}
C. $400\sqrt{15}$ मीटर ^{2}
D. $450\sqrt{15}$ मीटर ^{2}

Q.98 एक समचतुर्भुज का क्षेत्रफल 250 सेमी^{2} है। इसके विकर्णों में से एक विकर्ण की लंबाई 20 सेमी है| अन्य विकर्ण की लंबाई कितनी है?

A. 25 सेमी **B.** 30 सेमी **C.** 35 सेमी **D.** 40 सेमी

Q.99 यदि $Z_1 = 2 + 3i$ और $Z_2 = 1 + 2i$ है तो $\frac{Z_1}{Z_2}$ का मान क्या है?

A. $\frac{8-i}{5}$ **B.** $\frac{8-i}{3}$ **C.** $\frac{6-i}{5}$ **D.** $\frac{8+i}{5}$

Q.100 $x^2 + 3\sqrt{2}x + 4$ के गुणनखंड क्या हैं?

A. $(x + 2\sqrt{2})(x - \sqrt{2})$
B. $(x + 2\sqrt{2})(x + \sqrt{2})$
C. $(x - 2\sqrt{2})(x - \sqrt{2})$
D. $(x - 2\sqrt{2})(x + \sqrt{2})$

// स्मार्ट उत्तर पुस्तिका //

सही उत्तर — उन छात्रों के प्रतिशत को इंगित करता है जिन्होंने प्रश्नों का सही उत्तर दिया था।

छोड़ दिया — उन छात्रों के प्रतिशत को इंगित करता है जिन्होंने प्रश्नों को छोड़ दिया था।

प्रश्न संख्या	उत्तर	सही उत्तर	छोड़ दिया
1	B	43.9 %	1.23 %
2	A	76.39 %	0.0 %
3	A	55.89 %	1.82 %
4	B	81.38 %	0.0 %
5	A	67.21 %	1.93 %
6	A	46.13 %	1.49 %
7	C	69.83 %	1.92 %
8	A	54.64 %	1.91 %
9	C	62.84 %	1.47 %
10	B	57.93 %	2.0 %
11	C	68.57 %	1.36 %
12	A	56.71 %	1.35 %
13	A	78.95 %	0.0 %
14	D	55.89 %	1.92 %
15	A	50.29 %	1.2 %
16	C	88.22 %	0.0 %
17	B	61.28 %	1.98 %
18	A	59.18 %	1.09 %
19	B	69.62 %	1.39 %
20	B	40.75 %	1.83 %
21	C	63.35 %	1.59 %
22	B	42.9 %	1.7 %
23	B	53.32 %	1.66 %
24	B	65.49 %	1.52 %
25	C	62.04 %	1.77 %
26	C	60.72 %	1.41 %
27	A	77.1 %	0.0 %
28	B	58.14 %	1.21 %
29	A	62.58 %	1.27 %
30	B	42.32 %	1.02 %
31	C	59.56 %	1.75 %
32	C	58.15 %	1.55 %
33	B	28.27 %	4.39 %
34	A	87.75 %	0.0 %
35	B	53.6 %	1.77 %
36	B	45.82 %	1.67 %
37	D	88.45 %	0.0 %
38	C	52.59 %	1.43 %
39	A	81.78 %	0.0 %
40	A	80.72 %	0.0 %
41	D	58.52 %	1.26 %
42	C	29.33 %	3.84 %
43	B	32.93 %	3.89 %
44	C	31.7 %	3.54 %
45	C	17.22 %	3.33 %
46	B	43.55 %	1.32 %
47	D	63.78 %	1.52 %
48	B	56.63 %	1.54 %
49	D	46.39 %	1.14 %
50	C	47.82 %	1.45 %
51	A	57.58 %	1.59 %
52	C	60.62 %	1.22 %
53	D	57.94 %	1.07 %
54	C	87.13 %	0.0 %
55	C	59.89 %	1.56 %
56	C	51.07 %	1.09 %
57	C	57.94 %	1.71 %
58	D	67.71 %	1.06 %
59	D	82.14 %	0.0 %
60	B	53.85 %	1.81 %
61	A	68.13 %	1.43 %
62	B	53.59 %	2.0 %
63	A	41.69 %	1.66 %
64	C	55.33 %	1.66 %
65	B	63.62 %	1.93 %
66	B	57.63 %	1.73 %
67	C	44.87 %	1.38 %
68	A	83.35 %	0.0 %
69	C	60.06 %	1.32 %
70	C	69.15 %	1.79 %
71	C	50.67 %	1.68 %
72	D	42.21 %	1.74 %
73	B	40.71 %	1.04 %
74	C	49.28 %	1.95 %
75	C	43.59 %	1.49 %
76	D	45.96 %	1.84 %
77	B	69.59 %	1.13 %
78	B	20.91 %	4.66 %
79	A	55.77 %	1.87 %
80	D	79.5 %	0.0 %

प्रश्न संख्या	उत्तर	सही उत्तर	छोड़ दिया
81	A	32.88 %	4.65 %
82	C	68.76 %	1.81 %
83	B	65.92 %	1.39 %
84	D	67.79 %	1.78 %

प्रश्न संख्या	उत्तर	सही उत्तर	छोड़ दिया
85	B	31.02 %	3.49 %
86	D	47.62 %	1.07 %
87	C	77.34 %	0.0 %
88	C	68.52 %	1.98 %

प्रश्न संख्या	उत्तर	सही उत्तर	छोड़ दिया
89	C	12.6 %	4.92 %
90	B	61.03 %	1.99 %
91	B	50.35 %	1.11 %
92	C	58.78 %	1.25 %

प्रश्न संख्या	उत्तर	सही उत्तर	छोड़ दिया
93	C	42.73 %	1.3 %
94	B	64.51 %	1.27 %
95	A	44.82 %	1.46 %
96	C	60.43 %	1.19 %

प्रश्न संख्या	उत्तर	सही उत्तर	छोड़ दिया
97	B	52.66 %	1.15 %
98	A	53.39 %	1.15 %
99	D	54.6 %	1.76 %
100	B	45.42 %	1.31 %

कार्य विश्लेषण	
औसत अंक (%)	64.0%
टॉपर्स स्कोर (%)	72.0%
आपका स्कोर	

//संकेत और समाधान//

1. 'इल' प्रत्यय का प्रयोग मरियल में नहीं हुआ है।

मर + इयल = मरियल।

अतः 'मरियल' में 'इयल' प्रत्यय और 'मर' मूल शब्द है।

अत: विकल्प (B) सही है।

2. लिखावट शब्द में आवट प्रत्यय है।

प्रत्यय' वह शब्दांश होते हैं, जिनका स्वतंत्र रूप में तो कोई अर्थ नहीं होता परंतु जो किसी शब्द के अंत में लगाए जाते हैं।

उदारहण: बनाना से बनावट, मिलना से मिलावट।

अतः विकल्प (A) सही है।

3. दिए गए विकल्पों में से 'श्रुगार' का शुद्ध रूप 'श्रृंगार' है।

श्रृंगार के अर्थ: शरीर को सुंदर और आकर्षक बनाने वाली वस्तुएँ, प्रसाधन सामग्री

शुद्ध वर्तनी का अर्थ होता है किसी शब्द के वर्णों में सही मात्रा का प्रयोग करना।

उदहारण: पहले परिपाटी के अनुसार ही श्रृंगार किया जाता था।

अत: विकल्प (A) सही है।

4. 'जो ईश्वर में विश्वास रखता हो' वाक्यांश के लिए एक शब्द है- 'आस्तिक'

अन्य विकल्पों का विवरण इस प्रकार हैं-

जो ईश्वर में विश्वास न रखता हो - नास्तिक

असाधारण मेधा (बुद्धि) वाला - मेधावी

जो दूसरों के साथ धृष्टतापूर्वक व्यवहार करता हो या धृष्टता से पेश आता हो - अविनीत

अतः विकल्प (B) सही है।

5. मुहावरा: आँख का काजल चुराना

अर्थ: सफाई के साथ चोरी करना

वाक्य प्रयोग: इतने लोगों के बीच से घड़ी गायब ! चोर ने तो जैसे आँखों का काजल ही चुरा लिया है।

अत: विकल्प (A) सही है।

6. मुहावरा: आँखों में खून उतरना

अर्थ: अत्यधिक क्रोध होना

वाक्य प्रयोग: जयचंद को देखते ही महाराज पृथ्वीराज की आँखों में खून उतर आया।

अत: विकल्प (A) सही है।

7. 'श' वर्ण का उच्चारण स्थान 'तालु' है। इसके आलावा तालु 'च, छ, ज, झ, ञ, य' का भी उच्चारण स्थान है। मूर्द्धा से 'ट, ठ, ड, ढ ण, ड़, एवं ढ़' का उच्चारण होता है। दंत से 'त, थ,द, ध, न,स' का उच्चारण होता है।

अतः विकल्प (C) सही है।

8. दिए गए विकल्पों में 'छर-झर' का सही अर्थ- छरों के वेग से निकलने का शब्द'- पानी गिरने का स्थान है। छर का अर्थ है छरों के वेग से निकलने का शब्द' तथा - झर का अर्थ है - पानी गिरने का स्थान है।

अत: विकल्प (A) सही है।

9. सत्कार में व्यंजन संधि है।

'सत्कार' का संधि-विच्छेद है = सत् + कार।

जब संधि करते समय व्यंजन के साथ स्वर या कोई व्यंजन के मिलने से जो रूप में परिवर्तन होता है, उसे ही व्यंजन संधि कहते हैं। यानी जब दो वर्णों में संधि होती है तो उनमे से पहला यदि व्यंजन होता है और दूसरा स्वर या व्यंजन होता है तो उसे हम व्यंजन संधि कहते हैं। जैसे- अहम् + कार = अहंकार, उत् + लास = उल्लास आदि।

अतः विकल्प (C) सही है।

10. 'मनोविज्ञान' में विसर्ग सन्धि है।

'मनोविज्ञान' का संधि-विच्छेद है - मन: + विज्ञान।

विसर्ग के साथ स्वर अथवा व्यंजन के मिलने से जो विकार उत्पन्न होता है, उसे विसर्ग संधि कहते हैं। जैसे- नम: + कार = नमस्कार आदि।

अतः विकल्प (B) सही है।

11. 'बंधनमुक्त' में अपादान तत्पुरुष समास है।

- 'बंधनमुक्त' का समास-विग्रह होगा- बंधन से मुक्त।
- यहाँ अपादान कारक है, इसलिए, यहाँ 'अपादान तत्पुरुष' समास होगा।
- इसमें अपादान कारक की विभक्ति 'से' लुप्त हो जाती है।

अत: विकल्प (C) सही है।

12. 'शोकमग्न' शब्द में तत्पुरुष समास है।

- इसका समास-विग्रह होगा- 'शोक में मग्न'।
- इसमें 'में' का लोप होने के कारण, यहाँ 'अधिकरण तत्पुरुष समास' है।
- तत्पुरुष समास वह होता है, जिसमें उत्तर पद प्रधान होता है, अर्थात् प्रथम पद गौण होता है एवं उत्तर पद की प्रधानता होती है, व समास करते वक़्त बीच की विभक्ति का लोप हो जाता है।

अत: विकल्प (A) सही है।

13. 'तुमने गाया होगा' इस वाक्य में संदिग्ध भूतकाल है।

दिए गये वाक्य में 'होगा' का प्रयोग है। इसका अर्थ है यह कार्य बीत चुका है। अब 'यह हुआ है या नहीं' वह अभी आशंका है, संदिग्ध है।

संदिग्ध भूत का अर्थ है क्रिया के जिस रूप से अतीत में हुए या करे हुए कार्य पर संदेह प्रकट किया जाये उसे संदिग्ध भूतकाल कहते हैं। अतः सही विकल्प 'संदिग्ध भूत' है।

जैसे - वह बच्चा आया होगा।

अत: विकल्प (A) सही है।

14. पर्यायवाची शब्द का अर्थ: ऐसे शब्द जिनके अर्थ समान हों, पर्यायवाची शब्द कहलाते हैं।

दिए गए शब्दों में कुबेर का सम्बंधित/पर्यायवाची शब्द यक्षराज है। कुबेर शब्द के अन्य पर्यायवाची शब्द निम्न है धनद ,धनेश ,धनाधिप ,राजराज ,यक्षपति आदि है।

अत: विकल्प (D) सही है।

15.

- दिए गयें विकल्पों में से 'तुरंग' शब्द 'अश्व' का पर्यायवाची शब्द है।
- **'तुरंग'** शब्द का पर्यायवाची **'अश्व'** है।
- **'अश्व'** के पर्यायवाची - रविपुत्र, हय, घोड़ा, सैंधव

अन्य विकल्प -

शब्द	पर्यायवाची
शार्दूल	वनराज, शेर, केसरी, केहरी
शिखी	नर्तकप्रिय, मोर, मेहप्रिय, सितापांग
पखेरू	गगनचर, चिड़िया, विहंग, नभचर,

अत: विकल्प (A) सही है।

16. "कुरूप" का विलोम शब्द "सुरूप" होता है।

सुरूप का अर्थ: अच्छी आकृतिवाला, सुंदर, खूबसूरत

चुस्त का विलोम शब्द लचर, ढीला होता है

संयोग का विलोम शब्द वियोग होता है

कटु का विलोम शब्द मधुर होता है ।

अतः विकल्प (C) सही है।

17. 'सब लोगों से सम्बन्ध रखने वाला' के लिए एक शब्द 'सार्वजनिक' होगा।

सार्वजानिक = सर्व + जन + इक

वाक्यांश- भाषा को सुंदर, आकर्षक और प्रभावशाली बनाने के लिए अनेक शब्दों के स्थान पर एक शब्द का प्रयोग किया जाता है तो वह वाक्यांश के लिए एक शब्द कहलाता है।

अतः विकल्प (B) सही है।

18. 'अनुप्रास, श्लेष और यमक' शब्दालंकार के भेद हैं। अतः इसका सही उत्तर विकल्प 1 'शब्दालंकार' होगा। अन्य विकल्प सही उत्तर नहीं हैं।

स्पष्टीकरण:

शब्दों के माध्यम से काव्यों को अलंकृत करने वाले शब्दालंकार कहलाते हैं। इसके तीन भेद होते हैं-

श्लेष	जहां पर किसी एक शब्द का अनेक अर्थों में प्रयोग हो, वहाँ श्लेष अलंकार होता है।	मधुवान की छाती को देखो, सुखी कितनी इसकी कलियाँ।
अनुप्रास	जहां एक ही वर्ण की आवृत्ति एक से अधिक बार हो वह अनुप्रास अलंकार होता है।	चारु चंद्र की चंचल किरणे, खेल रही थी जल थल में
यमक	जहां एक ही शब्द कई बार अलग-अलग अर्थों में प्रयुक्त होता है वहाँ यमक अलंकार होता है।	कनक-कनक ते सौ गुनी, मादकता अधिकाय, या खाये बौराये जग, या पाये बौराये।

अतः विकल्प (A) सही है।

19. 'मेरे तो गिरधर गोपाल दूसरो न कोई। जाके सिर मोर मुकुट मेरो पति सोई।। ' इन पंक्तियों में श्रृंगार रस है।

जहां काव्य में 'रति' नामक स्थायी भाव, विभाव, अनुभाव और संचारी भावों से पुष्ट होकर रस में परिणत होता है वहां श्रृंगार रस होता है।

श्रृंगार रस के दो प्रकार के भेद (i) संयोग श्रृंगार (ii) वियोग श्रृंगार होते हैं।

अतः विकल्प (B) सही है।

20. एकांकी विशेषण शब्द है जिसका अर्थ है एक अंक वाला।

अनेकांकी अर्थात अनेक अंकों वाला।

इसलिए एकांकी का उचित विलोम शब्द अनेकांकी है।

अत: विकल्प (B) सही है।

21. ऐशो आराम का जीवन सदाचारी का नहीं है।

गद्यांश के अनुसार, "वे अपने परिश्रम की कमाई खाते हैं। उनका जीवन सादा और विचार उच्च होते हैं। वे सांसारिक भोगों से कोसों दूर रहते हैं। सदाचारी व्यक्ति कभी अपना समय व्यर्थ नहीं खोते। उनका जीवन नियमित एवं संयमित होता है।"

अत: विकल्प (C) सही है।

22. सदाचारी प्रत्येक व्यक्ति के साथ मधुर व्यवहार करके सबके प्रियजन बन जाते हैं।

गद्यांश के अनुसार, "जहाँ तक संभव होता है, वे प्रत्येक व्यक्ति के साथ मधुर व्यवहार करते हैं। इससे वे सबके प्रियजन बन जाते हैं।"

अत: विकल्प (B) सही है।

23. 'आँख का अन्धा और गाँठ का पूरा' का अर्थ मूर्ख लेकिन धनी व्यक्ति है।

वाक्य प्रयोग - रमेश के मालिक के पास पैसा बहुत है लेकिन दिमाग कमजोर है उसका, वह बिलकुल आंख का अँधा और गाँठ का पूरा है।

अत: विकल्प (B) सही है।

24. 'लाल' गुलाब का गुण बता रहा है इसीलिए गुणवाचक विशेषण है।

लाल : गुणवाचक विशेषण, एकवचन, पुल्लिंग, कर्ताकारक, विशेष्य 'गुलाब'।

पद-परिचय की परिभाषा

पद परिचय का अर्थ है जब शब्द का परिचय. जिस प्रकार हम व्यक्ति का परिचय देते है जैसे उसका नाम, स्थान , उसका काम आदि. उसी प्रकार शब्दों का परिचय किया जाता है की शब्दों का व्याकरण के अनुसार क्या स्थान है इसे पद परिचय दीजिए कहते है |

इसमें संज्ञा, सर्वनाम, विशेषण, क्रिया , क्रिया-विशेषण , संबंध बोधक ,आदि को बताया जाता है |

अतः विकल्प (B) सही है।

25. आपको: मध्यम पुरुषवाचक सर्वनाम, स्त्रीलिंग/पुल्लिंग, एकवचन, कर्म कारक

जिन सर्वनाम शब्दों का प्रयोग बोलने वाला व्यक्ति सुनने वाले व्यक्ति के लिए करता है उन सर्वनाम शब्दों को मध्यम पुरुषवाचक सर्वनाम कहते हैं। मध्यम पुरुषवाचक सर्वनाम में तू, तुम, तुझे, तुम्हें, तेरा, आप, आपका, आपके, आपको इत्यादि सर्वनाम शब्द आते हैं।

तुम, आप, आपको मध्य पुरुष है।

अतः विकल्प (C) सही है।

26. Let us see the meaning of Crooked:

Crooked: dishonest.

Example: He is a crooked police officer.

Let us see the meanings of the given options:

Polite: having or showing behaviour that is respectful and considerate of other people.

Generous: showing a readiness to give more of something, especially money, than is strictly necessary or expected.

Straightforward: uncomplicated and easy to do or understand, honest.

Happy: feeling or showing pleasure or contentment.

From the meanings of the given words, we can say that the word 'straightforward' is the opposite of the meaning of the underlined word 'crooked'.

So, the correct answer is 'straightforward.'

Hence, the correct option is (C).

27. In the given sentence "Christianity shone like a beacon" is a simile.

A simile is a figure of speech that directly compares two things using like and as. In the given sentence Christianity is compared to a shining beacon therefore the figure of speech here is a simile.

Hence, the correct option is (A).

28. You **need to** consult the Thesaurus if you need synonyms for those words.

There is a requirement shown in the sentence that if the person wants to know the groups of synonyms, then that person 'needs to' consult the Thesaurus.

Hence, the correct option is (B).

29. Everybody **is** keen to participate in the Nukkad Natak.

It denotes that all persons are interested to participate. So, the word 'everybody' will be followed by 'is'.

Hence, the correct option is (A).

30. Some of these facts **are** incorrect.

When deciding whether to use is or are, look at whether the noun is plural or singular. If the noun is singular, use is. If it is plural or there is more than one noun, use are.

Hence, the correct option is (B).

31. At this time tomorrow, we **shall be presenting** our project details to our teacher.

The given sentence portrays the future continuous tense. 'The project details will be shown tomorrow,' so it will take a future continuous tense.

Hence, the correct option is (C).

32. Only one of the boys **has** not done the homework.

Only one of the boys (Subject) is Singular. It will agree with a Singular Verb. So, has will be used

Hence, the correct option is (C).

33. The Middle-East job market has always been a **lucrative** destination for Indians.

The sentence suggests that the blank must contain an adjective that is appropriate for the noun 'Middle-Eastern job market'.

Now, job markets cannot be costly, wealthy or luxury. They signify opportunities which attract, which is only reflected by 'lucrative'. Thus, the completed sentence is: The Middle-East job market has always been a lucrative destination for Indians.

Hence, the correct option is (B).

34. There is no information **about** the company's profit in the report.

The sentence suggests that the blank must contain a preposition that means information regarding the company's profits.

This meaning is only given by about. None of the other prepositions can be appropriate here. Thus the completed sentence is: There is no information about the company's profit in the report.

Hence, the correct option is (A).

35. The method **suggested** by the teacher is very tedious.

The context of the sentence hints at a method that has been given or told by the teacher.

So, the verb must reflect this meaning. Out of the given verbs, only suggested can be appropriate here. Thus, the completed sentence is: The method suggested by the teacher is very tedious.

Hence, the correct option is (B).

36. Planets do not have light **of** their own.

The sentence suggests that the blank must contain a preposition that makes the sentence meaningful.

Both prepositions 'on' and 'of' seem viable here. But; since the sentence talks about 'of their own, it indicates the use of a possessive tendency, which is better reflected by 'of' than 'on'. Thus, the completed sentence is: Planets do not have the light of their own.

Hence, the correct option is (B).

37. Moviemakers generally **adapt** historical facts to write their stories.

According to the given sentence, moviemakers adapt historical facts to write stories.

The word 'adapt' means alter (a text) to make it suitable for filming, broadcasting, or the stage.

Example: He needed to adapt his strategies when dealing with her.

So, according to the context of the sentence, 'adapt' fits appropriately in the given blank.

Hence, the correct option is (D).

38. The pleasant **aroma** of the rain as it fell on the dust made me feel nostalgic.

According to the given sentence, the pleasant smell of the rain made the speaker nostalgic.

The word 'aroma' means 'a smell, especially a pleasant one'. Example: The aroma of cologne surrounded him and his breath smelled like he had recently brushed his teeth.

So, according to the context of the sentence, 'aroma' fits appropriately in the given blank.

Hence, the correct option is (C).

39. The students along with the teacher **were awarded** for winning the competition.

Whenever we use keywords like- along with, besides, as well as, etc. the verb agrees with the first subject.

In the above sentence, the first subject 'students' is plural, hence the verb will also be in plural form.

Thus, the complete sentence is- The students along with the teacher were awarded for winning the competition.

Hence, the correct option is (A).

40. Here, in the given fill-in-the-blank the most appropriate answer is 'much'.

We use 'much' with 'singular uncountable nouns' and 'many' with 'plural nouns'.

Example:

- I haven't got much change. I've only got a ten euro note.
- Are there many campsites near you?

In the given sentence 'money' is a singular uncountable noun.

Correct Sentence: He doesn't have much money to donate.

Hence, the correct option is (A).

41. The correct sentence is 'The bridge was inaugurated by the C.M.'

Punctuation is the correct use of various stops or pauses and various marks in writing so as to make the meaning of a sentence or passage clear.

- Option (D) is correct because the first letter of this sentence is capital, and the punctuation mark is also placed in the right place.
- Option (A) is incorrect because we do not use a full stop (.) after abbreviations for titles, names, and degrees.
- Option (B) is incorrect as we always use capital letters to denote abbreviations for titles, names, and degrees. For examples: C.M, P.M, U.S.A, etc.
- Option (C) is incorrect as the first letter of the first word of every sentence is always capital. For examples: A mother loves her child.

Hence, the correct option is (D).

42. There is an error in the bold part of the given statement since according to the context we are talking about the committee that has been constituted in order to understand the reasons behind the defeat of the Congress candidates in Delhi.

The sentence after replacement becomes:

The Delhi Congress has constituted a five-member committee to probe in-depth, the reasons behind the defeat of the Congress candidates in the capital.

Hence, the correct option is (C).

43. The correct answer is 'chronicle'.

'Chronicle' is a factual written account of important or historical events in the order of their occurrence.

Example: He has produced a chronicle of his life during the war years.

Hence, the correct option is (B).

44. The meaning of the idiom "High on the hog" is 'To live in a luxurious or costly way'.

Example: Since the time she won the State lottery she has been on a spending spree as she now lives **high on the hog**.

Hence, the correct option is (C).

45. As opposite meaning of peace is chaos similarly opposite meaning of creation is destruction.

Hence, the correct option is (C).

46. The given sentence is,

The priest said, "December is the last month of the year".

The original sentence is in 'direct speech' and this needs to be converted to 'indirect speech'.

- In affirmative sentences, the Reporting verb 'said' in 'direct sentence' is written as it is in 'indirect sentence' i.e. 'said' in indirect speech.
- 'that' is written in place of 'inverted commas'.
- In the case of universal truth/ general fact/ accepted beliefs, the tense in indirect speech is the same as that of direct speech.

The correct sentence is: The priest said that December is the last month of the year.

Hence, the correct option is (B).

47. Onus means 'something that is one's duty or responsibility

- Example: The onus is on India to create a conducive atmosphere.

Obligation means 'the state of having to do something because it is a law or duty, or because you have promised

- Example: Any failure to meet contractual obligations may result in legal action.

It is clear that Onus and Obligation are similar in meaning.

Hence, the correct option is (D).

48. Let us see the meaning of absolve:

Absolve: to set (someone) free from an obligation or the consequences of guilt; to forgive

Let us see the meanings of the words given in option:

Compel- force or oblige (someone) to do something

Forgive- to stop blaming or being angry with someone for something that person has done, or not punish them for something

Accuse- charge (someone) with an offence or crime

Subtract- take away (something) from something else so as to decrease the size, number, or amount

From the meaning of the given words, we can say that the word 'forgive' is the most similar in meaning to the underlined word 'absolve'.

Hence, the correct option is (B).

49. Impeccable has the correctly spelt word. It means without any mistakes or faults, perfect.

Other words with their correct spellings and meanings:

Impressionable means easily influenced.

Propensity means a habit of behaving in a particular way.

Susceptible means are likely or liable to be influenced or harmed by a particular thing.

Hence, the correct option is (D).

50. To rearrange the given words we need to identify their grammatical nature.

- The Nile - subject
- is said - verb
- Longer is a comparative adjective and thus should be followed by the conjunction 'than' which is used to introduce the second element in a comparison.
- So, longer than all other rivers - object
- in the eastern hemisphere - adjunct

According to sentence pattern, the order is - subject/ verb/ object/ adjunct

So, the correct sentence on rearrangement is - The Nile is said to be longer than all other rivers in the eastern hemisphere.

Hence, the correct option is (C).

51. पांडिचेरी भारत का एक केंद्र शासित प्रदेश है। पांडिचेरी भारत में फ्रांसीसी उपनिवेश की राजधानी थी। पांडिचेरी को 'भारत का छोटा फ्रांस' भी कहा जाता है। फ्रांसीसियों ने 1673 में पांडिचेरी पर अपना वर्चस्व स्थापित किया। फ्रेंच ईस्ट इंडिया कंपनी ने 1674 में पांडिचेरी में एक व्यापारिक केंद्र स्थापित किया। 2006 में पांडिचेरी का नाम बदलकर पुडुचेरी कर दिया गया।

अतः विकल्प (A) सही है।

52. पानी फाउंडेशन ग्रामीण महाराष्ट्र को सूखा मुक्त और समृद्ध बनाने के लिए एक संगठन है। इसकी स्थापना 2016 में 'सत्यमेव जयते टीवी शो' की कोर टीम ने की थी। इसकी स्थापना आमिर खान और उनकी पत्नी किरण राव ने की थी। सत्यजीत भटकल पानी फाउंडेशन के सीईओ हैं। पानी फाउंडेशन को रतन टाटा, रिलायंस फाउंडेशन, राजीव बजाज, दीपक पारेख और अजय पीरामल के नेतृत्व वाले टाटा ट्रस्ट्स का समर्थन प्राप्त है।

अतः विकल्प (C) सही है।

53. एलीफेंटा गुफाएं गुफा मंदिरों का एक समूह है जो अधिकतर हिंदू देवता शिव को समर्पित हैं।

वे एलीफेंटा द्वीप पर स्थित हैं, जिसे मुंबई बंदरगाह के घरपुरी के नाम से भी जाना जाता है। यह द्वीप, जो जवाहरलाल नेहरू बंदरगाह से लगभग दो किलोमीटर पश्चिम में स्थित है, पानी की टंकियों के साथ दो बौद्ध गुफाओं, दूसरी शताब्दी ईसा पूर्व के कुछ स्तूप टीले और पांच हिंदू गुफाओं से बना है। एलीफेंटा गुफाओं के अंदर त्रिमूर्ति सदाशिव मुख्य मूर्ति है।

अतः विकल्प (D) सही है।

54. पहला सच्चा इस्लामी मेहराब 1287-88 के आसपास निर्मित बलबन के मकबरे में दिखाई देता है। यह महरौली के पुरातात्विक पार्क में स्थित है।

महरौली में स्थित ग्यासुद्दीन बलबन का मकबरा 1287 में बनाया गया था, इसे बलबन ने अपने जीवनकाल में बनवाया था । इसे वो दारुल अमन यानी इंसाफ का दरवाजा कहता था।

अतः विकल्प (C) सही है।

55. लोकटक झील: यह पूर्वोत्तर भारत में मीठे पानी की झील है। कीबुल लामजाओ राष्ट्रीय उद्यान इस झील पर स्थित दुनिया का एकमात्र तैरता हुआ राष्ट्रीय उद्यान है।

लैगून पानी का एक उथला पिंड है जो पानी के एक बड़े निकाय से अलग और संरक्षित होता है। दो प्रमुख प्रकार के लैगून तटीय लैगून और प्रवालद्वीप लैगून हैं। शब्द 'लैगून' की उत्पत्ति इतालवी शब्द 'लगुना' से हुई है जिसका अर्थ झील या तालाब है। भारत में प्रसिद्ध लैगून पुलिकट, चिल्का, वेम्बनाड आदि हैं।

अतः विकल्प (C) सही है।

56. निक्षेपण की विशेषता वाली आंतरायिक धाराओं द्वारा बिछाई गई जलोढ़ सामग्री से बनी है। मरुस्थल या अर्ध-मरुस्थल क्षेत्र में एक पेरिपेडीमेंट को बाजदा के नाम से भी जाना जाता है।

बाजदा:

- निक्षेपण की विशेषता वाली आंतरायिक धाराओं द्वारा बिछाई गई जलोढ़ सामग्री से बनी है।
- मरुस्थल या अर्ध-मरुस्थल क्षेत्र में एक पेरिपेडीमेंट को बाजदा के नाम से भी जाना जाता है। इसलिए, विकल्प (C) सही है।
- इसका निर्माण जलोढ़ पंख के संयोग से हुआ है।
- ये पंख के आकार के निक्षेप पर्वत के आधार पर समतल भूमि पर ऊपरी क्षेत्र से एक धारा द्वारा तलछट के जमाव से बनते हैं
- बाजदा, शुष्क क्षेत्रों में आम हैं जहां बड़ी मात्रा में तलछट अचानक बाढ़ से जमा हो जाती है।
- बाजदा में अक्सर प्लाया झीलें होती हैं।

अतः विकल्प (C) सही है।

57. जिन कारकों पर वायुमंडलीय दाब निर्भर करता है वे हैं पृथ्वी का तापमान, ऊँचाई और घूर्णन।

- जैसे-जैसे तापमान बढ़ता है, वायुमंडलीय दाब कम होता जाता है।
- जैसे-जैसे ऊंचाई बढ़ती है, वायुमंडलीय दाब कम होता जाता है।
- पृथ्वी के घूमने के कारण ध्रुवों पर हवा भूमध्य रेखा की ओर स्थानांतरित हो जाती है।
- भूमध्य रेखा पर, यह हवा गर्म हो जाती है और कम दबाव पैदा करती है।

अतः विकल्प (C) सही है।

58. भारत में उग्रवादी आंदोलन के जनक बाल गंगाधर तिलक हैं।

लोकमान्य तिलक प्रमुख भारतीय स्वतंत्रता कार्यकर्ताओं में से एक थे। वह भारतीय स्वतंत्रता आंदोलन के पहले नेता थे। ब्रिटिश औपनिवेशिक अधिकारियों ने अपमानजनक रूप से उन्हें 'भारतीय अशांति का पिता' कहा।

अतः विकल्प (D) सही है।

59. नैमिषारण्यम मंदिर उत्तर प्रदेश में गोमती नदी के तट पर स्थित है।

- यह सीतापुर जिले में संस्कृत सीखने का एक प्राचीन केंद्र है।
- मंदिर भगवान विष्णु को समर्पित है।
- इस स्थान का दौरा शंकराचार्य और सूरदास ने भी किया है।

अतः विकल्प (D) सही है।

60. राष्ट्रीय युवा दिवस 12 जनवरी 1984 को स्वामी विवेकानंद के जन्मदिन के रूप में मनाया जाता है। 1984 में भारत सरकार ने इस दिन को राष्ट्रीय युवा दिवस के रूप में घोषित किया और 1985 के बाद से यह कार्यक्रम हर साल भारत में मनाया जाता है।

अतः विकल्प (B) सही है।

61. बीआईओएस एक कंप्यूटर ऑपरेटिंग सिस्टम नहीं है।

BIOS (बेसिक इनपुट/आउटपुट सिस्टम):

- यह एक प्रोग्राम है जो कंप्यूटर के माइक्रोप्रोसेसर द्वारा कंप्यूटर सिस्टम को चालू करने के बाद शुरू करने के लिए उपयोग किया जाता है।
- यह कंप्यूटर के ऑपरेटिंग सिस्टम (OS) और संलग्न उपकरणों, जैसे हार्ड डिस्क, वीडियो एडेप्टर, कीबोर्ड, माउस और प्रिंटर के बीच डेटा प्रवाह का प्रबंधन करता है।

अतः विकल्प (A) सही है।

62. कंप्यूटर में आमतौर पर कंप्यूटर डिस्प्ले के लिए बिटमैप्स नामक ग्राफिकल छवियों को रखने के लिए विशेष वीडियो मेमोरी (वीआरएएम) होती है।

यह मेमोरी अक्सर दोहरी-पोर्ट (dual-ported) की होती है - एक नई छवि को उसी समय संग्रहीत किया जा सकता है जब उसका वर्तमान डेटा पढ़ा और प्रदर्शित किया जा रहा हो।

अतः विकल्प (B) सही है।

63. परमाणु नाभिक की आवश्यक प्रकृति जेम्स चैडविक द्वारा न्यूट्रॉन की खोज के साथ 1932 में स्थापित की गई थी और यह दृढ़ संकल्प था कि यह एक नया प्राथमिक कण था, जो प्रोटॉन से अलग था। फरवरी 1932 में, केवल दो सप्ताह के लिए प्रयोग करने के बाद, चाडविक ने "द पॉसिबल एक्सिस्टेंस ऑफ़ अ न्यूट्रॉन," शीर्षक से एक पेपर प्रकाशित किया, जिसमें उन्होंने प्रस्ताव दिया कि सबूत गामा किरण फोटॉनों के बजाय न्यूट्रॉन का पक्ष लेते हैं, जो रहस्यमय विकिरण की सही व्याख्या के रूप में है।

अतः विकल्प (A) सही है।

64. चार-स्ट्रोक गैसोलीन इंजन 1886 में गोटलिब डेमलर और कार्ल बेंज द्वारा डिजाइन किए गए पहले आधुनिक ऑटोमोबाइल का दिल था। एक दूसरे से स्वतंत्र रूप से, दो अग्रणी ने छोटे, उच्च गति वाले इंजन विकसित किए, जो कि नए ऑटोमोबाइल की ड्राइव प्रणाली के लिए निकोलस ओटो के चार-स्ट्रोक सिद्धांत पर आधारित थे।

अतः विकल्प (C) सही है।

65. "वीएलएसआई" (VLSI) का पूर्ण रूप वेरी लार्ज स्केल इंटीग्रेशन है।

वेरी लार्ज स्केल इंटीग्रेशन (वीएलएसआई) एक चिप पर लाखों एमओएस ट्रांजिस्टर को मिलाकर एक एकीकृत सर्किट (आईसी) बनाने की प्रक्रिया है। वीएलएसआई 1970 के दशक में शुरू हुआ जब एमओएस एकीकृत सर्किट चिप्स को व्यापक रूप से अपनाया गया, जिससे जटिल अर्धचालक और दूरसंचार प्रौद्योगिकियों को विकसित किया जा सके।

अतः विकल्प (B) सही है।

66. प्रमुख तीन दिवसीय वार्षिक सम्मेलन डॉ अम्बेडकर अंतर्राष्ट्रीय केंद्र, नई दिल्ली में आयोजित किया गया था। केंद्रीय रसायन और उर्वरक और स्वास्थ्य और परिवार कल्याण मंत्री डॉ. मनसुख मंडाविया ने फार्मा एंड मेडिकल डिवाइसेज सेक्टर 2022 पर अंतर्राष्ट्रीय सम्मेलन के सातवें संस्करण का उद्घाटन किया।

अतः विकल्प (B) सही है।

67. 15 जून'22 को जारी एक रिपोर्ट के अनुसार, चीन और रूस के बाद, भारत 2021 में नवीकरणीय ऊर्जा परिवर्धनों में तीसरे स्थान पर है। 'नवीकरणीय ऊर्जा 2022: वैश्विक स्थिति रिपोर्ट' शीर्षक वाली रिपोर्ट REN21 (21वीं सदी के लिए नवीकरणीय ऊर्जा नीति नेटवर्क) द्वारा प्रकाशित की गई थी।

अत: विकल्प (C) सही है।

68. भारत के पहले 'अमृत सरोवर' का उद्घाटन मुख्तार अब्बास नकवी और उत्तर प्रदेश के जल शक्ति मंत्री स्वतंत्र देव सिंह ने मई 2022 में उत्तर प्रदेश के रामपुर में किया था।

प्रधान मंत्री नरेंद्र मोदी ने भारत की आजादी के 75 वें वर्ष में हर जिले में कम से कम 75 तालाब बनाने का आह्वान किया था, उन्हें 'अमृत सरोवर' कहा था।

अतः विकल्प (A) सही है।

69. भारतीय संविधान के अनुच्छेद 310 में प्रसाद का सिद्धांत का साधारण कानून (लोक-विधि) शामिल है। यह स्पष्ट रूप से यह बताता है कि वे सभी व्यक्ति जो रक्षा सेवाओं या अखिल भारतीय सेवा संघ की सिविल सेवाओं के सदस्य हैं, वे राष्ट्रपति के प्रसाद पर्यंत अपने पद पर बने रहेंगे।

अतः विकल्प (C) सही है।

70. गज महोत्सव एक त्यौहार है जो राजस्थान में जयपुर शहर में मनाया जाता है। यह आमतौर पर मार्च के महीने में होली के दिन मनाया जाता है। इस त्यौहार के दिन, हाथियों को कपड़े और भारी गहने पहनाये जाते हैं और अच्छे से सजाया और संवारा जाता है।

अतः विकल्प (C) सही है।

71. प्रधान मंत्री नरेंद्र मोदी ने गुजरात के गांधीनगर के पास गुजरात इंटरनेशनल फाइनेंस टेक-सिटी में 'इंडिया इंटरनेशनल बुलियन एक्सचेंज (IIBX)' का शुभारंभ किया। IIBX भारत का पहला अंतरराष्ट्रीय बुलियन एक्सचेंज है।

एक्सचेंज भौतिक सोना और चांदी बेचेगा। यह एक्सचेंज 25 करोड़ रुपये और उससे अधिक की कुल संपत्ति वाले ज्वैलर्स के लिए भाग लेने के लिए खुला होगा। अशोक गौतम एमडी और सीईओ के रूप में IIBX के प्रमुख होंगे।

अतः विकल्प (C) सही है।

72. भारत की पहली पंचवर्षीय योजना 1951 में शुरू हुई थी। पहली पंचवर्षीय योजना 1951 से 1956 की अवधि के लिए जवाहरलाल नेहरू के नेतृत्व में शुरू की गई थी। यह योजना सफल रही और 3.6% की विकास दर हासिल की जो कि इसके लक्ष्य से अधिक थी। यह कुछ संशोधनों के साथ हैरोड-डोमर मॉडल पर आधारित थी।

अतः विकल्प (D) सही है।

73. गेट वे ऑफ उत्तर प्रदेश ग़ाज़ियाबाद शहर को कहा जाता है।

गाज़ीउद्दीनगर के रूप में गज़िउद्दीनगर के रूप में स्थापित एक मुगल शासक गाजी-उद-दीन ने अपने ही नाम पर शहर की स्थापना की, गाजियाबाद उत्तर भारत का एक तेजी से विकासशील शहर है जो भारतीय राज्य उत्तर प्रदेश में स्थित है। यह शहर उत्तर प्रदेश के पश्चिमी किनारे पर स्थित है और नोएडा और नई दिल्ली के साथ एक सीमा को साझा करता है,

अतः विकल्प (B) सही है।

74. वर्ष 1905 में वाराणसी में संपन्न हुए भारतीय राष्ट्रीय कांग्रेस के अधिवेशन की अध्यक्षता गोपालकृष्ण गोखले ने की थी

इसके पूर्व बनारस के 1905 के अधिवेशन में ब्रिटिश माल के बहिष्कार का प्रस्ताव रखा गया (समर्थित)। 1905 में, कांग्रेस के बनारस अधिवेशन में, गोपाल कृष्ण गोखले ने स्वदेशी और बंगाल के बहिष्कार आंदोलनों का ही समर्थन किया।

स्वदेशी का प्रस्ताव भारतीय राष्ट्रीय कांग्रेस के 1906 के कलकत्ता अधिवेशन में अपनाया गया था। इस अधिवेशन की अध्यक्षता दादा भाई नौरोजी ने की थी।

इससे पहले बनारस के 1905 के अधिवेशन में ब्रिटिश माल के बहिष्कार का प्रस्ताव रखा गया था। हालाँकि, यह कलकत्ता में 1906 का सत्र था जिसमें कांग्रेस द्वारा स्वशासन, बहिष्कार आंदोलन, स्वदेशी और राष्ट्रीय शिक्षा पर चार प्रस्ताव पारित किए गए थे।

अतः विकल्प (C) सही है।

75. दक्षिणी रेलवे की स्थापना 14 अप्रैल 1951 को हुई थी। इसका मुख्यालय चेन्नई में स्थित है।

दक्षिणी रेलवे का वर्तमान नेटवर्क भारत के दक्षिण प्रायद्वीप के एक बड़े हिस्से में तमिलनाडु, केरल, पांडिचेरी राज्यों, कर्नाटक और आंध्र प्रदेश के छोटे हिस्सों में फैला हुआ है।

दक्षिणी रेलवे निम्नलिखित छह मंडलों से बना है-

- चेन्नई
- तिरुचिरापल्ली
- मदुरै
- पलक्कड़
- तिरुवनंतपुरम
- सलेम

अतः विकल्प (C) सही है।

76. दिया गया है:

गोले की त्रिज्या $= 3$ सेमी

शंकु की ऊँचाई $=$ शंकु की त्रिज्या का आधा

गोले का आयतन $= \frac{4}{3} \times \pi R^3$

शंकु का आयतन $= \frac{1}{3} \times \pi r^2 h$

अब,

सूत्र का उपयोग करने पर:

$\frac{4}{3} \times \pi \times 3 \times 3 \times 3 = \frac{1}{3} \times \pi \times r \times r \times h$

$h = \frac{r}{2}$ रखने पर

$\Rightarrow \frac{4}{3} \times 3 \times 3 \times 3 = \frac{1}{3} \times r \times r \times \frac{r}{2}$

$\Rightarrow r^3 = 216$

$\Rightarrow r = 6$

अतः विकल्प (D) सही है।

77. दिया गया है,

त्रिज्या R की एक गोलाकार गेंद $= 3$ सेमी

पहली गेंद की त्रिज्या $(r_1) = 1.5$ सेमी

दूसरी गेंद की त्रिज्या $(r_2) = 2$ सेमी

तीसरी गेंद की त्रिज्या $(r_3) = x$ सेमी

जैसा कि हम जानते है,

गोले का आयतन $= \left(\frac{4}{3}\right)\pi R^3$

बड़ी गोलाकार गेंद का आयतन $=$ कुल गोलाकार गेंदों का आयतन

$\Rightarrow \left(\frac{4}{3}\right)\pi R^3 = \left(\frac{4}{3}\right)\pi (r_1)^3 + \left(\frac{4}{3}\right)\pi (r_2)^3 + \left(\frac{4}{3}\right)\pi (r_3)^3$

$\Rightarrow 3^3 = 2^3 + (1.5)^3 + x^3$

$\Rightarrow 27 = 8 + 3.375 + x^3$

$\Rightarrow x^3 = 15.625$

$\Rightarrow x = 2.5$ सेमी

$\therefore$ x का मान 2.5 सेमी है।

अत: विकल्प (B) सही है।

78. माना कि सोमवार, मंगलवार, बुधवार और गुरुवार को तापमान क्रमशः M, T, W और Th है।

फिर $M + T + W = 3 \times 37°C = 111°C$ ……… (i)

$T + W + Th = 3 \times 34°C = 102°C$ ………… (ii)

समीकरण (i) - समीकरण (ii), हम प्राप्त करते हैं,

$\Rightarrow M - Th = 111°C - 102°C = 9°C$

साथ ही दिया गया, $Th = \frac{4}{5}M$

$\Rightarrow M - \frac{4}{5}M = 9$

$\Rightarrow M = 40°C$

इसलिए, y पर तापमान $= \frac{4}{5} \times 45°C = 36°C$

अत: विकल्प (B) सही है।

79. ΔABC में,

⇒ ∠ABC + ∠BAC + ∠ACB = 180°

⇒ 75° + ∠BAC + 35° = 180°

⇒ ∠BAC = 180° – 110°

⇒ ∠BAC = 70°

∴ ∠BAP $= \frac{70°}{2}$ = 35°

ΔABQ में,

⇒ ∠ABQ + ∠AQB + ∠BAQ = 180°

⇒ 75° + 90° + ∠BAQ = 180°

⇒ ∠BAQ = 180° – 165°

⇒ ∠BAQ = 15°

∴ ∠BAP = ∠BAQ + ∠PAQ

⇒ 35° = 15° + ∠PAQ

⇒ ∠PAQ = 20°

अतः विकल्प (A) सही है।

80. जैसा कि हम जानते हैं,

एक अभाज्य संख्या 1 से बड़ी एक पूर्ण संख्या होती है जिसके गुणनखंड केवल 1 और स्वयं होते हैं।

प्रश्न के अनुसार,

$161 = 23 \times 7$

$\Rightarrow x = 23 \quad \cdots (\because x > y)$

$\Rightarrow y = 7$

$\therefore x - y = 23 - 7 = 16$

अतः विकल्प (D) सही है।

81. उपयोग की गई अवधारणा:

यहां हम LCM का उपयोग करेंगे

गणना:

पहले के गुणनखंड ज्ञात करने पर,

$\Rightarrow 12 = 2^2 \times 3^1$

$\Rightarrow 15 = 3^1 \times 5^1$

$\Rightarrow 18 = 2^1 \times 3^2$

$\Rightarrow 20 = 2^2 \times 5^1$

LCM $= 2^2 \times 3^2 \times 5^1$

इसे एक पूर्ण वर्ग बनाने के लिए हमें इसे 5 से गुणा करना होगा

$= 2^2 \times 3^2 \times 5^2$

$= 900$

$\therefore$ सही उत्तर 900 है।

अतः विकल्प (A) सही है।

82. संकल्पना:

n अलग-अलग वस्तुओं की व्यवस्थाएं एक वृत्त के चारों ओर हैं, तो व्यवस्थाओं की संख्या $(n - 1)!$ है।

गणना:

दिया गया है: सभी लड़कों को एकसाथ बैठना है।

इसलिए, सभी लड़कों को एक समूह के रूप में माना जा सकता है।

$\therefore$ छात्रों की कुल संख्या $= 4$ लड़कियां $+1$ समूह $= 5$

एक गोलाकार मेज में 5 छात्रों को बैठाने के तरीकों की संख्या $(5 - 1)! = 4!$ है।

अब, 5 लड़कों को बैठाने के तरीकों की संख्या $5!$ है।

अतः तरीकों की कुल संख्या = $4!\,5!$

अत: विकल्प (C) सही है।

83. त्रिकोणों की कुल संख्या जो कि 12 बिन्दुओं के साथ बनाई जा सकती है यदि उनमें से कोई भी समरेख नहीं है।

$= {}^{12}C_3$

इसका कारण यह है कि हम किसी भी तीन बिंदुओं का चयन कर सकते हैं और त्रिकोण का निर्माण कर सकते हैं यदि वे समरेख नहीं हैं।

समरेख बिंदुओं के साथ, हम कोई भी त्रिभुज नहीं बना सकते हैं क्योंकि वे सीधी रेखा में हैं। यहाँ 5 बिंदु समरेख हैं। इसलिए हमें उपरोक्त गणना से ${}^{5}C_3$ त्रिकोणों को घटाना होगा।

इसलिए, त्रिकोणों की आवश्यक संख्या, $= {}^{12}C_3 - {}^{5}C_3 = \frac{12!}{(12-3)!3!} - \frac{5!}{(5-3)!\times 3!} = \frac{9!\times 10\times 11\times 12}{1\times 2\times 3\times 9!} - \frac{5\times 4\times 3!}{1\times 2\times 3!}$

$= 220 - 10$

$= 210$

अतः विकल्प (B) सही है।

84. आलेख पर इन बिंदुओं को बनाने पर:

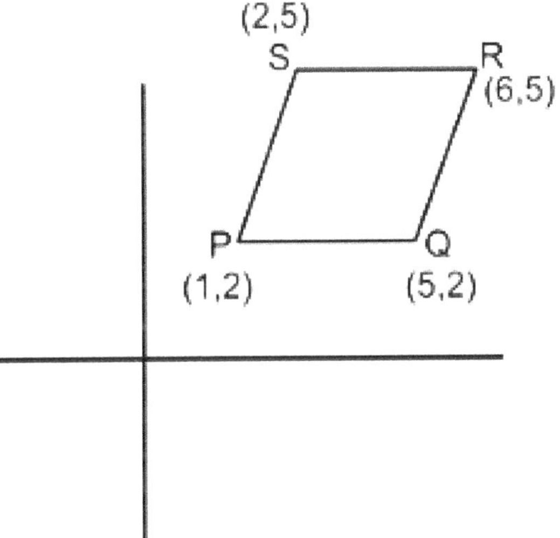

हम देख सकते हैं कि PQRS एक समांतर चतुर्भुज है

आधार $= PQ = 5 - 1 = 4$ इकाई

समांतर चतुर्भुज की ऊँचाई $= 5 - 2 = 3$ इकाई

$\therefore$ समांतर चतुर्भुज का क्षेत्रफल $= 4 \times 3 = 12$ वर्ग इकाई

अतः विकल्प (D) सही है।

85. दिया है,

$A = \begin{bmatrix} 3 & 1 & 2 \\ 4 & 2 & 1 \\ 2 & a & 1 \end{bmatrix}$ एक अव्युत्क्रमणीय आव्यूह है।

इसलिए, $|A| = 0$

$|A| = \begin{vmatrix} 3 & 1 & 2 \\ 4 & 2 & 1 \\ 2 & a & 1 \end{vmatrix} = 0$

$\Rightarrow |A| = 3(2 - a) - 1(4 - 2) + 2(4a - 4) = 0$

$\Rightarrow |A| = 6 - 3a - 2 + 8a - 8 = 0$

$\Rightarrow |A| = 5a - 4 = 0$

$\Rightarrow 5a - 4 = 0$

$\Rightarrow a = \frac{4}{5}$

अतः विकल्प (B) सही है।

86. दिया है,

आशा के किले की ऊंचाई $= 9$ सेमी

सुमन के किले की ऊंचाई $= 16$ सेमी

किलों के शीर्षों के बीच की दूरी $= 25$ सेमी

जैसा कि हम जानते हैं,

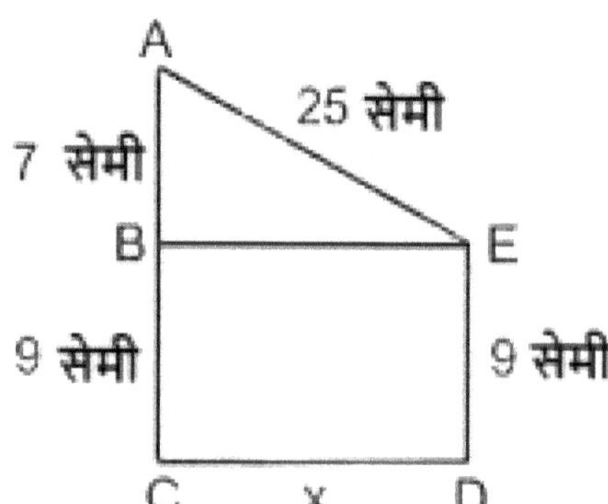

माना किले की बीच की दूरी CD, x है

उपरोक्त आरेख से

सुमन के किले की ऊंचाई $AC = 16$ सेमी

आशा के किले की ऊंचाई $ED = 9$ सेमी

यहाँ $BCDE$ एक आयत बनाता है।

विपरीत भुजा बराबर है $BE = CD = x$ और $BC = DE = 9$ सेमी

पाइथागोरस प्रमेय द्वारा

$AB^2 + BE^2 = AE^2$

$\Rightarrow 7^2 + x^2 = 25^2$

$\Rightarrow x^2 = 625 - 49$

$\Rightarrow x = \sqrt{576}$

$\Rightarrow x = 24$

$\therefore$ किलों के बीच की दूरी $= 24$ सेमी

अतः विकल्प (D) सही है।

87. दी गई संख्याओं का औसत $=$

$\frac{7+3+9+7+9+5+7+9+9+5}{10} = \frac{70}{10} = 7$

(दिए गए नंबरों में 7,3 बार आया है)

परिणामों की संख्या $n(A) = 3$

इसलिए कुल परिणामों की संख्या $n(S) = 10$

$\therefore$ आवश्यक प्रायिकता $= \frac{n(A)}{n(S)}$

$\Rightarrow \frac{3}{10}$

अतः विकल्प (C) सही है।

88. दिया है:

5 पुरुषों और 5 महिलाओं में से 8 व्यक्तियों का चयन किया जाना है।

प्रायिकता=अनुकूल परिणाम/कुल परिणाम

हम जानते हैं कि,

$^nC_r = \frac{n!}{(n-r)!r!}$

प्रश्नानुसार,

5 पुरुषों और 5 महिलाओं से 8 व्यक्तियों को चयन के तरीकों की संख्या $= {}^{10}C_8 = 45$

8 व्यक्तियों के चयन के तरीकों की संख्या जिससे उसमें 4 पुरुष और 4 महिलाएँ रहें $= {}^5C_4 \times {}^5C_4 = 25$

प्रायिकता $= \frac{25}{45} = \frac{5}{9}$

अतः विकल्प (C) सही है।

89. माना कि S प्रतिदर्श समष्टि है।

किसी घटना की प्रायिकता $P(E)$ है।

$\Rightarrow P(E) = \frac{n(E)}{n(S)}$

दिया है, $S =$ एक जोड़ी पासों का एक साथ फेंकना

$\{(1,1),(1,2),(1,3),(1,4),(1,5),(1,6),(2,1),(2,2),(2,3),(2,4),(2,5),(2,6)$

$(3,1),(3,2),(3,3),(3,4),(3,5),(3,6),(4,1),(4,2),(4,3),(4,4),(4,5),(4,6)$

$(5,1),(5,2),(5,3),(5,4),(5,5),(5,6),(6,1),(6,2),(6,3),(6,4),(6,5),(6,6)\}$

$\Rightarrow n(S) = 36$

$E =$ कुल 7 से अधिक होने की घटना

$E = \{(2,6),(3,5),(3,6),(4,4),(4,5),(4,6),(5,3),(5,4),(5,5),(5,6),(6,2),(6,3),(6,4),(6,5),(6,6)\}$

$\Rightarrow n(E) = 15$

कुल 7 से अधिक होने की प्रायिकता $P(E)$ है।

$\Rightarrow P(E) = \frac{n(E)}{n(S)}$

$\Rightarrow P(E) = \frac{15}{36}$

$\Rightarrow P(E) = \frac{5}{12}$

अत: विकल्प (C) सही है।

90. दिया है:

समीकरण = $\frac{(120 \div 20 \times y + 31)}{(8^2 - 6 \times 4 + y^2)} = 1$

$\Rightarrow \frac{(120 \div 20 \times y + 31)}{(8^2 - 6 \times 4 + y^2)} = 1$

$\Rightarrow (120 \div 20 \times y + 31) = (8^2 - 6 \times 4 + y^2)$

$\Rightarrow 6y + 31 = (64 - 24 + y^2)$

$\Rightarrow 6y = y^2 + 40 - 31$

$\Rightarrow y^2 - 6y + 9 = 0$

$\Rightarrow y^2 - 3y - 3y + 9 = 0$

$\Rightarrow y(y - 3) - 3(y - 3) = 0$

$\Rightarrow (y - 3)(y - 3) = 0$

$\Rightarrow y - 3 = 0$

$\Rightarrow y = 3$

$\therefore$ y का मान 3 है।

अतः विकल्प (B) सही है।

91. प्रथम पद a और सार्व अंतर d वाले समान्तर श्रेणी के n पदों का योग निम्न द्वारा दिया जाता है:

$S_n = \frac{n}{2} \times [2a + (n-1)d]$

दिया गया है: $1, 3, 5, 7, \ldots \ldots$ is an AP

यहाँ, $a = 1$ और $d = 2$

यहाँ हमें दी गई समान्तर श्रेणी के 24 पदों का योग ज्ञात करना है अर्थात $n = 24$

$\Rightarrow S_{24} = \frac{24}{2} \times [2 + 46] = 576$

अतः विकल्प (B) सही है।

92. माना कि अनुक्रम $a_1, a_2, a_3 \ldots a_n$ ज्यामितीय श्रेणी है।

सार्व अनुपात $= r = \frac{a_2}{a_1} = \frac{a_3}{a_2} = \cdots = \frac{a_n}{a_{n-1}}$

n पदों का योग $= ar^{n-1}$

n पदों का योग $= S = \frac{a(r^n - 1)}{r-1}$; जहाँ $r > 1$

n पदों का योग $= S = \frac{a(1-r^n)}{1-r}$; जहाँ $r < 1$

अनंत ज्यामितीय श्रेणी का योग GP $= S_\infty = \frac{a}{1-r}$; $|r| < 1$

गणना:

माना कि

$S_n = 1 + \frac{1}{2} + \frac{1}{4} + \frac{1}{8} + \cdots + \frac{1}{2^{n-1}}$

उपरोक्त अनुक्रम ज्यामितीय श्रेणी में है जिसमें पहला पद 1 और सार्व अनुपात $\frac{1}{2}$ है।

हम जानते हैं कि n पदों का योग $= S = \frac{a(1-r^n)}{1-r}$; जहाँ $r < 1$

$\therefore S_n = \frac{1\left[1-\left(\frac{1}{2}\right)^n\right]}{1-\frac{1}{2}} = 2\left[1 - \left(\frac{1}{2}\right)^n\right] = 2 - \frac{1}{2^{n-1}}$

अब, $2 - \frac{1}{2^{n-1}} < 2 - \frac{1}{1000}$

इसलिए, $2^{n-1} < 1000$

$\Rightarrow 2^n < 2000$

यदि $n = 10$ है, तो 2^n 1024 है, जो 2000 से कम है।

$\therefore$ धनात्मक पूर्णांक n का सबसे बड़ा मान 10 है।

अतः विकल्प (C) सही है।

93. दिया है:

जैसा कि हम जानते हैं, यदि समान्तर श्रेणी के प्रत्येक पद पर एक स्थिर मात्रा जोड़ी जाती है तो परिणामी पद समान्तर श्रेणी में भी होते हैं।

प्रत्येक पद में ab + ac + bc जोड़कर

$b^2 + ab + ac + bc, a^2 + ab + ac + bc, c^2 + ab + ac + bc$

समान्तर श्रेणी में हैं।

$\Rightarrow b(b + a) + c(a + b), a(a + b) + c(a + b), c(c + a) + b(c + a)$

समान्तर श्रेणी में हैं

$\Rightarrow (a + b)(b + c), (a + b)(a + c), (c + a)(c + b)$

समान्तर श्रेणी में हैं

प्रत्येक शब्द को $(a + b)(b + c)(c + a)$ से विभाजित करके

$\Rightarrow \frac{1}{c+a}, \frac{1}{b+c}, \frac{1}{a+b}$ समान्तर श्रेणी में हैं

इसलिए c + a, b + c , a + b हरात्मक श्रेणी में हैं

या a + b, b + c, c + a हरात्मक श्रेणी में हैं

अतः विकल्प (C) सही है।

94. दिया है:

बिंदु $A(\sqrt{3} + 1, 4), B(1, 3)$ और $C(1, 5)$ $\triangle ABC$ के शीर्ष हैं।

प्रयुक्त सूत्र:

दो बिंदुओं के बीच की दूरी $= \sqrt{(x_2 - x_1)^2 + (y_2 - y_1)^2}$

समबाहु त्रिभुज का क्षेत्रफल $= \left(\sqrt{\frac{3}{4}}\right) \times$ भुजा^{2}

गणना:

$AB = \sqrt{(\sqrt{3}+1-1)^2 + (4-3)^2} = \sqrt{(3+1)} =$ 2 इकाई

$BC = \sqrt{(1-1)^2 + (3-5)^2} = \sqrt{(0+4)} = 2$ इकाई

$AC = \sqrt{(\sqrt{3}+1-1)^2 + (4-5)^2} = \sqrt{(3+1)} =$ 2 इकाई

स्पष्ट रूप से, $AB = BC = AC = 2$ इकाई

अतः $\triangle ABC$ एक समबाहु त्रिभुज है

$\triangle ABC$ का क्षेत्रफल $= \left(\frac{\sqrt{3}}{4}\right) \times$ भुजा2 $= \left(\frac{\sqrt{3}}{4}\right) \times 2^2 = \sqrt{3}$ इकाई^2

∴त्रिभुज का क्षेत्रफल $\sqrt{3}$ इकाई^2

अतः विकल्प (B) सही है।

95. दिया गया है:

BC = CD.

∠ACB = 70°

अवधारणा:

जब दो रेखाएँ एक-दूसरे को एक ही बिंदु पर काटती हैं, तो कोणों का रैखिक युग्म बनता है।

एक रैखिक युग्म के कोणों का योगफल हमेशा 180° के बराबर होता है।

गणना:

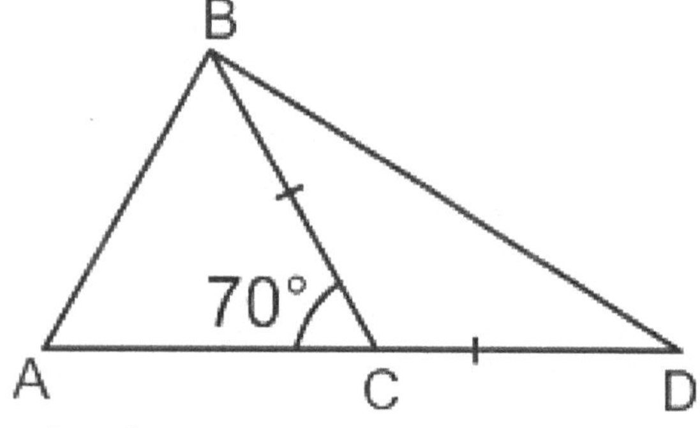

हमारे पास है,

$\Rightarrow \angle ACB + \angle BCD = 180°$

$\Rightarrow \angle BCD = 180° - 70° = 110°$

In ΔBCD,

⇒ BC = CD

⇒ ∠CBD = ∠CDB [समान भुजा के सम्मुख कोण]

एक त्रिभुज के कोण योग गुणधर्म द्वारा

∠BCD + ∠CBD + ∠CDB = 180°

⇒ 2∠CDB = 180° - ∠BCD

⇒ 2∠CDB = 180° - 110° = 70°

⇒ ∠CDB = ∠ADB = 35°

∴ ∠ADB की माप 35° है।

अतः विकल्प (A) सही है।

96. माना खेत की लंबाई और चौड़ाई क्रमशः a और b मीटर है।

इसलिए, $ab = 120$ और $2(a+b) = 46$

$\Rightarrow a + b = 23$

पोल की अधिकतम लंबाई क्षेत्र के विकर्ण के बराबर है।

जैसा कि हम जानते हैं कि विकर्ण $^2 =$ लंबाई $^2 +$ चौड़ाई ^{2}

इसका अर्थ है कि हमें $a^2 + b^2$ के मान की गणना करनी है।

जैसा कि हम जानते हैं कि $(a+b)^2 = a^2 + b^2 + 2ab$

$a^2 + b^2 = (a+b)^2 - 2ab = 23^2 - 2 \times 120 = 289$

इसलिए, विकर्ण $^2 = 289$

विकर्ण = 17 मीटर

अत: विकल्प (C) सही है।

97. सूत्र:

त्रिभुज का क्षेत्रफल $= \sqrt{s(s-a)(s-b)(s-c)}$

जहाँ a, b और c भुजाएं हैं और $s = \frac{a+b+c}{2}$

एक समान्तर चतुर्भुज की भुजाएं 60 मीटर और 40 मीटर है। उसका एक विकर्ण 80 मीटर लम्बा है गुण - समान्तर चतुर्भुज का विकर्ण समान्तर चतुर्भुज को 2 समान त्रिभुजों में विभाजित करता है।

इसलिए, समान्तर चतुर्भुज का क्षेत्रफल $= 2 \times$ (त्रिभुज का क्षेत्रफल जिसकी भुजाएं 40 मीटर, 60 मीटर और 80 मीटर हैं)

$= 2 \times \sqrt{s(s-a)(s-b)(s-c)}$

जहाँ $s = \frac{a+b+c}{2}$

$\Rightarrow s = \frac{40+60+80}{2} = \frac{180}{2}$

$\Rightarrow s = 90$ मीटर

समान्तर चतुर्भुज का क्षेत्रफल $= 2 \times \sqrt{90(90-80)(90-60)(90-40)}$

$= 2 \times \sqrt{90 \times 10 \times 30 \times 50}$

$= 2 \times 300\sqrt{15}$

$= 600\sqrt{15}$ मीटर ^{2}

अत: विकल्प (B) सही है।

98. हम जानते है कि एक समचतुर्भुज में विकर्ण एक - दूसरे के लंबवत द्विभाजक होते हैं।

अतः समचतुर्भुज का क्षेत्रफल = 250 सेमी²

अर्ध समचतुर्भुज का क्षेत्रफल = $\frac{250}{2}$ = 125 सेमी²

अब अर्ध समचुतर्भुज विकर्ण के रूप में भुजाओं वाला एक त्रिभुज है = 20 सेमी एवं अन्य दो भुजाएं समचतुर्भुज की भुजाएं हैं।

∴ त्रिभुज का आधार = 20 सेमी = b

माना 'h' ऊँचाई है = अन्य विकर्ण की अर्ध लंबाई

अब, $\left(\frac{1}{2}\right) \times b \times h = \left(\frac{1}{2}\right) \times 20 \times h = 125$ सेमी²

$\Rightarrow h = 125 \times \frac{2}{20} = \frac{250}{20} = 12.5$ सेमी

∴ अन्य विकर्ण की लंबाई = 2h = 2 × 12.5 सेमी = 25 सेमी

अत: विकल्प (A) सही है।

99. दिया है:

$Z_1 = 2 + 3i$ और $Z_2 = 1 + 2i$

हमें $\frac{Z_1}{Z_2}$ का मान ज्ञात करना है

$\frac{Z_1}{Z_2} = \frac{2+3i}{1+2i} \times \frac{(1-2i)}{(1-2i)}$

$= \frac{2-4i+3i-6i^2}{1+4}$

$= \frac{8-i}{5}$

अत: विकल्प (D) सही है।

100. $\Rightarrow x^2 + 3\sqrt{2}x + 4$

$\Rightarrow x^2 + \sqrt{2}x + 2\sqrt{2}x + 4$

$\Rightarrow x(x + \sqrt{2}) + 2\sqrt{2}(x + \sqrt{2})$

$\Rightarrow (x + 2\sqrt{2})(x + \sqrt{2})$

$\therefore x^2 + 3\sqrt{2}x + 4$ के गुणनखंड $(x + 2\sqrt{2})(x + \sqrt{2})$ हैं।

अत: विकल्प (B) सही है।

मॉक टेस्ट 07

Hindi

Q.1 संस्कार शब्द में किस उपसर्ग का प्रयोग हुआ है?

A. सम् **B.** सन् **C.** सम्स **D.** सन्स

Q.2 कौन देशज प्रत्यय का उदाहरण नहीं है?

[UPSESSB TGT Hindi, 2015]

A. फर्राटा **B.** अड़ियल **C.** उच्चतर **D.** घुमक्कड़

Ques (3-5):निर्देश: निम्नलिखित गद्यांश को पढ़कर पूछे गए प्रश्नों के सबसे उचित उत्तर वाले विकल्प चुनिए।

उन दिनों, जब पंजाब का विभाजन घोषित हो चुका था - पंजाब की पाँचों नदियों का जल उन्माद की तीखी शराब बन चुका था, माँ ने फिर पंजाब जाने का फ़ैसला किया था। सभी ने ऐसे विरोध किया जैसे वे जलती आग में कूदने जा रही हों। और, वह सचमुच आग में कूदने जैसा ही तो था! परंतु पिताजी सहित हम सब जानते थे कि माँ को अपने निश्चय से डिगाना कोई आसान नहीं। उन्होंने सबकी बातों को हँसकर टाल दिया । बीस-बाईस दिनों में वे वापस आ गईं। गाँव के घर का बहुत-सा सामान वे बुक करा आई थीं। साथ में वे अपना पुराना चरखा और दही मथने की बड़ी मथानी ले आई थीं।

फिर सारे पंजाब में आग लग गई। घर-के-घर, गाँव-के-गाँव और शहर-के-शहर उस आग में जलने लगे। आग रुकी तो लगा, पेशावर तक सपाट फैली हुई जमीन अमृतसर और लाहौर के बीच से फट गई है, और उस पार का फटा हुआ हिस्सा बीच में गहरी खाई छोड़कर न जाने कितना उधर खिसक गया है। हम सब भूल-से गए कि उस गहरी खाई के उस पार हमारा अपना गाँव था, पक्की सड़क के किनारे पीछे की ओर एक नहर थी और पास ही झेलम नदी-अल्हड़ लड़की की तरह उछलती-कूदती बहती थी।

आज मैं माँ के साथ उस खाई पर से गुजरकर उस प्रदेश को ओर जा रहा था जो कल तक मेरा था। कितना अपना था और आज कितना पराया है।

Q.3 'गहरी खाई' प्रयोग में 'गहरी' शब्द है:

[CTET Paper - I, 2016]

A. क्रिया **B.** सर्वनाम **C.** संज्ञा **D.** विशेषण

Q.4 उछलती-कूदती में समास है:

[CTET Paper - I, 2016]

A. तत्पुरुष **B.** कर्मधारय **C.** द्विगु **D.** द्वंद्व

Q.5 'अल्हड़' शब्द की वर्तनी होगी:

[CTET Paper - I, 2016]

A. अ + ल् + ह्+ अ् + ड् + अ
B. अल् + ह् + अ + ड् + अ
C. अल् + ह + ड़
D. अ+ल् + ह + ड़

Q.6 'अनुचित बात के लिए आग्रह' वाक्य के लिए नीचे दिए गए विकल्प में से एक शब्द चुनिए:

A. अगेय **B.** दुराग्रह **C.** अकथित **D.** दुराचार

Q.7 निम्नलिखित वाक्यांश के लिए एक शब्द बताइये।
जो व्यक्ति बुराई के लिए प्रसिद्ध हो।

A. विख्यात **B.** कुख्यात **C.** प्रसिद्ध **D.** अप्रसिद्ध

Ques (8-9):निर्देश: निम्नलिखित मुहावरे का अर्थ बताइये।

Q.8 खून-पसीना एक करना

A. बहुत कठिन परिश्रम करना
B. मुद्राएं बनाना
C. अत्यधिक क्रोधित होना
D. इनमें से कोई नहीं

Q.9 खोटा पैसा

A. अयोग्य पुत्र **B.** खोपड़ी खाली होना
C. खोपड़ी पर लादना **D.** अन्याय

Q.10 दांत और ओंठ के स्पर्श से बोले जाने वाले वर्ण को क्या कहते है?

A. दन्तोष्ठ्य **B.** कंठोष्ठ्य **C.** मूर्द्धन्य **D.** दंत्य

Q.11 'नीरद - नीरज' श्रुतिसमभिन्नार्थक शब्द का क्या अर्थ है?

A. निश्चित - इरादा
B. शिवजी का बैल - मंगलाचरण
C. वाण - मल्लाह
D. बादल - कमल

Q.12 'संरक्षण' का संधि-विच्छेद है:

A. सं + अरक्षण **B.** सम् + क्षण
C. संर + क्षण **D.** सम् + रक्षण

Q.13 'कुशाग्र' शब्द में किन वर्णों की संधि हुई है?

A. आ + उ **B.** अ + अ
C. उ + आ **D.** इनमें से कोई नहीं

Q.14 'त्रिफला' में कौन-सा समास है?

A. कर्मधारय समास **B.** तत्पुरुष समास
C. द्वंद्व समास **D.** द्विगु समास

Q.15 'ज्ञानयुक्त' का समास-विग्रह क्या होगा?

A. ज्ञान में युक्त **B.** ज्ञान पर युक्त
C. ज्ञान से युक्त **D.** ज्ञान के लिए युक्त

Q.16 'ओछा' का निम्न में से कौन सा सही विलोम शब्द है?

[MP Jail Prahari, 2018]

A. तुच्छ **B.** नीचता **C.** लघुता **D.** गंभीर

Q.17 'ओजस्वी' का निम्न में से कौन सा सही विलोम शब्द है?

[MP Jail Prahari, 2018]

A. ओजहिन **B.** औजहीन **C.** ओजाहीन **D.** ओजहीन

Q.18 दिए गए शब्दों में शुद्ध वर्तनी वाले शब्द का चयन कीजिए।

A. मूर्छा **B.** मूर्च्छा **C.** मुरछा **D.** मुर्च्छा

Q.19 'मनोज दुकान जा रहा है। इस वाक्य में कौन सा काल है?

A. भूतकाल **B.** वर्तमान काल
C. भविष्य काल **D.** अपूर्ण वर्तमान काल

Ques (20-21):निर्देश: वाक्य में रेखांकित शब्द का उचित व्याकरणिक परिचय छाँटिए।

Q.20 लीला पिछले <u>महीने</u> दिल्ली गया था।

A. व्यक्तिवाचक संज्ञा, पुल्लिंग, एकवचन
B. जातिवाचक संज्ञा, पुल्लिंग, बहुवचन

C. जातिवाचक संज्ञा, पुल्लिंग, एकवचन
D. व्यक्तिवाचक संज्ञा. प्लिलिंग बहवचन

Q.21 पति के रूप में राम ने सदैव एकपत्नीव्रत का पालन किया।
A. व्यक्तिवाचक संज्ञा, पुल्लिंग, एकवचन
B. जातिवाचक संज्ञा, पुल्लिंग, बहुवचन
C. जातिवाचक संज्ञा, पुल्लिंग, एकवचन
D. व्यक्तिवाचक संज्ञा. प्लिलिंग बहवचन

Q.22 दिए गए शब्द के पर्यायवाची शब्द का चयन करें।
विभूति
A. प्रतिभूति **B.** सुंदरता **C.** अनुभूति **D.** ऐश्वर्य

Q.23 निम्नलिखित प्रश्न में, चार विकल्पों में से, उस विकल्प का चयन करें जो दिए गए शब्द का सही सामान अर्थ वाला शब्द है:
'मर्कट'
A. पानी **B.** पुत्र **C.** बंदर **D.** मित्र

Q.24 "रक्त मांस के सड़े पंक से उमड़ रही है।
महा घोर दुर्गन्धि, रुद्ध हो उठती श्वासा ।"
उपर्युक्त पंक्तियों में इनमें से कौन सा रस है?
A. अद्भुत **B.** रौद्र **C.** वीभत्स **D.** करुण

Q.25 दिए गए शब्दों के शुद्ध वर्तनी के लिए चार विकल्प दिए गए हैं। उनमें से समुचित विकल्प चुनिए।
अत्योक्ति
A. अत्योक्ती **B.** अत्युक्ति **C.** अल्यूक्ति **D.** अत्यौत्कि

English

Q.26 Direction: Choose the option that best punctuates the given sentence:
Could I have a five-kilo pack of rice said the customer
[MP Jail Prahari, 2018]

A. "Could I have a five kilo, pack of rice ?"said the customer
B. "Could I have a five kilo pack of rice, said the customer."
C. "Could I have a five kilo pack of rice said the customer."
D. "Could I have a five kilo pack of rice?" said the customer.

Q.27 Direction: In the given question, a part of the sentence is made bold. Below are given alternatives to the bold part at (A), (B), and (C) which may improve the sentence. Choose the correct alternative. In case no replacement is needed, mark (D) as your answer.

Both the US and China are formidable world powers but **India should side with the later.**
A. India should side along the later.
B. India should side with the latter.
C. India should side along the latter.
D. No replacement required

Q.28 Direction: Choose the correct alternative which can be substituted for the below given word/sentence.

One who tells what will happen in future.
A. Polyandry **B.** Seer
C. Palmistry **D.** Polygamy

Q.29 Direction: In the following questions, four/five alternatives are given for the meaning of the given Idiom/Phrase. Choose the alternative which best express the meaning of the Idiom/Phrase.

Rest on one's laurels
[SSC MTS, 2017]

A. To retire from active life
B. To remember thing clearly
C. Not to come to point
D. Defend from enemies

Q.30 Direction: Change the following sentence given below in the appropriate narration form.

"What a wonderful time we had there" she exclaimed.
A. She exclaimed that she has quite a wonderful time there.
B. She exclaimed that she had quite a wonderful time there.
C. She exclaimed that they had quite a wonderful time there.
D. She exclaimed that they have quite a wonderful time there.

Q.31 Direction: In the following question, select the related letter/word from the given alternatives.
Time : Chronophobia :: Fire : ?
A. Pyrophobia **B.** Pathophobia
C. Heliophobia **D.** Elurophobia

Q.32 Direction: Given below is a sentence with the underlined word followed by four words. Select the option that is opposite in meaning to the underlined word and mark your response accordingly.
I'm not <u>gullible</u> enough to believe something that outrageous.
A. Honest **B.** Suspicious
C. Trustful **D.** Confident

Q.33 Direction: Choose the word which best expresses the opposite meaning of the word.
MODICUM
A. Simplicity **B.** A large amount
C. Brazenness **D.** Immodesty

Q.34 Direction: Choose the word which is most similar in meaning to the given word.
Predicament
A. Plight **B.** Plunder
C. Stentorian **D.** Occult

Q.35 Choose the correctly spelled word.
A. Anticeptic **B.** Anteceptic
C. Anticeptique **D.** Antiseptic

Q.36 Direction: Rearrange the words given below to make a meaningful and coherent sentence.
King Solomon / all other men / that / was wiser than / it is believed
A. That all other men were wiser than King Solomon it is believed.
B. It is believed that King Solomon all other men was wiser than.
C. That was wiser than all other men King Solomon it is believed.
D. It is believed that King Solomon was wiser than all other

men.

Q.37 'The reddest flower would, look as pale as snow' -The cry of the children.

What is the figure of speech used in the line?

A. Metaphor **B.** Personification
C. Simile **D.** Alliteration

Ques (38-39):Direction: Choose the most suitable determiner for the given sentence.

Q.38 Johnny is a keen player but unfortunately, he has _______skills.

A. few **B.** none **C.** some **D.** little

Q.39 ___the people are untrustworthy.

A. Some of **B.** Some **C.** Any of **D.** Many

Ques (40-41):Direction: Fill in the blanks with an appropriate preposition.

Q.40 My sister has offered to look _____my pet dog while we are away on a holiday.

A. into **B.** through **C.** after **D.** at

Q.41 If you live in a corrupt society you cannot rise ____ the prevailing corruption.

A. above **B.** upon **C.** beyond **D.** over

Ques (42-47):Direction: Sentences are given with blanks to be filled in with an appropriate word(s).

Q.42 The song in the play cannot be deleted it is ________ to the story.

A. intervened **B.** innate
C. exacting **D.** integral

Q.43 It is time we ________ with determination.

A. act **B.** acted
C. have acted **D.** will act

Q.44 Each school has its own set of rules ________ all good pupils should follow them.

A. but **B.** or **C.** else **D.** and

Q.45 There is something wonderful __ him.

A. of **B.** about **C.** for **D.** inside

Q.46 The teacher was very _____ in his subject.

A. proficient **B.** master
C. top **D.** best

Q.47 Your answer book will be _____ by a computer.

A. evaluated **B.** replied
C. tested **D.** submitted

Q.48 Direction: Choose correct article for the blank.

This wine is _______ expensive.

A. an **B.** the
C. a **D.** Zero article

Ques (49-50):Direction: Choose the appropriate modal to complete the sentence.

Q.49 If it does not rain tomorrow, we _____ go out for a cricket match.

A. could **B.** shall **C.** couldn't **D.** would

Q.50 If you want knowledge, you ______ toil for it.

A. need **B.** will **C.** would **D.** must

General Studies

Q.51 ऋषियों की तपस्थली नैमिषारण्य कहाँ है?

A. चित्रकूट **B.** अयोध्या **C.** काशी **D.** सीतापुर

Q.52 अंडमान और निकोबार द्वीप समूह की एक महत्वपूर्ण पर्वत चोटी माउंट डियावोलो कहाँ स्थित है?

A. मध्य अंडमान **B.** उत्तरी अंडमान
C. दक्षिण अंडमान **D.** ग्रेट निकोबार

Q.53 भारतीय कृषि अनुसंधान संस्थान _______ में स्थित था।

A. मुंबई **B.** नई दिल्ली **C.** कटक **D.** हैदराबाद

Q.54 सबरीमाला मंदिर स्थित है:

A. केरल **B.** कर्नाटक **C.** तमिलनाडु **D.** उड़ीसा

Q.55 खुर्जा उत्तर प्रदेश में किस कला के लिए प्रसिद्ध है?

A. कांच के बने पदार्थ **B.** चीनी मिट्टी
C. चमड़े के बरतन **D.** बनारसी रेशम

Q.56 किस दिन को विश्व प्रत्यायन दिवस के रूप में मनाया जाता है?

A. 19 जून **B.** 07 जून **C.** 06 जून **D.** 09 जून

Q.57 एक कंप्यूटर द्वारा डिस्क सिस्टम से प्राइमरी स्टोरेज में डेटा के हस्तांतरण के लिए अनुरोध करने के बीच का अंतराल और इस ऑपरेशन के पूरा होने के अनुरोध को _________ कहा जाता है।

A. डिस्क अराइवल टाइम
B. डिस्क एक्सेस टाइम
C. ड्राइव यूटिलाइजेशन टाइम
D. डिस्क यूटिलाइजेशन टाइम

Q.58 एक __________ डिस्क में एक गोलाकार डिस्क होती है जो एक पतली धातु या किसी अन्य सामग्री के साथ लेपित होती है जो अत्यधिक परावर्तक होती है।

A. मैग्नेटिक **B.** ऑप्टिकल **C.** कॉम्पैक्ट **D.** हार्ड

Q.59 पपीता का पीला रंग ___ के कारण होता है।

A. पपेन **B.** लैकोपेन
C. कैरिक्सज़न्थिन **D.** कैरोटीन

Q.60 आंसुओं का pH मान कितना होता है?

A. 6.5 से 7.6 **B.** 8.5 से 8.8 **C.** 6.0 से 6.6 **D.** 6.3 से 7.2

Q.61 एनएसडीएल (NSDL) का पूर्ण रूप क्या है?

A. नेशनल सोसाइटी डेवलपमेंट लिमिटेड
B. नेशनल सोशल डेवलपमेंट लिमिटेड
C. नेशनल सिक्योरिटीज डिपाजिटरी लिमिटेड
D. नेशनल सेफ्टी डेवलपमेंट लिमिटेड

Q.62 निम्नलिखित में से किस मंत्रालय ने हाल ही में PLI आवेदक के ERP (उद्यम संसाधन योजना) सिस्टम से PLI ऑटो पोर्टल पर घरेलू मूल्य संवर्धन (DVA) से संबंधित महत्वपूर्ण डेटा कैप्चर करने के लिए स्वचालित ऑनलाइन डेटा ट्रांसफर लॉन्च किया है?

A. मानव संसाधन विकास मंत्रालय

B. कारपोरेट कार्य मंत्रालय
C. इलेक्ट्रॉनिक्स और सूचना प्रौद्योगिकी मंत्रालय
D. भारी उद्योग मंत्रालय

Q.63 मट्टनचेरी महल कहाँ स्थित है?
A. आंध्र प्रदेश **B.** उड़ीसा **C.** केरल **D.** तमिलनाडु

Q.64 निम्नलिखित में से किस राज्य को "भारत का आर्किड राज्य" भी कहा जाता है?
A. तमिलनाडु **B.** आंध्र प्रदेश
C. अरुणाचल प्रदेश **D.** मध्य प्रदेश

Q.65 'ऐस अगेंस्ट ऑड्स' _____ की आत्मकथा है।
A. हिमा दास **B.** सानिया मिर्ज़ा
C. दुती चंद **D.** मैरी कोम

Q.66 स्वतंत्रता की पहली लड़ाई (1857) कहाँ पर आरंभ हुई?
A. कलकत्ता **B.** दिल्ली **C.** झांसी **D.** मेरठ

Q.67 निम्नलिखित में से किस भारतीय राज्य की कोई अंतर्राष्ट्रीय सीमा नहीं है?
[Officers Training Academy (OTA), 2019], [Indian Military Academy (IMA), 2019]
A. बिहार **B.** छत्तीसगढ़ **C.** उत्तराखंड **D.** मेघालय

Q.68 शीतोष्ण शंकुधारी वन बायोम के संबंध में निम्नलिखित में से कौन-सा एक कथन सही नहीं है?
[Officers Training Academy (OTA), 2019], [Indian Military Academy (IMA), 2019]
A. बहुत कम अववृद्धि (झाड़-झंखाड़) इनकी विशेषता है।
B. एक वर्ष में इनमें 50 से 100 दिनों की बढ़वार अवधि होती है।
C. इनमें वार्षिक तापमान में कम परिवर्तन होता है।
D. इनमें वार्षिक वर्षण के स्थानिक वितरण में उच्च परास होता है।

Q.69 भारतीय स्वतंत्रता संग्राम के संदर्भ में, निम्नलिखित में से किसने कांग्रेस खिलाफत स्वराज्य पार्टी का गठन किया?
A. वल्लभ भाई पटेल और मौलाना अबुल कलाम आज़ाद
B. जवाहरलाल नेहरू और हकीम अजमल खान
C. जे.बी. कृपलानी और के. एम. मुंशी
D. मोतीलाल नेहरू और सी. आर. दास

Q.70 निम्नलिखित में से कौन भारतीय संसदीय प्रणाली का एक नवाचार है?
A. शून्यकाल **B.** प्रस्ताव **C.** संकल्प **D.** प्रश्नकाल

Q.71 किस राज्य ने नीति आयोग जैसा राज्य स्तरीय संस्थान स्थापित करने की घोषणा की है?
A. केरल **B.** महाराष्ट्र
C. तेलंगाना **D.** पश्चिम बंगाल

Q.72 2022 तक कौन सा देश श्रीलंका का सबसे बड़ा द्विपक्षीय ऋणदाता है?
A. चीन **B.** भारत
C. ऑस्ट्रेलिया **D.** अमेरीका

Q.73 उत्तर प्रदेश की राजकीय मछली ____ है।
A. कतला **B.** माहसीर **C.** मांगुर **D.** चीतल

Q.74 ________, जिसे 'जंगल की ज्वाला' के नाम से भी जाना जाता है, उत्तर प्रदेश का राजकीय पुष्प है।
A. ब्रह्मकमल **B.** पलाश
C. फॉक्सटेल आर्किड **D.** कमल

Q.75 किस राज्य ने 'निवेश और रोजगार प्रोत्साहन नीति, 2022' शुरू की?
A. केरल **B.** उत्तर प्रदेश
C. कर्नाटक **D.** आंध्र प्रदेश

Mathematics

Q.76 एक समकोण गोलाकार शंकु का आयतन 2464 सेमी ^{3} है यदि इसके आधार की त्रिज्या 14 सेमी है, तो इसके वक्र पृष्ठ का क्षेत्रफल (सेमी ^{2} में) है: ($\pi = \frac{22}{7}$ लीजिये)
A. $88\sqrt{58}$ **B.** $44\sqrt{58}$ **C.** $44\sqrt{85}$ **D.** $88\sqrt{85}$

Q.77 10 सेमी ऊँचाई, 20 सेमी की आधार त्रिज्या वाले एक ठोस धातु के शंकु को पिघलाकर 4 सेमी व्यास की गोलाकार गेंदें बनाई जाती हैं। ऐसी कितनी गेंदें बनाई जा सकती हैं?
A. 25 गेंदें **B.** 75 गेंदें **C.** 50 गेंदें **D.** 125 गेंदें

Q.78 यदि 3 -अंकों की संख्याओं $235, 2\times5, x35, 63x$ और 116 का औसत 333 है, तो $x+1, x+3$ तथा $x+8$ का औसत क्या है?
[SSC Selection Post Phase IX, 2020]
A. 9 **B.** 8 **C.** 10 **D.** 12

Q.79 माना ABC एक समकोण त्रिभुज है जिसमें BC = 5 सेमी और AC = 12 सेमी है। माना कर्ण AB पर एक बिंदु D है जिससे ∠BCD = 30° है तो CD की लंबाई क्या है?
A. $\frac{60}{13}$ सेमी **B.** $\frac{17}{2}$ सेमी
C. $\frac{120}{5+12\sqrt{2}}$ सेमी **D.** $\frac{120}{5+12\sqrt{3}}$ सेमी

Q.80 दी गई आकृति में, PT : TS : SR = 2 : 1 : 1 और SU, TQ के समानांतर है। यदि RU = 10 सेमी, RS = 8 सेमी और SU = 6 सेमी, तो PQ का मान (सेमी में) क्या है?

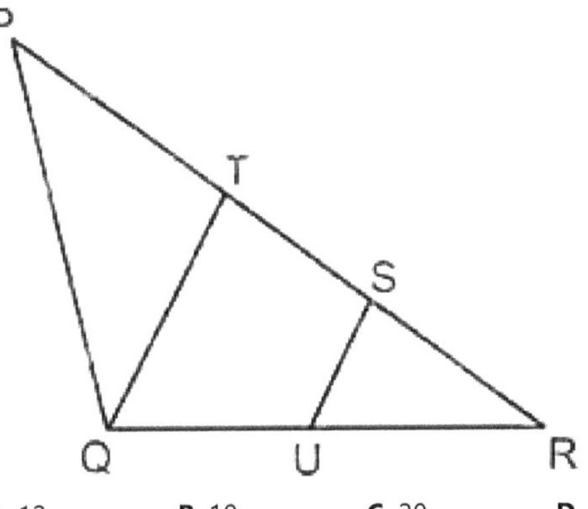

A. 12 **B.** 10 **C.** 20 **D.** 30

Q.81 दो संख्याओं का म.स.और ल.स क्रमशः 14 और 3920 है। यदि एक संख्या 490 है तो दूसरी संख्या ज्ञात कीजिए।
A. 56 **B.** 84 **C.** 98 **D.** 112

Q.82 INDIA शब्द के अक्षरों के विभिन्न क्रमसंचय की संख्या ज्ञात कीजिए।
A. 20 **B.** 40 **C.** 50 **D.** 60

Q.83 अगर काम के पत्र $KUBER$ सभी संभावित क्रमों में लिखे गए हैं और एक शब्दकोश के रूप में व्यवस्थित हैं, फिर $KUBER$ शब्द की रैंक होगा:

A. 67 **B.** 68 **C.** 65 **D.** 69

Q.84 यदि $iz^3 + z^2 - z + i = 0$, तो $|z|$ का मान है:

[UPSESSB TGT Mathematics, 2013]

A. 1 **B.** -1 **C.** 2 **D.** 3

Q.85 यदि k एक अदिश है और I कोटि 3 का एक इकाई आव्यूह है, तो adj $(kI) =$

A. k^3I **B.** k^2I **C.** $-k^3I$ **D.** $-k^2I$

Q.86 एक खेत के बीच में खड़ा एक लड़का, 30° की ऊँचाई के कोण पर उत्तर में एक उड़ने वाले पक्षी का निरीक्षण करता है और दो मिनट के बाद, वह 60° की ऊँचाई के कोण पर दक्षिण में उसी पक्षी का निरीक्षण करता है। यदि पक्षी सभी दिशाओं में $50\sqrt{3}$ मी की सीधी रेखा में उड़ता है तो इसकी गति किमी/घंटा में ज्ञात करें?

A. 4.5 **B.** 3 **C.** 9 **D.** 6

Q.87 एक पैक में 4 नीले, 2 लाल और 3 काले पेन हैं। यदि पैक से 2 पेन याद्दच्छिक रूप से निकाले जाते हैं, प्रतिस्थापित नहीं किए जाते हैं और फिर एक और पेन निकाला जाता है। 2 नीले पेन और 1 काले पेन के निकाले जाने की संभावना क्या है?

A. $\frac{2}{9}$ **B.** $\frac{1}{14}$ **C.** $\frac{2}{63}$ **D.** $\frac{2}{14}$

Q.88 एक घटना A के न होने के अवसर $5:3$ है और एक और स्वतंत्र घटना B के होने के अवसर $6:5$ है। ऐसी संभावना क्या है कि दोनों A और B न हो।

[IBPS PO, 2020]

A. $\frac{52}{88}$ **B.** $\frac{25}{88}$ **C.** $\frac{10}{88}$ **D.** $\frac{12}{88}$

Q.89 दो निष्पक्ष पासों को एक साथ लुढ़काया जाता है। दो पासों पर संख्याओं का योग 7 होने की प्रायिकता क्या है?

A. $\frac{1}{12}$ **B.** $\frac{1}{2}$ **C.** $\frac{1}{6}$ **D.** $\frac{1}{4}$

Q.90 एक तार 15 सेमी भुजा के एक वर्ग के आकार में है। यदि तार को 5 सेमी चौड़ाई के एक आयत में पुनः मोड़ा जाता है, तब लम्बाई ज्ञात कीजिए।

[MP Jail Prahari, 2018]

A. 20 सेमी **B.** 12 सेमी **C.** 15 सेमी **D.** 25 सेमी

Q.91 वर्ग का परिमाप और भुजा का अंतर 12 सेमी है। वर्ग का क्षेत्रफल है:

A. 12 सेमी ^{2} **B.** 16 सेमी ^{2}
C. 144 सेमी ^{2} **D.** 36 सेमी ^{2}

Q.92 यदि किसी वर्ग की भुजा को तिगुना कर दिया जाये, तो नए वर्ग का क्षेत्रफल पुराने वर्ग के क्षेत्रफल का N गुना हो जाता है। N का मान क्या होगा?

A. 9 **B.** 27 **C.** 3 **D.** 4

Q.93 माना S_n किसी AP के प्रथम n पदों का योगफल है। यदि $S_{2n} = 3n + 14n^2$ है, तो सार्व अंतर क्या है?

[UPSC NDA, 2019]

A. 5 **B.** 6 **C.** 7 **D.** 9

Q.94 यदि $x^2, x, -8$ AP में हैं तो निम्न में से कौन सा सही है?

[UPSC NDA, 2021]

A. $x \in \{-2\}$ **B.** $x \in \{4\}$
C. $x \in \{-2,4\}$ **D.** $x \in \{-4,2\}$

Q.95 समान्तर श्रेणी $2,7,12,$ का 10वां पद क्या होगा?

A. 245 **B.** 243 **C.** 297 **D.** 47

Q.96 दो संख्याओं का म.स.प. और ल.स.प. क्रमशः 5 और 420 है। यदि एक संख्या 20 है, तो दूसरी संख्या ज्ञात कीजिए।

A. 105 **B.** 110 **C.** 115 **D.** 120

Q.97 $\sqrt{41 - \sqrt{21 + \sqrt{19 - \sqrt{9}}}}$ का मान ज्ञात कीजिए।

A. 3 **B.** 5 **C.** 6 **D.** 6.4

Q.98 एक बिंदु P इस तरह चलता है कि उसकी (1, 2) और (-2, 3) से दूरियाँ बराबर होती हैं। तब P का बिन्दुपथ क्या है?

A. सीधी रेखा **B.** परवलय
C. दीर्घवृत्त **D.** अतिपरवलय

Q.99 यदि बिंदुओं $(a, 2)$ और $(3,4)$ के बीच की दूरी 8 हो, तो a का मान ज्ञात कीजिए।

A. $2 + 3\sqrt{15}$ **B.** $2 - 3\sqrt{15}$
C. $2 \pm 3\sqrt{15}$ **D.** $3 \pm 2\sqrt{15}$

Q.100 $100x^2 - 20x + 1 = 0$ द्विघात समीकरण का मूल ज्ञात कीजिए।

A. $\frac{1}{20}$ **B.** $\frac{1}{30}$
C. $\frac{1}{10}$ **D.** इनमे से कोई भी नहीं

// स्मार्ट उत्तर पुस्तिका //

सही उत्तर — उन छात्रों के प्रतिशत को इंगित करता है जिन्होंने प्रश्नों का सही उत्तर दिया था।

छोड़ दिया — उन छात्रों के प्रतिशत को इंगित करता है जिन्होंने प्रश्नों को छोड़ दिया था।

प्रश्न संख्या	उत्तर	सही उत्तर	छोड़ दिया
1	A	66.01 %	1.27 %
2	C	43.41 %	1.54 %
3	D	68.59 %	1.46 %
4	D	82.91 %	0.0 %
5	D	49.51 %	1.46 %
6	B	65.31 %	1.92 %
7	B	48.27 %	1.87 %
8	A	58.1 %	1.31 %
9	A	51.83 %	1.77 %
10	A	78.9 %	0.0 %
11	D	84.04 %	0.0 %
12	D	50.06 %	1.04 %
13	B	49.44 %	1.53 %
14	D	67.61 %	1.87 %
15	C	84.0 %	0.0 %
16	D	60.35 %	1.88 %
17	D	48.05 %	1.52 %
18	B	68.45 %	1.73 %
19	D	81.19 %	0.0 %
20	B	46.82 %	1.3 %
21	A	42.06 %	1.97 %
22	D	51.68 %	1.61 %
23	C	45.05 %	1.05 %
24	C	40.88 %	1.88 %
25	B	48.93 %	1.75 %
26	D	49.65 %	1.16 %
27	B	17.36 %	3.96 %
28	B	12.42 %	4.67 %
29	A	26.96 %	3.75 %
30	C	49.76 %	1.14 %
31	A	84.36 %	0.0 %
32	B	78.31 %	0.0 %
33	B	83.17 %	0.0 %
34	A	85.98 %	0.0 %
35	D	89.23 %	0.0 %
36	D	83.44 %	0.0 %
37	C	89.15 %	0.0 %
38	A	86.03 %	0.0 %
39	A	79.34 %	0.0 %
40	C	77.29 %	0.0 %
41	A	81.26 %	0.0 %
42	D	79.73 %	0.0 %
43	B	82.89 %	0.0 %
44	D	88.01 %	0.0 %
45	B	82.27 %	0.0 %
46	A	77.43 %	0.0 %
47	A	87.09 %	0.0 %
48	D	87.77 %	0.0 %
49	A	82.38 %	0.0 %
50	D	41.6 %	1.53 %
51	D	82.62 %	0.0 %
52	A	64.96 %	1.03 %
53	B	19.68 %	4.24 %
54	A	21.92 %	4.81 %
55	B	48.29 %	1.55 %
56	D	20.94 %	3.66 %
57	B	19.93 %	4.61 %
58	B	30.56 %	3.78 %
59	C	43.35 %	1.72 %
60	A	62.22 %	1.83 %
61	C	43.73 %	1.4 %
62	D	46.46 %	1.82 %
63	C	54.85 %	1.69 %
64	C	64.91 %	1.4 %
65	B	49.34 %	1.54 %
66	D	54.55 %	1.52 %
67	B	62.5 %	1.25 %
68	C	47.35 %	1.16 %
69	D	54.93 %	1.73 %
70	A	69.82 %	1.04 %
71	B	61.74 %	1.95 %
72	B	49.3 %	1.88 %
73	D	88.86 %	0.0 %
74	B	79.89 %	0.0 %
75	B	87.32 %	0.0 %
76	D	68.2 %	1.52 %
77	D	49.07 %	1.1 %
78	B	57.46 %	1.88 %
79	D	51.11 %	1.38 %
80	C	55.08 %	1.59 %

प्रश्न संख्या	उत्तर	सही उत्तर / छोड़ दिया
81	D	52.16 % / 1.01 %
82	D	57.78 % / 1.14 %
83	A	66.54 % / 1.86 %
84	A	57.74 % / 1.97 %
85	B	58.64 % / 1.77 %
86	D	63.29 % / 1.62 %
87	B	46.05 % / 1.95 %
88	B	51.46 % / 1.13 %
89	C	61.71 % / 1.09 %
90	D	83.0 % / 0.0 %
91	B	82.11 % / 0.0 %
92	A	82.69 % / 0.0 %
93	C	67.46 % / 1.36 %
94	C	47.7 % / 1.6 %
95	D	62.68 % / 1.83 %
96	A	69.97 % / 1.28 %
97	C	62.61 % / 1.43 %
98	A	46.2 % / 1.59 %
99	D	69.67 % / 1.76 %
100	C	85.11 % / 0.0 %

कार्य विश्लेषण	
औसत अंक (%)	51.0%
टॉपर्स स्कोर (%)	68.0%
आपका स्कोर	

//संकेत और समाधान//

1. "सम्" संस्कृत का उपसर्ग है। "सम्" का अर्थ उत्तम,साथ एवं पूर्ण होता है। "सम्" उपसर्ग से संस्कार शब्द बना है।

अतः विकल्प (A) सही है।

2. "उच्चतर" देशज का उदाहरण नहीं है।

प्रत्यय वे शब्द हैं जो दूसरे शब्दों के अन्त में जुड़कर, अपनी प्रकृति के अनुसार, शब्द के अर्थ में परिवर्तन कर देते हैं।

अतः विकल्प (C) सही है।

3. "गहरी खाई" प्रयोग में "गहरी" शब्द खाई(संज्ञा) के गुण या विशेषता को इंगित करता है।

- संज्ञा- किसी वस्तु, व्यक्ति, स्थान, जाति, भाव आदि के नाम को संज्ञा कहते हैं। उदाहरण- जननी, केरल, राम आदि।
- सर्वनाम- संज्ञा के स्थान पर प्रयोग किये जाने वाले शब्दों को सर्वनाम कहते हैं। उदाहरण- मैं, तुम, हम, वह आदि।
- क्रिया- जिस शब्द के द्वारा किसी कार्य करने या होने का बोध होता है, उसे क्रिया कहते हैं। उदाहरण- जाना, खाना, हँसना, खेलना आदि।
- विशेषण- संज्ञा अथवा सर्वनाम की विशेषता बताने वाले शब्दों को विशेषण कहते हैं। उदाहरण- बड़ा, काला, दयालु, ईमानदार, गहरा या गहरी आदि।

इसलिए "गहरी" शब्द विशेषण है |

अतः विकल्प (D) सही है।

4. उछलती-कूदती में समास है: द्वंद्व - उछलती - कूदती का समास विग्रह - उछलती और कूदती होता है।

समास- दो या दो से अधिक शब्दों के मिलने पर जब एक नया एवं सार्थक शब्द बनता है , तो उसे समास कहतें हैं।

- तत्पुरुष समास - उत्तर पद प्रधान व पूर्वपद गौण। जैसे, राजपुत्र - राजा का पुत्र
- कर्मधारय समास - पूर्वपद व उत्तरपद में विश्षण-विशेष्य अथवा उपमान-उपमेय का संबंध। जैसे, चंद्रमुख - चंद्र जैसा मुख
- द्विगु समास - पूर्वपद संख्यावाचक विशेषण। जैसे, नवग्रह - नौ ग्रहों का समुह
- द्वंद्व समास - दोनो पद प्रधान विग्रह करने पर और अथवा या आता है। जैसे, माता-पिता - माता और पिता, धर्माधर्म - धर्म या अधर्म, 'उछलती-कूदती' - उछलती और कूदती

इसलिए निष्कर्ष निकलता है कि उछलती-कूदती में समास है: द्वंद्व

अतः विकल्प (D) सही है।

5. 'अल्हड़' शब्द की वर्तनी होगी- अ+ल्+ह+ड़

अल्हड़ का अर्थ - दुनियादारी न जानने वाला, भोला

वर्तनी - लिखने की रीति को वर्तनी कहते हैं। 'वर्तनी' शब्द का अर्थ उच्चारित होने वाले शब्द के लेखन में प्रयोग होने वाले लिपि चिह्नों के व्यवस्थित रूप को वर्तनी कहा जाता है।

अतः विकल्प (D) सही है।

6. 'अनुचित बात के लिए आग्रह' के लिए एक शब्द 'दुराग्रह' होगा। दुराग्रह का पर्यायवाची- हठ, ज़िद्द, धृष्टता आदि।

एक शब्द	वाक्यांश
अगेय	जो गाए जाने योग्य न हो
अकथित	जो कहा न गया हो
दुराचार	जो अचार उचित न हो

अतः विकल्प (B) सही है।

7. 'जो व्यक्ति बुरे के लिए प्रसिद्ध हो' का अर्थ है 'वह व्यक्ति जिसकी प्रशंसा बुरे के लिए की जाए'। इस वाक्यांश के लिए 'कुख्यात' शब्द का प्रयोग किया जाता है।

अतः विकल्प (B) सही है।

8. मुहावरा: खून-पसीना एक करना

अर्थ: बहुत कठिन परिश्रम करना

वाक्य प्रयोग: रामू खून-पसीना एक करके दो पैसे कमाता हैं।

अत: विकल्प (A) सही है।

9. मुहावरा: खोटा पैसा

अर्थ: अयोग्य पुत्र

वाक्य प्रयोग: कभी-कभी खोटा पैसा भी काम आ जाता हैं।

अत: विकल्प (A) सही है।

10. दांत और ओंठ के स्पर्श से बोले जाने वाले वर्ण को दंतोष्ठ्य वर्ण कहते है। हिंदी वर्ण माला के त, थ, द, ध, न दन्त्य वर्ण हैं और वर्ण व दंतोष्ठ्य है।

अतः विकल्प (A) सही है।

11. 'नीरद - नीरज' का अर्थ 'बादल - कमल' है।

कुछ शब्द ऐसे होते हैं जिनमें स्वर, मात्रा अथवा व्यंजन में थोड़ा-सा अन्तर होता है। वे बोलचाल में लगभग एक जैसे लगते हैं, परन्तु उनके अर्थ में भिन्नता होती है। ऐसे शब्द 'श्रुतिसमभिन्नार्थक शब्द' कहलाते हैं।

अत: विकल्प (D) सही है।

12. 'संरक्षण' का संधि-विच्छेद सम् + रक्षण है। 'संरक्षण' में व्यंजन संधि है।

जब संधि करते समय व्यंजन के साथ स्वर या कोई व्यंजन के मिलने से जो रूप में परिवर्तन होता है, उसे ही व्यंजन संधि कहते हैं। जैसे- अहम् + कार = अहंकार, उत् + लास = उल्लास आदि।

अतः विकल्प (D) सही है।

13. 'कुशाग्र' शब्द में 'अ + अ' वर्णों की संधि हुई है।

'कुशाग्र' का संधि-विच्छेद है - कुश + अग्र।

'कुशाग्र' में दीर्घ स्वर संधि है।

जब अ, आ, इ, ई, उ, ऊ और ऋ के बाद ह्रस्व या दीर्घ स्वर आए तो दोनों मिलकर क्रमश: आ, ई, ऊ, ऋ हो जाते हैं, तो वहाँ दीर्घ स्वर संधि होती है। जैसे- विद्या + अभ्यास = विद्याभ्यास (आ + अ = आ) आदि।

अतः विकल्प (B) सही है।

14. 'त्रिफला' में द्विगु समास है।

'त्रिफला' का अर्थ तीन फलों का समूह है।

'त्रिफला' में उत्तर पद 'फल' की प्रधानता है। द्विगु समास में पूर्व पद संख्यावाची होता है, उत्तर पद प्रधान होता है तथा समरतपद किसी समूह का बोध कराता है। इसलिए, यहाँ द्विगु समास है।

अतः विकल्प (D) सही है।

15. 'ज्ञानयुक्त' का समास-विग्रह होगा 'ज्ञान से युक्त'।

- 'ज्ञानयुक्त' शब्द में तत्पुरुष समास है।
- इसमें 'से' करण कारक का प्रयोग हुआ है। इसलिए, इसमें 'तत्पुरुष समास' है।

अत: विकल्प (C) सही है।

16. दिए गए विकल्पों में से 'ओछा' शब्द का विलोम गंभीर है।

विलोम शब्द: विलोम शब्द का अर्थ होता है उल्टा। किसी भी शब्द का विपरीत या उल्टा अर्थ देने वाले शब्द विलोम शब्द कहलाते है।

उदाहरण: आस्था-अनास्था, चल-अचल, ज्ञान-अज्ञान आदि।

अत: विकल्प (D) सही है।

17. दिए गए विकल्पों में से 'ओजस्वी' का विलोम शब्द ओजहीन है।

विलोम शब्द: विलोम शब्द का अर्थ होता है उल्टा। किसी भी शब्द का विपरीत या उल्टा अर्थ देने वाले शब्द विलोम शब्द कहलाते है।

जैसे- हार- जीत, आय- व्यय, आजादी- गुलामी।

अत: विकल्प (D) सही है।

18. 'मूर्च्छा' शब्द का अर्थ बेहोशी है और यह शब्द त्रुटिरहित है। अन्य विकल्प त्रुटिपूर्ण हैं।

अत: विकल्प (B) सही है।

19. 'मनोज दुकान जा रहा है। इस वाक्य में अपूर्ण वर्तमान काल है।

क्रिया के जिस रूप से यह बोध हो कि वर्तमान काल में कार्य अभी पूर्ण नहीं हुआ, वह चल रहा है, वहाँ अपूर्ण वर्तमान काल होता है।

जेसे - वर्षा हो रही है।

अत: विकल्प (D) सही है।

20. दिए गए विकल्पों में से 'महीने' शब्द 'जातिवाचक संज्ञा' है क्योंकि इससे महीने के विषय में बताया जा रहा है।

महीने शब्द पुल्लिंग है और बहवचन रूप में है।

महीने का एकवचन शब्द महीना होगा।

अत: विकल्प (B) सही है।

21. दिए गए विकल्पों में से 'राम' शब्द 'व्यक्तिवाचक संज्ञा' है।

राम शब्द पुल्लिंग है और एकवचन रूप में है।

अत: विकल्प (A) सही है।

22.
दिए गए विकल्पों में से 'विभूति' शब्द का पर्यायवाची शब्द ऐश्वर्य है। अन्य विक ल्प असंगत है।

अन्य विकल्प:

शब्द	पर्यायवाची
प्रतिभूति	घूस, जमानत
सुंदरता	खूबसूरती, सौन्दर्य
अनुभूति	अनुभव, परिज्ञान

अत: विकल्प (D) सही है।

23. मर्कट' का पर्यायवाची बंदर है।

बंदर के अन्य पर्यायवाची शब्द कपि, वानर, कीश।

अन्य विकल्प:

शब्द	**पर्यायवाची**
पानी	नीर, जल, तोय
पुत्र	तनय, सुत, लाल
मित्र	मीत, सखा, दोस्त

अत: विकल्प (C) सही है।

24. "रक्त मास के सड़े पंक से उमड़ रही है,महा घोर दुर्गंध रुद्ध हो उठती श्वासा।" में वीभत्स रस है।

- उपर्युक्त पंक्तियों से घृणा एवं जुगुप्सा का भाव उत्पन्न हो रहा है।
- अतः इस वजह से यहां पर वीभत्स रस है।
- वीभत्स रस का स्थायी भाव घृणा एवं जुगुप्सा है।

अत: विकल्प (C) सही है।

25. अत्योक्ति' की शुद्ध वर्तनी 'अत्युक्ति' है।

इसका अर्थ 'बढ़ा-चढ़ाकर कही हुई बात' है।

अत: विकल्प (B) सही है।

26. "Could I have a five kilo pack of rice?" said the customer.

- Since the given sentence is in indirect speech, the sentence will commence with inverted commas.
- An inverted form of the verb will now be used as the sentence is an interrogative one.
- Now the rest of the sentence will follow, ending with a question mark.
- As soon as the additional information ends, we need to close it with another set of inverted commas.
- Now the rest of the sentence will follow ending with a full stop.
- The following rules and structures have been followed in the (A) option.

Hence, the correct option is (D).

27. The original sentence is erroneous.

Reason: The word 'later' means 'at a time in the near future' and is unsuitable in this sentence. The correct word to be used here is 'latter' which means 'denoting the second or second mentioned of two people or things.' Hence 'latter' should be used in place of 'later' to make the sentence grammatically correct.

Among the given choices, only option (B) replaces the given bold part most appropriately.

The sentence after replacement becomes:

Both the US and China are formidable world powers but India should side with the latter.

Hence, the correct option is (B).

28. Seer- One who tells what will happen in the future.

Polyandry - a woman has more than one husband.

Palmistry - the art or practice of supposedly interpreting a person's character or predicting their future by examining the lines and other features of the hand, especially the palm and fingers.

Polygamy - the practice or custom of having more than one wife or husband at the same time.

Hence, the correct option is (B).

29. Rest on one's laurels - be so satisfied with what one has already done or achieved that one makes no further effort.

E.g. "with TV sports coverage becoming increasingly competitive, the BBC should beware of resting on its laurels".

Hence, the correct option is (A).

30. The given sentence is,

"What a wonderful time we had there" she exclaimed.

We change such sentences in indirect narration using the following rules:

- Said is changed to exclaimed
- Inverted commas (" ") are removed and that is used instead.
- The verb and tense of the reported speech change accordingly.
- If the reported verb has words like "what a" or "how", then we use the word "very" in place of them in the indirect speech.
- No changes are made to past perfect and past perfect continuous tense.
- First-person pronoun changes according to the subject of reporting speech.

Thus the appropriate narration form is,

She exclaimed that they had quite a wonderful time there.

Hence, the correct option is (C).

31. The pattern followed here is:

Chronophobia is the fear of the passage of time experienced by people.

Similarly,

Pyrophobia is the fear of fire experienced by people.

Hence, the correct option is (A).

32. The meaning of the given words:

- Gullible: easily deceived or tricked, and too willing to believe everything that other people say.
- Suspicious: feeling doubt or no trust in someone or something.
- Honest: free of deceit; truthful and sincere.
- Trustful: having or marked by a total belief in the reliability, truth, or ability of someone.
- Confident: feeling or showing confidence in oneself or one's abilities or qualities.

From the meanings, it is clear that 'suspicious' is the antonym of Gullible.

Hence, the correct option is (B).

33. The meaning of the given words:

- Modicum: the smallest amount or part imaginable.
- A large amount: an enormous amount.
- Simplicity: the quality or condition of being easy to understand or do.
- Brazenness: unrestrained by a sense of shame; rudely bold.
- Immodesty: lack of humility or decency.

So, from the given meanings, we find that a large amount is the antonym for modicum.

Hence, the correct option is (B).

34. The word 'predicament' means 'an unpleasant situation.'

The meanings of the words are:

- Plight - A dangerous, difficult, or otherwise unfortunate situation.
- Plunder- The violent and dishonest acquisition of property.
- Stentorian - Loud; harsh; raucous
- Occult - Mystical, supernatural, or magical powers, practices, or phenomena.

Hence, the correct option is (A).

35. The correctly spelled word is Antiseptic.

Antiseptic means a substance that stops or slows down the growth of microorganisms. They're frequently used in hospitals and other medical settings to reduce the risk of infection during surgery and other procedures.

Hence, the correct option is (D).

36. To rearrange the given words we need to identify their grammatical nature.

- It - subject (The word It can be a subject (or dummy subject) in sentences. Dummy it has a grammatical meaning but no lexical meaning.)
- is believed - verb
- King Solomon - object
- was wiser than all other men - adjunct

According to sentence pattern, the order is - subject/ verb/ object/ adjunct

So, the correct sentence on rearrangement is - It is believed that King Solomon was wiser than all other men.

Hence, the correct option is (D).

37. A simile is a device used to compare two things using "as" or "like".

Let us take a look at line, 'The reddest flower would, look as pale as snow'

The poet says the reddest flower is pale like snow.

He compares flower with snow.

Thus, the line contains simile.

Hence, the correct option is (C).

38. Johnny is a keen player but unfortunately, he has **few** skills.

Few can be used in the following ways: as a determiner (followed by a plural noun): Few people live there now. The few can be used as a noun phrase: Private schools are for the privileged few. Few can be used as an adjective: Her few decent clothes were now dirty.

Hence, the correct option is (A).

39. Some of the people are untrustworthy.

- 'Some of' is used before a noun with articles, determiners and pronouns.
- We use 'some' before a noun without a determiner.
- 'Any' is mostly used in negative clauses.
- 'Many' cannot be used before articles.

So, 'some of' is the most suitable determiner.

Hence, the correct option is (A).

40. My sister has offered to look **after** my pet dog while we are away on a holiday.

The meaning of the given words:

- look after- take care of
- look into- to try to discover the facts about something such as a problem or a crime.
- look through- to read or briefly examine some of the pages of (a book, magazine, etc.)
- look at- to direct your eyes towards someone or something so that you can see them.

Since the given sentence tries to convey that the subject's sister offers to take care of its pet, 'look after' will be the most appropriate choice.

Hence, the correct option is (C).

41. If you live in a corrupt society you cannot rise **above** the prevailing corruption.

Rise above is a phrasal verb meaning of which is " to be or become better than (something)". Example: The quality of the food never rises above average.

Hence, the correct option is (A).

42. The song in the play cannot be deleted it is **integral** to the story.

The meaning of integral is elementary, fundamental, anything which is not omittable, removable. The sentence implies here that song in that play is not removable as it is part of that story or it is fundamental to story.

Hence, the correct option is (D).

43. It is time we **acted** with determination.

Acted: to do something, to take action

Example: She learned at an early age how to act properly in social situations.

The sentence expresses something that should have happened in the past, thus 'acted' fits it perfectly.

Hence, the correct option is (B).

44. Each school has its own set of rules **and** all good pupils should follow them.

The sentences on either side of the blank talks about rules and following them, thus 'but' and 'else' should not be filled, thus the conjunction that perfectly fits here is 'and'.

Use of and: The word and is a conjunction, and when a conjunction joins two independent clauses, you should use a comma with it. The proper place for the comma is before the conjunction.

Example: On Monday we'll see the Eiffel Tower, and on Tuesday we'll visit the Louvre.

Hence, the correct option is (D).

45. There is something wonderful **about** him.

The most common meaning of about as a preposition is 'on the subject of' or 'connected with'. 'About' can be used as a preposition to mean 'on the subject of' or 'concerning', such as in:

- We talked about her new job.
- The lights were scattered about the room.

Hence, the correct option is (B).

46. The teacher was very **proficient** in his subject.

The given sentence is about a teacher who is well versed in his subject.

Proficient: Is competent or skilled in doing or using something.

Example: The singer was also proficient in music keyboard skills.

Hence, the correct option is (A).

47. Your answer book will be **evaluated** by a computer.

The given sentence is about checking the answers in the answer book (evaluated by a computer, which normally a teacher would do).

Evaluated- To judge or determine the document for its accuracy.

Example- These will be carefully evaluated over the coming months.

Hence, the correct option is (A).

48. 'A' and 'an' are indefinite articles, which means that they refer to, or introduce, an unspecified noun.

We use 'a' before a consonant sound (here surprising), and we use 'an' before a vowel sound (here exceptional).

The definite article 'the' is used before singular and plural nouns when the noun is specific or particular.

The zero article refers to noun phrases that contain no articles, definite or indefinite.

Zero Article usually occurs with uncountable nouns (here, wine).

Hence, the correct option is (D).

49. If it does not rain tomorrow, we **could** go out for a cricket match.

- The modal 'could' is used to express possibility. 'Could' is also commonly used in conditional sentences.
- The modal 'shall' is used for expressing a strong assertion or intention.
- The modal 'couldn't' is used to suggest that it is impossible for something to happen.
- The modal 'would' is used to talk about hypotheses (when we imagine something).

Hence, the correct option is (A).

50. If you want knowledge, you **must** toil for it.

- The modal 'need' is used to express possibility.
- The modal 'will' is used with promises or voluntary actions that take place in the future.
- The modal 'would' is used to talk about hypotheses (when we imagine something).
- The modal 'must' is used when we want to say that it is necessary or very important that something happens in the present or future.

Hence, the correct option is (D).

51. ऋषियों की तपस्थली नैमिषारण्य सीतापुर में है।

नैमिषारण्य सीतापुर जिले में गोमती नदी के बाएँ तट पर स्थित एक प्रसिद्ध हिन्दू तीर्थ है। यह हिंदुओं के सभी तीर्थस्थल केंद्रों में सबसे अधिक पवित्र माना जाता है।

अतः विकल्प (D) सही है।

52. माउंट डियावोलो, अंडमान और निकोबार द्वीप समूह की एक महत्वपूर्ण पर्वत चोटी, मध्य अंडमान में स्थित है।

माउंट डियावोलो मध्य अंडमान द्वीप का उच्चतम बिंदु है। इसकी ऊंचाई 295 मीटर है। माउंट डियावोलो (माउंट डायवोलो) केंद्र शासित प्रदेश अंडमान और निकोबार द्वीप समूह (अंडमान और निकोबार द्वीप समूह), भारत (एशिया) में एशिया / प्रशांत के क्षेत्र फ़ॉन्ट कोड के साथ एक पर्वत (वर्ग टी - हाइपोग्राफिक) है।

अतः विकल्प (A) सही है।

53. भारतीय कृषि अनुसंधान संस्थान (IARI) जिसे आमतौर पर पूसा संस्थान के रूप में जाना जाता है, कृषि अनुसंधान, शिक्षा और विस्तार के लिए भारत का प्रमुख राष्ट्रीय संस्थान है। यह नई दिल्ली में स्थित था।

अत: विकल्प (B) सही है।

54. सबरीमाला, केरल के पेरियार टाइगर अभयारण्य में स्थित एक प्रसिद्ध हिन्दू मन्दिर है। यहाँ विश्व की सबसे बड़ा वार्षिक तीर्थयात्रा होती है जिसमें प्रति वर्ष लगभग 2 करोड़ श्रद्धालु सम्मिलित होते हैं।

सबरीमाला शैव और वैष्णवों के बींच की अद्भुत कड़ी है। मलयालम में सबरीमाला का अर्थ होता है, पर्वत।

सबरीमला में भगवान अयप्पन का मंदिर है।

अतः विकल्प (A) सही है।

55. खुर्जा उत्तर प्रदेश में चीनी मिट्टी के बर्तनों के लिए प्रसिद्ध है। खुर्जा उत्तर प्रदेश के बुलंदशहर जिले में स्थित है। खुर्जा मिट्टी के बर्तनों को जीआई टैग मिल गया है और इसे जीआई अधिनियम 1999 के तहत वस्तु 178 के रूप में सूचीबद्ध किया गया है।

अत: विकल्प (B) सही है।

56. विश्व प्रत्यायन दिवस हर साल 9 जून को मनाया जाता है।

यह अंतर्राष्ट्रीय प्रयोगशाला प्रत्यायन सहयोग (ILAC) और अंतर्राष्ट्रीय प्रत्यायन मंच (IAF) द्वारा एक संयुक्त पहल है। यह व्यापार और अर्थव्यवस्था में प्रत्यायन की भूमिका को बढ़ावा देने के लिए मनाया जाता है।

2022 के लिए विषय 'प्रत्यायन: आर्थिक विकास और पर्यावरण में स्थिरता' है।

अत: विकल्प (D) सही है।

57. एक कंप्यूटर द्वारा डिस्क सिस्टम से प्राइमरी स्टोरेज में डेटा के हस्तांतरण के लिए अनुरोध करने के बीच का अंतराल और इस ऑपरेशन के पूरा होने के अनुरोध को डिस्क एक्सेस टाइम कहा जाता है। डिस्क एक्सेस टाइम हमेशा एक औसत के रूप में दिया जाता है, क्योंकि सीक टाइम और लेटेंसी हेड और प्लाटर की वर्तमान स्थिति के आधार पर भिन्न होती है। जैसे तेज हार्ड डिस्क का एक्सेस टाइम आमतौर पर 5 से 10 मिलीसेकंड तक होता है, सॉलिड स्टेट ड्राइव (SSD) का एक्सेस टाइम 25 से 100 माइक्रोसेकंड रेंज में होता है।

अत: विकल्प (B) सही है।

58. एक ऑप्टिकल डिस्क में एक गोलाकार डिस्क होती है जो एक पतली धातु या किसी अन्य सामग्री के साथ लेपित होती है, जो अत्यधिक परावर्तक होती है। इनका उपयोग सीमित स्थान में अत्यधिक मात्रा में डेटा संग्रहीत करने के लिए किया जा सकता है। यह एक कंप्यूटर स्टोरेज डिस्क है जो डेटा को डिजिटल रूप से स्टोर करती है और डेटा को पढ़ने और लिखने के लिए लेजर बीम का उपयोग करती है।

अत: विकल्प (B) सही है।

59. पपीता का पीला रंग कैरिक्सज़न्थिन के कारण होता है।

पपीते का वानस्पतिक नाम 'कैरिका पपीता' है। यह कैरोटीन में समृद्ध है, जो विटामिन ए का एक अग्रदूत है। पपीता में पेश किया गया पपाइन एंजाइम पाचन में सहायक होता है। पपीते का पीला रंग केरिक्सज़न्थिन के कारण होता। है।

अतः विकल्प (C) सही है।

60. आंसुओं का pH मान 6.5 से 7.6 होता है।

रसायन विज्ञान में , pH एक जलीय घोल की अम्लता या क्षारीयता को निर्दिष्ट करने के लिए उपयोग किया जाने वाला पैमाना है। अम्लीय विलयनों को क्षारीय या क्षारीय विलयनों की तुलना में कम pH मान के लिए मापा जाता है। pH स्केल लॉगरिदमिक है और समाधान में हाइड्रोजन आयनों की एकाग्रता को विपरीत रूप से इंगित करता है।

अत: विकल्प (A) सही है।

61. एनएसडीएल (NSDL) का पूर्ण रूप नेशनल सिक्योरिटीज डिपॉजिटरी लिमिटेड है।

नेशनल सिक्योरिटीज डिपॉजिटरी लिमिटेड (NSDL) मुंबई में स्थित एक भारतीय केंद्रीय प्रतिभूति डिपॉजिटरी है। इसे अगस्त 1996 में राष्ट्रीय कवरेज के साथ भारत में पहली इलेक्ट्रॉनिक प्रतिभूति डिपॉजिटरी के रूप में स्थापित किया गया था।

एनएसडीएल निवेशकों, स्टॉक ब्रोकरों, कस्टोडियन, जारीकर्ता कंपनियों, बचत खाता चालू खाता व्यवसाय आदि को डिपॉजिटरी पार्टिसिपेंट्स या डीपी और डिजिटल प्लेटफॉर्म के अपने राष्ट्रव्यापी नेटवर्क के माध्यम से सेवाएं प्रदान करता है।

अतः विकल्प (C) सही है।

62. 11 अगस्त को, भारी उद्योग मंत्रालय ने PLI आवेदक के ERP (उद्यम संसाधन योजना) सिस्टम से PLI ऑटो पोर्टल पर घरेलू मूल्य संवर्धन (DVA) से संबंधित महत्वपूर्ण डेटा कैप्चर करने के लिए स्वचालित ऑनलाइन डेटा ट्रांसफर लॉन्च किया है।

- PLI योजना के सभी स्वीकृत आवेदकों की अपनी ERP प्रणाली है। ERP एक प्रकार का सॉफ्टवेयर है जिसका उपयोग संगठन व्यावसायिक गतिविधियों के प्रबंधन के लिए करते हैं।
- IT सक्षम प्रणाली को आवेदक के मौजूदा ERP सिस्टम से सुरक्षित वातावरण में MHI के PLI ऑटो पोर्टल पर डेटा के सुचारू हस्तांतरण को सक्षम करने के लिए तैयार किया गया है।
- एप्लिकेशन प्रोग्रामिंग इंटरफेस (API) आवेदक के ERP सिस्टम के साथ जुड़ जाएगा और इस योजना में स्वचालितता और पेपरलेस प्रोसेसिंग को सक्षम करेगा।
- सामान्य परिस्थितियों में, आवेदकों को बड़े पैमाने पर दावा दायर करने की आवश्यकता होती। यह सुविधा स्वचालन में लाकर उस भारी कागजी कार्य को समाप्त कर देती है। इस प्रकार, यह IT सक्षम प्रणाली एक ओर आवेदकों की ओर से अनुपालन बोझ को कम करेगी और दूसरी ओर यह दावे के तेजी से प्रसंस्करण को सक्षम करेगी।

अतः विकल्प (D) सही है।

63. मट्टनचेरी महल केरल में स्थित है।

- मट्टनचेरी महल, जिसे आमतौर पर डच पैलेस के रूप में जाना जाता है, औपनिवेशिक प्रभावों के साथ केरल वास्तुकला का एक उदाहरण है।
- यह कोच्चि वंश के राजा वीरा केरल वर्मा को उपहार के रूप में पुर्तगालियों द्वारा लगभग 1545 में स्थापित किया गया था और एर्नाकुलम से लगभग 12 किलोमीटर दूर स्थित है।
- डचों की व्यापक मरम्मत के परिणामस्वरूप, इसे डच पैलेस के रूप में जाना जाने लगा।
- शाही परिवार के देवता पझायन्नूर भगवती, वहाँ रहते हैं (पझायन्नूर के देवता)।
- इनमें रामायण और महाभारत जैसे प्रसिद्ध भारतीय महाकाव्यों के साथ-साथ गुरुवायुर मंदिर के भगवान कृष्ण जैसे हिंदू देवता भी शामिल हैं।
- महान संस्कृत कवि कालिदास की रचनाओं का भी अनुवाद किया गया है।

अत: विकल्प (C) सही है।

64. अरुणाचल प्रदेश का अर्थ भारत के सबसे पूर्वी राज्य के रूप में इसकी स्थिति के संदर्भ में- 'भोर के प्रकाश वाले पहाड़ों की भूमि' है।

- यह भारत के उत्तरपूर्वी सिरे पर स्थित है और इसकी सीमाएँ चीन, भूटान और म्यांमार को स्पर्श करती हैं।
- इसे "भारत के आर्किड राज्य" और "वनस्पतिशास्त्रियों के स्वर्ग" के रूप में भी जाना जाता है।
- इस राज्य में सभी भारतीय राज्यों में क्षेत्रीय भाषाओं की संख्या सबसे अधिक है।

अत: विकल्प (C) सही है।

65. 'ऐस अगेंस्ट ऑड्स' सानिया मिर्ज़ा की आत्मकथा है।

ऐस अगेंस्ट ऑड्स सानिया द्वारा अपने पिता और संरक्षक इमरान मिर्जा और खेल पत्रकार शिवानी गुप्ता की मदद से लिखी गई आत्मकथा है।

अत: विकल्प (B) सही है।

66. भारतीय विद्रोह, जिसे सिपाही विद्रोह या प्रथम स्वतंत्रता संग्राम भी कहा जाता है, 1857-59 में भारत में ब्रिटिश शासन के खिलाफ व्यापक लेकिन असफल विद्रोह था। ब्रिटिश ईस्ट इंडिया कंपनी की सेवा में भारतीय सैनिकों (सिपाहियों) द्वारा मेरठ में शुरू किया गया, यह दिल्ली, आगरा, कानपुर और लखनऊ तक फैल गया।

अतः विकल्प (D) सही है।

67. छत्तीसगढ़ की अंतरराष्ट्रीय सीमा नहीं है।

- जिन अन्य राज्यों की कोई अंतरराष्ट्रीय सीमा नहीं है उनमें तेलंगाना, हरियाणा, झारखंड और मध्य प्रदेश शामिल हैं।
- बिहार नेपाल के साथ अपनी सीमाएँ साझा करता है।
- उत्तराखंड नेपाल और चीन के साथ अपनी सीमाएँ साझा करता है।
- मेघालय बांग्लादेश के साथ अपनी सीमाएँ साझा करता है।

अतः विकल्प (B) सही है।

68. शंकुधारी वन बायोम का औसत तापमान 50 डिग्री फ़ारेनहाइट है।

शंकुधारी वन बायोम मुख्य रूप से गर्म ग्रीष्मकाल और ठंडी सर्दियों वाले क्षेत्रों में पाए जाते हैं, और उनके प्रकार के पौधों के जीवन में काफी भिन्नता होती है। कुछ में, सुई के पत्ते के पेड़ हावी होते हैं, जबकि अन्य मुख्य रूप से सदाबहार पेड़ों या दोनों प्रकार के पेड़ों के मिश्रण के लिए घर होते हैं। समशीतोष्ण सदाबहार वन उन क्षेत्रों के तटीय क्षेत्रों में आम हैं जिनमें हल्की सर्दियाँ और भारी वर्षा होती है, या शुष्क जलवायु या पर्वतीय क्षेत्रों में अंतर्देशीय क्षेत्र होते हैं। इन जंगलों में देवदार, देवदार, देवदार और लाल लकड़ी सहित पेड़ों की कई प्रजातियाँ निवास करती हैं।

अतः विकल्प (C) सही है।

69. कांग्रेस खिलाफत स्वराज्य पार्टी:

- स्वराज पार्टी या कांग्रेस-खिलाफत स्वराज्य पार्टी का गठन 1 जनवरी 1923 को सी. आर. दास और मोतीलाल नेहरू ने किया था।
- स्वराज पार्टी का गठन असहयोग आंदोलन की वापसी, भारत सरकार अधिनियम 1919 और 1923 के चुनावों जैसी कई महत्वपूर्ण घटनाओं के बाद हुआ।
- सी. आर. दास अध्यक्ष थे और सचिव मोतीलाल नेहरू थे।
- स्वराज पार्टी के प्रमुख नेताओं में एन. सी. केलकर, हुसैन शहीद सुहरावर्दी और सुभाष चंद्र बोस शामिल थे।

अतः विकल्प (D) सही है।

70. शून्यकाल संसदीय प्रक्रियाओं में एक भारतीय नवाचार है और यह 1962 से अस्तित्व में है।

- यह एक अनौपचारिक उपकरण है अर्थात् संसद की प्रक्रिया के नियमों में इसका उल्लेख नहीं है।
- इसका उपयोग सदस्यों द्वारा पूर्व सूचना के बिना प्रश्न उठाने के लिए किया जाता है।
- यह प्रश्नकाल के तुरंत बाद शुरू होता है और दिन के एजेंडे अर्थात् नियमित व्यवसाय तक चलता है।

अत: विकल्प (A) सही है।

71. महाराष्ट्र सरकार ने घोषणा की है कि वह नीति आयोग की तर्ज पर एक संस्थान स्थापित करने की योजना बना रही है।

संस्थान व्यापक डेटा विश्लेषण करने और राज्य में विभिन्न क्षेत्रों पर निर्णय लेने के लिए जिम्मेदार होगा। नीति आयोग ने भी इसी तरह के मुद्दों पर एक व्यापक अध्ययन किया हे और एक उपकरण विकसित किया है, जहां बेहतर निर्णय लेने की प्रक्रिया के लिए विभिन्न विभागों के अंतर-संबंधित डेटा का विश्लेषण किया जाता है।

अतः विकल्प (B) सही है।

72. भारत 2022 के चार महीनों में चीन को पीछे छोड़ते हुए कुल 968 मिलियन अमेरिकी डॉलर का ऋण देकर श्रीलंका का सबसे बड़ा द्विपक्षीय ऋणदाता बन गया है।

चीन ने 2017 से 2021 तक पिछले पांच वर्षों में श्रीलंका के सबसे बड़े द्विपक्षीय ऋणदाता के रूप में अपनी स्थिति बनाए रखी है। एशियाई विकास बैंक (एडीबी) 2021 में 610 मिलियन अमरीकी डालर की राशि का वितरण करके पिछले पांच वर्षों में सबसे बड़ा बहुपक्षीय ऋणदाता रहा है।

अतः विकल्प (B) सही है।

73. चीतल उत्तर प्रदेश की राजकीय मछली है।

- चीतल: इसका वैज्ञानिक नाम चीतल है।
- इन्हें चितोल मछली, चीतल मछली, चितल मछली आदि के नाम से भी जाना जाता है।
- यह नदियों, दलदलों आदि के साफ पानी में रहती है।
- यह भारत में गंगा, यमुना, ब्रह्मपुत्र, कोसी, गोमती, गेरुआ, सतलुज, केन, बेतवा और महानदी नदियों में पाया जाती है।
- यह एक मांसाहारी मछली है। यह झींगा, घोंघे और जलीय कीड़ों को खाती है।
- इसकी अधिकतम लंबाई 150 सेमी है। और अधिकतम वजन 14 किलो तक होता है।

अत: विकल्प (D) सही है।

74. पलाश: पलाश का वैज्ञानिक नाम बुटिया मोनोस्पर्मा है।

- यह उत्तर प्रदेश का राजकीय पुष्प है।
- यह मध्य प्रदेश और झारखंड का राजकीय पुष्प भी है।
- इसे आमतौर पर "बास्टर्ड टीक" के रूप में जाना जाता है।
- इसे "जंगल की लौ" के रूप में भी जाना जाता है।
- यह भारतीय उपमहाद्वीप की मूल निवासी एक पर्णपाती वृक्ष प्रजाति है।

अत: विकल्प (B) सही है।

75. उत्तर प्रदेश कैबिनेट ने राज्य की नई 'निवेश और रोजगार प्रोत्साहन नीति, 2022' को अपनी मंजूरी दी है।

नई नीति में निवेश को चार प्रमुख श्रेणियों - लार्ज, मेगा, सुपर मेगा और अल्ट्रा मेगा में वर्गीकृत किया गया है। नई नीति निजी औद्योगिक पार्कों के विकास के लिए आकर्षक प्रोत्साहन प्रदान किया।

अत: विकल्प (B) सही है।

76. दिया गया है,

समकोण गोलाकार शंकु का आयतन $(V) = 2464$ सेमी ^{3}

आधार त्रिज्या $(r) = 14$ सेमी

शंकु का आयतन $(V) = \frac{1}{3} \times \pi \times r^2 \times h$

वक्र पृष्ठ का क्षेत्रफल $= \pi \times r \times l$

तिर्यक ऊंचाई $(l) = \sqrt{r^2 + h^2}$

$V = \frac{1}{3} \times \pi \times r^2 \times h$

$\Rightarrow 2464 = \frac{1}{3} \times \frac{22}{7} \times 14^2 \times h$

$\Rightarrow h = \frac{(2464 \times 3 \times 7)}{(22 \times 14 \times 14)}$

$\Rightarrow h = \frac{(112 \times 3)}{(2 \times 14)}$

$\Rightarrow h = 4 \times 3$

$\Rightarrow h = 12$ सेमी

$l = \sqrt{r^2 + h^2}$

$\Rightarrow l = \sqrt{12^2 + 14^2}$

$\Rightarrow l = \sqrt{144 + 196}$

$\Rightarrow l = \sqrt{340}$

$\Rightarrow l = \sqrt{4 \times 85}$

$\Rightarrow l = 2\sqrt{85}$ सेमी

वक्र पृष्ठ का क्षेत्रफल $= \pi \times r \times l$

$\Rightarrow$ C.S.A. $= \frac{22}{7} \times 14 \times 2\sqrt{85}$

$\Rightarrow$ C.S.A. $= 22 \times 2 \times 2 \times \sqrt{85}$

$\Rightarrow$ C.S.A. $= 88\sqrt{85}$ सेमी ^{3}

$\therefore$ शंकु के वक्र पृष्ठ का क्षेत्रफल $88\sqrt{85}$ सेमी ^{3} है।

अत: विकल्प (D) सही है।

77. दिया गया है,

शंकु की ऊँचाई $= 10$ सेमी

आधार की त्रिज्या $= 20$ सेमी

गोलाकार गेंदों की त्रिज्या $= 2$ सेमी

जैसा कि हम जानते हैं,

शंकु का आयतन $= \frac{1}{3}\pi r^2 h$

गोलाकार गेंद का आयतन $= \frac{4}{3}\pi r^3$

चूँकि पिघलते समय आयतन स्थिर होना चाहिए,

शंकु का आयतन $= n \times$ गोलाकार गेंदों का आयतन

$\frac{1}{3}\pi r^2 h = n \times \frac{4}{3}\pi r^3$

$r_c^2 h = n \times 4r_s^3$

$\Rightarrow n = \frac{r_c^2 h}{4r_c^3}$

$\Rightarrow n = \frac{20 \times 20 \times 10}{4 \times 2^3}$

$\Rightarrow n = 125$ गेंदें

$\therefore$ अभीष्ट उत्तर 125 गेंदे है।

अतः विकल्प (D) सही है।

78. दिया गया है:

5 संख्याओं का औसत $= 333$

हम जानते हैं कि:

' n ' संख्याओं का औसत = ('n' संख्याओं का योग) $/n$

$\because$ 5 संख्याओं का औसत $= 333$

$\therefore$ सभी 5 संख्याओं का योग $= 333 \times 5 = 1665$

$\Rightarrow 235 + 2 \times 5 + x35 + 63x + 116 = 1665$

$\Rightarrow 2 \times 5 + x35 + 63x = 1665 - 235 - 116$

$\Rightarrow 2 \times 5 + x35 + 63x = 1314$..... (1)

$\because$ 3 संख्याओं के इकाई अंकों का योग 4 है,

$\therefore$ इकाई अंकों का योग;

$\Rightarrow 5 + 5 + x = 10 + x$

$\Rightarrow x = 4$

' x ' के मान को समीकरण (1) में रखकर इसके मान को सत्यापित करने पर,

$\Rightarrow 245 + 435 + 634 = 1314$

$\therefore (x + 1) + (x + 8) + (x + 3) = 5 + 12 + 7$

$= 24$

$\therefore x + 1, x + 3$ तथा $x + 8$ का औसत

$= \frac{24}{3}$

$= 8$

अत: विकल्प (B) सही है।

79.

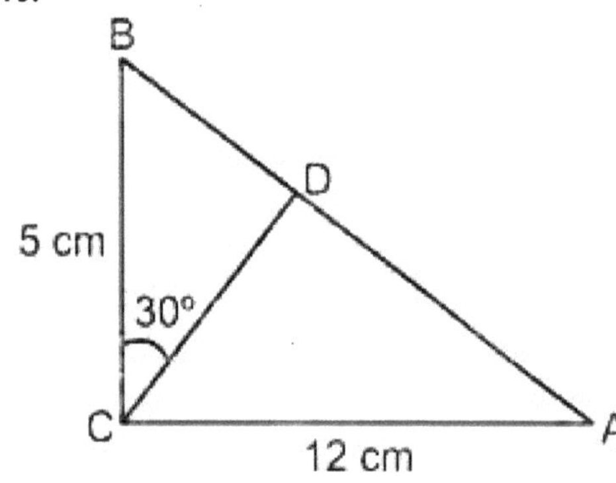

BC = 5 सेमी, AC = 12 सेमी और ∠BCD = 30°

चूंकि यह एक समकोण त्रिभुज है, AB = 13 सेमी

माना CD = x सेमी

त्रिभुज ABC का क्षेत्रफल $= \frac{1}{2} \times 5 \times 12 = 30$ सेमी²

त्रिभुज BCD का क्षेत्रफल $= \frac{1}{2} \times BC \times CD \times Sin30°$

$= \frac{1}{2} \times 5 \times CD \times \frac{1}{2} = \frac{5CD}{4}$ सेमी²

त्रिभुज ACD का क्षेत्रफल $= \frac{1}{2} \times AC \times CD \times Sin60°$

$= \frac{1}{2} \times 12 \times CD \times \frac{\sqrt{3}}{2} = 3\sqrt{3}CD$ सेमी²

आकृति में

त्रिभुज ABC का क्षेत्रफल = त्रिभुज BCD + त्रिभुज ACD का क्षेत्रफल

$\Rightarrow 30 = \frac{5CD}{4} + 3\sqrt{3}CD$

$\Rightarrow (5 + 12\sqrt{3})CD = 120$

$\therefore CD = \frac{120}{5+12\sqrt{3}}$ सेमी

अतः विकल्प (D) सही है।

80. BPT प्रमेय से

$\frac{RU}{QU} = \frac{RS}{ST}$

$\Rightarrow \frac{10}{QU} = \frac{1}{1}$

$\therefore$ QU = 10 सेमी

QR = QU + UR = 20 सेमी

RT = SR + ST = 8 + 8 = 16 cm [$\because$ ST = SR = 8 cm]

BPT प्रमेय से,

$\frac{RS}{RT} = \frac{SU}{TQ}$

$\Rightarrow \frac{1}{2} = \frac{6}{TQ}$

$\therefore$ TQ = 12 सेमी

त्रिभुज TQR में, TQ = 12 सेमी, QR = 20 सेमी और TR = 16 सेमी

$\therefore$ ∠QTR = 90° [$\because$ भुजाएं पाइथागोरस त्रिक बनाती हैं]

$\therefore$ त्रिभुज PQT समकोण त्रिभुज है

QT = 12 सेमी और PT = 2 × SR = 16 सेमी

PQ $= \sqrt{(QT^2 + PT^2)}$ = 20 सेमी

अतः विकल्प (C) सही है।

81. दिया है:

म.स. $= 14$

ल.स. $= 3920$

पहली संख्या $= 490$

दो संख्याओं का गुणन = म.स. $\times$ ल.स.

माना कि दूसरी संख्या N है।

$\Rightarrow 490 \times N = 14 \times 3920$

$\Rightarrow N = \frac{3920}{35}$

$\Rightarrow N = 112$

∴ दूसरी संख्या 112 है।

अत: विकल्प (D) सही है।

82. माना कि n वस्तु होते हैं, जिनमें से m वस्तु एक तरह के होते हैं, और बाकी (n - m) वस्तु अलग होते हैं। फिर, इन वस्तुओं से बनने वाले क्रमसंचय की कुल संख्या $\frac{n!}{m!}$

दिए गए शब्द 'INDIA' में 5 अक्षर हैं, जिनमें से दो एक तरह (2 I) के हैं, और अन्य तीन अक्षर अलग हैं।

∴ उनकी क्रमसंचय की संख्या $= \frac{5!}{2!}$

$\Rightarrow \frac{5\times4\times3\times2\times1}{2\times1}$

$\Rightarrow 60$

अतः विकल्प (D) सही है।

83. दिया है,

B से शुरू होने वाले कुल शब्द $= 4! = 24$

E से शुरू होने वाले कुल शब्द $= 4! = 24$

KB से शुरू होने वाले कुल शब्द $= 3! = 6$

KE से शुरू होने वाले कुल शब्द $= 3! = 6$

KR से शुरू होने वाले कुल शब्द $= 3! = 6$

यदि आरंभिक शब्द $KUBER$ होगा, तो $KUBER$ का पद $= 24 + 24 + 18 + 1 = 67$

अतः विकल्प (A) सही है।

84. दिया है: $iz^3 + z^2 - z + i = 0$

$\Rightarrow iz^3 + z^2 + (i^2)z + i = 0 \quad (i^2 = -1)$

$\Rightarrow iz^3 + i^2z + z^2 + i = 0$

$\Rightarrow iz(z^2 + i) + 1(z^2 + i) = 0$

$(z^2 + i)(iz + 1) = 0$

$(z^2 + i)i(z - i) = 0 \quad (-i^2 = 1)$

$z^2 = -i$ या $z = i$

यदि $z = i$ तब $|z| = |i| = 1$

यदि $z^2 = -i$ तब $|z^2| = |-i| = 1$

$\Rightarrow |z^2| = 1$

$\Rightarrow |z| = 1$

इसलिए, यदि $iz^3 + z^2 - z + i = 0$, तो $|z|$ का मान 1 है।

अत: विकल्प (A) सही है।

85. जैसा कि हम जानते हैं,

यदि, हमें एक वर्ग आव्यूह A दिया जाता है, तो निम्न को इस प्रकार सिद्ध किया जाता है

$adj(kA) = k^{(n-1)}adj(A)$

साथ ही, गुणा करके,

माना $= \begin{bmatrix} 1 & 0 & 0 \\ 0 & 1 & 0 \\ 0 & 0 & 1 \end{bmatrix}$ तो, $kI = \begin{bmatrix} k & 0 & 0 \\ 0 & k & 0 \\ 0 & 0 & k \end{bmatrix}$

$\Rightarrow adj(kI) = \begin{bmatrix} k^2 & 0 & 0 \\ 0 & k^2 & 0 \\ 0 & 0 & k^2 \end{bmatrix}$

$\Rightarrow adj(kI) = k^2I$

अत: विकल्प (B) सही है।

86. समकोण $\triangle ABC$ में,

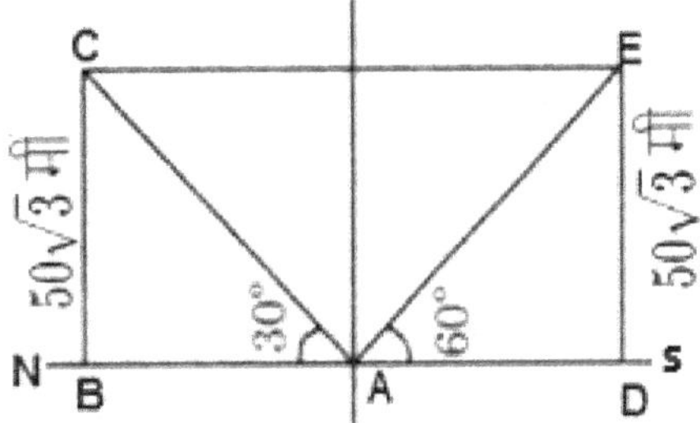

$\tan 30^\circ = \frac{BC}{AB}$

$\frac{1}{\sqrt{3}} = \frac{50\sqrt{3}}{AB}$

$AB = 50\sqrt{3} \times \sqrt{3}$

$AB = 50 \times 3 = 150$ मी

समकोण $\triangle ADE$ में,

$\tan 60^\circ = \frac{DE}{AD}$

$\Rightarrow \sqrt{3} = \frac{50\sqrt{3}}{AD}$ मी

$AD = \frac{50\sqrt{3}}{\sqrt{3}} = 50$

$= \frac{200}{2} \times \frac{60}{1000}$

$= 6$ किमी / घंटा

अब गति = दूरी /समय

पक्षी द्वारा की गई दूरी $= AB + AD = 150 + 50$

$= 200$

अब गति = दूरी/समय

$= \frac{200}{2} \times \frac{60}{1000}$

= 6 किमी/घंटा

अतः विकल्प (D) सही है।

87. दिया है:

कुल नीले पेन: 4

कुल लाल पेन: 2

कुल काला पेन: 3

कुल पेन: $4 + 2 + 3 = 9$

पेन निकालने की संभावना $= \frac{^4C_2}{^9C_2} = \frac{4\times3}{9\times8} = \frac{1}{6}$

इसके बाद, पेन को प्रतिस्थापित नहीं किया जाता है, जो पैक में पेन की संख्या को 7 तक कम कर देता है,

इसलिए, 7 पेन के पैक से 1 नीले पेन के निकाले जाने की संभावना होगी $\frac{^3C_1}{^7C_1} = \frac{3}{7}$

2 नीले पेन और 1 काले पेन निकाले जाने की संभावना $= \frac{1}{6} \times \frac{3}{7} = \frac{1}{14}$

अतः विकल्प (B) सही है।

88. दिया है:

घटना A के न होने के अवसर $5:3$ है

A के न होने की संभावना $= \frac{5}{8}$

A के होने की संभावना $= \frac{3}{8}$

पुनः,

B के होने के अवसर $6:5$ है

B घटना के होने की संभावना $= \frac{6}{(6+5)} = \frac{6}{11}$

B घटना के न होने की संभावना $= \frac{5}{(6+5)} = \frac{5}{11}$

A और B दोनों के ही न होने की संभावना = A के ना होने की संभावना × B के न होने की संभावना [चूँकि दोनों ही स्वतंत्र घटनाएं है]

$= \frac{5}{8} \times \frac{5}{11}$

$= \frac{25}{88}$

अतः विकल्प (B) सही है।

89. दिया है:

दो निष्पक्ष पासों को एक साथ लुढ़काया जाता है और दोनों पासों पर संख्याओं का योग 7 होगा।

जैसा कि हम जानते हैं,

एक घटना की प्रायिकता = वांछित घटना/घटनाओं की कुल संभव संख्या

अब,

एक निष्पक्ष पासे को लुढकाने पर हम 6 संभावित परिणाम प्राप्त कर सकते हैं

दो निष्पक्ष पासों को लुढकाने पर, हम $6^2 = 36$ संभावित परिणाम प्राप्त कर सकते हैं

घटनाओं की कुल संख्या = 36

अब हम योग 7 प्राप्त कर सकते हैं जब दोनों संख्याएं इस प्रकार हों: (6 + 1), (5 + 2), (4 + 3), (3 + 4), (2 + 5) और (1 + 6) अर्थात 6 तरीकों से

अभीष्ट प्रायिकता $\frac{6}{36}$ है।

$= \frac{1}{6}$

∴ दोनों पासों पर संख्याओं का योग 7 होने की प्रायिकता $\frac{1}{6}$ है।

अत: विकल्प (C) सही है।

90. दिया गया है:

तार की भुजा यदि यह वर्ग के आकार में है $= 15$ सेमी

तार की चौड़ाई यदि यह आयत के आकार में है $= 5$ सेमी

जैसा कि हम जानते हैं,

वर्ग का परिमाप $= 4a$

आयत का परिमाप $= 2(l + b)$

अब,

वर्ग का परिमाप $= 4 \times 15 = 60$ सेमी

माना आयत की लम्बाई x सेमी है।

प्रश्नानुसार,

$2(5 + x) = 60$

$\Rightarrow 10 + 2x = 60$

$\Rightarrow 2x = 60 - 10$

$\Rightarrow 2x = 50$

$\Rightarrow x = \frac{50}{2}$

$\Rightarrow x = 25$ सेमी

∴ आयत की लम्बाई 25 सेमी है।

अत: विकल्प (D) सही है।

91. माना वर्ग की भुजा की लम्बाई a सेमी है।

∴ वर्ग का परिमाप $= 4 \times a = 4a$ सेमी

अब, वर्ग का परिमाप और भुजा का अंतर 12 सेमी है।

$\therefore 4a - a = 12$

$\Rightarrow 3a = 12$

$\Rightarrow a = 4$ सेमी

∴ वर्ग का क्षेत्रफल $= a^2 = 4 \times 4 = 16$ सेमी ^{2}

अत: विकल्प (B) सही है।

92. दिया गया है,

वर्ग का क्षेत्रफल $=$ (भुजा) ^{2}

माना पुराने वर्ग की भुजा 'a' सेमी है।

नए वर्ग की भुजा $= 3a$ सेमी

दिया गया है,

नए वर्ग का क्षेत्रफल $= N \times$ पुराने वर्ग का क्षेत्रफल

$\Rightarrow (3a)^2 = N \times a^2$

$\Rightarrow 9a^2 = N \times a^2$

$\Rightarrow N = 9$

$\therefore N$ का मान 9 होगा।

अत: विकल्प (A) सही है।

93. यदि a और d समांतर श्रेणी का पहला पद और सार्व अंतर है। एक समांतर श्रेणी के पहले n पदों का योग निम्न द्वारा ज्ञात किया जाता है: $S_n = \frac{n}{2} \times (2a + (n-1)d)$

दिया गया है:

$S_{2n} = 3n + 14n^2$

यदि $n = 1$ है, तो $S_2 = 17$ है

$\Rightarrow S_2 = 2a + d = 17$ ...(1)

यदि $n = 2$ है, तो $S_4 = 62$ है

$\Rightarrow S_4 = 4a + 6d = 62$

$\Rightarrow 2a + 3d = 31$ ...(2)

(1) को (2) से घटाने पर, हमें निम्न प्राप्त होता है

$\Rightarrow 2d = 14$

$\Rightarrow d = 7$

अत: विकल्प (C) सही है।

94. माना अनुक्रम $a_1, a_2, a_3 \dots . a_n$ A.P. है।

सार्व अनुपात $(d) = a_2 - a_1 = a_3 - a_2 = \cdots . = a_n - a_{n-1}$

चूँकि $x^2, x, -8AP$ में हैं हम लिख सकते है,

$x - x^2 = -8 - x$

$\Rightarrow x^2 - 2x - 8 = 0$

$\Rightarrow x^2 - 4x + 2x - 8 = 0$

$\Rightarrow x(x-4) + 2(x-4) = 0$

$\Rightarrow (x-4)(x+2) = 0$

$\Rightarrow x = -2,4$

$\therefore x \in \{-2,4\}$

अत: विकल्प (C) सही है।

95. दिया गया है:

2,7,12,.....

जैसा कि हम जानते हैं,

$T_n = a + (n-1)d$

जहाँ $a =$ पहला पद, $n =$ पदों की संख्या और $d =$ सर्वान्तर

$a = 2$

$d = 7 - 2 = 5$

प्रश्न के अनुसार,

$T_{10} = 2 + (10-1)5$

$\Rightarrow T_{10} = 2 + 45$

$\Rightarrow T_{10} = 47$

10वां पद $= 47$

अत: विकल्प (D) सही है।

96. दिया गया है,

दो संख्याओं का म.स.प. $= 5$

दो संख्याओं का ल.स.प. $= 420$

एक संख्या $= 20$

माना दूसरी संख्या x है।

जैसा कि हम जानते हैं,

पहली संख्या $\times$ दूसरी संख्या $=$ म.स.प. $\times$ ल.स.प.

$\therefore 20 \times x = 5 \times 420$

$\Rightarrow x = \frac{5 \times 420}{20}$

$\Rightarrow x = 105$

इसलिए, दूसरी संख्या 105 है।

अत: विकल्प (A) सही है।

97. दिया गया है,

$\sqrt{41 - \sqrt{21 + \sqrt{19 - \sqrt{9}}}}$

$= \sqrt{41 - \sqrt{21 + \sqrt{19 - 3}}}$

$= \sqrt{41 - \sqrt{21 + \sqrt{16}}}$

$= \sqrt{41 - \sqrt{21 + 4}}$

$= \sqrt{41 - \sqrt{25}}$

$= \sqrt{41 - 5}$

$= \sqrt{36}$

$= 6$

अतः विकल्प (C) सही है।

98. माना $A = (x_1, y_1)$ और $B = (x_2, y_2)$ कोई भी दो बिंदु हैं। तब A और B के बीच की दूरी दूरी सूत्र द्वारा दी जाती है।

$AB = \sqrt{(x_1 - x_2)^2 + (y_1 - y_2)^2}$

दिया हुआ,

माना $P(x, y)$ कोई भी बिंदु है।

$A = (1,2)$ और $B = (-2,3)$

एक बिंदु $P(x, y)$ इस तरह चलता है कि $A = (1,2)$ और $B = (-2,3)$ से उसकी दूरियाँ बराबर होती हैं।

$\Rightarrow PA = PB$

$\Rightarrow (PA)^2 = (PB)^2$

दूरी सूत्र द्वारा,

$(x - 1)^2 + (y - 2)^2 = (x + 2)^2 + (y - 3)^2$

$\Rightarrow x^2 - 2x + 1 + y^2 - 4y + 4 = x^2 + 4x + 4 + y^2 - 6y + 9$

$\Rightarrow 6x - 2y + 8 = 0$

$\Rightarrow 3x - y + 4 = 0$ जो रेखा के समीकरण का प्रतिनिधित्व करते हैं।

इसलिए, P का बिन्दुपथ एक सीधी रेखा है।

अत: विकल्प (A) सही है।

99. जैसा कि हम जानते हैं,

दो बिंदुओं (x_1, y_1) और (x_2, y_2) के बीच की दूरी $= \sqrt{(x_2 - x_1)^2 + (y_2 - y_1)^2}$

यदि बिंदुओं $(a, 2)$ और $(3,4)$ के बीच की दूरी 8 है।

$\Rightarrow \sqrt{(3 - a)^2 + (4 - 2)^2} = 8$

$\Rightarrow (3 - a)^2 + (2)^2 = 8^2$

$\Rightarrow (3 - a)^2 = 60$

$\Rightarrow (3 - a) = \pm\sqrt{60}$

$\Rightarrow (3 - a) = \pm 2\sqrt{15}$

$\Rightarrow a = 3 \pm 2\sqrt{15}$

अत: विकल्प (D) सही है।

100. दिया गया है,

$100x^2 - 20x + 1 = 0$

$\Rightarrow 100x^2 - 10x - 10x + 1 = 0$

$\Rightarrow 10x(10x - 1) - 1(10x - 1) = 0$

$\Rightarrow (10x - 1)(10x - 1) = 0$

$\Rightarrow (10x - 1)^2 = 0$

$\Rightarrow 10x - 1 = 0$

$\Rightarrow x = \frac{1}{10}$

अत: विकल्प (C) सही है।

मॉक टेस्ट 08

Hindi

Q.1 इनमे से कौन-सा वाक्य शुद्ध है?

A. मैं आपके घर कल आएगा।
B. मैं आपके घर कल आऊंगा।
C. मैं आपके घर कल आएगे।
D. मैं आपके घर कल आए।

Ques (2-4):निर्देश: नीचे दिए गए गद्यांश को पढ़कर पूछे गए प्रश्नों के सबसे उपयुक्त उत्तर वाले विकल्प को चुनिए।

मैं अक्सर सोचता हूँ कि वे शहर कितने दुर्भागे हैं, जिनके अपने कोई खण्डहर ही नहीं। उनमें रहना उतना ही भयानक अनुभव हो सकता है, जैसे किसी ऐसे व्यक्ति से मिलना, जो अपनी स्मृति खो चुका है, जिसका कोई अतीत नहीं। अगर मुझसे कोई नरक की परिभाषा पूछे तो वह है, हमेशा वर्तमान में रहना एक अंतहीन रोशनी,जहाँ कोई छाया नहीं, जहाँ आदमी हमेशा आँखें खोले रहता है। जब वर्तमान का बोझ असह्य हो, मैं अपना घर छोड़कर शहर के दूसरे 'घरों' में चला जाता हूँ- जहाँ अब कोई लोग नहीं रहते- जहाँ अँधेरा होते ही चमगादड़ आते हैं। ये हमारे शहर में खण्डहर हैं- शहर की स्मृतियाँ और स्वप्न। एक ऐसा भी युग था, जब न शहर थे न खण्डहर- आदमी अपना अतीत खुद अपने भीतर लेकर चलता था। यहाँ यूँ कहें कि स्मृति अभी तक इतिहास नहीं बनी थी।

Q.2 'जिनके अपने कोई खण्डहर नहीं' रेखांकित शब्द से आशय है:

A. इतिहास **B.** वर्तमान **C.** अस्तित्व **D.** भविष्य

Q.3 'शहर के दूसरे घरों में चला जाता हूँ।' 'दूसरे घरों' से लेखक का आशय है:

A. मित्रों के घर **B.** ऐतिहासिक इमारतें
C. अस्थायी निवास **D.** शहर की सड़कें

Q.4 लेखक के अनुसार कौन से शहर दुर्भागे हैं?

A. जिनका अपना कोई नाम नहीं।
B. जहाँ लोग नहीं रहते हैं।
C. जिनकी अपनी कोई स्मृतियाँ नहीं।
D. जिनके वर्तमान पर कोई संकट हो।

Q.5 'जो पहले नहीं हुआ हो' को कहते हैं:

A. अदभुत **B.** अपूर्व **C.** अनुपम **D.** अभूतपूर्व

Q.6 जहाँ जाना कठिन हो' वाक्यांश के लिए उपयुक्त शब्द क्या होगा?

A. दुर्गम **B.** दुर्बोध **C.** दुर्गति **D.** अगम्य

Q.7 'नौ दिन चले अढ़ाई कोस' लोकोक्ति का भावार्थ है:

[Rajasthan Police Sub Inspector, 2016]

A. काम करने की बहुत धीमी गति
B. पैदल चलने की आदत होनी चाहिए चाहे बहुत धीरे-धीरे ही चलें
C. व्यक्ति को नौ दिन तक प्रतिदिन अढ़ाई कोस पैदल चलना चाहिए
D. पैदल चलने में बहुत समय लगता है, इसलिए पैदल न चलें, समय की बचत करें

Q.8 दिए गए विकल्पों में से अर्ध विवृत स्वर वर्ण कौन सा है?

A. ई **B.** ए **C.** है **D.** उ

Q.9 दिए गए विकल्पों में से कौन- सा जोड़ा समरूपी भिन्नार्थक का सही विकल्प है?

A. निधन-धन **B.** निधन-मृत्यु
C. निधन-निर्धन **D.** निधन-गरीब

Q.10 'सावधान' का सही संधि-विच्छेद है:

[UPSSSC Junior Assistant, 2020]

A. साव + धान **B.** सा + वधान
C. स + आवधान **D.** स + अवधान

Q.11 'महर्षि' का सही संधि-विच्छेद है:

[UPSSSC Junior Assistant, 2020]

A. महत + ऋषि **B.** महान + ऋषि
C. महा + ऋषि **D.** महर + ऋषि

Q.12 'प्रतिकूल' में कौन-सा समास है?

A. द्विगु समास **B.** द्वंद्व समास
C. कर्मधारय समास **D.** अव्ययीभाव समास

Q.13 'सत्याग्रह' का समास-विग्रह क्या होगा?

A. सत्या से ग्रह **B.** सत्य में ग्रह
C. सत्य के लिए आग्रह **D.** सत्य पर आग्रह

Q.14 'दामिनी' का पर्यायवाची शब्द है:

A. निशा **B.** राजा **C.** जलधर **D.** बिजली

Q.15 'वास्तविक' का पर्यायवाची शब्द है:

A. निष्पक्ष **B.** प्रकांड **C.** नैसर्गिक **D.** बिछोह

Ques (16-17):निर्देश: दिए गए शब्द के विलोम शब्द का चयन करें।

Q.16 सहित

A. असहित **B.** विमुख **C.** असीम **D.** विहीन

Q.17 ऊपरलिखित

A. स्वलिखित **B.** पूर्वलिखित
C. परलिखित **D.** निम्नलिखित

Q.18 मुनि माला फेरता है इसमें कौन सा काल हैं?

A. भूतकाल **B.** वर्तमानकाल
C. भविष्यकाल **D.** इसमें से कोई नहीं

Q.19 सार्वनामिक विशेषण के लिए सत्य कथन है?

A. संज्ञा के पहले आते है **B.** संज्ञा के बाद आते है
C. सर्वनाम के बाद आते है **D.** इनमें से कोई नही

Q.20 'हस्ताक्षेप' का शुद्ध शब्द है:

A. हस्थोक्षेप **B.** हस्तकक्षेप **C.** हस्तक्षेप **D.** हस्तेक्षप

Q.21 दिए गए शब्दों में शुद्ध वर्तनी का चयन कीजिए।

A. जागृत **B.** जागरत **C.** जग्रत **D.** जाग्रत

Q.22 'छठी का दूध याद आना' मुहावरे का सही अर्थ है:

A. संकट के समय पिछले सुख की याद आना
B. अतीत पर गौरवान्वित होना
C. संकट के समय पिछले दुख की याद आना
D. अत्यंत प्रसन्न होना

Q.23 'हँसना' शब्द में प्रत्यय है:

A. ना B. अना C. आ D. सना

Q.24 'उज्जयनी' में उपसर्ग है:

A. उप B. अप C. उ D. उत्

Q.25 "छाया है माथे पर आशीर्वाद -सा" पंक्ति में प्रयुक्त अलंकार पहचानें।

A. पुनरुक्ति B. अनुप्रास C. उपमा D. श्लेष

English

Q.26 Direction: Select the option that is nearest in meaning to the underlined word.

The Managing Director of the company declared that he was <u>broke</u> and there was a need to seek support from the government.

A. Bankrupt B. Rich
C. Making profit D. Having liabilities

Q.27 Direction: Complete the sentence with the most appropriate word.

Making pies and cakes _____ Mrs. Kumar's speciality.

[SSC Sub Inspector (CPO), 2017]

A. Have B. Is
C. Has D. Are being

Q.28 Choose the correctly punctuated sentence:

A. O king, I am thy, humble servant.
B. O king, I am thy humble servant.
C. O king, I am thy, humble, servant.
D. O king I am thy humble servant.

Q.29 Direction: In the given question, a part of the sentence is made bold. Below are given alternatives to the bold part at (A), (B), and (C) which may improve the sentence. Choose the correct alternative. In case no replacement is needed, mark (D) as your answer.

Contract workers in the various departments of the government-owned company have also not been **paid their wages since** the past few months.

A. Paid there wages for
B. Pay their wages since
C. Paid their wages for
D. No replacement required

Q.30 Direction: Select the most appropriate word for the given group of words.

One who does not express himself freely

[SSC MTS, 2019]

A. Lunatic B. Extrovert
C. Introvert D. Megalomaniac

Q.31 Direction: In the following question, four alternatives are given for the meaning of the given Idiom/Phrase. Choose the alternative which best expresses the meaning of the Idiom/Phrase.

In the offing

A. In danger B. Appear soon
C. Side by side D. Worrisome

Q.32 In the following question, a sentence is given in Direct/Indirect speech. Out of the four alternatives choose the one which best expresses the sentence in Indirect/Direct Speech.

Parveen said to her, "How do you feel now?"

A. Parveen asked her how she felt then.
B. Parveen asked her how she felt now.
C. Parveen asked her how she feels then.
D. Parveen asks her how she felt then.

Ques (33-34):Direction: Select the most appropriate ANTONYM of the given word.

Q.33 Deny

A. Deflate B. Mourn C. Agree D. Exhaust

Q.34 PECULIAR

A. Curious B. Normal C. Unusual D. Odd

Ques (35-38):Direction: Choose the most suitable determiner for the given sentence:

Q.35 Every night, _____ going to bed, he thanked God for his gifts.

A. before B. through C. soon D. after

Q.36 There is _____ of milk in the refrigerator; everyone can have a glass.

A. either B. some C. every D. plenty

Q.37 Mother cuts vegetables _______ a knife.

A. By B. From C. With D. Off

Q.38 The flight of birds _______ a pretty sight to watch.

A. Have B. Are C. Is D. Has

Q.39 Direction: Select the most appropriate synonym of the given word.

Choosy

A. Precious B. Critical C. Boring D. Picky

Q.40 Direction: Select the most appropriate word to fill in the blanks.

Peter wants to come ______ us this summer.

A. at B. with C. by D. in

Q.41 Direction: Choose an appropriate word from the options to suitably fill the blank in the sentence below so that the sentence makes sense, both grammatically and contextually.

The thief _______ with the goods in broad daylight.

A. run away B. ran off
C. run D. run together

Q.42 Direction: Fill in the blank with the plural form of the word given in the bracket:

Slice the cheeks off the ______, dice and season with lime juice. (mango)

A. mangos B. mangoeus
C. mangies D. mangoes

Q.43 Direction: Choose the correct option to fill in the blank:

Robert is ______ European.

A. one **B.** a **C.** an **D.** the

Q.44 Direction: Fill in the blank with the correct article :
I went to _______ Church to see the Golden statue of Jesus Christ.
A. The **B.** A
C. An **D.** Zero article

Q.45 Direction: Fill in the blank with appropriate modal :
When I was young I ________ climb any tree in the forest. (Past ability).
A. Could **B.** Can **C.** Might **D.** May

Q.46 Direction: Select the appropriate modal for the expression given :
Harish has annoyed his boss today. He _______ be fired soon. (probability)
A. may **B.** can **C.** ought to **D.** would

Q.47 Choose the correctly spelled word:
A. Cunundrom **B.** Cunondrom
C. Conundrom **D.** Conundrum

Q.48 Direction: Choose the correct Figure of Speech in the following sentence:
'The wind lies asleep in the arms of dawn.'
A. Metaphor **B.** Hyperbole
C. Personification **D.** Oxymoron

Q.49 Direction : Select the word that fits the analogy:
Do : Undo :: Trust :
A. Entrust **B.** Intrust **C.** Distrust **D.** Untrust

Q.50 Direction: Rearrange the parts of the sentence in the correct order.
Human life is a tale of errors and follies,/ we all commit errors and mistakes out of ignorance or inexperience,/ nobody is infallible/ in the process of acquiring experience, man often stumbles and falls down.
A. Human life is a tale of errors and follies, nobody is infallible we all commit errors and mistakes out of ignorance or inexperience, in the process of acquiring experience, man often stumbles and falls down.
B. Human life is a tale of errors and follies, in the process of acquiring experience, man often stumbles and falls down, we all commit errors and mistakes out of ignorance or inexperience, nobody is infallible.
C. Nobody is infallible in the process of acquiring experience, man often stumbles and falls down, Human life is a tale of errors and follies, we all commit errors and mistakes out of ignorance or inexperience.
D. Human life is a tale of errors and follies, we all commit errors and mistakes out of ignorance or inexperience, nobody is infallible in the process of acquiring experience, man often stumbles and falls down.

General Studies

Q.51 भारत का पहला समुद्री राष्ट्रीय उद्यान निम्नलिखित में स्थित है:
A. मन्नार की खाड़ी **B.** बंगाल की खाड़ी
C. अरब सागर **D.** खंभात की खाड़ी

Q.52 भारत में सबसे बड़ा किला कौन-सा है?
A. लाल किला **B.** गोलकोंडा किला
C. चित्तौड़गढ़ किला **D.** ग्वालियर किला

Q.53 'भारत कला भवन' किस नगर में स्थित है?
[Super TET Paper - I, 2018]
A. लखनऊ **B.** आगरा
C. वाराणसी **D.** इनमें से कोई नहीं

Q.54 उत्तर प्रदेश के किस नगर को 'भारत का शिराज़' कहा जाता है?
[Super TET Paper - I, 2018]
A. कानपुर **B.** प्रयागराज **C.** जौनपुर **D.** मेरठ

Q.55 कैस्पियन सागर की सीमा से संलग्न मध्य एशियाई देश हैं:
A. ताजिकिस्तान **B.** उज़्बेकिस्तान
C. कजाकिस्तान **D.** उपरोक्त सभी

Q.56 निम्नलिखित में से कौन सा समाचार पत्र भारतीय राष्ट्रीय आंदोलन के दौरान लोकमान्य तिलक द्वारा लिखा गया था?
A. युगांतर **B.** बंगाली
C. केसरी **D.** अमृत बाजार पत्रिका

Q.57 एशियन इन्फ्रास्ट्रक्चर इन्वेस्टमेंट बैंक का मुख्यालय कहां स्थित है?
A. बीजिंग **B.** कुआलालम्पुर
C. सिंगापुर **D.** मनीला

Q.58 'सतरिया' किस राज्य का शास्त्रीय नृत्य है?
A. अरुणाचल प्रदेश **B.** असम
C. राजस्थान **D.** बिहार

Q.59 प्रवासी भारतीय दिवस हर वर्ष 9 जनवरी को मनाया जाता है। यह दिवस पहली बार किस वर्ष मनाया गया था?
A. 2001 **B.** 2002 **C.** 2003 **D.** 2004

Q.60 कंप्यूटर में सेंट्रल प्रोसेसिंग यूनिट (CPU) में निम्न शामिल हैं:
A. इनपुट, आउटपुट और प्रोसेसिंग
B. कंट्रोल यूनिट, प्राइमरी स्टोरेज और सेकंडरी स्टोरेज
C. कंट्रोल यूनिट, अरिथमेटिक-लॉजिक यूनिट, प्राइमरी स्टोरेज
D. इनमे से कोई भी नहीं

Q.61 निम्नलिखित में से कौन सा एक पोर्टेबल डिवाइस (लाने - ले जाने योग्य उपकरण) नहीं है?
A. आइपॉड **B.** थंब्स ड्राइव
C. डेस्कटॉप कंप्यूटर **D.** लैपटॉप

Q.62 आईएफएससी (IFSC) का पूर्ण रूप क्या है?
A. इंटरनेशनल फाइनेंशियल सिस्टम कोड
B. इंडियन फाइनेंशियल सिस्टम कोड
C. इंटर - बैंक फाइनेंशियल सिस्टम कोड
D. इंटर - बैंक फ़ंक्शनल सिस्टम कोड

Q.63 निम्नलिखित में से किस देश ने सितंबर 2022 में अपने विदेश और रक्षा मंत्रियों और उनके भारतीय समकक्षों के बीच 'टू-प्लस-टू (2+2)' वार्ता का आयोजन किया है?
A. ऑस्ट्रेलिया **B.** रूस
C. ब्राज़ील **D.** जापान

Q.64 निम्नलिखित में से किसने कुआलालंपुर में 2022 IBSF विश्व बिलियर्ड्स चैंपियनशिप जीतकर विश्व मंच पर अपना 25वां स्वर्ण पदक जीता है?
A. सौरव कोठारी **B.** जोशुआ फिलर

C. पंकज आडवाणी **D.** ओलिवर सोल्नोकिक

Q.65 निम्नलिखित में से अर्थशास्त्र के किस क्षेत्र में शोध के लिए नोबेल पुरस्कार 2022 प्रदान किया गया है?

A. अर्थव्यवस्था में बैंकों की भूमिका
B. म्यूचुअल फंड्स
C. राष्ट्रीय आय की गणना
D. विदेशी मुद्रा भंडार

Q.66 19 अप्रैल, 2022 को, मुख्यमंत्री योगी आदित्यनाथ ने उत्तर प्रदेश राज्य के किस जिले में राष्ट्रीय रोग नियंत्रण केंद्र की स्थापना को मंजूरी दी?

A. लखनऊ **B.** आजमगढ़ **C.** भदोही **D.** पीलीभीत

Q.67 मोरक्को से कौन सा यात्री आया था?

A. अलबरुनी **B.** अब्दुर्रज़ाक
C. इब्न बतूता **D.** अल मसूदी

Q.68 1757 में कौन सी महत्वपूर्ण घटना घटी?

A. सिपाही विद्रोह
B. प्लासी का युद्ध
C. ईस्ट इंडिया कंपनी का गठन
D. भारत में पहली जनगणना

Q.69 सरयू नदी किस नदी की सहायक नदी है?

[SSC Constable (GD), 2021]

A. पिंडर **B.** भागीरथी **C.** टोंस **D.** शारदा

Q.70 समवर्ती सूची का विचार _______ देश के संविधान से लिया गया है।

A. दक्षिण अफ्रीका **B.** ऑस्ट्रेलिया
C. कनाडा **D.** जर्मनी

Q.71 स्वस्थ मनुष्य के लिए श्रव्यता सीमा कितनी होती है?

A. 10 Hz से 20000 Hz **B.** 10 Hz से 2000 Hz
C. 20 Hz से 20000 Hz **D.** 20 Hz से 200000 Hz

Q.72 किस प्रकाश की तरंगदैर्ध्य सबसे कम होती है?

A. लाल **B.** पीला **C.** नीला **D.** बैंगनी

Q.73 वर्तमान में 'भारत गणराज्य' का सर्वोच्च नागरिक सम्मान कौन सा है?

A. पद्म विभूषण **B.** पद्म भूषण
C. पद्म श्री **D.** भारत रत्न

Q.74 उत्तर प्रदेश में सम्पूर्णानंद संस्कृत विश्वविद्यालय कहाँ स्थित है?

[UP Police ASI, 2018]

A. लखनऊ **B.** कानपुर **C.** झाँसी **D.** वाराणसी

Q.75 भारत का कौन सा राज्य अधिकतम राज्य के साथ अपनी सीमा साझा करता है?

[Madhya Pradesh Public Service Commission (MPPSC), 2018]

A. मध्य प्रदेश **B.** कर्नाटक
C. आंध्र प्रदेश **D.** उत्तर प्रदेश

Mathematics

Q.76 ABC एक समबाहु त्रिभुज है। यदि त्रिभुज का क्षेत्रफल $36\sqrt{3}$ है, तो त्रिभुज ABC के परिगत वृत्त की त्रिज्या क्या है?

[SSC CGL, 2022]

A. $2\sqrt{3}$ **B.** $3\sqrt{3}$ **C.** $4\sqrt{3}$ **D.** $6\sqrt{3}$

Q.77 एक बेलन की ऊँचाई इसके आधार की त्रिज्या से 6 सेमी अधिक है। यदि इसकी त्रिज्या 14 सेमी है, तो इस बेलन का आयतन क्या होगा? ($\pi = \frac{22}{7}$ लीजिए)

[SSC CGL, 2022]

A. 13560 सेमी ^{3} **B.** 14340 सेमी ^{3}
C. 10440 सेमी ^{3} **D.** 12320 सेमी ^{3}

Q.78 एक घनाभ का आयतन 4800 सेमी ^{3} है। यदि इस घनाभ की ऊँचाई 20 सेमी हो, तो घनाभ के आधार का क्षेत्रफल कितना होगा?

[SSC CGL, 2022]

A. 150 सेमी ^{2} **B.** 240 सेमी ^{2}
C. 480 सेमी ^{2} **D.** 120 सेमी ^{2}

Q.79 दी गई आकृति में, सर्वांगसमता के भुजा-कोण-भुजा नियम से $\Delta ABC \cong \Delta ADC$ है। $AB = AD$ $\angle BAC = 50°$, $\angle ADC$ का मान ज्ञात कीजिये।

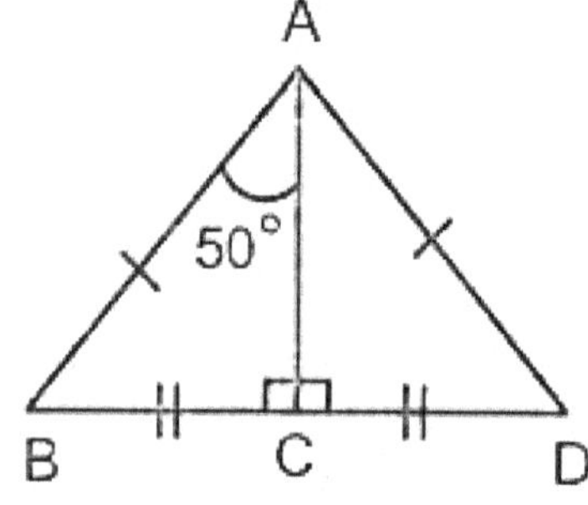

A. 40° **B.** 100° **C.** 150° **D.** 200°

Q.80 दो धनात्मक संख्याओं का योग 240 है और उनका महत्तम समापवर्तक 15 है। दी गई स्थिति को संतुष्ट करने वाली संख्याओं के जोड़ों की संख्या ज्ञात कीजिए।

A. 8 **B.** 2 **C.** 4 **D.** 5

Q.81 दो संख्याओं का म.स.प. और ल.स.प. 24 और 168 है और संख्याएँ 1 : 7 के अनुपात में हैं। दोनों संख्याओं में से सबसे बड़ी संख्या ज्ञात कीजिए?

A. 168 **B.** 144 **C.** 108 **D.** 72

Q.82 यदि दोहराव की अनुमति नहीं है, तो $1,2,3,4$ और 5 अंकों के साथ 1000 और $10,000$ के बीच कितने संख्याओं का निर्माण किया जा सकता है?

A. 120 **B.** 60 **C.** 720 **D.** 360

Q.83 यदि ${}^nP_2 = 30$ है, तो n का मान क्या है?

A. 3 **B.** 4 **C.** 5 **D.** 6

Q.84 यदि $2 + i$ समीकरण $x^2 - ax + 1 = 0$ का मूल है, तो a का मान होगा:

[UPSESSB TGT Mathematics, 2013]

A. 2 **B.** 4 **C.** 1 **D.** 0

Q.85 एक टोकरी में 3 लाल और 11 नीली गेंद हैं। दूसरी टोकरी है, जिसमें 9 लाल और 5 नीली गेंद हैं। दोनों टोकरियों में से किसी में से एक गेंद निकाली जानी है। नीली गेंद निकाले जाने की प्रायिकता क्या है?

A. $\frac{3}{7}$ **B.** $\frac{15}{28}$ **C.** $\frac{5}{7}$ **D.** $\frac{4}{7}$

Q.86 मान ले A वर्ग मैट्रिक्स है। फिर निम्नलिखित में से कौन सा सममित मैट्रिक्स नहीं है।

A. $A + A'$ **B.** AA' **C.** $A'A$ **D.** $A - A'$

Q.87 उस समांतर श्रेणी के n पदों का योग ज्ञात कीजिए, जिसका nवां पद $5n + 1$ है?

A. $\frac{n}{2}$ **B.** $\frac{n}{2}(7 + 4n)$
C. $\frac{n}{2}(7 + 5n)$ **D.** इनमें से कोई नहीं

Q.88 यदि संख्या n - 3, 4n - 2, 5n + 1 समांतर श्रेणी में हैं तो n का मान क्या है?

A. 1 **B.** 2 **C.** 3 **D.** 4

Q.89 एक समलंब चतुर्भुज का क्षेत्रफल 140 वर्ग सेमी है और इसकी समान्तर भुजाओं के बीच लंबवत दूरी 7 सेमी है। यदि एक समान्तर भुजा की लंबाई 28 सेमी है, तो दूसरी समानांतर भुजा की लंबाई कितनी है?

A. 12 सेमी **B.** 10 सेमी **C.** 16 सेमी **D.** 14 सेमी

Q.90 एक समलम्ब का क्षेत्रफल 330 सेमी ^{2} है, जिसकी समानांतर भुजाएँ 25 सेमी और 19 सेमी लंबी हैं। भुजाओं के बीच की दूरी (सेमी में) है:

A. 10 **B.** 12 **C.** 30 **D.** 15

Q.91 सात क्रमागत संख्याओं का औसत 49 है। इनमें से सबसे बड़ी संख्या क्या है?

A. 52 **B.** 47 **C.** 49 **D.** 50

Q.92 बिंदु $(6,4)$ और $(8,19)$ के बीच की दूरी ज्ञात कीजिए।

A. $\sqrt{239}$ **B.** $\sqrt{229}$ **C.** 229 **D.** $\sqrt{29}$

Q.93 5x + 6y - 30 के ग्राफ का x-अंतःखंड है:

A. 4 इकाई **B.** 5 इकाई **C.** 8 इकाई **D.** 6 इकाई

Q.94 $100x^2 - 20x + 1 = 0$ का मूल है:

A. $\frac{1}{20}$ और $\frac{1}{20}$ **B.** $\frac{1}{10}$ और $\frac{1}{20}$
C. $\frac{1}{10}$ और $\frac{1}{10}$ **D.** इनमें से कोई नहीं

Q.95 एक कार्ड अव्यवस्थित 52 कार्डों के एक पैकेट से निकाला जाता है। इसकी क्या प्रायिकता है कि निकाला गया कार्ड एक फेस कार्ड है?

A. $\frac{3}{13}$ **B.** $\frac{4}{13}$ **C.** $\frac{1}{4}$ **D.** $\frac{9}{52}$

Q.96 एक बैग में 6 काली और 8 सफेद गेंदें हैं। एक गेंद यादृच्छिक निकाली जाती है। खींची गई गेंद के सफेद होने की प्रायिकता क्या है?

A. $\frac{3}{4}$ **B.** $\frac{4}{7}$ **C.** $\frac{1}{8}$ **D.** $\frac{3}{7}$

Q.97 समानांतर श्रेणी के पहले 10 पदों का योग ज्ञात कीजिए जिसका पहला पद 7 और 15वां पद 35 है।

A. 160 **B.** 170 **C.** 150 **D.** 180

Q.98 भूमि पर किसी मीनार के पाद बिंदु से 18 मीटर और 32 मीटर की दूरी पर स्थित दो बिन्दुओं से मीनार के शीर्ष के उन्नयन कोण पूरक हैं। मीनार की ऊंचाई ज्ञात कीजिए।

A. 32 मीटर **B.** 20 मीटर **C.** 24 मीटर **D.** 36 मीटर

Q.99 एक समद्विबाहु त्रिभुज ABC का क्षेत्रफल जिसमें $AB = AC$ और ऊंचाई $AD = 3$ सेमी है, और क्षेत्रफल 12 वर्ग सेमी है। इसकी परिमाप क्या है?

A. 18 सेमी **B.** 16 सेमी **C.** 14 सेमी **D.** 12 सेमी

Q.100 निर्देश: दिए गए व्यंजक को सरल कीजिए।
12% of 4% of 7% of 2×10^6 ?

A. 386 **B.** 583 **C.** 672 **D.** 121

// स्मार्ट उत्तर पुस्तिका //

सही उत्तर — उन छात्रों के प्रतिशत को इंगित करता है जिन्होंने प्रश्नों का सही उत्तर दिया था।

छोड़ दिया — उन छात्रों के प्रतिशत को इंगित करता है जिन्होंने प्रश्नों को छोड़ दिया था।

प्रश्न संख्या	उत्तर	सही उत्तर	छोड़ दिया
1	B	49.39 %	1.42 %
2	A	81.64 %	0.0 %
3	B	65.05 %	1.76 %
4	B	26.31 %	3.33 %
5	D	52.06 %	1.98 %
6	A	82.6 %	0.0 %
7	A	45.33 %	1.37 %
8	B	81.4 %	0.0 %
9	C	46.14 %	1.4 %
10	D	63.24 %	1.65 %
11	C	57.27 %	1.78 %
12	D	68.56 %	1.7 %
13	C	62.58 %	1.05 %
14	D	68.04 %	1.44 %
15	C	56.19 %	1.26 %
16	D	59.69 %	1.54 %
17	D	49.29 %	1.94 %
18	B	41.69 %	1.18 %
19	A	60.57 %	1.32 %
20	C	56.52 %	1.38 %
21	D	50.66 %	1.96 %
22	A	56.45 %	1.65 %
23	A	53.88 %	1.15 %
24	D	59.14 %	1.47 %
25	C	47.39 %	1.35 %
26	A	89.65 %	0.0 %
27	B	86.47 %	0.0 %
28	B	52.32 %	1.1 %
29	C	32.94 %	3.42 %
30	C	28.79 %	4.13 %
31	B	19.05 %	4.95 %
32	A	47.88 %	1.07 %
33	C	69.21 %	1.25 %
34	B	61.1 %	1.2 %
35	A	41.74 %	1.91 %
36	D	44.58 %	1.53 %
37	C	47.15 %	1.5 %
38	C	62.69 %	1.53 %
39	D	60.58 %	1.59 %
40	B	40.2 %	1.27 %
41	B	48.51 %	1.28 %
42	D	55.64 %	1.57 %
43	B	44.78 %	1.2 %
44	A	47.54 %	1.83 %
45	A	44.52 %	1.78 %
46	A	52.88 %	1.7 %
47	D	42.25 %	1.04 %
48	C	50.68 %	1.64 %
49	C	67.53 %	1.87 %
50	A	50.41 %	1.29 %
51	A	62.22 %	1.27 %
52	C	79.88 %	0.0 %
53	C	42.87 %	1.12 %
54	C	56.0 %	1.24 %
55	C	53.47 %	1.75 %
56	C	58.95 %	1.34 %
57	A	87.39 %	0.0 %
58	B	48.46 %	1.11 %
59	C	45.26 %	1.33 %
60	C	55.91 %	1.15 %
61	C	62.4 %	1.38 %
62	B	68.05 %	1.48 %
63	D	49.63 %	1.92 %
64	C	67.8 %	1.92 %
65	A	54.37 %	1.2 %
66	A	52.81 %	1.27 %
67	C	44.75 %	1.51 %
68	B	54.38 %	1.54 %
69	D	55.9 %	1.87 %
70	B	69.15 %	1.48 %
71	C	40.79 %	1.02 %
72	D	55.35 %	1.22 %
73	D	56.37 %	1.6 %
74	D	53.85 %	1.39 %
75	D	61.98 %	1.15 %
76	C	68.99 %	1.07 %
77	D	64.01 %	1.81 %
78	B	60.71 %	1.06 %
79	A	49.07 %	1.72 %
80	C	78.36 %	0.0 %

प्रश्न संख्या	उत्तर	सही उत्तर / छोड़ दिया
81	A	47.78 %
		1.49 %
82	A	62.97 %
		1.8 %
83	D	55.19 %
		1.66 %
84	B	89.84 %
		0.0 %

प्रश्न संख्या	उत्तर	सही उत्तर / छोड़ दिया
85	D	19.42 %
		3.12 %
86	D	49.13 %
		1.59 %
87	C	52.52 %
		1.12 %
88	A	48.33 %
		1.75 %

प्रश्न संख्या	उत्तर	सही उत्तर / छोड़ दिया
89	A	53.03 %
		1.87 %
90	D	67.38 %
		1.96 %
91	A	40.96 %
		1.43 %
92	B	69.61 %
		1.5 %

प्रश्न संख्या	उत्तर	सही उत्तर / छोड़ दिया
93	D	62.27 %
		1.04 %
94	C	52.24 %
		1.18 %
95	A	42.51 %
		1.61 %
96	B	64.04 %
		1.69 %

प्रश्न संख्या	उत्तर	सही उत्तर / छोड़ दिया
97	A	49.76 %
		1.74 %
98	C	69.44 %
		1.19 %
99	A	52.85 %
		1.35 %
100	C	54.69 %
		1.62 %

कार्य विश्लेषण	
औसत अंक (%)	37.0%
टॉपर्स स्कोर (%)	67.0%
आपका स्कोर	

//संकेत और समाधान//

1. दिए गए विकल्पों में B सही है क्योंकि विकल्प B व्याकरण की दृष्टि से शुद्ध है।

शुद्ध वाक्य- मैं आपके घर कल आऊंगा।

अन्य विकल्प-

मैं आपके घर कल आए।- अर्थहीन

मैं आपके घर कल आएगे।- अर्थहीन

मैं आपके घर कल आएगा।- अर्थहीन

अतः विकल्प (B) सही है।

2. उपरोक्त गद्यांश के अनुसार, मैं अक्सर सोचता हूँ कि वे शहर कितने दुर्भागे हैं, जिनके अपने कोई खण्डहर ही नहीं। उनमें रहना उतना ही भयानक अनुभव हो सकता है, जैसे किसी ऐसे व्यक्ति से मिलना, जो अपनी स्मृति खो चुका है, जिसका कोई अतीत नहीं।

रेखांकित शब्द खण्डहर से आशय इतिहास से है।

अत: विकल्प (A) सही है।

3. उपरोक्त गद्यांश के अनुसार, अगर मुझसे कोई नरक की परिभाषा पूछे तो वह है, हमेशा वर्तमान में रहना एक अंतहीन रोशनी,जहाँ कोई छाया नहीं, जहाँ आदमी हमेशा आँखें खोले रहता है। जब वर्तमान का बोझ असह्य हो, मैं अपना घर छोड़कर शहर के दूसरे 'घरों' में चला जाता हूँ- जहाँ अब कोई लोग नहीं रहते- जहाँ अँधेरा होते ही चमगादड़ आते हैं।

दूसरे घरों' से लेखक का आशय ऐतिहासिक इमारतों से है।

अत: विकल्प (B) सही है।

4. उपरोक्त गद्यांश के अनुसार, मैं अक्सर सोचता हूँ कि वे शहर कितने दुर्भागे हैं, जिनके अपने कोई खण्डहर ही नहीं। उनमें रहना उतना ही भयानक अनुभव हो सकता है, जैसे किसी ऐसे व्यक्ति से मिलना, जो अपनी स्मृति खो चुका है, जिसका कोई अतीत नहीं।

लेखक के अनुसार जहाँ लोग नहीं रहते हैं, शहर दुर्भागे हैं।

अत: विकल्प (B) सही है।

5. 'जो पहले नहीं हुआ हो' को 'अभूतपूर्व' कहते हैं। शेष सभी विकल्प सही नहीं हैं।

अतः विकल्प (D) सही है।

6. 'दुर्गम' का अर्थ है 'जहाँ पहुँचना कठिन है'। इस आधार पर सही 'दुर्गम' शब्द का उचित अर्थ 'जहाँ जाना कठिन हो' है।

अत: विकल्प (A) सही है।

7. लोकोक्ति – नौ दिन चले अढ़ाई कोस, लोकोक्ति का अर्थ – काम करने की बहुत धीमी गति।

वाक्य – राजू ने दस महीने में मात्र एक पाठ याद किया है। यह तो वही बात हुई – 'नौ दिन चले अढ़ाई कोस'।

अतः विकल्प (A) सही है।

8. वर्ण 'ऐ' अर्ध विवृत स्वर का उदाहरण है। जिनके उच्चारण में मुख आधा खुलता है अर्ध विवृत स्वर वर्ण कहलाते है, जैसे: अ, ए, ओ।

अतः विकल्प (B) सही है।

9. दिए गए विकल्पों में से 'निधन-निर्धन' यह विकल्प समरूपी भिन्नार्थक है।

- अन्य विकल्प इसके अनुचित उत्तर हैं।
- निधन- मृत्यु
- निर्धन- गरीब
- अन्य विकल्प इसके अनुचित हैं।

अतः विकल्प (C) सही है।

10. 'सावधान' का सही संधि-विच्छेद स + अवधान (अ + अ = आ) दीर्घ संधि है।

दीर्घ संधि: जब दो शब्दों की संधि करते समय (अ, आ) के साथ (अ, आ) हो तो 'आ' बनता है, जब (इ, ई) के साथ (इ, ई) हो तो 'ई' बनता है, जब (उ, ऊ) के साथ (उ, ऊ) हो तो 'ऊ' बनता है।

अतः विकल्प (D) सही है।

11. 'महर्षि' का सही संधि-विच्छेद 'महा + ऋषि' है।

महर्षि में (आ + ऋ= अर्) "गुण स्वर संधि" है।

गुण संधि: जब (अ, आ) के साथ (इ, ई) हो तो 'ए' बनता है, जब (अ, आ) के साथ (उ, ऊ) हो तो 'ओ' बनता है, जब (अ, आ) के साथ (ऋ) हो तो 'अर' बनता है। उसे गुण संधि कहते हैं।

अतः विकल्प (C) सही है।

12. 'प्रतिकूल' में अव्ययीभाव समास है।

- अव्ययीभाव समास में पहला पद (पूर्वपद) अव्यय तथा प्रधान होता है।
- जैसे – जन्म से लेकर = आजन्म, मति के अनुसार = यथामति।
- कूल (किनारे) के विपरीत-विरोधी अर्थात् प्रतिकूल। इसलिए, यहाँ अव्ययीभाव समास है।

अत: विकल्प (D) सही है।

13. 'सत्याग्रह' का समास-विग्रह 'सत्य के लिए आग्रह' होगा।

- 'सत्याग्रह' शब्द में तत्पुरुष समास है।
- इसमें 'के लिए' सम्प्रदान कारक का प्रयोग हुआ है। इसलिए, इसमें 'तत्पुरुष समास' है।
- जिस समास में उत्तरपद प्रधान हो तथा समास करने के उपरांत विभक्ति (कारक चिन्ह) का लोप हो, वहाँ तत्पुरुष समास होता है।

अत: विकल्प (C) सही है।

14. 'दामिनी' का पर्यायवाची शब्द 'बिजली' है।

'दामिनी' के पर्यायवाची शब्द - चपला, चंचला, सौदामिनी, विद्युत, इन्द्रवज्र इत्यादि है।

अतः विकल्प (D) सही है।

15. 'वास्तविक' का पर्यायवाची शब्द प्रतिवासी है।

'वास्तविक' का पर्यायवाची शब्द - नैसर्गिक, यथार्थ, ठीक, परमार्थ, सत्य इत्यादि है।

अतः विकल्प (C) सही है।

16. 'सहित' का विलोम "विहीन" है।

सहित शब्द का अर्थ:- युक्त , समेत, साथ (जैसे—पत्नी समेत आना, सामान सहित चला गया), सहन किया हुआ।

अन्य विकल्पः-

शब्द	अर्थ
असहित	जुड़ा हुआ न हो।
विमुख	विरत, प्रतिकूल।

असीम	जिसकी सीमा न हो, बेहद , बेहिसाब, अपार।

अतः विकल्प (D) सही है।

17. ऊपरलिखित शब्द का अर्थ है-

- ऊपर लिखा हुआ या लिखा गया।

निम्नलिखित का अर्थ है-

- नीचे लिखा हुआ या लिखा गया।

यह दोनों शब्द एक दूसरे के विलोम शब्द है।

अन्य विकल्पों का विश्लेषण:

- स्वलिखित का अर्थ है - अपने द्वारा लिखा हुआ।
- परलिखित का अर्थ है - दूसरे के द्वारा लिखा हुआ। यह दोनों एक दूसरे के विलोम है।
- पूर्वलिखित का अर्थ है - पहले लिखा हुआ। पश्चातलिखित इसका विलोम है।

अतः विकल्प (D) सही है।

18. मुनि माला फेरता है इसमें वर्तमानकाल काल है।

अतः विकल्प (B) सही है।

19. सार्वनामिक विशेषण - 'संज्ञा के पहले' आते है।

शब्द	परिभाषा	उदाहरण
सार्वनामिक विशेषण	"ऐसे सर्वनाम शब्द जो संज्ञा से पहले प्रयोग होकर उस संज्ञा शब्द की विशेषता बतलाते है।इस प्रकार के शब्द जो कि सर्वनाम के लिए विशेषण के रूप में काम करते हैं"।	मेरी गाड़ी,मेरी कार, मेरा घर, वह बाइक, वह आदमी, वह लड़की आदि

अतः विकल्प (A) सही है।

20. हस्तक्षेप व्याकरणिक और अर्थ की दृष्टि से शुद्ध शब्द है, अन्य विकल्प असंगत है।

हस्तक्षेप का अर्थ किसी मामले में टांग अड़ाना अथवा दख़ल देना होता है।

अतः विकल्प (C) सही है।

21. दिए गए विकल्पों में 'जाग्रत' शुद्ध वर्तनी हैं।

जाग्रत शब्द का अर्थ: वह अवस्था जिसमें समस्त तथ्यों या बातों का ज्ञान हो।

जो शब्द हिंदी व्याकरण के नियमों को पूरा करते हुए वर्तनी की दृष्टि से सटीक हो, शुद्ध शब्द कहलाते है। उच्चारण से इनकी पुष्टि होती है।

अतः विकल्प (D) सही है।

22. छठी का दूध याद आना का अर्थ – बहुत कष्ट आ पड़ना; जब किसी पर किसी कारण से इतना ज्यादा दुख आ जाता है की उसे पिछले सुख याद आने लग जाते है ।

वाक्य प्रयोग –

- केदारनाथ की बर्फ में पंद्रह किलोमीटर पैदल चलने से मुझे छठी का दूध याद आ गया।

शेष सभी विकल्प निरर्थक हैं।

अतः विकल्प (A) सही है।

23. 'हँसना' शब्द में 'ना' प्रत्यय लगा है। 'ना' प्रत्यय से बने शब्द - सूँघना ,ओढ़ना, पढ़ना, खाना आदि।

अतः विकल्प (A) सही है।

24. 'उज्जयनी' में 'उत्' उपसर्ग है। 'उत्' उपसर्ग वाले शब्द- उत्कर्ष, उत्साह आदि।

अतः विकल्प (D) सही है।

25. छाया है माथे पर आशीर्वाद- सा पंक्ति में प्रयुक्त अलंकार 'उपमा अलंकार' हैं। सी, सा, तुल्य, सम, जैसा, ज्यों, के सामान आदि सदृश्य वाचक शब्द उपमा अलंकार में प्रयुक्त होते है।

'उपमा' शब्द का अर्थ होता है– तुलना। जब किसी व्यक्ति या वस्तु की तुलना किसी दूसरे यक्ति या वस्तु से की जाए वहाँ पर उपमा अलंकार होता है। अर्थात जब किन्ही दो वस्तुओं के गुण, आकृति, स्वभाव आदि में समानता दिखाई जाए या दो भिन्न वस्तुओं कि तुलना कि जाए, तब वहां उपमा अलंकर होता है। जैसे– "चाँद सा मुख"।

अन्य विकल्प:

पुनरुक्ति अलंकार	पुनरुक्ति वह है जिसमें एक शब्द को दुहराया जाता है जो पृथक, यादृच्छिक, पुनरुक्ति रूपांतर के संबंध को बतलाता है।
अनुप्रास अलंकार	जब किसी काव्य को सुंदर बनाने के लिए किसी वर्ण की बार-बार आवृति हो तो वह अनुप्रास अलंकार कहलाता है। किसी विशेष वर्ण की आवृति से वाक्य सुनने में सुंदर लगता है।
श्लेष अलंकार	जब किसी शब्द का प्रयोग एक बार ही किया जाता है पर उसके एक से अधिक अर्थ निकलते हैं तब श्लेष अलंकार होता है।

अतः विकल्प (C) सही है।

26. The meaning of the given words:

- Bankrupt: declared in law as unable to pay their debts.
- Broke: having completely run out of money.
- Rich: having a great deal of money or assets; wealthy.
- Making a profit: money that is earned in trade or business after paying the costs of producing and selling goods and services.
- Having liabilities: a company's legal financial debts or obligations that arise during the course of business operations.

From the meanings, it is clear that 'bankrupt' is the synonym of broke.

Hence, the correct option is (A).

27. The correct sentence is Making pies and cakes is Mr. Kumar's speciality.

- In the above-given sentence, 'is' will be used.
- It is so because it is a reverse-order sentence.
  - For Example - Bread and butter is my breakfast.
  - Here, breakfast is the noun and therefore a singular verb will be used i.e. is.
- The subject of the sentence is speciality, which is singular and therefore the verb should also be singular.
- Thus, 'is' will be used.

Hence, the correct option is (B).

28. The correct punctuated sentence is 'O king, I am thy humble servant.'

- In the sentence of option B, the punctuation mark comma (,) is correctly placed to separate two clauses.
- The punctuation mark 'comma' is used always after a dependent clause that starts a sentence (here, O king).
- Also, the word 'thy' is an archaic or dialect form of "your".
- Therefore, from the context of the sentence, no punctuation mark is needed after the word 'thy'.

Hence, the correct option is (B).

29. Since is used for a definite point of time, whereas "few months" implies a time period and not a point of time, thus the phrase needs replacement.

For denoting a period of time the preposition "for" is used.

With the helping verb "have" the third form of the verb is used, thus "paid" is correctly placed.

The sentence after replacement becomes:

Contract workers in the various departments of the government-owned company have also not been paid their wages for the past few months.

Hence, the correct option is (C).

30. The most appropriate word for the given group of words "One who does not express himself freely" is Introvert.

Meanings of the given words:

Lunatic- a person who is mentally ill.

Extrovert- an outgoing, socially confident person.

Megalomaniac- a person who has an obsessive desire for power.

Out of the given words, only Introvert can be appropriate for the given group of words.

Hence, the correct option is (C).

31. In the offing: Likely to happen or appear soon. E.g: "There are several initiatives in the offing."

Hence, the correct option is (B).

32. While changing the narration of an interrogative sentence, we need to follow steps:

- The reporting verb is changed into 'ask' or 'asked' in the indirect speech.
- Connective word 'that' is not used in indirect speech instead the interrogating word is used accordingly. (How)
- The 2nd subject is followed by 3rd form of the verb. (felt)
- Words showing nearness are changed accordingly. (now-then)
- At last line up the remaining part.

Hence, the correct option is (A).

33. Deny: to refuse to admit or accept something.

Agree: to have the same opinion as somebody/something.

Thus, the correct antonym of Deny is Agree.

Hence, the correct option is (C).

34. Peculiar means strange or unusual, especially in a way that is unpleasant or makes you worried.

- Example - It seems peculiar that he would leave town and not tell anybody.

Marked option Normal means the usual, typical, or expected state or condition.

- Example - It's quite normal for puppies to bolt their food.

It is clear that 'Peculiar' and 'Normal' are opposite in meaning.

Hence, the correct option is (B).

35. Correct Sentence: Every night, **before** going to bed, he thanked God for his gifts.

In the given sentence, in place of blank, we need an adverb.

Adverb: a word or phrase that modifies or qualifies an adjective, verb, or other adverb or a word group, expressing a relation of place, time, circumstance, manner, cause, degree, etc.

Let's take a look at the options:

- before: It is an adverb which means during the period of time preceding a particular event or time.
- through: It is a preposition which means moving in one side and out of the other side of (an opening, channel, or location).
- soon: It is an adverb which means in or after a short time.
- after: It is an adverb which means in the time following (an event or another period of time).

'going' is a verb and the blank is used to qualify the verb in the sentence also the action of thanking gods is happening prior to going to bed. Thus, to fill the blank we need a word which represents 'prior to'. Therefore, 'before' will be used in the sentence.

Hence, the correct option is (A).

36. Correct sentence: There is <u>plenty</u> of milk in the refrigerator; everyone can have a glass.

Let us see the meanings of the given options:

"Either" is used when referring to a choice between two options.

- Example: Either one deserves to win.

We use "some" before nouns to refer to indefinite quantities. Although the quantity is not important or not defined, using "some" implies a limited quantity.

- Example: Can you get me some milk?

use "every + singular noun" to refer individually to all the members of a complete group of something.

- Example: There's a photograph on the wall of every child in the school.

We use "plenty of" as a quantifier before both countable and uncountable nouns to mean 'a lot', 'a large quantity'.

- Example: Don't worry there are plenty of options.

The given sentence says everyone can have a glass of milk because there is enough in the refrigerator.

Only 'plenty' looks appropriate before 'of', thus, it is the correct answer.

Hence, the correct option is (D).

37. Let's look at how the given prepositions are used:

By- used to identify the agent performing an action or the means of achieving something.

- Example: It was done by him.

From- used to show the source where an action of event starts.

- Example: The train came from London.

With- accompanied by; having; showing the instrument used for something.

- Example: I killed the enemy with a sword.

Off- removed or separated; moving away from a direction.

- Example: The car turned off the main road.

Main Point:

The given sentence talks about mother cutting vegetables 'using an instrument', viz, knife.

So, the most appropriate preposition here must be 'With'.

Thus, the complete sentence is: Mother cuts vegetables **with** a knife.

Hence, the correct option is (C).

38. Thus, the complete sentence is: The flight of birds is a pretty sight to watch.

- The sentence has no verbs indicating an action. So, the blank must contain the main verb.
- The given sentence talks about the direct relation between the subject and object, viz, 'the flight of birds' being 'a pretty sight'.
- Important Point:
- So, the correct verb here must be a form of 'To be', showing this relationship.
- Out of the given options, both 'Is' and 'Are' are forms of 'To be'.
- But; since the given subject is a singular noun, 'flight', the verb must also be in its singular form, viz, 'Is'.

Hence, the correct option is (C).

39. Choosy means difficult to please because they will only accept something if it is exactly what they want or if it is of very high quality.

- Example - You can't be too choosy if you want a job right away.

Marked option Picky means liking only certain things and difficult to please.

- Example - I'm not sure if she is pregnant, but recently she's been extremely picky with food and doesn't eat much.

It is clear that 'Choosy' and 'Picky' are similar in meaning.

Hence, the correct option is (D).

40. Correct sentence is: Peter wants to come with us this summer.

- The sentence talks about peter who wants to spend summer.
- Here, peter wants to accompany them this summer. 'with' means accompanied by (another person or thing).
- So, 'with' is the correct word for the blank.

Hence, the correct option is (B).

41. The thief ran off with the goods in broad daylight.

Ran off means to steal things and run.

Hence, the correct option is (B).

42. Correct Sentence: Slice the cheeks off the mangoes, dice and season with lime juice.

The plural of mango is 'mangoes'.

Hence, the correct option is (D).

43. We use articles 'a' and 'an' for specific identity who is not known.

- Article 'a' for consonant sound words.
- Article 'an' for vowel sound words.

We use 'the' for specific identities that are known to us. 'One' is the number indicating a single unit.

For the given sentence, 'a' article will be grammatically and contextually correct. This is because it begins with a vowel e but it begins with the pronunciation yu.

Hence, the correct option is (B).

44. We normally use 'the' to refer to unique or specific objects and references known to the listener.

- For example, The Tower of London is very old.
- For example, I'm going to the shop. (The intended listener knows which shop.)

By reading the given sentence, we can see that the church which has 'the Golden statue of Jesus Christ' is specific and seems to be known to the listener.

So the correct article as the filler for the given blank will be 'the' and the correct sentence will be 'I went to the Church to see the Golden statue of Jesus Christ.'

Hence, the correct option is (A).

45. When I was young I could climb any tree in the forest. (Past ability).

'could' is a modal auxiliary verb.

We usually use could or couldn't to talk about general abilities in the past.

- Example - She could paint before she started school.

In the given sentence, 'Could' is used to talk about his past ability to climb any tree in the forest.

Thus, the appropriate modal to fill in the blank is 'could'.

Hence, the correct option is (A).

46. The word may is a modal verb which is used for saying that something is possible.

- Example: You may be right.

May is used to indicate possibility or probability of something to occur or happen.

The above-given sentence describes the probability of Harish being fired soon as he has annoyed his boss.

So, the complete sentence would be:

- Harish has annoyed his boss today. He may be fired soon.

Hence, the correct option is (A).

47. The correct spelled word is Conundrum.

Conundrum means a problem or puzzle which is difficult or impossible to solve.

For example: This has been a conundrum for CNN that has no perfect answer, no perfect solution.

Hence, the correct option is (D).

48. A figure of speech is a word or phrase that possesses a separate meaning from its literal definition.

'Personification' has been used in line 'The wind lies asleep in the arms of dawn'.

'Personification' gives human qualities to non living things or ideas. 'Personification' is used to endow human qualities into inanimate objects.

For example:

- The thunder grumbled.

According to the above explanation 'Personification' is a figure of speech that has been used in lines 'The wind lies asleep in the arms of dawn'.

The quality 'asleep' has been used for wind.

Hence, the correct option is (C).

49. In the given word problem, we have to find the link between the first and the second words in each set.

When we look at 'Do' and 'Undo', it becomes easy for us to understand that we need to find the antonym of the word trust.

Trust: believe in the reliability, truth, or ability of

Distrust: doubt the honesty or reliability of; regard with suspicion

Thus we can see that the antonym of trust is distrust.

The meaning of the other words-

Entrust: assign the responsibility for doing something to (someone)

Intrust: it means the same as 'entrust' (archaic and obsolete usage)

Untrust: it means the same as 'distrust' (archaic and obsolete usage)

Hence, the correct option is (C).

50. Correct Sentence is 'Human life is a tale of errors and follies, nobody is infallible we all commit errors and mistakes out of ignorance or inexperience, in the process of acquiring experience, man often stumbles and falls down.'

First sentence will be the first sentence of the sequence because it tells about the story of human life.

Third sentence will come after first sentence because it mentions humans make mistakes, errors, etc., or capable of making mistakes or being wrong.

Second sentence will come after third sentence because it is explaining while gaining experience, all human makes mistakes, errors, etc. and learn from their experience.

Fourth sentence is the concluding part because it is concluding that every human being makes errors and mistakes due to a lack of knowledge and experience.

Hence, the correct option is (A).

51. मन्नार समुद्री राष्ट्रीय उद्यान भारत का एक संरक्षित क्षेत्र है जिसमें 21 छोटे द्वीप (आइलेट्स) और समीपवर्ती प्रवाल भित्तियाँ हिंद महासागर में मन्नार की खाड़ी में स्थित हैं।

अतः विकल्प (A) सही है।

52. चित्तौड़गढ़ किला 691 एकड़ के क्षेत्र में बना भारत का सबसे बड़ा किला है। यह एक विश्व धरोहर स्थल है। चित्तौड़ के नाम से जाने जाना वाला यह किला महाराणा उदय सिंह द्वितीय से पहले मेवाड़ की राजधानी थी।

अतः विकल्प (C) सही है।

53. 'भारत कला भवन' वाराणसी में स्थित है।

- भारत कला भवन बनारस हिंदू विश्वविद्यालय में स्थित वाराणसी, भारत में एक विश्वविद्यालय संग्रहालय है।
- इसने भारतीय कला और संस्कृति के बारे में जानकारी के प्रसार में सहायता की है।
- यह बनारस हिंदू विश्वविद्यालय और वाराणसी शहर दोनों में एक प्रमुख पर्यटक आकर्षण है।

अतः विकल्प (C) सही है।

54. उत्तर प्रदेश के जौनपुर को 'भारत का शिराज़' कहा जाता है।

- जौनपुर की स्थापना सुल्तान फिरोजशाह तुगलक ने 1358 में मोहम्मद तुगलक उर्फ जौना खान के सम्मान में की थी।
- तुगलक वंश के पतन के समय, मलिक हुसैन शर्की के नेतृत्व में जौनपुर स्वतंत्र हो गया और शर्की सल्तनत की स्थापना की।
- जौनपुर अपनी सांस्कृतिक गतिविधियों और वास्तुकला के लिए जाना जाता है।

- जौनपुर शर्की के योगदान साहित्य, वास्तुकला के लिए सुल्तानों, और संगीत कला यादगार किया गया है।
- इस विशेषता के कारण जौनपुर को शिराज-ए-हिंद कहा जाता था।

अतः विकल्प (C) सही है।

55. कैस्पियन सागर की सीमा से संलग्न मध्य एशियाई देश कजाकिस्तान हैं। कजाकिस्तान यूरेशिया में स्थित एक देश है। क्षेत्रफल के आधार से ये दुनिया का नवाँ सबसे बड़ा देश है। एशिया में एक बड़े भूभाग में फैला हुआ यह देश पहले सोवियत संघ का हिस्सा हुआ करता था। देश की अधिकाँश भूमि स्तेपी घास मैदान, जंगल तथा पहाड़ी क्षेत्रों से ढकी है।

अतः विकल्प (C) सही है।

56. केसरी को भारतीय राष्ट्रीय आंदोलन के दौरान लोकमान्य तिलक ने लिखा था।

लोकमान्य तिलक ने अपने पत्र केसरी में "देश का दुर्भाग्य" नामक शीर्षक से लेख लिखा जिसमें ब्रिटिश सरकार की नीतियों का विरोध किया। उनको भारतीय दंड संहिता की धारा 124-ए के अन्तर्गत राजद्रोह के अभियोग में 27 जुलाई 1897 को गिरफ्तार कर लिया गया। उन्हें 6 वर्ष के कठोर कारावास के अंतर्गत माण्डले (बर्मा) जेल में बन्द कर दिया गया।

अतः विकल्प (C) सही है।

57. एशियन इन्फ्रास्ट्रक्चर इन्वेस्टमेंट बैंक (AIIB) एक बहुपक्षीय विकास बैंक है और AIIB का उद्देश्य एशिया में आर्थिक और सामाजिक परिणामों में सुधार करना है। एशियन इन्फ्रास्ट्रक्चर इन्वेस्टमेंट बैंक का मुख्यालय बीजिंग में स्थित है। दुनिया भर से 17 संभावित सदस्यों सहित बैंक के 104 सदस्य हैं।

अतः विकल्प (A) सही है।

58. 'सतरिया' असम का शास्त्रीय नृत्य है। सतरिया नृत्य रूप को 15 वीं शताब्दी ईस्वी में महान वैष्णव संत और असम के सुधारक, महापुरुष शंकरदेव द्वारा वैष्णव धर्म के प्रचार के लिए एक शक्तिशाली माध्यम के रूप में पेश किया गया था।

अतः विकल्प (B) सही है।

59. प्रवासी भारतीय दिवस हर वर्ष 9 जनवरी को मनाया जाता है।

यह भारत सरकार के साथ प्रवासी भारतीय समुदाय के जुड़ाव को मजबूत करने और उन्हें अपनी जड़ों से फिर से जोड़ने के लिए मनाया जाता है।

- यह दिवस पहली बार 2003 में मनाया गया था।
- इसी दिन 1915 में महात्मा गांधी दक्षिण अफ्रीका से भारत लौटे थे।
- उन्हें महान 'प्रवासी' की उपाधि मिली।

अतः विकल्प (C) सही है।

60. कंप्यूटर में सेंट्रल प्रोसेसिंग यूनिट (CPU) में कंट्रोल यूनिट, अरिथमेटिक-लॉजिक यूनिट, प्राइमरी स्टोरेज होता है।

आधुनिक कंप्यूटरों में, CPU एकीकृत सर्किट चिप को माइक्रोप्रोसेसर कहा जाता है। यह भाग कंट्रोल यूनिट इनपुट और आउटपुट डिवाइस को नियंत्रित करता है। अरिथमेटिक-लॉजिक यूनिट इसके अतिरिक्त, गुणा, और विभाजन जैसे बुनियादी कार्य करती हैं। प्राइमरी स्टोरेज डिवाइस एक ऐसा माध्यम है। जो कंप्यूटर के चलने के दौरान थोड़े समय के लिए मेमोरी रखता है।

अतः विकल्प (C) सही है।

61. पोर्टेबल डिवाइस एक ऐसा उपकरण होता है जिसे आसानी से कहीं ले जाया जा सकता है।

हम डेस्कटॉप कंप्यूटर कहीं भी नहीं ले जा सकते हैं, इसलिए यह एक पोर्टेबल डिवाइस नहीं है। आइपॉड, थंब्स ड्राइव, लैपटॉप पोर्टेबल डिवाइस हैं क्योंकि ये आसानी से ले जाए जा सकते हैं।

अतः विकल्प (C) सही है।

62. आईएफएससी (IFSC) का पूर्ण रूप इंडियन फाइनेंशियल सिस्टम कोड है।

इंडियन फाइनेंशियल सिस्टम कोड एक अल्फ़ान्यूमेरिक कोड है जो भारत में इलेक्ट्रॉनिक फंड ट्रांसफर की सुविधा प्रदान करता है। कोड विशिष्ट रूप से भारत में तीन मुख्य भुगतान और निपटान प्रणालियों में भाग लेने वाली प्रत्येक बैंक शाखा की पहचान करता है: राष्ट्रीय इलेक्ट्रॉनिक फंड ट्रांसफर (एनईएफटी), रीयल टाइम ग्रॉस सेटलमेंट (आरटीजीएस) और तत्काल भुगतान सेवा (आईएमपीएस) सिस्टम।

अतः विकल्प (B) सही है।

63. एक नवीनतम अपडेट के अनुसार, जापान अपने विदेश और रक्षा मंत्रियों और उनके भारतीय समकक्षों के बीच 'टू-प्लस-टू (2+2)' वार्ता आयोजित करने की तैयारी शुरू करने के लिए तैयार है।

- जापान टोक्यो में राजनयिक वार्ता की मेजबानी करने की तैयारी कर रहा है।
- 2+2 वार्ता दो देशों के विदेश और रक्षा मंत्रियों के बीच आयोजित की जाती है और इसे आमतौर पर एक तंत्र बनाने के उद्देश्य से देखा जाता है, जिसके तहत रक्षा, सुरक्षा और खुफिया तंत्र के अधिक एकीकरण के साथ द्विपक्षीय संबंध एक निर्णायक रणनीतिक मोड़ लेता है।

अतः विकल्प (D) सही है।

64. भारत के अग्रणी क्यूईस्ट पंकज आडवाणी ने कुआलालंपुर में 2022 आईबीएसएफ विश्व बिलियर्ड्स चैंपियनशिप जीतकर विश्व मंच पर अपना 25वां स्वर्ण पदक जीता है।

- उन्होंने हमवतन सौरव कोठारी को एकतरफा फाइनल में 4-0 से हराकर लगातार पांचवीं बार खिताब अपने नाम किया।
- आडवाणी का आखिरी विश्व खिताब 12 महीने पहले कतर में आया था जहां उन्होंने आईबीएसएफ 6-रेड स्नूकर विश्व कप जीता था।

अतः विकल्प (C) सही है।

65. अर्थशास्त्र के लिए नोबेल पुरस्कार 2022:

- "अर्थव्यवस्था में बैंकों की भूमिका के बारे में हमारी समझ, विशेष रूप से वित्तीय संकट के दौरान" में उल्लेखनीय सुधार के लिए, 2022 के लिए आर्थिक विज्ञान में सेवरिग्स रिक्सबैंक पुरस्कार तीन अमेरिकी अर्थशास्त्रियों को प्रदान किया गया:
  - बेन एस बर्नानके
  - डगलस डब्ल्यू डायमंड और
  - फिलिप एच डायबवी।

अतः विकल्प (A) सही है।

66. 19 अप्रैल, 2022 को मुख्यमंत्री योगी आदित्यनाथ की अध्यक्षता में हुई कैबिनेट की बैठक में लखनऊ में राष्ट्रीय रोग नियंत्रण केंद्र की स्थापना को मंजूरी दी गई।

- लखनऊ का यह केंद्र देश भर में स्थापित किए जाने वाले कुल छह केंद्रों में से एक है।
- डिप्टी सीएम ब्रजेश पाठक ने बताया कि सरोजिनी नगर, लखनऊ के जैतीखेड़ा में NCDC को 2.5 एकड़ जमीन 30 साल के लिए लीज पर दी गई है।

अतः विकल्प (A) सही है।

67. अबू अब्दुल्ला मुहम्मद इब्न अब्दुल्ला लवाल-उत-तांगी इब्न बतूता को इब्न बतूता के नाम से भी जाना जाता है।

- वह मोरक्को के यात्री थे।
- वह मुहम्मद-बिन-तुगलग के दरबार के समकालीन थे।
- उन्हें मुहम्मद-बिन-तुगलग द्वारा दिल्ली के काजी (न्यायाधीश) के रूप में नियुक्त किया गया था।
- उन्होंने हमें मुहम्मद-बिन-तुगलग की अवधि के दौरान लोगों के जीवन के बारे में जानकारी प्रदान की थी।
- साथ ही, उनकी पुस्तकें हमें दिल्ली से देवगिरी में राजधानी के हस्तांतरण के कारण के बारे में बताती हैं।
- उन्होंने अरबी भाषा में प्रसिद्ध पुस्तक रिहलाह की रचना की थी।

अतः विकल्प (C) सही है।

68. प्लासी की लड़ाई 23 जून 1757 को रॉबर्ट क्लाइव के नेतृत्व में बंगाल के नवाब और उनके फ्रांसीसी सहयोगियों पर ब्रिटिश ईस्ट इंडिया कंपनी की निर्णायक जीत थी।

- विजय मीर जाफर के दलबदल से संभव हुई, जो नवाब सिराजुद्दौला का सेनापति था।
- लड़ाई हुगली नदी के तट पर प्लासी में कलकत्ता से लगभग 150 किलोमीटर उत्तर में और पश्चिम बंगाल में मुर्शिदाबाद के दक्षिण में हुई थी।

अतः विकल्प (B) सही है।

69. सरयू नदी:

- सरयू, शारदा नदी की सबसे बड़ी सहायक नदी है।
- सरयू, सुरमूल से निकलती है और पंचेश्वर में महाकाली में मिल जाती है, जो नेपाल की सीमा पर है।
- सरयू उत्तराखंड राज्य के कपकोट, बागेश्वर और सेराघाट शहरों से होकर बहती है।
- उत्तर प्रदेश का प्रसिद्ध शहर अयोध्या सरयू नदी के तट पर स्थित है।

अतः विकल्प (D) सही है।

70. निम्नलिखित बातें ऑस्ट्रेलिया के संविधान से उधार ली गई हैं:

- समवर्ती सूची
- व्यापार की स्वतंत्रता
- वाणिज्य और पारस्परिक व्यवहार
- संसद के दोनों सदनों की संयुक्त बैठक

अतः विकल्प (B) सही है।

71. अवधारणा:

- आवृत्ति तरंगों की संख्या है जो इकाई समय में एक निश्चित बिंदु से गुजरती हैं।
- इसका SI मात्रक हर्ट्ज़ (Hz) है।
- आवृत्ति 20 हर्ट्ज से 20,000 हर्ट्ज के बीच होती है। श्रवण की इस आवृत्ति सीमा को श्रव्य परास के रूप में जाना जाता है और यह मानव कान के प्रति संवेदनशील होती है।
- ध्वनि की आवृत्ति 20,000 हर्ट्ज से अधिक होती है और 20 हर्ट्ज से नीचे की ध्वनि सामान्य मानव कान द्वारा नहीं सुनी जा सकती है।
- 20 kHz से अधिक आवृत्तियों की ध्वनि को पराश्रव्य ध्वनि या पराध्वनि के रूप में जाना जाता है।
- ये ध्वनि आमतौर पर चमगादड़, कुत्ते, बिल्ली आदि द्वारा उत्पन्न होती हैं।

अतः विकल्प (C) सही है।

72. बैंगनी प्रकाश की तरंगदैर्घ्य सबसे कम होती है।

- श्वेत प्रकाश वर्णक्रम में सभी रंगों का एक संयोजन होता है।
- इसमें इंद्रधनुष के सभी रंग पाये जाते हैं।
- प्रकाश में रंगों के क्रम को सबसे छोटी तरंग दैर्ध्य से सबसे लंबी तरंग दैर्ध्य तक व्यवस्थित किया जाता है जिसे प्रकाश का दृश्य वर्णक्रम कहा जाता है।

अतः विकल्प (D) सही है।

73. सर्वोच्च नागरिक पुरस्कार:

- देश के सर्वोच्च नागरिक सम्मान 'भारत रत्न' की स्थापना वर्ष 1954 में की गई थी।
- जाति, व्यवसाय, पद या लिंग के भेद के बिना कोई भी व्यक्ति इन पुरस्कारों के लिए पात्र है।
- भारत रत्न की सिफारिशें स्वयं प्रधानमंत्री द्वारा राष्ट्रपति को की जाती हैं।
- वार्षिक पुरस्कारों की संख्या किसी विशेष वर्ष में अधिकतम तीन तक सीमित है।

अतः विकल्प (D) सही है।

74. वाराणसी, उत्तर प्रदेश में सम्पूर्णानंद संस्कृत विश्वविद्यालय स्थित है।

- सम्पूर्णानंद संस्कृत विश्वविधालय पूर्व में वर्णाश्रय संस्कृत विश्वविद्यालय और शासकीय संस्कृत महाविद्यालय, वाराणसी। यह एक भारतीय विश्वविद्यालय और उच्च शिक्षा का संस्थान है जो वाराणसी, उत्तर प्रदेश, भारत में स्थित है, जो संस्कृत और संबंधित क्षेत्रों के अध्ययन में विशेषज्ञता रखता है।
- 1,200 से अधिक संस्कृत-माध्यम स्कूल और कॉलेज इस विश्वविद्यालय से संबद्ध हैं।

अत: विकल्प (D) सही है।

75. उत्तर प्रदेश एकमात्र भारतीय राज्य है, जिसके पड़ोसी राज्यों की अधिकतम संख्या है।

उत्तर प्रदेश की सीमा नौ राज्यों/केंद्र शासित प्रदेशों से लगती है।

- उत्तर पश्चिम - उत्तराखंड और हिमाचल प्रदेश
- पश्चिम - हरियाणा, दिल्ली और राजस्थान
- दक्षिण - मध्य प्रदेश
- पूर्व - झारखंड, छत्तीसगढ़ और बिहार

उत्तर प्रदेश उत्तर भारत का राज्य है। इसकी राजधानी लखनऊ है। उत्तर प्रदेश के मुख्यमंत्री योगी आदित्य नाथ हैं और राज्यपाल आनंदीबेन पटेल हैं।

अतः विकल्प (D) सही है।

76. दिया गया है,

ABC एक समबाहु त्रिभुज है।

क्षेत्रफल के साथ $= 36\sqrt{3}$

जैसा कि हम जानते हैं,

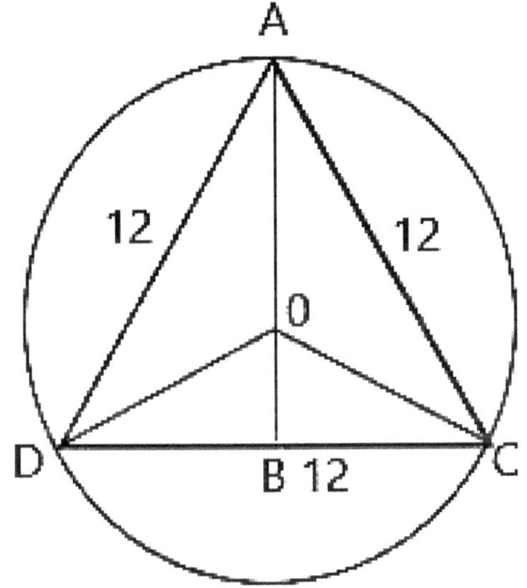

समबाहु त्रिभुज का क्षेत्रफल $= \frac{\sqrt{3}a^2}{4}$

जहां $a =$ त्रिभुज की भुजा

प्रश्नानुसार,

$\frac{\sqrt{3}}{4}a^2 = 36\sqrt{3}$

$a^2 = 36 \times 4$

$a = 12$

समबाहु त्रिभुज की ऊँचाई $= \frac{\sqrt{3}}{2}a$

$= \frac{\sqrt{3}}{2} \times 12$

$= 6\sqrt{3}$

जैसा कि हम जानते हैं,

$= AO : OB = 2 : 1 (O$ केन्द्रक है $)$

$AO + OB = 2n + n$

$6\sqrt{3} = 3n$

$n = 2\sqrt{3}$

वृत्त की त्रिज्या $= AO = 2n$

$= 2 \times 2\sqrt{3}$

$= 4\sqrt{3}$

अतः विकल्प (C) सही है।

77. दिया गया है,

बेलन की त्रिज्या $(r) = 14$ सेमी

बेलन की ऊँचाई $(h) = 14 + 6$ सेमी

$= 20$ सेमी

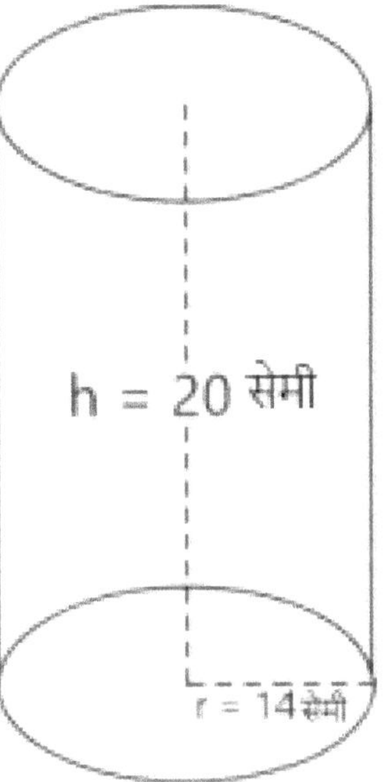

बेलन का आयतन $= \pi r^2 h$

$= \frac{22}{7} \times 14 \times 14 \times 20$

$= 22 \times 2 \times 14 \times 20$

$= 12320$ सेमी ^{3}

अतः विकल्प (D) सही है।

78. दिया गया है,

घनाभ की ऊँचाई $= 20$ सेमी

घनाभ का आयतन $= 4800$ सेमी ^{3}

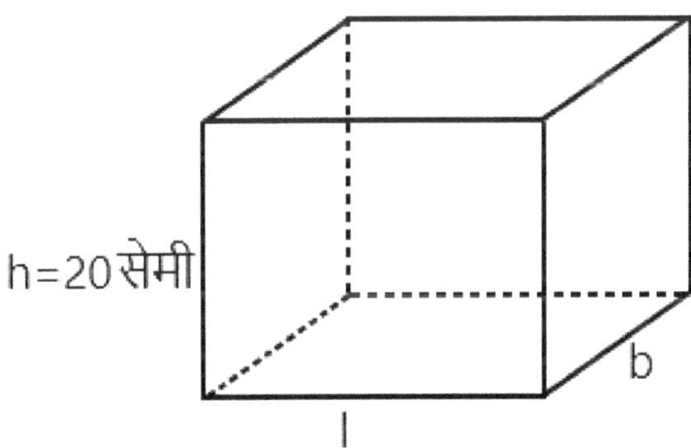

$l \times b \times h = 4800$

$l \times b \times 20 = 4800$

$l \times b = 240$

आधार क्षेत्रफल $= l \times b$

$= 240$ सेमी ^{2}

अतः विकल्प (B) सही है।

79. दिया है:

ΔABC ≅ ΔADC

AB = AD

∠BAC = 50°

ΔABC और ΔADC में, (सर्वांसमता के भुजा-कोण-भुजा नियम से)

AB = AD

BC = CD

⇒ ∠BAC = ∠CAD = 50°(सर्वांगसम त्रिभुज के संगत भाग)

Δ ACD में , ∠CAD + ∠ACD + ∠ADC = 180°

∠ADC = 180 - 50 - 90 = 40°

∴ ∠ADC = 40°

अतः विकल्प (A) सही है।

80. दिया गया है:

दो धनात्मक संख्याओं का योग 240 है और उनका महत्तम समापवर्तक 15 है।

अब,

मान लीजिए दो धनात्मक संख्याएँ $15x$ और $15y$ हैं। जहाँ x और y को अभाज्य होना चाहिए अर्थात x और y का महत्तम समापवर्तक 1 होना चाहिए।

प्रश्न के अनुसार:

संख्या का योग इस प्रकार है,

$$15x + 15y = 240$$

$$\Rightarrow x + y = 16$$

अब, हमें उन जोड़ियों की संख्या ज्ञात करनी है जिनमें दो संख्याओं का योग 16 है लेकिन उनके बीच कोई भी समापवर्त्य नहीं है, ऐसे जोड़े हैं,

$$\Rightarrow (1,15)(3,13)(5,11)(7,9)$$

∴ कुल संभावित जोड़े 4 हैं।

अतः विकल्प (C) सही है।

81. दिया है:

म.स.प. = 24

ल.स.प. = 168

संख्याओं का अनुपात = 1 : 7

जैसा कि हम जानते हैं,

संख्याओं का गुणनफल = ल.स.प. × म.स.प.

माना कि संख्याएं x और 7x हैं।

x × 7x = 24 × 168

⇒ x^2 = 24 × 24

⇒ x = 24

∴ बड़ी संख्या = 7x = 24 × 7 = 168

अत: विकल्प (A) राही है।

82. 1000 और $10,000$ के बीच आने वाली प्रत्येक संख्या $4 -$ अंकों की संख्या है। इसलिए, हमें एक समय में $5 -$ अंकों $1,2,3,4$ और 5 का क्रमचय ज्ञात जिनमें से हमें चार को ही प्रयोग करना है।

इसलिए, अंको की संख्या:

$$^5P_4 = \frac{5!}{(5-4)!}$$

$$= \frac{5!}{1!}$$

$$= 5 \times 4 \times 3 \times 2$$

$$= 120$$

अतः विकल्प (A) सही है।

83. जैसा कि हम जानते हैं,

परिभाषा से,

$$^nP_r = \frac{n!}{(n-r)!}$$

$n!$ को निम्न रूप में परिभाषित किया गया है:

$$n! = 1 \times 2 \times 3 \times ... \times n$$

$$0! = 1$$

हमारे पास $^nP_2 = 30$ है।

$$\Rightarrow \frac{n!}{(n-2)!} = 30$$

$$\Rightarrow \frac{n(n-1)(n-2)!}{(n-2)!} = 30$$

$$\Rightarrow n(n-1) = 30$$

$$\Rightarrow n^2 - n - 30 = 0$$

$$\Rightarrow n^2 - 6n + 5n - 30 = 0$$

$$\Rightarrow n(n-6) + 5(n-6) = 0$$

$$\Rightarrow (n+5)(n-6) = 0$$

$\Rightarrow n + 5 = 0$ या $n - 6 = 0$

$\Rightarrow n = -5$ या $n = 6$

चूँकि n को धनात्मक पूर्ण संख्या होना चाहिए, इसलिए $n = 6$ सही उत्तर है।

अत: विकल्प (D) सही है।

84. यदि $ax^2 + bx + c = 0$ द्विघात समीकरण है, तो ....(1)

मूलों का योग $(\alpha + \beta) = \frac{-b}{a}$

और मूलों का गुणनफल $(\alpha \times \beta) = \frac{c}{a}$

दिया हुआ समीकरण $x^2 - ax + 1 = 0$, समीकरण (1) से तुलना करने पर हमें $a = 1, b = (-a)$ और $c = 1$ मिलता है।

माना $\alpha = (2 + i)$ तब $\beta = (2 - i)$

तब मूलों का योग $(\alpha+\beta)=\frac{-b}{a}$

$\Rightarrow (2+i)+(2-i)=a$

$\Rightarrow 4=a$

$\Rightarrow a=4$

अत: विकल्प (B) सही है।

85. पहली टोकरी को चुनने की प्रायिकता $=\frac{1}{2}$

$\therefore$ पहली टोकरी से नीली गेंदों को चुनने की प्रायिकता $=\frac{1}{2}\times\frac{11}{14}=\frac{11}{28}$

दूसरी टोकरी को चुनने की प्रायिकता $=\frac{1}{2}$

$\therefore$ दूसरी टोकरी से नीली गेंदों को चुनने की प्रायिकता $=\frac{1}{2}\times\frac{5}{14}=\frac{5}{28}$

$\therefore$ नीली गेंद निकाले जाने की प्रायिकता $=\frac{11}{28}+\frac{5}{28}$

$=\frac{16}{28}=\frac{4}{7}$

अतः विकल्प (D) सही है।

86. यदि A एक वर्ग मैट्रिक्स है, और A' इसके स्थानान्तरण का प्रतिनिधित्व करता है, तो,

$A+A$ सममित है और $A-A'$ 'तिरछा सममित है।

इसलिए, मैट्रिक्स A को इस प्रकार लिखा जा सकता है,

$A=\left(\frac{A+A^{'}}{2}\right)+\left(\frac{A-A^{'}}{2}\right)$

उपरोक्त सभी मैट्रिक्स में,

$A-A^{'}$ सममित नहीं है।

अतः विकल्प (D) सही है।

87. हम जानते हैं कि, समांतर श्रेणी श्रृंखला के लिए,

n पदों का योग $=\frac{n}{2}$(पहला पद + nवां पद)

दिया गया है, दी गयी श्रृंखला का n^{th} वां पद $a_n=5n+1$ है।

$n=1$ रखने पर, हमें निम्न प्राप्त होता है

$a_1=5(1)+1=6$

हम जानते हैं कि

n पदों का योग $=\frac{n}{2}$(पहला पद + nवां पद)

$\Rightarrow n$ पदों का योग $=\frac{n}{2}(6+5n+1)$

$\Rightarrow n$ पदों का योग $=\frac{n}{2}(7+5n)$

अतः विकल्प (C) सही है।

88. संकल्पना:

यदि a, b, c समांतर श्रेणी में हैं तो 2b = a + c है।

दिया गया है:

n - 3, 4n - 2, 5n + 1 समांतर श्रेणी में हैं।

इसलिए, 2 × (4n - 2) = (n - 3) + (5n + 1)

⇒ 8n - 4 = 6n - 2

⇒ 2n = 2

∴ n = 1

अतः विकल्प (A) सही है।

89. दिया गया है:

एक समलंब चतुर्भुज का क्षेत्रफल 140 वर्ग सेमी है और इसकी समान्तर भुजाओं के बीच लंबवत दूरी 7 सेमी है।

प्रयुक्त अवधारणा:

समलम्ब चतुर्भुज का क्षेत्रफल $=\frac{(A+B)}{2}\times H$

जहाँ A और B समान्तर भुजाओं की लंबाई हैं और H उन समान्तर भुजाओं के बीच की लंबवत दूरी है।

माना कि दूसरी समान्तर भुजा की लम्बाई Q सेमी है।

प्रश्नानुसार,

$\frac{(Q+28)}{2}\times 7=140$

$\Rightarrow \frac{(Q+28)}{2}=\frac{140}{7}$

$\Rightarrow \frac{(Q+28)}{2}=20$

$\Rightarrow (Q+28)=40$

$\Rightarrow Q=40-28$

$\Rightarrow Q=12$

$\therefore$ दूसरी समान्तर भुजा की लंबाई 12 सेमी है।

अतः विकल्प (A) सही है।

90. दिया गया है:

एक समलम्ब का क्षेत्रफल 330 सेमी ^{2} है, जिसकी समानांतर भुजाएँ 25 सेमी और 19 सेमी लंबी हैं।

प्रयुक्त अवधारणा:

समलम्ब का क्षेत्रफल = समांतर भुजाओं की लंबाई का योग/ $2\times$ समानांतर पक्षों के बीच की दूरी (ऊंचाई)

माना, समांतर भुजाओं के बीच की दूरी अर्थात् ऊँचाई H है।

प्रश्नानुसार,

$\frac{(25+19)}{2}\times H=330$

$\Rightarrow H=15$

$\therefore$ भुजाओं के बीच की दूरी 15 सेमी है।

अतः विकल्प (D) सही है।

91. दिया गया है:

सात क्रमागत संख्याओं का औसत 49 है।

प्रयुक्त अवधारणा:

कुल = औसत × तत्वों की संख्या

मान लीजिए कि सात क्रमागत संख्याएँ $N, (N+1), (N+2), \ldots, (N+6)$ हैं।

प्रश्नानुसार,

$N + (N+1) + (N+2) + \cdots. + (N+6) = 49 \times 7$

$\Rightarrow 7N + (1 + 2 + \cdots. + 6) = 343$

$\Rightarrow 7N + 21 = 343$

$\Rightarrow N = \frac{(343-21)}{7}$

$\Rightarrow N = 46$

अब, सबसे बड़ी संख्या $= 46 + 6 = 52$

∴ इनमें से सबसे बड़ी संख्या 52 है।

अतः विकल्प (A) सही है।

92. दिया गया है:

बिंदु (6,4) और (8,19) हैं।

प्रयुक्त सूत्र:

दो बिंदुओं $P(x_1, y_1)$ और $Q(x_2, y_2)$ के बीच की दूरी निम्न द्वारा दी गई है:

$PQ = \sqrt{\{(x_2 - x_1)^2 + (y_2 - y_1)^2\}}$

यहाँ $(x_1 = 6, y_1 = 4)$ और $(x_2 = 8, y_2 = 19)$

सूत्र के अनुसार,

दूरी $= \sqrt{\{(8-6)^2 + (19-4)^2\}}$

$= \sqrt{\{(2)^2 + (15)^2\}}$

$= \sqrt{\{4 + 225\}}$

$= \sqrt{229}$

∴ दो बिंदुओं के बीच की दूरी $\sqrt{229}$ है।

अतः विकल्प (B) सही है।

93. दिया गया है:

वक्र 5x + 6y - 30, एक रैखिक समीकरण है।

अवधारणा:

अंतःखंड अक्ष पर एक रेखा द्वारा छायांकित भाग होता है

या जहाँ रेखा अक्ष को काटती है।

इसलिए, माना रेखा x-अक्ष को बिंदु (a,0) पर काटती है, याद रखिये कि संपूर्ण x-अक्ष पर y हमेशा शून्य रहेगा।

समीकरण को शून्य के बराबर रखिए,

⇒ 5x + 6y - 30 = 0

⇒ 5x + 6y = 30

x-अंतःखंड के लिए, समीकरण में y = 0 रखिए,

⇒ 5x = 30

⇒ x = 6

∴ समीकरण का x-अंतःखंड = 6

अतः विकल्प (D) सही है।

94. दिया गया है,

$100x^2 - 20x + 1 = 0$

$\Rightarrow 100x^2 - 10x - 10x + 1 = 0$

$\Rightarrow 10x(10x - 1) - 1(10x - 1) = 0$

$\Rightarrow (10x - 1)^2 = 0$

$\therefore (10x - 1) = 0$ या $(10x - 1) = 0$

$\Rightarrow x = \frac{1}{10}$ या $x = \frac{1}{10}$

अतः विकल्प (C) सही है।

95. स्पष्ट रूप से, 52 कार्ड हैं, जिनमें से 12 फेस कार्ड 4 गुलाम, 4 बेगम और 4 बादशाह हैं।

∴ P (को एक फेस कार्ड मिल रहा है) $= \frac{12}{52} = \frac{3}{13}$

अतः विकल्प (A) सही है।

96. गेंदों की कुल संख्या $n(S) = (6 + 8) = 14$

सफेद गेंदों की संख्या $n(A) = 8$

P (सफेद गेंद निकालने की प्रायिकता) = सफेद गेंदों की संख्या/गेंदों की कुल संख्या

$= \frac{n(A)}{n(S)} = \frac{8}{14} = \frac{4}{7}$

अतः विकल्प (B) सही है।

97. दिया है:

पहला पद 7 और 15 वां पद 35 है

प्रयोग किया गया सूत्र:

समानांतर श्रेणी में, $n^{वां}$ पद $= a + (n-1)d$, जहां a = पहला पद और d = उभयनिष्ठ अंतर

पहले n पदों का योग $= \frac{n}{2} \times [2a + (n-1)d]$

$a = 7$

$15^{वाँ}$ पद $= a + 14d = 35$

$\Rightarrow 7 + 14d = 35$

$\Rightarrow 14d = 28$

$\Rightarrow d = 2$

$\therefore$ पहले 10 पदों का योग $= \frac{10}{2} \times [2a + 9\,d]$

$= 5 \times [14 + 18]$

$= 160$

अतः विकल्प (A) सही है।

98. दिया गया है,

एक मीनार के पाद बिंदु से दो बिन्दु 18 मीटर और 32 मीटर है।

प्रयुक्त सूत्र:

$\tan\theta =$ लंब/आधार

$\cot\theta = \frac{1}{\tan\theta}$

प्रश्नानुसार,

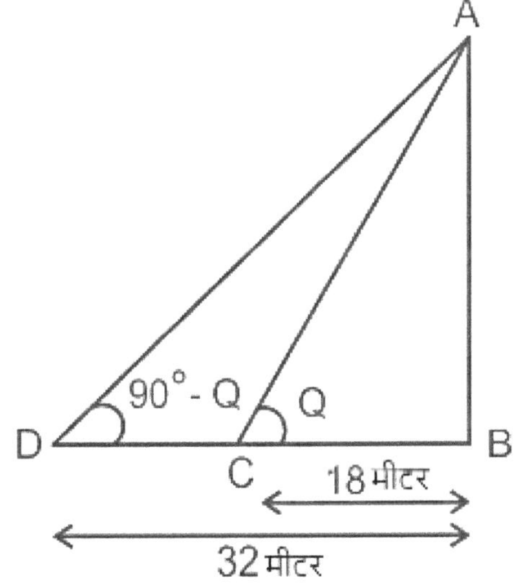

$\triangle ABC$ में,

$\tan Q = \frac{AB}{BC}$

$\Rightarrow \tan Q = \frac{AB}{18}$ .... (1)

$\triangle ADB$ में,

$\Rightarrow \tan(90 - Q) = \frac{AB}{DB}$

$\Rightarrow \cot Q = \frac{AB}{32}$

$\Rightarrow \frac{1}{\cot Q} = \frac{32}{AB}$

$\Rightarrow \tan Q = \frac{32}{AB}$ .... (2)

समीकरण (1) को समीकरण (2) में रखने पर, हमें प्राप्त होता है

$\Rightarrow \frac{AB}{18} = \frac{32}{AB}$

$\Rightarrow AB^2 = 32 \times 18$

$\Rightarrow AB = 24$ मीटर

$\therefore$ मीनार की ऊंचाई 24 मीटर है।

अतः विकल्प (C) सही है।

99. दिया गया है:

$AB = AC$ के साथ एक समद्विबाहु त्रिभुज ABC का क्षेत्रफल

ऊंचाई $AD = 3$ सेमी $= 12$ सेमी ^{2}

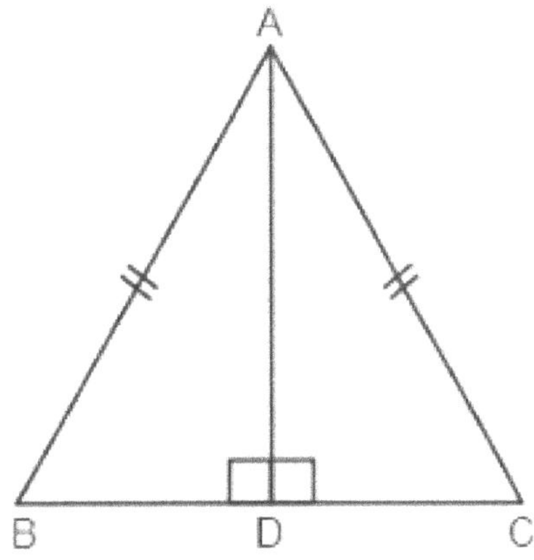

त्रिभुज का क्षेत्रफल $ABC = 12$ सेमी ^{2}

$\Rightarrow \frac{1}{2} \times$ आधार $\times 3 = 12$ सेमी ^{2}

$\Rightarrow\ = 8$ सेमी $= b$

चूँकि, समद्विबाहु त्रिभुज की ऊँचाई शीर्ष के कोण और आधार को समद्विभाजित करती है।

$\Rightarrow BD = CD =$ आधार $/2 = 4$ सेमी

समकोण त्रिभुज ABD में,

$AB^2 = AD^2 + BD^2$

$\Rightarrow a^2 = (3^2 + 4^2)$

$\Rightarrow a^2 = (9 + 16)$

$\Rightarrow a^2 = 25$ सेमी ^{2}

$\Rightarrow a = 5$ सेमी

अब, समद्विबाहु त्रिभुज का परिमाप $= 2a + b$

$\Rightarrow (2 \times 5 + 8)$ सेमी

$\Rightarrow 18$ सेमी

$\therefore$ परिमाप 18 सेमी है।

अतः विकल्प (A) सही है।

100. दिया है:

संख्या $= 2 \times 10^6$

गणना:

$10^6 = (10^2)^3$

$= 100^3$

प्रश्नानुसार,

अभीष्ट संख्या $= 2 \times 100^3 \times \frac{12}{100} \times \frac{4}{100} \times \frac{7}{100}$

$2 \times 100 \times 100 \times 100 \times \frac{12}{100} \times \frac{4}{100} \times \frac{7}{100}$

$2 \times 12 \times 4 \times 7 = 672$

$\therefore$ अभीष्ट संख्या 672 है।

अत: विकल्प (C) सही है।

अनुभागीय टेस्ट 01

Q.1 'वह पटना गया होगा।' वाक्य में कौन-सा काल है?
A. संदिग्ध वर्तमान काल
B. पूर्ण वर्तमान काल
C. संभाव्य वर्तमान काल
D. तात्कालिक वर्तमान काल

Q.2 निम्न में से किस शब्द में दो उपसर्ग हैं?
A. अनियंत्रित **B.** अलबत्ता **C.** अछूता **D.** अधकचरा

Q.3 '**रुग्ण**' का विलोम क्या होगा?
A. रक **B.** मठ **C.** प्रकट **D.** नीरोग

Q.4 '**आध्यात्मिक**' शब्द का विलोम क्या होगा?
A. गमन **B.** बाहूय
C. अस्त **D.** आधिभौतिक

Q.5 निम्नलिखित में से अशुद्ध शब्द का चयन कीजिए।
A. कार्यालय **B.** सुचना **C.** नीलामी **D.** हेतु

Q.6 निम्नलिखित में से शुद्ध शब्द का चयन कीजिए।
A. आदर्श **B.** आर्दश **C.** आदरस **D.** आदर्शा

Q.7 निम्नलिखित में से 'नौ दिन चले अढ़ाई कोस' मुहावरे का अर्थ क्या है?
A. बहुत कष्ट होना
B. गलती करने पर भी उसे स्वीकार न करना
C. अधिक उधार से कम नकद अच्छा है
D. धीमी गति से कार्य करना

Q.8 'सीधी उँगली से घी नहीं निकलता' लोकोक्ति का भावार्थ है।
[Rajasthan Police Sub Inspector, 2016]
A. उँगली टेढ़ी करके घी निकालना चाहिए
B. कभी उँगली से घी नहीं निकालना चाहिए
C. बहुत सीधा होने से काम नहीं चलता
D. घी हमेशा चम्मच से ही निकलना चाहिए

Q.9 निम्नलिखित में से जीभ के मध्य भाग से निकलने वाला स्वर वर्ण कौन सा है?
A. ई **B.** ऊ **C.** आ **D.** अ

Q.10 इनमें से समोच्चरित भिन्नार्थक शब्द 'शोभा-आँगन में' के अर्थ है:
A. बहार-बाहर **B.** कृति-कृती
C. चर्म-चरम **D.** बुरा-बूरा

Q.11 'सूक्ति' का सही संधि-विच्छेद है:
[UPSSSC Junior Assistant, 2020]
A. सु + उक्ति **B.** सू + उक्ति **C.** सूक्त + इ **D.** सू + क्ति

Q.12 'नरेश' का सही संधि-विच्छेद है:
[UPSSSC Junior Assistant, 2020]
A. नर + एश **B.** नरे + श **C.** न + रेश **D.** नर + ईश

Q.13 'अनजाने' का समास-विग्रह क्या होगा?
A. जिसको जाना गया **B.** जाना जाने वाला
C. जाने बिना **D.** जो जाना चाहे

Q.14 निम्न में से कौनसा **बहुव्रीहि समास** का उदाहरण है?
A. मृगनयनी **B.** दाल-चावल
C. यथासंभव **D.** दुअन्नी

Ques (15-17):निर्देश: नीचे दिए गए गद्यांश को ध्यानपूर्वक पढ़िए और उस पर आधारित प्रश्न का उत्तर दीजिए।

सम्पूर्ण प्रकृति परोपकार पर ही आधारित है, सूर्य हमें प्रकाश देता है और बदले में कुछ नहीं माँगता। चाँद हमें शीतल चाँदनी देता है और बदले में कुछ नहीं माँगता। पृथ्वी माता के समान हमारा पालन-पोषण करती है और बदले में कुछ नहीं माँगती। वृक्ष जग को मीठे फल खिलाता है और बदले में कुछ नहीं माँगता। नदियाँ हमें शीतल जल प्रदान करती हैं और बदले में हमसे कुछ नहीं माँगतीं। इसी प्रकार मानव जीवन की भी सार्थकता केवल इसी में है कि वह परोपकार के लिए जिए। परोपकार की बलिवेदी पर सर्वस्व न्यौछावर कर देना ही भारतीय संस्कृति रही है। इस संबंध में महर्षि दधीचि और राजा शिवि की कहानी उल्लेखनीय है। महर्षि दधीचि ने देवताओं के कल्याण के लिए अपनी हड्डियाँ तक दान में दे डाली और राजा शिवि ने एक कबूतर की जान बचाने के लिए अपना सम्पूर्ण अंग काटकर दान में दे दिया। महात्मा बुद्ध एक राजा के पुत्र थे फिर भी संसार के लोगों के दुःख निवारण हेतु उन्होंने राजवैभव को त्यागकर जंगल की राह ली।

Q.15 मानव जीवन की भी सार्थकता केवल इसी में है कि वह ____ जिए।
A. अपने लिए **B.** अपने यश के लिए
C. परोपकार के लिए **D.** अपने लाभ के लिए

Q.16 कैसे कह सकते हैं कि सम्पूर्ण प्रकृति परोपकार पर ही आधारित है?
A. सूर्य हमें प्रकाश देता है और बदले में कुछ नहीं माँगता
B. चाँद हमें शीतल चाँदनी देता है और बदले में कुछ नहीं माँगता
C. पृथ्वी माता के समान हमारा पालन-पोषण करती है और बदले में कुछ नहीं माँगती
D. उपरोक्त सभी

Q.17 वृक्ष को परोपकारी कहना क्यों उचित है?
A. वृक्ष छाया देता है
B. वृक्ष फल देता है
C. वृक्ष जग को मीठे फल खिलाता है और बदले में कुछ नहीं माँगता
D. वृक्ष लकड़ी देता है

Q.18 "सरसिज" शब्द का पर्यायवाची शब्द निम्नलिखित में से कौन सा है?
A. नौकर **B.** नलिन **C.** आदेश **D.** दृग

Q.19 "सिंह" शब्द का पर्यायवाची शब्द निम्नलिखित में से कौन सा है?
A. सारंग **B.** इंद्र
C. यातुधान **D.** इनमें से कोई नहीं

Q.20 'आलोचना करने वाला' वाक्यांश के लिए एक शब्द है।
A. आलोच्य **B.** आलोचक **C.** आलोचना **D.** समीक्षा

Q.21 'एक बार कही बात को दुहराते रहना' वाक्यांश के लिये एक शब्द है।
A. आगार **B.** प्राक्कथन **C.** पिष्टपेषण **D.** प्रस्तावना

Q.22 "मंदिर में जाने के बाद मन को शांति मिली है।" दिए गए वाक्य का काल पहचानिए।
A. सामान्य भूतकाल **B.** पूर्ण वर्तमानकाल
C. अपूर्ण भूतकाल **D.** सामान्य वर्तमानकाल

Q.23 निम्नलिखित काव्य पंक्ति में कौन-सा रस है?

बरतस लालच लाल की मुरली धरी लुकाय, सौंह करें, भौंहनि हँसे, देन कहे नटि जाए।

A. श्रृंगार रस
B. वीर रस
C. हास्य रस
D. भयानक रस

Ques (24-25):निर्देश: वाक्य में रेखांकित शब्द का उचित व्याकरणिक परिचय छाँटिए।

Q.24 मुंशी <u>प्रेमचंद</u> ने गोदान के रचना की।

A. जातिवाचक संज्ञा, एकवचन, पुल्लिंग, कर्ता कारक
B. व्यक्तिवाचक संज्ञा, एकवचन, पुल्लिंग, कर्म कारक
C. व्यक्तिवाचक संज्ञा, एकवचन, पुल्लिंग, कर्ता कारक
D. जातिवाचक संज्ञा, एकवचन, पुल्लिंग, कर्म कारक

Q.25 रेखा <u>नित्य</u> दौड़ने जाती है।

A. गुणवाचक विशेषण, एकवचन, पुल्लिंग, 'दौड़ने जाता है' क्रिया की विशेषता
B. रीतिवाचक क्रिया विशेषण, एकवचन, पुल्लिंग, 'दौड़ने जाता है' क्रिया की विशेषता
C. अव्यय, स्थानवाचक क्रिया विशेषण, 'दौड़ने जाती है' क्रिया की विशेषता
D. अव्यय, कालवाचक क्रिया विशेषण, 'दौड़ने जाती है' क्रिया की विशेषता

// स्मार्ट उत्तर पुस्तिका //

सही उत्तर — उन छात्रों के प्रतिशत को इंगित करता है जिन्होंने प्रश्नों का सही उत्तर दिया था।

छोड़ दिया — उन छात्रों के प्रतिशत को इंगित करता है जिन्होंने प्रश्नों को छोड़ दिया था।

प्रश्न संख्या	उत्तर	सही उत्तर	छोड़ दिया
1	C	66.92 %	1.19 %
2	A	50.67 %	1.1 %
3	D	89.72 %	0.0 %
4	D	41.13 %	1.71 %
5	B	41.45 %	1.48 %
6	A	82.09 %	0.0 %
7	D	61.58 %	1.7 %
8	C	79.1 %	0.0 %
9	D	69.86 %	1.6 %
10	A	50.46 %	1.71 %
11	A	43.9 %	1.39 %
12	D	78.39 %	0.0 %
13	C	86.15 %	0.0 %
14	A	89.69 %	0.0 %
15	C	66.69 %	1.89 %
16	D	59.98 %	1.2 %
17	C	58.31 %	1.6 %
18	B	48.62 %	1.75 %
19	A	41.02 %	1.62 %
20	B	56.07 %	1.44 %
21	C	50.11 %	1.61 %
22	B	44.47 %	1.87 %
23	A	59.5 %	1.08 %
24	C	57.5 %	1.3 %
25	D	63.51 %	1.94 %

कार्य विश्लेषण	
औसत अंक (%)	40.0%
टॉपर्स स्कोर (%)	56.0%
आपका स्कोर	

//संकेत और समाधान//

1. 'वह पटना गया होगा।' वाक्य में 'संभाव्य वर्तमान काल' है क्योंकि इस वाक्य में वर्तमान काल में ही कार्य के होने की संभावना दर्शायी गयी है। अन्य विकल्प असंगत हैं। इसलिए सही विकल्प **'संभाव्य वर्तमान काल'** है।

अतः विकल्प (C) सही है।

2. अनियंत्रित = 'अ' + 'नि' + 'यंत्रित '

'अ' उपसर्ग से बनने वाले अन्य शब्द - अथाह, अटल आदि।

'अ' का अर्थ – अभाव, निषेध

'नि' उपसर्ग से बनने वाले अन्य शब्द - निकम्मा, निखरा आदि।

'नि' का अर्थ – अभाव, विशेष

ऐसे शब्दांश जो किसी शब्द के पूर्व जुड़कर उसके अर्थ में परिवर्तन कर देते हैं उसे उपसर्ग कहते है।

अत: विकल्प (A) सही है।

3. उपर्युक्त विकल्पों में से विकल्प (D) 'नीरोग' इसका सही उत्तर है। अन्य विकल्प इसके सही उत्तर नहीं हैं।

रुग्ण का अर्थ – बीमार

नीरोग का अर्थ – स्वस्थ

अतः विकल्प (D) सही है।

4. उपर्युक्त विकल्पों में से विकल्प (D) 'आधिभौतिक' इसका सही उत्तर है। अन्य विकल्प इसके सही उत्तर नहीं हैं।

आध्यात्मिक का अर्थ – परमात्मा और आत्मा से संबंध रखनेवाला।

आधिभौतिक का अर्थ – पंचभूतों से संबंधित या उनसे उत्पन्न

अतः विकल्प (D) सही है।

5. सुचना अशुद्ध शब्द है।

शुद्ध शब्द: सूचना

'सूचना' पद का अर्थ किसी को कोई जरूरी बात बताना, कहना, समाचार सुनाना

दिनांक और स्थान के साथ भविष्य में होने वाले कार्यक्रमों आदि के विषय में दी गई लिखित जानकारी 'सूचना' कहलाती है।

अतः विकल्प (B) सही है।

6. आदर्श शुद्ध शब्द है।

आदर्श के हिंदी अर्थ: प्रेरणास्रोत, नमूना, मिसाल

उदाहरण: वह नौकरी के लिए एक आदर्श उम्मीदवार हैं।

अतः विकल्प (A) सही है।

7. 'नौ दिन चले अढ़ाई कोस' मुहावरे का अर्थ 'धीमी गति से कार्य करना' होता है।

धीमी या मंद गति से जब कोई कार्य किया जाता है तब इसे "नौ दिन चले अढाई कोस" कहा जाता है।

वाक्य प्रयोग- प्रकाश तुमने कैसे आदमी को काम दिया है अभी नौ दिन हो गए और मकान की नींव ही भर पाई है यह तो वही बात हुई नौ दिन चले अढ़ाई कोस।

अत: विकल्प (D) सही है।

8. 'सीधी उँगली से घी नहीं निकलता' लोकोक्ति का भावार्थ 'बहुत सीधा होने से काम नहीं चलता' है।

लोकोक्ति का वाक्य प्रयोग – हमने राजी – वाजी से काम निकालना चाहा, पर ठीक ही कहते हैं – 'सीधी ऊँगली से घी नहीं निकलता'।

अतः विकल्प (C) सही है।

9. 'अ' स्वर का उच्चारण जीभ के मध्य भाग से किया जाता है। जीभ के उपयोग के आधार पर स्वर तीन प्रकार से उच्चारित होते हैं:

अग्र स्वर – इसके उच्चारण में जीभ का अगला भाग कार्य करता है। जैसे- इ, ई, ए, ऐ।

मध्य स्वर – जिनके उच्चारण में जीभ का मध्य वाला भाग कार्य करता है। जैसे- अ।

पश्च स्वर – जिनके उच्चारण में जीभ का पिछला भाग कार्य करता है। जैसे- आ, उ, ऊ, ओ, औ।

अतः विकल्प (D) सही है।

10. 'शोभा-आँगन में' के अर्थ 'बहार-बाहर' है।

अन्य विकल्प:

शब्द	अर्थ
कृति-कृती	रचना-पुण्यात्मा
चर्म-चरम	चमड़ा-अत्यधिक
बुरा-बूरा	खराब-शक्कर

अतः विकल्प (A) सही है।

11. 'सूक्ति' का सही संधि-विच्छेद 'सु + उक्ति (उ + उ = ऊ)' है।

सूक्ति दीर्घ संधि का उदाहरण है।

दीर्घ संधि: ह्रस्व या दीर्घ अ, इ, उ के बाद यदि ह्रस्व या दीर्घ अ, इ, उ, आ जाए तो दोनों मिलकर दीर्घ आ, ई और ऊ हो जाते हैं।

अतः विकल्प (A) सही है।

12. 'नरेश' का सही संधि-विच्छेद 'नर + ईश' (अ + ई = ए) है।

नरेश गुण संधि का उदाहरण है।

गुण संधि: जब संधि करते समय (अ, आ) के साथ (इ, ई) हो तो तो 'ए' बनता है, जब (अ, आ) के साथ (उ, ऊ) हो तो 'ओ' बनता है, जब (अ, आ) के साथ (ऋ) हो तो 'अर्' बनता है तो यह गुण संधि कहलाती है।

अतः विकल्प (D) सही है।

13. 'अनजाने' का समास-विग्रह- 'जाने बिना' होगा।

इसमें अव्ययीभाव समास है।

जिस समास में पहला पद प्रधान हो और समस्त शब्द अव्यय का काम करे। वह अव्ययीभाव समास कहलाता है।

अतः विकल्प (C) सही है।

14. मृगनयनी शब्द बहुव्रीहि समास का उदाहरण है। अन्य विकल्प असंगत है। इसलिए, सही उत्तर विकल्प (A) मृगनयनी होगा।

अन्य विकल्प:-

- दाल-चावल - दाल और चावल
- यथासंभव -जहाँ तक संभव हो सके
- दुअन्नी - दो आनों का समाहार

अतः विकल्प (A) सही है।

15. मानव जीवन की भी सार्थकता केवल इसी में है कि वह परोपकार के लिए जिए।

गद्यांश के अनुसार, "इसी प्रकार मानव जीवन की भी सार्थकता केवल इसी में है कि वह परोपकार के लिए जिए।"

अत: विकल्प (C) सही है।

16. गद्यांश के अनुसार, "सूर्य हमें प्रकाश देता है और बदले में कुछ नहीं माँगता। चाँद हमें शीतल चाँदनी देता है और बदले में कुछ नहीं माँगता। पृथ्वी माता के समान हमारा पालन-पोषण करती है और बदले में कुछ नहीं माँगती। वृक्ष जग को मीठे फल खिलाता है और बदले में कुछ नहीं माँगता। नदियाँ हमें शीतल जल प्रदान करती हैं और बदले में हमसे कुछ नहीं माँगतीं।"

इसलिए, हम यह कह सकते हैं कि सम्पूर्ण प्रकृति परोपकार पर ही आधारित है।

अत: विकल्प (D) सही है।

17. वृक्ष को परोपकारी कहना उचित है क्योंकि वृक्ष जग को मीठे फल खिलाता है और बदले में कुछ नहीं माँगता है।

गद्यांश के अनुसार, "वृक्ष जग को मीठे फल खिलाता है और बदले में कुछ नहीं माँगता।"

अत: विकल्प (C) सही है।

18. सरसिज शब्द का पर्यायवाची नलिन है।

इसके अन्य पर्यायवाची जलज, पंकज आदि है।

सरसिज का अर्थ: तालाब में पाया जाने वाला, कमल।

अतः विकल्प (B) सही है।

19. 'सिंह' का पर्यायवाची शब्द 'सारंग' है।

'सिंह' के अन्य पर्यायवाची शब्द हैं - मृगराज, शेर, वनराज, शार्दूल, केसरी, केहरी, केशी, पशुराज आदि।

पर्यायवाची: जो विभिन्न शब्द एक ही अर्थ का बोध कराएं, उन्हें पर्यायवाची शब्द कहते हैं। सामान्य भाषा में इनको समानार्थक शब्द भी कहते हैं।

उदाहरण: अक्षर- वर्ण, हर्फ़, आज्ञा- आदेश, हुक्म, निर्देश

अतः विकल्प (A) सही है।

20. आलोचना करने वाला आलोचक कहलाता है।

वाक्यांश- भाषा को सुंदर, आकर्षक और प्रभावशाली बनाने के लिए अनेक शब्दों के स्थान पर एक शब्द का प्रयोग किया जाता है तो वह वाक्यांश के लिए एक शब्द कहलाता है।

अतः विकल्प (B) सही है।

21. 'एक बार कही बात को दुहराते रहना' वाक्यांश के लिए एक शब्द- 'पिष्टपेषण' है।

वाक्यांश: भाषा को सुंदर, आकर्षक और प्रभावशाली बनाने के लिए अनेक शब्दों के स्थान पर एक शब्द का प्रयोग किया जाता है तो वह वाक्यांश के लिए एक शब्द कहलाता है।

अतः विकल्प (C) सही है।

22. "मंदिर में जाने के बाद मन को शांति मिली है।" इस वाक्य का काल 'पूर्ण वर्तमान काल' है।

क्रिया के जिस रूप से, वर्तमान काल में क्रिया के व्यापार के पूर्ण होने का बोध हो, उसे 'पूर्ण वर्तमान काल' कहते हैं।

अतः विकल्प (B) सही है।

23. दी गई काव्य पंक्ति में शृंगार रस के भाव-अनुभावों का मनोहारी चित्रण हुआ है। अत: यह 'संयोग शृंगार' का उदाहरण है।

जहां काव्य में 'रति' नामक स्थायी भाव, विभाव, अनुभाव और संचारी भावों से पुष्ट होकर रस में परिणत होता है वहां शृंगार रस होता है।

शृंगार रस: इस रस में नायक – नायिका के मिलन की स्थिति का वर्णन होता आई। इसके दो भेद हैं- संयोग और वियोग

उदाहरण:

- भूषण वसन विलोकत सीय के प्रेम विवस मन कंप, पुलक तनु नीरज नीर भाए पिय के। (वियोग)
- बरतस लालच लाल की मुरली धरी लुकाय, सौंह करें, भौंहनि हँसे, देन कहे नटि जाए। (संयोग)

अतः विकल्प (A) सही है।

24. कर्ता कारक संज्ञा या सर्वनाम के जिस रूप से क्रिया करने वाले का बोध होता है, उसे कर्ता कारक कहते हैं। सरल शब्दों में "क्रिया करने वाले को कर्ता कहते हैं।" राम पुस्तक पढ़ता है।

यहाँ **प्रेमचंद** काम को करने वाला है इसीलिए कर्ता कारक है।

जिन शब्दों से किसी विशेष व्यक्ति, स्थान अथवा वस्तु के नाम का बोध हो, उसे व्यक्तिवाचक संज्ञा कहते हैं। यथा- जयपुर, दिल्ली, भारत, रामायण, अमेरिका, राम इत्यादि।

अर्थात **प्रेमचंद** व्यक्तिवाचक संज्ञा है।

शब्द के जिस रूप से एक ही वस्तु का बोध हो, उसे एकवचन कहते हैं। जैसे- लड़का, गाय, सिपाही, बच्चा, कपड़ा, माता, माला, पुस्तक, स्त्री, टोपी बंदर, मोर आदि।

अर्थात, प्रेमचंद **एकवचन** है ।

जो संज्ञापद पुरुष वर्ग के वाचक होते हैं, अथवा जो शब्द पुरुष जाति के अंतर्गत माने जाते हैं वे पुल्लिंग कहलाते हैं। जैसे-लड़का, आदमी, घोड़ा, शेर, बकरा, राजा, कुत्ता, पेड़, सिंह, बैल, घर आदि।

अर्थात, प्रेमचंद **पुल्लिंग** है।

अतः विकल्प (C) सही है।

25. यह समय यानि की काल की विशेषता को बता रहा है इसीलिए कालवाचक क्रिया विशेषण है।

नित्य का पद परिचय है गुणवाचक विशेषण,एकवचन,पुल्लिंग, 'घूमने जाता है' क्रिया की विशेषता। रीतिवाचक क्रिया विशेषण,एकवचन,पुल्लिंग, 'घूमने जाता है' क्रिया की विशेषता अव्यय, काल वाचक क्रिया विशेषण,एकवचन, 'घूमने जाता है' क्रिया की विशेषता।

अतः विकल्प (D) सही है।

अनुभागीय टेस्ट 02

Q.1 निम्नलिखित में से कौन-सा शब्द तत्सम है?

A. अश्रु **B.** अच्छर **C.** अंगरक्षक **D.** आसरा

Q.2 निम्नलिखित में से कौन-सा शब्द तत्सम है?

A. आगे **B.** अस्थि **C.** अदरक **D.** आँवला

Q.3 किस विकल्प से पता चलता है कि क्रिया बीते समय में हुई है?

A. वर्तमान काल **B.** भूतकाल
C. भविष्यत काल **D.** आदिकाल

Q.4 'व्याकरण' में काल का क्या अर्थ है?

A. अंत **B.** समय **C.** पीड़ा **D.** मृत्यु

Q.5 क्रिया के अंत में लगकर बने यौगिक शब्दों को क्या कहते हैं?

A. प्रत्यय **B.** स्त्री प्रत्यय **C.** तद्धितान्त **D.** कृदन्त

Q.6 अकर्म में उपसर्ग है:

A. अक **B.** अ **C.** आ **D.** आक

Q.7 निर्देश: निम्नलिखित प्रत्येक प्रश्न में एक शब्द और साथ में पांच विकल्प भी दिए गए हैं। बताइये कि इन विकल्पों से कौन-सा विकल्प दिए गए शब्द का विलोम शब्द होगा?

ध्वंस

A. परार्थी **B.** नीतिज्ञ **C.** निर्माण **D.** परिमेय

Q.8 नायक-नायिका के मिलन की स्थिति का वर्णन ________ रस के अंतर्गत किया जाता है।

A. वीर रस **B.** करुण रस **C.** भक्ति रस **D.** श्रृंगार रस

Q.9 दिए गए विकल्पों में से कौन-सा शब्द 'कपड़ा' का पर्यायवाची नहीं है?

A. चीर **B.** पट **C.** वासन **D.** वसन

Ques (10-12):निर्देश: नीचे दिए गए गद्यांश को पढ़कर पूछे गए प्रश्न के लिए सबसे उपयुक्त विकल्प का चयन कीजिए -

एक आदमी ने घृणा से एक तरफ थूकते हुए कहा, "क्या जमाना है! जवान लड़के को मरे पूरा दिन नहीं बीता और बूढ़ी औरत दुकान लगा के बैठी है।" दूसरे साहब अपनी दाढ़ी खुजाते हुए कह रहे थे, "अरे जैसी नीयत होती है अल्ला भी वैसी ही बरकत देता है।"

सामने के फुटपाथ पर खड़े एक आदमी ने दियासलाई की तीली से कान खुजाते हुए कहा," अरे इन लोगों का क्या है? ये लोग रोटी के टुकड़े पर जान देते हैं।" परचून की दुकान पर बैठे लाला जी ने कहा, "अरे भाई, उनके लिए मरे-जिए का कोई मतलब न हो, पर दूसरे के धर्म ईमान का तो ख्याल करना चाहिए। जवान बेटे के मरने पर तेरह दिन का सूतक होता है और वह यहाँ सड़क पर बाज़ार में आकर खरबूजे बेचने बैठ गई है। हज़ार आदमी आते-जाते हैं। कोई क्या जानता है कि इसके घर में सूतक है। कोई इसके खरबूजे खा ले, तो उसका ईमान-धर्म कैसे रहेगा? क्या अँधेर है!"

पास-पड़ोस की दुकानों से पूछने पर पता लगा उसका तेईस बरस का जवान लड़का था घर में उसकी बहू और पोता-पोती हैं। लड़का शहर के पास डेढ़ बीघा भर ज़मीन में कछियारी करके परिवार निर्वाह करता था। खरबूजों की डलिया बाज़ार में पहुँचाकर कभी लड़का स्वयं सौदे के पास बैठ जाता, कभी माँ बैठ जाती।

लड़का परसों सुबह मुँह अँधेरे बेलों में से पके खरबूजे चुन रहा था। गीली मेंड़ की तरावट में विश्राम करते हुए एक साँप पर लड़के का पैर पड़ गया। साँप ने लड़के को डस लिया।

लड़के की बुढ़िया माँ बावली होकर ओझा को बुला आई। झाड़ना-फूँकना हुआ। नागदेव की पूजा हुई।

Q.10 परचून की दुकान का आशय है:

1. दवाइयों की दुकान
2. आटा-दाल आदि की दुकान
3. खिलौनों की दुकान
4. कपड़ों की दुकान

[CTET Paper - I, 2022]

A. 1 **B.** 2 **C.** 3 **D.** 4

Q.11 लोगों ने बुढ़िया के दुकान लगाने पर कटाक्ष क्यों किया?

1. बेटे की मृत्यु के उपरांत भी दुकान लगाई
2. बेटे की मृत्यु पर शोक सभा नहीं बुलाई
3. बेटे की मृत्यु पर घर में चूल्हा जलाया
4. बेटे की मृत्यु पर भोज का आयोजन नहीं किया

[CTET Paper - I, 2022]

A. 1 **B.** 2 **C.** 3 **D.** 4

Q.12 बुढ़िया के बेटे की मृत्यु का कारण था:

1. गीली मेंड़ पर फिसलना
2. गिरकर बेहोश हो जाना
3. साँप का डसना
4. खेत में करंट का लगना

[CTET Paper - I, 2022]

A. 1 **B.** 2 **C.** 3 **D.** 4

Q.13 शुद्ध वर्तनी वाले शब्द का चयन करें।

A. माकनचोर **B.** माखनचौर **C.** मखनचोर **D.** माखनचोर

Q.14 शुद्ध वर्तनी वाले शब्द का चयन करें।

A. अभीशेक **B.** अभिशेक **C.** अभीषेक **D.** अभिषेक

Q.15 'जिसका खण्डन न किया जा सके' वाक्य के लिए एक शब्द है:

A. अखण्डनीय **B.** अगणित
C. अग्रणी **D.** इनमें से कोई नहीं

Q.16 'वह स्त्री जिसका पति दूसरा विवाह कर ले' वाक्य के लिए एक शब्द है:

A. अध्यूढ़ा **B.** अनाक्रान्त
C. अनित्यवादी **D.** इनमें से कोई नहीं

Q.17 किस विकल्प में मुहावरे का भावार्थ सही है?

A. दो दिन का मेहमान- जल्दी जाने वाला
B. दूध का दूध और पानी का पानी कर देना- दूध और पानी अलग कर देना
C. दाल में काला होना- संदेह होना
D. दौड़-धूप करना- तेज दौड़ना

Q.18 'चूहे के चाम से नगाड़े नहीं मढ़े जाते' लोकोक्ति का अर्थ है:

A. कंजूसी करना
B. सिमित साधनों से काम चलाना
C. छोटे होकर बड़ा काम करना

D. सिमित साधनों से बड़े काम नहीं होते

Q.19 निम्नलिखित में से किस वर्ण का उच्चारण 'तालु' से होता है?

A. र **B.** श **C.** ष **D.** स

Q.20 'फल - फाल' श्रुतिसम भिन्नार्थक शब्द का क्या अर्थ है?

A. मान/मर्यादा - चरम सीमा
B. प्रान्त - विदेश
C. वस्त्र - तख्ती
D. खाने वाला फल- हल की नोंक

Q.21 'विद्याभ्यास ' का सही संधि-विच्छेद क्या होगा?

A. विद्य + आभ्यास **B.** विद्या + अभ्यास
C. विद्या + भ्यास **D.** विद्य + अभ्यास

Q.22 शब्द "यद्यपि" में प्रयुक्त संधि का नाम बताये?

A. गुण संधि **B.** अयादि संधि
C. यण संधि **D.** दीर्घ संधि

Q.23 'नर-नारी' का सामासिक विग्रह क्या होगा?

A. नर की नारी **B.** नारी का नर
C. नारी से नर **D.** नर और नारी

Q.24 'जलवायु' का सामासिक विग्रह क्या होगा?

A. वायु में जल **B.** जल में वायु
C. जल और वायु **D.** जल की वायु

Q.25 निर्देश: निम्नलिखित प्रत्येक प्रश्न में एक शब्द और साथ में पांच विकल्प भी दिए गए हैं। बताइये कि इन विकल्पों से कौन-सा विकल्प दिए गए शब्द का विलोम शब्द होगा?

ऋजु

A. खग्रास **B.** कुचाली **C.** कृपण **D.** वक्र

// स्मार्ट उत्तर पुस्तिका //

सही उत्तर उन छात्रों के प्रतिशत को इंगित करता है जिन्होंने प्रश्नों का सही उत्तर दिया था।

छोड़ दिया उन छात्रों के प्रतिशत को इंगित करता है जिन्होंने प्रश्नों को छोड़ दिया था।

प्रश्न संख्या	उत्तर	सही उत्तर	छोड़ दिया
1	A	59.18 %	1.15 %
2	B	55.68 %	1.25 %
3	B	63.26 %	1.85 %
4	B	42.63 %	1.74 %
5	D	58.61 %	1.27 %
6	B	43.48 %	1.4 %
7	C	67.66 %	1.86 %
8	D	65.58 %	1.62 %
9	C	80.82 %	0.0 %
10	B	87.69 %	0.0 %
11	A	81.59 %	0.0 %
12	C	40.85 %	1.81 %
13	D	86.81 %	0.0 %
14	D	57.73 %	1.56 %
15	A	88.91 %	0.0 %
16	A	57.18 %	1.43 %
17	C	83.07 %	0.0 %
18	D	17.15 %	4.72 %
19	B	69.26 %	1.28 %
20	D	57.44 %	1.29 %
21	B	43.95 %	1.88 %
22	C	41.01 %	1.08 %
23	D	65.66 %	1.09 %
24	C	51.75 %	1.02 %
25	D	61.58 %	1.53 %

कार्य विश्लेषण	
औसत अंक (%)	32.0%
टॉपर्स स्कोर (%)	68.0%
आपका स्कोर	

//संकेत और समाधान//

1. 'अश्रु' शब्द तत्सम है।

अश्रु का अर्थ है - आँखो में बहनेवाला तरल पदार्थ आँसू।

ऐसे शब्द जो संस्कृत से ज्यों - के - त्यों ले लिए गए हैं।

अतः विकल्प (A) सही है।

2. 'अस्थि' शब्द तत्सम है जिसका तद्भव 'हड्डी' होगा।

हड्डी का अर्थ है – मनुष्यों, पशुओं, आदि के शरीर के अंदर की वह कड़ी, सफ़ेद वस्तु जो भीतरी ढाँचे के अंग के रूप में होती है।

ऐसे शब्द जो संस्कृत से ज्यों - के - त्यों ले लिए गए हैं।

अतः विकल्प (B) सही है।

3. दिए गए विकल्पों में 'भूतकाल' से यह ज्ञात होता है कि क्रिया बीते समय में हुई है। जैसे- रीता कल फिल्म देखने गई थी।

भूतकाल: जिस क्रिया से कार्य की समाप्ति का बोध हो, उसे भूतकाल की क्रिया कहते हैं।

अतः विकल्प (B) सही है।

4. काल का अर्थ होता है – समय।

क्रिया के जिस रूप से कार्य के होने के समय का पता चले उसे काल कहते हैं।

अथार्त कार्य – व्यापार के समय और उसकी पूर्ण और अपूर्ण अवस्था के ज्ञान के रूपांतरण को काल कहते हैं।

अतः विकल्प (B) सही है।

5. क्रिया के अंत में लगकर बने यौगिक शब्दों को कृदन्त कहते हैं।

क्रिया या धातु के अन्त में प्रयुक्त होने वाले प्रत्ययों को 'कृत् प्रत्यय' कहते है और उनके मेल से बने शब्द को 'कृदन्त' कहते है। जैसे - मानव + ता = मानवता, अच्छा + आई = अच्छाई, अपना + पन = अपनापन, एक + ता = एकता। यहाँ क्रमशः मानवता, अच्छाई, अपनापन, एकता आदि कृदन्त हैं।

अतः विकल्प (D) सही है।

6. अकर्म में अ उपसर्ग है-

उपसर्ग वह शब्द, अक्षर या वर्ण होता है, जो शब्द के प्रारंभ मे जोड़ा जाता है।

अतः विकल्प (B) सही है।

7. 'ध्वंस' अर्थात नष्ट करना।

'परार्थी' अर्थात जो दुसरों का भला चाहने वाला हो।

'नीतिज्ञ' अर्थात नीती का ज्ञान रखने वाला।

'निर्माण' अर्थात बनाना।

'परिमेय' अर्थात जो तोला मापा जा सके।

'कुचाली' अर्थात जो अच्छे चाल चलन का न हो।

उपरोक्त प्रत्येक शब्द के अर्थ के अध्ययन से ज्ञात होता है कि दिए गए शब्द 'ध्वंस' का सही विलोम शब्द 'निर्माण' है।

अतः विकल्प (C) सही है।

8. नायक-नायिका के मिलन की स्थिति का वर्णन होता शृंगार रस के अंतर्गत किया जाता है। इस रस का स्थायी भाव 'रति' है।

- संयोग शृंगार - बरतस लालच लाल की मुरली धरी लुकाय, सौंह करें, भौंहनि हँसे, देन कहे नटि जाए।
- वियोग शृंगार - भूषण वसन विलोकत सीय के प्रेम विवस मन कंप, पुलक तनु नीरज नीर भाए पिय के।

अतः विकल्प (D) सही है।

9. वासन 'कपड़ा' का पर्यायवाची नहीं है। अन्य विकल्प "चीर, पट, वसन" 'कपड़ा' का पर्यायवाची है।

कपड़ा का पर्यायवाची- वस्त्र, वसन, अंबर, पट, चीर, अंशुष्क, आच्छादन, चैल

वासन का अर्थ है निवास करना, बसना।

पर्यायवाची शब्द: ऐसे शब्द जिनके अर्थ समान हों, पर्यायवाची शब्द कहलाते हैं।

अतः विकल्प (C) सही है।

10. परचून की दुकान का आशय आटा-दाल आदि की दुकान है।

अतः विकल्प (B) सही है।

11. उपर्युक्त गद्यांश में लोगों ने बुढ़िया के दुकान लगाने पर कटाक्ष इसलिए किया कि बेटे की मृत्यु के उपरान्त भी दुकान लगाई।

अतः विकल्प (A) सही है।

12. बुढ़िया के बेटे की मृत्यु का सबसे कारण था साँप का डसना जिसके कारण उसकी मृत्यु हो गई।

अतः विकल्प (C) सही है।

13. माखनचोर शुद्ध शब्द है।

वर्तनी- शब्द में प्रयुक्त ध्वनियों को जिस क्रम से उच्चरित किया जाता है, लिखने में भी उसी क्रम से विन्यस्त करने का नाम वर्तनी या वर्ण-विन्यास है । तात्पर्य यह है कि वर्तनी के अन्तर्गत शब्द ध्वनियों को जिस क्रम से और जिस रूप में उच्चारित किया जाता है उसी क्रम से और उसी रूप में उन्हें लिखा भी जाता है। अतः विकल्प (D) सही है।

14. अभिषेक शुद्ध शब्द है।

वर्तनी- शब्द में प्रयुक्त ध्वनियों को जिस क्रम से उच्चरित किया जाता है, लिखने में भी उसी क्रम से विन्यस्त करने का नाम वर्तनी या वर्ण-विन्यास है । तात्पर्य यह है कि वर्तनी के अन्तर्गत शब्द ध्वनियों को जिस क्रम से और जिस रूप में उच्चारित किया जाता है उसी क्रम से और उसी रूप में उन्हें लिखा भी जाता है। अतः विकल्प (D) सही है।

15. अखण्डनीय - जिसका खण्डन न किया जा सके

अगणित - जो गिना न जा सके

अग्रणी - जिसकी गिनती प्रमुख व्यक्तियों में हो
अतः विकल्प (A) सही है।

16. अध्यूढ़ा - वह स्त्री जिसका पति दूसरा विवाह कर ले

अनाक्रान्त - जिस पर आक्रमण न किया गया हो

अनित्यवादी - प्रत्येक पदार्थ को क्षणिक और नश्वर मानने वाला सिद्धान्त
अतः विकल्प (A) सही है।

17.

- दाल में काला होना- संदेह होना
- वाक्य प्रयोग- ये दोनों कानाफूसी कर रहे हैं, दाल में जरूर कुछ काला है।

मुहावरा परिभाषा	उदाहरण
मुहावरा का शाब्दिक अर्थ 'अभ्यास' है। मुहावरा शब्द अरबी भाषा का शब्द है। हिन्दी में ऐसे वाक्यांशों को मुहावरा कहा जाता है, जो अपने साधारण अर्थ को	**अंक भरना-** स्नेह से लिपटा लेना **वाक्य-**माँ ने स्नेह से

छोड़कर विशेष अर्थ को व्यक्त करते हैं।	अपने पुत्र को अंक में भर लिया।

अत: विकल्प (C) सही है।

18. जब कोई पूरा कथन किसी प्रसंग विशेष में उद्धत किया जाता है तो लोकोक्ति कहलाता है।

'चूहे के चाम से नगाड़े नहीं मढ़े जाते' लोकोक्ति का अर्थ सिमित साधनों से बड़े काम नहीं होते है।

वाक्य प्रयोग - वकील ने कहा कि सुधीर के चार सौ रुपये से मुकदमा नहीं लड़ा जा सकता-चूहे के चाम के चाम से नगाड़े नहीं मढ़े जाते।

अतः विकल्प (D) सही है।

19. श वर्ण का उच्चारण 'तालु' से होता है।

तालव्य वर्ण वो वर्ण होते हैं जिनके उच्चारण में जीभ के पिछले भाग को तालू से संघर्ष करना पड़ता है। जैसे कि : इ, ई, च, छ, ज, झ, ञ, य, श।

अतः विकल्प (B) सही है।

20. 'फल - फाल' का अर्थ है 'खाने वाला फल- हल की नोंक'। इसलिए, सही विकल्प (D) 'खाने वाला फल- हल की नोंक' है।

अतः विकल्प (D) सही है।

21. विद्याभ्यास' का सन्धि विच्छेद विद्या + अभ्यास होगा। यहाँ स्वर संधि है। स्वर वर्ण के साथ स्वर वर्ण के मेल से विकार उत्पन्न होता है।

जैसे – विद्या + अर्थी = विद्यार्थी

महा + ईश = महेश।

अतः विकल्प (B) सही है।

22. शब्द "यद्यपि" का विच्छेद होता है "यदि + अपि", यहाँ "इ" और "अ" मिलकर "य" हो जाता है, इसलिए यह एक यण संधि का उदाहरण है।

अत: विकल्प (C) सही है।

23. 'नर-नारी' में द्वंद्व समास है।

इसका सामासिक विग्रह- 'नर और नारी' होगा।

द्वन्द्व समास में समस्तपद के दोनों पद प्रधान हों या दोनों पद सामान हों एवं दोनों पदों को मिलाते समय "और, अथवा, या, एवं" आदि योजक लुप्त हो जाएँ, वह समास द्वंद्व समास कहलाता है।

अतः विकल्प (D) सही है।

24. 'जलवायु' में द्वंद्व समास है।

इसका सामासिक विग्रह- 'जल और वायु' होगा।

द्वन्द्व समास में समस्तपद के दोनों पद प्रधान हों या दोनों पद सामान हों एवं दोनों पदों को मिलाते समय "और, अथवा, या, एवं" आदि योजक लुप्त हो जाएँ, वह समास द्वंद्व समास कहलाता है।

अतः विकल्प (C) सही है।

25. 'ऋजु' अर्थात झुकाव होना (झुकनेवाला)।

'खग्रास' अर्थात ऐसा ग्रहण जिसमें सूर्य पूरा ढक जाये।

'कुचाली' अर्थात जो अच्छे चाल चलन का न हो।

'कृपण' अर्थात कठिनाई से पैसे निकालने वाला।

'वक्र' अर्थात मोड़, कुंडल।

'प्राचीन' अर्थात पुराना।

उपरोक्त प्रत्येक शब्द के अर्थ के अध्ययन से ज्ञात होता है कि दिए गए शब्द 'ऋजु' का सही विलोम शब्द 'वक्र' है।

अतः विकल्प (D) सही है।

अनुभागीय टेस्ट 03

Q.1 Direction: Select the most appropriate synonym of the given word:

Enrage

[AFCAT, 2021]

A. Anger **B.** Crowd **C.** Answer **D.** Anxiety

Q.2 Direction: Select the most appropriate synonym of the given word.

Abandon

A. Forsake **B.** Keep **C.** Cherish **D.** Enlarge

Q.3 Direction: The following sentence consists an underlined word followed by four options. Select the option that is opposite in meaning to the underlined word and mark your response accordingly.

Twenty first century has turned out to be a century of problems contrary to the thinking that it would be a better time.

[Officers Training Academy (OTA), 2021], [Indian Military Academy (IMA), 2021]

A. similar **B.** different
C. divergent **D.** faith

Q.4 Direction: Arrange the parts in the right order to form a meaningful sentence.

A. Kristina was excited to go to her Aunt, who lived in Paris.

B. When she reached Paris, she found out that her Aunt was already dead.

C. Because she wanted to give her a surprise.

D. She booked a flight and she didn't tell her Aunt that she was going to her house.

A. ABCD **B.** ADBC **C.** ABDC **D.** ADCB

Q.5 Direction: Change the following sentence given below in the appropriate narration form.

The cow begged in front of the lion, "Let me go home. It's late, my calf must be waiting for me as it is dark now".

A. The cow begged in front of the lion to allow it to go home. It was late and its calf must be waiting for it as it was dark then.

B. The cow begged in front of the lion to allow it to go home . It was late and its calf must have been waiting for it as it was dark then.

C. The cow begged in front of the lion to allow it to go home. It was late and its calf must be waiting for it as it is dark then.

D. The cow begs in front of the lion to allow it to go home. It was late and its calf must be waiting for it as it was dark then.

Q.6 Direction: Choose the correctly punctuated sentence.

A. Bravo! You have recited the poem very well.

B. Bravo, You have recited the poem very well.

C. Bravo. You have recited the poem very well.

D. "Bravo" You have recited the poem very well.

Q.7 Find the correctly spelled word.

A. Cannibale **B.** Cannible
C. Cannibal **D.** Cannebal

Q.8 Direction: In the given question, a part of the sentence is made bold. Below are given alternatives to the bold part at (A), (B), and (C) which may improve the sentence. Choose the correct alternative. In case no replacement is needed, mark (D) as your answer.

Afghanistan has **historically be an difficult place** for external invaders, thanks to its complex tribal equations and its rugged mountainous terrain.

A. Historic has a difficult place

B. Historically been a difficult place

C. Historically being a difficult place

D. No replacement required

Q.9 Direction: Select the most appropriate word for the given group of words.

A slowly moving mass or river of ice

[SSC CGL, 2020]

A. glacier **B.** typhoon
C. avalanche **D.** blizzard

Q.10 Direction: Choose the correct meaning of the idiom.

Up in arms

A. Very happy **B.** Very satisfied
C. Very angry **D.** Feeling fine

Q.11 Direction: Point out the figure of speech used in the sentence given below.

Brave Macbeth, with his brandished steel, carvedout his passage.

[AILET (UG), 2018]

A. Metaphor **B.** Litotes
C. Climax **D.** Synecdoche

Q.12 Direction: In the following question, select the related letters from the given alternatives.

Granary : Grain :: Weapons :

A. Cargo **B.** Arsenal
C. Boneyard **D.** None of these

Ques (13-15):Direction: Select the most appropriate option to fill in the blank.

Q.13 There are so many Christmas carols, from traditional ones to ___ classics.

A. more modern **B.** most modern
C. modern **D.** modernity

Q.14 The manager was upset that his sub-ordinate was chosen _____ him to present the report.

A. on **B.** in **C.** behind **D.** over

Q.15 When I _____ at the party, the guest had already left.

A. reached **B.** reach
C. have reached **D.** had reached

Ques (16-25):Direction: Choose the correct alternative to fill in the blank.

Q.16 I watched him _______.

A. fell **B.** fall **C.** to falling **D.** to fell

Q.17 She ____ her daughter to school before she goes to work.

A. takes **B.** taking
C. has taken **D.** took

Q.18 He won the match quite easily ____ he was out of practice.

A. even though **B.** in case
C. even if **D.** so that

Q.19 My grandfather walks very _______.

A. quick **B.** fastly **C.** fast **D.** nice

Q.20 Shyam as well as his brothers ________coming today.

A. are **B.** were
C. is **D.** have been

Q.21 Though I am tall, I feel inferior _____ others.

A. from **B.** to **C.** than **D.** upon

Q.22 She hasn't come yet, ______?

A. hasn't she **B.** haven't she
C. doesn't she **D.** has she

Q.23 Lock the door before _____ out.

A. go **B.** be going **C.** gone **D.** going

Q.24 He gripped his brother's arm ________ he be trampled by the mob.

A. unless **B.** until **C.** although **D.** lest

Q.25 The entry gates were closed _____ we could enter in.

A. till **B.** before **C.** after **D.** until

// Smart Answer Sheet //

Correct Indicates percentage of students who answered questions correctly.

Skipped Indicates percentage of students who skipped questions.

Q.	Ans.	Correct	Skipped
1	A	53.86 %	2.0 %
2	A	77.05 %	0.0 %
3	A	68.74 %	1.46 %
4	D	45.02 %	1.49 %
5	B	55.88 %	1.09 %
6	A	26.65 %	4.34 %
7	C	44.85 %	1.18 %
8	C	59.47 %	1.94 %
9	A	48.6 %	1.12 %
10	C	45.51 %	1.62 %
11	D	89.12 %	0.0 %
12	B	48.58 %	1.91 %
13	A	44.31 %	1.97 %
14	D	80.47 %	0.0 %
15	A	60.9 %	1.95 %
16	B	60.68 %	1.51 %
17	A	88.38 %	0.0 %
18	A	68.79 %	1.7 %
19	C	13.21 %	4.45 %
20	C	41.51 %	1.22 %
21	B	12.35 %	3.61 %
22	D	46.69 %	1.97 %
23	D	41.21 %	1.11 %
24	D	43.23 %	1.88 %
25	B	86.42 %	0.0 %

Performance Analysis	
Avg. Score (%)	44.0%
Toppers Score (%)	60.0%
Your Score	

//संकेत और समाधान//

1. Let us see the meaning of Enrage:

Enrage: make (someone) very angry

Let us see the meanings of the words given in option:

Anger	fill (someone) with anger; provoke anger in
Crowd	(of a number of people) fill (space) almost completely, leaving little or no room for movement
Answer	say or write something as a reaction to someone or something
Anxiety	a feeling of worry, nervousness, or unease about something with an uncertain outcome

From the meaning of the given words, we can say that the word 'Anger' is the synonym of the word 'Enrage'.

Hence, the correct option is (A).

2. Abandon : cease to support or look after (someone), desert

Forsake : abandon or leave

Keep : have or retain possession of

Cherish : protect and care for (someone) lovingly

Enlarge : make or become larger or more extensive

So, the synonym of the word 'Abandon' is 'Forsake'.

Hence, the correct option is (A).

3. The correct answer is similar.

contrary: opposite in nature, direction, or meaning

similar: resembling without being identical

Let's look at the meanings of the other given options:

- different- not the same as another or each other; unlike in nature, form, or quality
- divergent- tending to be different or develop in different directions
- faith- complete trust or confidence in someone or something

Thus, from the given meanings, we find that contrary and similar are antonyms.

Hence, the correct option is (A).

4. The correct answer will be "ADCB".

The first sentence tells us that Kristina wanted to go to her Aunt.

Sentence D will be the next sentence because it shows the booking of the flight:

She booked a flight and she didn't tell her Aunt that she was going to her house.

Sentence C will be the next sentence because it tells us the reason why she didn't tell her Aunt about her journey:

Because she wanted to give her a surprise.

Sentence B will be the final sentence because she had reached her destination:

When she reached Paris, she found out that her Aunt was already dead.

So the correct passage is- A. Kristina was excited to go to her Aunt, who lived in Paris. D. She booked a flight and she didn't tell her Aunt that she was going to her house. C. Because she wanted to give her a surprise. B. When she reached Paris, she found out that her Aunt was already dead.

Hence, the correct option is (D).

5. 'Let' is used to make a proposal, to allow. In the case of let, the reporting verb will change into 'proposed', 'suggested', 'requested' or 'ordered'. But in the given sentence the reporting verb is already given in the indirect form thus it will not change. First-person pronoun changes according to the subject of reporting speech. But in the case of animal and lifeless thing we use it and its.

Direct: The cow begged in front of the lion, "Let me go home. It's late, my calf must be waiting for me as it is dark now".

Indirect: The cow begged in front of the lion to allow it to go home. It was late and its calf must have been waiting for it as it was dark then.

Hence, the correct option is (B).

6. The correct punctuated sentence is Bravo! You have recited the poem very well.

- Option (A) is the correctly punctuated sentence.
- Option (B) is incorrect. A comma is used when someone is directly addressed OR to separate two clauses/to separate ideas, objects, names in a sentence. Example: I will go to Goa, Mumbai and Pune.
- Option (C) is incorrect. The full stop is used at the end of a sentence. Example: She is my sister.
- Option (D) is incorrect. A quotation mark is used to introduce a direct speech. Example: She said, "I love cats."

Hence, the correct option is (A).

7. The correctly spelled word is a cannibal.

Cannibal is an animal that eats the flesh of other animals of the same kind.

Hence, the correct option is (C).

8. The original sentence is erroneous.

We need the adverb form of 'history'.

Thus, 'historically' is correct while 'historic' is incorrect. This eliminates option (A).

Being is incorrect as it is used to refer to an individual/person. Been is correct here. This eliminates option (C).

Due to article 'a', the correct form is 'place' in the singular.

Among the given choices, only option (B) replaces the given bold part most appropriately.

The sentence after replacement becomes:

Afghanistan has historically been a difficult place for external invaders, thanks to its complex tribal equations and its rugged mountainous terrain.

Hence, the correct option is (C).

9. The most appropriate word for the given group of words is "glacier".

Let us explore the given options:

- 'Typhoon' is a tropical storm in the region of the Indian or western Pacific oceans.
- 'Avalanche' is a mass of snow, ice, and rocks falling rapidly down a mountainside.
- 'Blizzard' is a severe snowstorm with high winds.

Hence, the correct option is (A).

10. Up in arms means 'very angry.'

For example: My mom was up in arms about the new salary cuts rumored to be put in place.

Hence, the correct option is (C).

11. The figure of above in this statement is Synecdoche.

Synecdoche is afigure of speech in which a part is made to Choice. It is afigure of speech in which a part is made to represent the whole or vice versa. Here'brandished steel' may represent the swordMacbeth holds or it may be the steel like body ofMacbeth or it may be the steel like will power ofMacbeth.

Hence, the correct option is (D).

12. The meaning of the word 'Arsenal' is a collection of weapons such as guns and explosives. The meaning of the word 'Granary' is a large building for storing grains.

Cargo: the goods carried by a ship, aircraft, or other large vehicle

Boneyard: a storage space for obsolete items

Hence, the correct option is (B).

13. Correct sentence - There are so many Christmas carols, from traditional ones to more modern classics.

- We can ignore 'modernity' as it is a noun.
- We need to select the comparative degree of the adjective as the comparison is happening between two objects.
- Now 'modern' is an adjective that has three syllables.
- Adjectives with three or more syllables form the comparative by putting more in front of the adjective, and the superlative by putting most in front.
- So, 'more modern' is the comparative degree of the adjective and is appropriate for the given blank.

Hence, the correct option is (A).

14. Correct Sentence: The manager was upset that his sub-ordinate was chosen over him to present the report.

- We use "over" to talk about movement or position at a higher level than something else.
- Example: A beautiful white bird flew over the lake.
- Chosen over is a phrase that means someone/something was preferred ahead of someone/something.
- Here, we are talking about the disappointment of a manager for not choosing him over his subordinate.

Hence, the correct option is (D).

15. Correct Sentence: When I reached at the party, the guest had already left.

- The most appropriate verb for the given blank is 'reached'.
- This sentence is an example of alternate activities.
- In these kinds of cases, the activity that happens first should have 'perfect tense' (here, had already left), and the activity that happens later has V2 (here, reached).
- Thus, the second form of the verb i.e. reached will be used in the given blank.

Hence, the correct option is (A).

16. The main verb of the sentence is 'watched' with this verb we always use the bare infinitive that is don't use 'to +v1 ' There are some other verbs that take the bare infinitive- Watch, Let, help, etc.

So the correct sentence is- I watched him fall.

Hence, the correct option is (B).

17. In the given fill in blank Option (A) is the most appropriate.

The given sentence is in the present tense.

For repeated or regular actions in the present time period.

Example: The train to Berlin leaves every hour.

Therefore, the correct answer is 'takes'.

When we use before in clauses in the present tense, the clause refers to the future.

Example: Before I go to work, I jog for at least an hour.

Correct Answer: She takes her daughter to school before she goes to work.

Hence, the correct option is (A).

18. The blank divides two complete sentences. So the blank must contain conjunction

Notice the way in which the two sentences are connected. The first sentence is 'He won the match quite easily', while the second says that 'he was out of practice.

The second sentence is negative in meaning, in the sense that, it is not supporting the first sentence.

This means that the first action happened 'in spite of' the second action OR He won the match easily despite the fact that he was out of practice.

So, the conjunction in the blank must mean 'in spite of' or 'despite'.

The only option that reflects this meaning is 'even though'.

Note: Usually, 'even though' is used at the beginning of a sentence.

Thus, the correct sentence is: He won the match quite easily even though he was out of practice

Hence, the correct option is (A).

19. A part of speech is a word type that shares syntactic behavior. It explains how a word is used in a sentence. The parts of speech are: noun, pronoun, adjective, adverb, verb, conjunction, preposition, determiner, interjection.

An adverb is that part of speech that qualifies almost every part of speech, but its main function is to qualify adjective, adverb, and verb. Generally, it is used after adjectives or verbs.

For example, My grandfather walks very fast.

It should be noted that:

Fast is a word that can act as an adjective as well as an adverb. In the sentence 'She is a fast runner', fast is an adjective as it qualifies noun (runner).

While in the sentence, 'My grandfather walks very fast', fast is qualifying the verb 'walk'.

It should be noted that 'quick' and 'nice' are adjectives, hence, they can't be used.

Note: Word 'fastly' is not an appropriate word though it is used by people.

So, we conclude that 'fast' is an appropriate word.

Hence, the correct option is (C).

20. In a sentence, the verb is used according to person and number.

If the main subject is followed by the following words/phrases, the verb will conform to the 1st subject:

As well as, and not, in addition to, with/along with/together with, like/unlike, except, nothing but, etc.

In the blank part of the given question, 'is' will be used as per the rule given above.

Correct Sentence: Shyam as well as his brothers is coming today.

Hence, the correct option is (C).

21. According to grammar, we need to use the preposition 'to' with the adjectives that end with the suffix -ior.

Adjectives are- Superior, Junior, Inferior, Ulterior, etc.

So the correct sentence is- Though I am tall, I feel inferior to others.

Hence, the correct option is (B).

22. Let us consider the rule to use a question tag.

First of all the helping verb is considered.

The same helping verb is used for the question tag.

If the sentence is negative, the tag will be positive.

If the sentence is affirmative, the tag will be negative.

Since the sentence is negative, a positive question tag will be used here according to the helping verb.

This way 'has she' is the question tag that should be used here.

The complete sentence is: She hasn't come yet, has she?

Hence, the correct option is (D).

23. According to grammar, 'before' is a preposition and we know that after the preposition we usually write a noun/pronoun/gerund. In this case, we can use gerund because in the options there is a gerund given that is 'going'

Also, don't get confused with the usage of 'before' as a preposition and as a 'conjunction'.

When the clause is given after the 'before' then we can say that it is a conjunction.

So the correct sentence is- Lock the door before going out.

Hence, the correct option is (D).

24. 'Lest' is a conjunction. It is used in order to prevent something from happening.

Correct Sentence: He gripped his brother's arm lest he be trampled by the mob.

Hence, the correct option is (D).

25. As per the context of the sentence, we need a word that conveys that he was not able to enter because the gate was closed. So before is the most appropriate word for the above blank.

The sentence is,

The entry gates were closed before we could enter in.

Hence, the correct option is (B).

अनुभागीय टेस्ट 04

Q.1 Direction: Change the following sentence given below in the appropriate narration form.

Rajiv said to me, "He plays with right hand."

A. Rajiv said that he played with right hand.
B. Rajiv told me that he could play with right hand.
C. Rajiv told me that he plays with right hand.
D. Rajiv asked if he could play with right hand.

Q.2 Direction: Choose the option that best punctuates the given sentence:
The prime minister the home minister and the chief minister addressed the gathering

A. The prime minister the home minister and the chief minister addressed the gathering?
B. The Prime Minister, the Home Minister and the Chief Minister addressed, the gathering.
C. The Prime Minister, the Home Minister, and the Chief Minister addressed the gathering.
D. The Prime Minister the Home Minister, and, the Chief Minister addressed the, gathering.

Q.3 Choose the correctly spelled word.

A. Accommedation **B.** Accommodation
C. Accomadation **D.** Accomedation

Q.4 Direction: In the given question, a part of the sentence is made bold. Below are given alternatives to the bold part at (A), (B), and (C) which may improve the sentence. Choose the correct alternative. In case no replacement is needed, mark (D) as your answer.

While all rights are available to citizens, persons including foreign citizens **are entitle to the rights** to equality and the right to life, among others.

A. Is entitled to the right
B. Are entitled for the right
C. Are entitled to the right
D. No replacement required

Q.5 Direction: Select the most appropriate one-word substitution for the given group of words.
To give one's authority to another

A. Shirk **B.** Delegate
C. Usurp **D.** Supervise

Q.6 Direction: Choose the correct alternative which appropriately describes the given idioms and phrases.

Goes to dogs

A. Goes mad **B.** Is insulted
C. Is ruined **D.** Becomes brutal

Q.7 Direction: Point out the figure of speech used in the sentence given below.

We had nothing to do, and we did it very well.

[AILET (UG), 2018]

A. Antithesis **B.** Paradox
C. Anticlimax **D.** Litotes

Ques (8-20):Direction: Select the most appropriate option to fill in the blank.

Q.8 You had better consult a doctor, _____ your condition will become worse.

A. unless **B.** otherwise
C. provided that **D.** in case

Q.9 Only by following at some distance could one cut across the _________ path of the French.

A. zig-zag **B.** undivided
C. direct **D.** travel

Q.10 You _______ for an ill fortune that you yourself have wrought: That is a shameful sorrow: it were better you said nought !"

A. weep **B.** laugh **C.** rejoice **D.** happy

Q.11 The green gems reflected the sunshine, ___________ through the clear water.

A. shimmering **B.** shadow
C. dullness **D.** gloom

Q.12 ____ the boys were afraid at heart, they decided to stay on in the jungle.

A. So that **B.** Because
C. Although **D.** In case

Q.13 _______it rain, there will be no match today.

A. Will **B.** Could **C.** Would **D.** Should

Q.14 The train _____ when I arrived at the station.

A. is just left **B.** is just leaving
C. had just left **D.** has just left

Q.15 The Health Minister has been discharged from the hospital, _______ he?

A. handn't **B.** haven't **C.** hasn't **D.** didn't

Q.16 We stopped for three-quarters of an hour _______ Heathrow Airport.

A. at **B.** off **C.** over **D.** on

Q.17 By the time you come back, the students ____ (start) their work.

A. will start **B.** will have started
C. starting **D.** will be starting

Q.18 It is their problem. Let ____ solve it themselves.

A. her **B.** it **C.** us **D.** them

Q.19 Ramu went with his friends on a trip to _________ new paths.

A. determine **B.** deploy

C. invent **D.** explore

Q.20 Are you looking forward _____ Nikhil again?

A. seeing **B.** to see
C. to be seeing **D.** to seeing

Ques (21-22):Direction: Select the most appropriate synonym of the given word.

Q.21 Novice

A. Beginner **B.** Trainer **C.** Virtuous **D.** Glory

Q.22 Diligent

A. Burn **B.** Control
C. Modest **D.** Industrious

Q.23 Direction: Select the most appropriate Antonym of the given word.

Anxious

A. Carefree **B.** Active **C.** Taste **D.** Rise

Q.24 Direction: Each of the following items in this section consists of a sentence(s), the parts of which have been jumbled. These parts have been labelled as P, Q, R and S. You are required to rearrange the jumbled parts of the sentence and mark your response accordingly.

P: I realize that solving the climate change problem

Q: than solving

R: will be much harder

S: the ozone depletion problem

A. P R Q S **B.** Q R P S **C.** S Q R P **D.** P Q R S

Q.25 Direction: In the question, select the related word from the given alternatives.

Country : President :: State:?

A. Chief Minister **B.** Prime Minister
C. Speaker **D.** Governor

// Smart Answer Sheet //

Correct Indicates percentage of students who answered questions correctly.

Skipped Indicates percentage of students who skipped questions.

Q.	Ans.	Correct	Skipped
1	C	83.4 %	0.0 %
2	C	15.71 %	3.71 %
3	B	89.6 %	0.0 %
4	C	48.04 %	1.92 %
5	B	26.31 %	3.24 %
6	C	54.35 %	1.5 %
7	B	79.09 %	0.0 %
8	D	51.64 %	1.75 %
9	A	64.65 %	1.26 %
10	A	42.65 %	1.81 %
11	A	43.46 %	1.48 %
12	C	58.78 %	1.08 %
13	D	89.96 %	0.0 %
14	C	63.63 %	1.13 %
15	C	54.98 %	1.72 %
16	A	68.18 %	1.38 %
17	B	54.56 %	1.62 %
18	D	51.05 %	1.67 %
19	D	54.81 %	1.2 %
20	D	57.05 %	1.31 %
21	A	62.63 %	1.91 %
22	D	47.96 %	1.5 %
23	A	66.42 %	1.99 %
24	A	58.09 %	1.0 %
25	D	80.47 %	0.0 %

Performance Analysis	
Avg. Score (%)	28.0%
Toppers Score (%)	60.0%
Your Score	

//संकेत और समाधान//

1. The given sentence is,

Rajiv said to me, "He plays with right hand."

This is a simple sentence. The rules for changing such sentences into indirect speech are given below:

- The inverted commas (" ") used in Direct Narration is removed in Indirect Narration and "that" conjunction is used.
- 'Said to' changes to 'told' in indirect speech
- Present indefinite tense changes to past indefinite tense.
- Third person pronoun does not change in indirect speech.

Thus the appropriate narration form is,

Rajiv told me that he plays with right hand.

Hence, the correct option is (C).

2. The given sentence is a declarative sentence, so we can't use a question mark (?) at the end of the sentence.

The full stop (.) represents the greatest pause and separation and it is used to mark the end of a declarative or an Imperative sentence.

- Example: Dear, patient, gentle, Nell was dead.

So, we must use a full stop (.) at the end of the sentence.

Designations always start with a capital letter.

"Prime Minister", "Home Minister" and "Chief Minister" are the names of the designations.

We use commas(,) to separate independent clauses when they are joined by any of these seven coordinating conjunctions: and, but, for, or, nor, so, yet.

- Example: I love vanilla ice cream, but my brother prefers chocolate.

Hence, the correct option is (C).

3. The right spelling is **accommodation**.

Accommodation means lodging, food, and services or traveling space and related services.

Example: The food service and **accommodation** industry, specifically, had a quit rate of 5.4%.

Hence, the correct option is (B).

4. The original sentence is erroneous.

Option (C) is correct grammatically and contextually. Because the statement talks about multiple people and thus 'are' is correct. And because of this, we can say that option (A) will be wrong because the verb 'is' is given in it which is wrong.

One is entitled 'to' something and not 'for'. This eliminates option (B).

Among the given choices, only option (C) replaces the given bold part most appropriately.

The sentence after replacement becomes:

While all rights are available to citizens, persons including foreign citizens are entitled to the right to equality and the right to life, among others.

Hence, the correct option is (C).

5. 'Delegate' is to give one's authority to another.

For example - He plans to delegate more authority to his deputies.

Delegate: A person sent or authorized to represent others, in particular an elected representative sent to a conference.

Hence, the correct option is (B).

6. Goes to dog describes something on the downgrade, something that is worse than it used to be, something that is deteriorating.

Example- Our favorite restaurant has gone to the dogs lately.

Hence, the correct option is (C).

7. Paradox: a statement apparently contradicting itself. The first half of the sentence says 'we had nothing to do', while the last half contradicts it with 'we did it very well'.

A paradox is a logically self-contradictory statement or a statement that runs contrary to one's expectation. It is a statement that, despite apparently valid reasoning from true premises, leads to a seemingly self-contradictory or a logically unacceptable conclusion.

Hence, the correct option is (B).

8. In case - Because something might happen.

- Example - 'I think I'll take an umbrella in case it rains'.

Let's discuss first the meaning of the given options:

Unless - If... not; except if.

- Example: 'He wasn't going to reveal his secret unless he had to'.

Otherwise - Used after an order or suggestion to show what the result will be if you do not follow the order or suggestion.

- Example - 'Call your mom otherwise your mother will start to worry'.

Provided that - If, or only if.

- Example - 'She's welcome to come along, provided that he behaves herself'.

The correct answer is: 'You had better consult a doctor, otherwise your condition will become worse'.

Hence, the correct option is (D)

9. The correct word suitable for fill in the blank space is zig-zag.

Zig-Zag-a line or course having the abrupt alternate right and left turns.

Undivided-not divided, separated, or broken into parts.

Direct-extending or moving from one place to another without changing direction or stopping.

Travel-make a journey, typically of some length.

Correct sentence: Only by following at some distance could one cut across the **zig-zag** path of the French.

Hence, the correct option is (A)

10. Weep - shed tears.

Laugh - make the spontaneous sounds and movements of the face and body that are the instinctive expressions of lively amusement and sometimes also of derision.

Rejoice - feel or show great joy or delight.

Happy - feeling or showing pleasure, pleased.

Correct sentence: You **weep** for an ill fortune that you yourself have wrought: That is a shameful sorrow: it were better you said nought !"

Hence, the correct option is (A).

11. The correct word suitable for fill in the blank space is shimmering.

Shimmering - shining with a soft, slightly wavering light.

Shadow - a dark area or shape produced by a body coming between rays of light and a surface.

Dullness - lack of brightness, vividness, or sheen.

Gloom - partial or total darkness.

Correct sentence: The green gems reflected the sunshine, **shimmering** through the clear water.

Hence, the correct option is (A).

12. The most appropriate option to fill the given blank is 'Although'.

It means 'in spite of the fact that'.

- Example: Although she was tired, she stayed up late watching television.

You use 'although' to introduce a 'subordinate clause' that contains a statement that makes the 'main clause' of the sentence seem surprising or unexpected.

The given sentence is trying to express the fact that in spite of the fact that the boys were afraid, they decided to stay in the jungle.

Correct Sentence: Although the boys were afraid at heart, they decided to stay on in the jungle.

Hence, the correct option is (C).

13. Should is used to indicate obligation, duty, or correctness, typically when criticizing someone's actions.

- For example: You should stop eating fast food.

Will is used in expressing the future tense.

Could is used to indicate possibility; used in making suggestions or polite requests.

Would is used in (expressing the conditional mood) indicating the consequence of an imagined event or situation.

By referring to the above explanation, it can be concluded that should should be the appropriate option to be chosen for filling the blank.

Correct sentence: Should it rain, there will be no match today.

Hence, the correct option is (D).

14. The past perfect tense refers to a time earlier than before now. It is used to make it clear that one event happened before another in the past.

Structure of sentence in the Past Perfect Tense:

Subject + had + V_3 + Object.

- Example: I had saved my document.

Correct sentence: The train had just left when I arrived at the station.

Hence, the correct option is (C).

15. The sentence and the question tag must be in the same tense.

For the negative question tag, use the contracted form of 'helping verb' and 'not.'

If the sentence is positive, the question tag must be negative and vice-versa.

Always use pronouns in the question tag.

- Example: didn't, haven't, doesn't

Correct sentence: The Health Minister has been discharged from the hospital, hasn't he?

Hence, the correct option is (C).

16. Prepositions are words that indicate relationships with the other words in the sentence. Prepositions of place are used to refer to a place, usually to denote the location of something or someone.

At refer to an exact place where something is situated / event.

In the sentence, as a reference to a specific location, i.e. Heathrow Airport. Therefore, the suitable preposition here is "at".

Thus, the correct complete sentence is:

Correct sentence: We stopped for three-quarters of an hour **at** Heathrow Airport.

Hence, the correct option is (A).

17. Correct sentence: By the time you come back, the students **will have started** their work.

A verb is used to express an occurrence, action, or state. It is the grammatical centre of the predicate in a sentence.

Option (B) will have started is correct as the future perfect tense is used to indicate an action that is planned to happen before sometime in the future.

The other options are wrong as no other tense can be used here.

Hence, the correct option is (B).

18. Correct sentence: It is their problem. Let **them** solve it themselves.

In the first part of the sentence, the determiner 'their' is used which is a plural determiner.

Therefore, we need a plural pronoun also in the second half of the sentence.

Themselves is used as the object of a verb or preposition to refer to a group of people or things previously mentioned as the subject of the clause.

Hence, the correct option is (D).

19. Correct sentence: Ramu went with his friends on a trip to **explore** new paths.

- Explore - travel through (an unfamiliar area) in order to learn about it.
- The given sentence implies that the subject (Ramu) was traveling with his friends to find and tour new paths.

Hence, the correct option is (D).

20. Correct sentence: Are you looking forward **to seeing** Nikhil again.

In the given sentence 'look forward to' is a prepositional phrase.

The 'to' in 'look forward to' is a preposition, so we must follow it with a noun phrase or a verb in the -ing form.

Hence, the correct option is (D).

21. The synonyms of the given word Novice are- 'Beginner', 'starter', 'learner', 'greenhorn', 'newcomer', etc.

The word Novice(noun) means- "a person who is not experienced in a job or situation".

The word Beginner(noun) means- "a person who is starting to do something or learn something for the first time".

From the synonyms of the given word, we can say that the word 'Beginner' is similar in meaning.

Hence, the correct option is (A).

22. The synonyms of the word 'Diligent' are "hard-working, diligent, assiduous, **Industrious**, sedulous, conscientious, steady, painstaking, persistent".

The word 'Industrious' means 'An industrious person works hard

From the synonym of the given word, we can say that the word 'Industrious' is the most similar in meaning.

Hence, the correct option is (D).

23. The antonyms of the given word Anxious are- '**Carefree**', 'confident', 'sure', 'self-assured', 'controlled, etc.

The word Carefree(adjective) means- "having no problems or not being worried about anything".

The word Anxious(adjective) means- "worried and nervous".

From the antonyms of the given word, we can say that the word 'Carefree' is the opposite in meaning.

Hence, the correct option is (A).

24. The sentence 'P' is independent of any other sentences as it is giving general information about "solving the climate change". So, 'P' is the first part.

The future result of the sentence 'P' is described in the sentence 'R'. So, 'R' follows 'P'.

The adjective 'harder' in the sentence 'R' is linked with the preposition "than" in the sentence 'Q'. Hence, 'Q' follows 'R'.

The sentence 'S' is concluding the sentence. So, 'S' makes the last sentence.

After rearranging the sentences: I realize that solving the climate change problem will be much harder than solving.

Hence, the correct option is (A).

25. President is the highest officer of Country and Governor is the highest officer of State.

Hence, the correct option is (D).

अनुभागीय टेस्ट 05

Q.1 एक तार को मोड़कर 22 सेमी भुजा का एक वर्ग बनाया जाता है। यदि तार को पुनः मोड़कर एक वृत्त बनाया जाता है, तो उसकी त्रिज्या होगी:

A. 22 सेमी **B.** 14 सेमी **C.** 11 सेमी **D.** 7 सेमी

Q.2 242 मीटर लंबाई के आयताकार मैदान का क्षेत्रफल 4840 मीटर ^{2} है। यदि बाड़ लगाने की क़ीमत 50 पैसे/मीटर है तो मैदान में बाड़ लगाने की क़ीमत क्या होगी?

[Territorial Army Officer, 2019]

A. 262 रूपए **B.** 270 रूपए **C.** 320 रूपए **D.** 258 रूपए

Q.3 9 मीटर ऊंचे शंक्वाकार तम्बू के आधार की परिधि 44 मीटर है। इसमें निहित वायु का आयतन ज्ञात कीजिए।

[Territorial Army Officer, 2019]

A. 430 मी ^{3} **B.** 462 मी ^{3} **C.** 472 मी ^{3} **D.** 492 मी ^{3}

Q.4 शीर्ष साझा करने वाले एक घनाभ के तीन फलकों का पृष्ठीय क्षेत्रफल 25 मीटर ^{2}, 32 मीटर ^{2} और 32 मीटर ^{2} दिया गया है। तो घनाभ का आयतन क्या है?

A. 160 मीटर ^{3} **B.** 92 मीटर ^{3}
C. 184 मीटर ^{3} **D.** $\sqrt{3024}$ मीटर ^{3}

Q.5 एक आयताकार कमरे के फर्श की विमाएँ, 4 मीटर बढ़ाने पर 4 : 3 के अनुपात में और 4 मीटर घटाने पर 2 : 1 के अनुपात में हो जाती हैं। कमरे के फर्श की विमाएँ क्या हैं?

A. 18 मीटर × 24 मीटर **B.** 12 मीटर × 8 मीटर
C. 16 मीटर × 12 मीटर **D.** 18 मीटर × 22 मीटर

Q.6 पांच संख्याओं का औसत 10.2 है। पहली दो संख्याओं का औसत तीसरी संख्या का आधा है तथा तीसरी और चौथी संख्या का औसत 12.5 है। यदि चौथी संख्या 13 है। तो पांचवी संख्या ज्ञात कीजिये।

A. 12 **B.** 15 **C.** 14 **D.** 13

Q.7 एक समद्विबाहु त्रिभुज में, ∠Q और ∠R के समद्विभाजक PQR बिंदु E पर मिलते हैं। यदि P = 50° है, तो ∠QER क्या है?

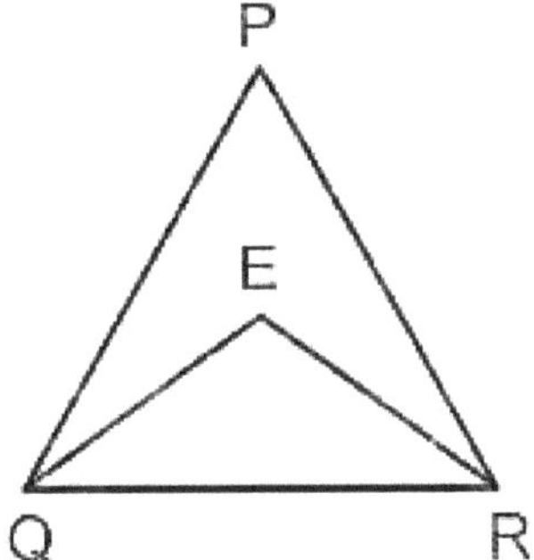

A. 115° **B.** 65° **C.** 55° **D.** 105°

Q.8 नीचे दी गयी आकृति में, ABCD एक समचतुर्भुज है। AC = 5 सेमी, ∠DAB = 120° है। यदि AB = EA = BF है और ΔEFG एक समबाहु त्रिभुज है, तो ΔEFG का अर्द्ध परिमाप कितना होगा?

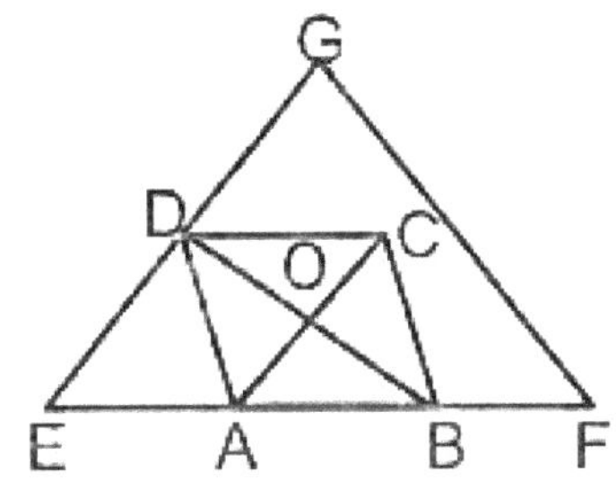

A. 20.5 सेमी **B.** 22.5 सेमी **C.** 24.5 सेमी **D.** 25.5 सेमी

Q.9 दो संख्याओं का ल.स.प. इसके म.स.प. का 40 गुना है। यदि संख्याओं का गुणनफल 1440 है, तो उनका म.स.प. ज्ञात कीजिए।

A. 6 **B.** 12 **C.** 15 **D.** 8

Q.10 दो संख्याओं का महत्तम समापवर्तक 8 है, निम्नलिखित में से क्या उनका लघुत्तम समापवर्तक नहीं हो सकता है?

A. 32 **B.** 56 **C.** 64 **D.** 76

Q.11 शब्द 'MUNCH' के अक्षरों से 4 अक्षरों के कितने अलग-अलग शब्द बनाए जा सकते हैं, जब U और N को हमेशा शामिल किया जाता है?

A. 72 **B.** 62 **C.** 12 **D.** 42

Q.12 एक समिति में 5 पुरुष और 6 महिलाएं हैं। दी गई समिति से 2 पुरुषों और 3 महिलाओं को चुनने के तरीकों की संख्या कितनी है?

A. 150 **B.** 200 **C.** 250 **D.** 300

Q.13 शीर्ष $(4,0), (-1,-1)$ और $(3,5)$ वाला एक त्रिभुज क्या होता है?

A. समद्विबाहु और समकोण
B. समद्विबाहु लेकिन समकोण नहीं
C. समकोण लेकिन समद्विबाहु नहीं
D. ना तो समकोण और न ही समद्विबाहु

Q.14 ढलान 4 और बिंदु (4, 3) से होकर गुजरने वाली एक रेखा का समीकरण ज्ञात कीजिए।

A. y + 8x + 3 = 0 **B.** y – 5x + 26 = 0
C. y – 4x + 13 = 0 **D.** y + 2x + 16 = 0

Q.15 समीकरण $\left|\frac{z-12}{z-8i}\right| = \frac{5}{3}, \left|\frac{z-4}{z-8}\right| = 1$ को संतुष्ट करने वाली सम्मिश्र संख्या z ज्ञात कीजिए।

A. $6+8i$ **B.** $2+8i$ **C.** $4+8i$ **D.** $6+4i$

Q.16 जमीन पर एक बिंदु से हवाई जहाज की ऊंचाई का कोण $60°$ है। 30 सेकंड का उड़ान भरने के बाद, ऊंचाई का कोण $30°$ में बदल जाता है। यदि हवाई जहाज 6000 मीटर की ऊंचाई पर उड़ रहा है, तो हवाई जहाज की गति (m/s में) क्या है?

A. $\frac{500}{3}\sqrt{3}$ **B.** $\frac{200}{3}\sqrt{3}$ **C.** $\frac{400}{3}\sqrt{3}$ **D.** $\frac{800}{3}\sqrt{3}$

Q.17 बहुपद $6x^2 + 3x^2 - 5x + 1$ के शून्यकों के मानों के व्युत्क्रम का योग क्या है?

A. 2 **B.** 3 **C.** 4 **D.** 5

Q.18 एक परीक्षा में, एक उम्मीदवार द्वारा एक प्रश्न हल करने की प्रायिकता $\frac{1}{2}$ होती है। दिए गए 5 प्रश्नों में से परीक्षा में, क्या संभावना है कि उम्मीदवार कम से कम 2 प्रश्नों को हल करने में सक्षम था?

A. $\frac{1}{64}$ **B.** $\frac{3}{16}$ **C.** $\frac{1}{2}$ **D.** $\frac{13}{16}$

Q.19 A और B दो घटनाएं इस प्रकार हैं जिससे $P(B) = 0.4$ और $P(A \cup B) = 0.6$ हैं। यदि A और B स्वतंत्र हैं तो $P(A)$ का मान क्या है?

A. $\frac{1}{2}$ **B.** $\frac{1}{3}$ **C.** $\frac{2}{3}$ **D.** $\frac{2}{5}$

Q.20 एक कमरे में आठ जोड़े हैं। उनमें से यदि 4 लोगों को याहच्छिक पर चुना जाता है तो प्रायिकता क्या है कि वे जोड़े हो सकते हैं?

A. $\frac{{}^8C_4}{{}^{16}C_4}$ **B.** $\frac{{}^8C_2}{{}^{16}C_8}$ **C.** $\frac{{}^8C_2}{{}^8C_4}$ **D.** $\frac{{}^8C_2}{{}^6C_1}$

Q.21 $\frac{8 \div [(4-9) \div \{(7 \div 4 \text{ of } 3) + 1 \div 84 + 8 \times 5 \div 21\} + 3]}{7 \times 8 \div 4 - 8 \div 4 \text{ of } 2 - 7}$ का मान निम्न में से क्या होगा?

A. $\frac{17}{3}$ **B.** $\frac{4}{3}$ **C.** $\frac{5}{7}$ **D.** $\frac{4}{21}$

Q.22 $\begin{bmatrix} x & y & z \end{bmatrix} \begin{bmatrix} a & h & g \\ h & b & f \\ g & f & c \end{bmatrix}$ किसके बराबर है?

A. $\begin{bmatrix} ax & hy & gz \\ h & b & f \\ g & f & c \end{bmatrix}$

B. $\begin{bmatrix} a & h & g \\ hx & by & fz \\ g & f & c \end{bmatrix}$

C. $\begin{bmatrix} ax & hy & gz \\ hx & by & fz \\ gx & fy & cz \end{bmatrix}$

D. $\begin{bmatrix} ax + hy + gz & hx + by + fz & gx + fy + cz \end{bmatrix}$

Q.23 समांतर श्रेढ़ी के 40 पदों का योग क्या होगा, जिसका प्रथम पद, 2 तथा सार्व अंतर 4 है?

A. 3200 **B.** 1600 **C.** 200 **D.** 2800

Q.24 श्रृंखला 5 + 9 + 13 + ... + 49 का योग क्या है?

A. 351 **B.** 535 **C.** 324 **D.** 435

Q.25 किसी समांतर श्रेणी में पच्चीसवाँ पद पन्द्रहवें पद से 70 अधिक है। तो सामान्य अंतर ज्ञात कीजिए।

A. 6 **B.** 8 **C.** 7 **D.** 5

// स्मार्ट उत्तर पुस्तिका //

सही उत्तर उन छात्रों के प्रतिशत को इंगित करता है जिन्होंने प्रश्नों का सही उत्तर दिया था।

छोड़ दिया उन छात्रों के प्रतिशत को इंगित करता है जिन्होंने प्रश्नों को छोड़ दिया था।

प्रश्न संख्या	उत्तर	सही उत्तर	छोड़ दिया
1	B	61.02 %	1.96 %
2	A	55.28 %	1.03 %
3	B	83.27 %	0.0 %
4	A	89.41 %	0.0 %
5	B	44.92 %	1.38 %
6	C	29.79 %	4.21 %
7	A	63.04 %	1.57 %
8	B	57.97 %	1.13 %
9	A	85.48 %	0.0 %
10	D	81.09 %	0.0 %
11	A	84.87 %	0.0 %
12	B	48.29 %	1.48 %
13	A	28.12 %	4.68 %
14	C	79.61 %	0.0 %
15	A	51.13 %	1.64 %
16	C	47.92 %	1.23 %
17	D	28.6 %	4.81 %
18	D	24.41 %	4.51 %
19	B	12.29 %	4.67 %
20	D	31.24 %	4.11 %
21	B	16.89 %	4.96 %
22	D	48.87 %	1.95 %
23	A	43.53 %	1.51 %
24	C	83.27 %	0.0 %
25	C	15.15 %	4.48 %

कार्य विश्लेषण	
औसत अंक (%)	32.0%
टॉपर्स स्कोर (%)	56.0%
आपका स्कोर	

//संकेत और समाधान//

1. दिया गया है:

वर्ग की भुजा $= 22$ सेमी

प्रयुक्त सूत्र:

वर्ग का परिमाप = $4 \times a$ (जहाँ $a =$ वर्ग की भुजा)

वृत्त की परिधि $= 2 \times \pi \times r$ (जहाँ $r =$ वृत्त की त्रिज्या)

माना, वृत्त की त्रिज्या r है।

$\Rightarrow$ वर्ग का परिमाप $= 4 \times 22 = 88$ सेमी

$\Rightarrow$ वृत्त की परिधि $= 2 \times \pi \times r$

$\Rightarrow 88 = 2 \times \left(\frac{22}{7}\right) \times r$

$\Rightarrow r = \frac{88 \times 7}{22 \times 2}$

$\Rightarrow r = 14$ सेमी

$\therefore$ अभीष्ट परिणाम 14 सेमी होगा।

अतः विकल्प (B) सही है।

2. दिया गया है,

आयताकार मैदान की लंबाई $= 242$ मीटर

आयताकार मैदान का क्षेत्रफल $= 4840$ मीटर ^{2}

बाड़ लगाने की लागत $= 0.50$ रूपए/मीटर

आयताकार मैदान की परिधि $=$ (लंबाई $\times$ चौड़ाई)

$\Rightarrow 4840 = (242 \times$ चौड़ाई $)$

$\Rightarrow$ चौड़ाई $= 20$ मीटर

आयताकार मैदान की परिधि $= 2 \times$ (लंबाई $+$ चौड़ाई)

$= 2 \times (242 + 20)$

$= 524$ मीटर

आयताकार मैदान की बाड़ लगाने की कुल लागत $=$ (परिधि $\times$ प्रति मीटर बाड़ की लागत)

$= (524 \times 0.50)$

$= 262$

$\therefore$ आयताकार क्षेत्र की बाड़ लगाने की कुल क़ीमत 262 रूपए है।

अत: विकल्प (A) सही है।

3. दिया गया है,

आधार की परिधि $= 44$ मीटर

शंक्वाकार तम्बू की ऊँचाई $= 9$ मीटर

जैसा कि हम जानते है,

वृत्त की परिधि $= 2\pi r$

शंकु का आयतन $= \left(\frac{1}{3}\right) \pi r^2 h$

$\Rightarrow 2\pi r = 44$

$\Rightarrow r = 7$ मीटर

निहित वायु का आयतन $= \left(\frac{1}{3}\right) \times \left(\frac{22}{7}\right) \times 7 \times 7 \times 9$

$= 462$ मी ^{3}

$\therefore$ निहित वायु का आयतन 462 मी ^{3} है।

अत: विकल्प (B) सही है।

4. दिया है:

तीन फलकों का पृष्ठीय क्षेत्रफल $= 25$ मीटर ^{2}, 32 मीटर ^{2} और 32 मीटर ^{2} प्रयुक्त अवधारणा:

एक फलक का पृष्ठीय क्षेत्रफल

1.) लंबाई × चौड़ाई

2.) चौड़ाई × ऊँचाई

3.) ऊँचाई × लंबाई

घनाभ का आयतन = लंबाई × चौड़ाई × ऊँचाई

हमारे पास है,

$\Rightarrow$ लंबाई × चौड़ाई $= 25$ मीटर ^{2}

$\Rightarrow$ चौड़ाई × ऊँचाई $= 32$ मीटर ^{2}

$\Rightarrow$ ऊँचाई × लंबाई $= 32$ मीटर ^{2}

उपरोक्त तीन समीकरणों को गुणा करने पर, हम प्राप्त करते हैं,

$\Rightarrow$ (लंबाई × चौड़ाई × ऊँचाई) $^2 = 25 \times 32 \times 32$

दोनों तरफ वर्गमूल लेने पर,

$\Rightarrow$ (लंबाई × चौड़ाई × ऊँचाई) $= 5 \times 32$

$\Rightarrow$ लंबाई × चौड़ाई × ऊँचाई $= 160$

$\Rightarrow$ घनाभ का आयतन $= 160$ मीटर ^{3}

$\therefore$ घनाभ का आयतन 160 मीटर ^{3} है।

अतः विकल्प (A) सही है।

5. मान लीजिए कि फर्श का आयाम क्रमशः X मीटर और Y मीटर है।

अब, प्रश्नानुसार

$\Rightarrow \frac{X+4}{Y+4} = \frac{4}{3}$

$\Rightarrow 3X + 12 = 4Y + 16$

$\Rightarrow 3X - 4Y = 4$ ...समीकरण (1)

पुनः, प्रश्नानुसार,

$\Rightarrow \frac{X-4}{Y-4} = \frac{2}{1}$

$\Rightarrow X - 4 = 2Y - 8$

$\Rightarrow X - 2Y = -4$ ...समीकरण (2)

समीकरण (2) को 2 से गुणा करने पर,

$\Rightarrow 2X - 4Y = -8$ ...समीकरण (3)

अब, समीकरण (1) - समीकरण (3):

$\Rightarrow 3X - 4Y - (2X - 4Y) = 4 - (-8)$

$\Rightarrow X = 12$ m

समीकरण (2) में X का मान रखने पर:

$\Rightarrow 12 - 2Y = -4$

$\Rightarrow 2Y = 16$

$\Rightarrow Y = 8$ m

इसलिए सही उत्तर "12 मीटर × 8 मीटर" है।

अत: विकल्प (B) सही है।

6. 5 संख्याओं का औसत $=$ (5 संख्याओं का योग) $/5 = 10.2$

$\Rightarrow$ पांच संख्याओं का योग $= 51$

माना कि पहली दो संख्याओं का योग x है

$\Rightarrow$ (पहली दो संख्याओं का योग) $/2 = x$

$\Rightarrow$ पहली दो संख्याओं का योग $= 2x$

साथ ही, $2x$ तीसरी संख्या है (प्रश्नानुसार)

$\Rightarrow \frac{(2x+13)}{2} = 12.5$

$\Rightarrow 2x + 13 = 25$

$\Rightarrow 2x = 12$

$\Rightarrow$ पहली दो संख्याओं का योग $= 12$

माना कि पांचवी संख्या y है

$\Rightarrow 12 + 25 + y = 51$

$\Rightarrow 37 + y = 51$

$\Rightarrow y = 14$

$\therefore$ पांचवी संख्या 14 है।

अतः विकल्प (C) सही है।

7. दिया है:

$\angle P = 50°$

ΔPQR में,

$\angle P + \angle Q + \angle R = 180°$

(एक त्रिभुज के सभी अभ्यांतर कोणों का योगफल 180° होता है।)

$\Rightarrow 50° + \angle Q + \angle R = 180°$

$\Rightarrow \angle Q + \angle R = 180° - 50°$

$\Rightarrow \angle Q + \angle R = 130°$

$\angle EQR = \angle PQE = \frac{1}{2}\angle Q$ (EQ ∠Q का एक द्विभाजक है)

$\angle ERQ + \angle PRE = \frac{1}{2}\angle R$ ((ER ∠R का एक द्विभाजक है)

ΔQER में

$\Rightarrow \angle EQR + \angle ERQ + \angle QER = 180°$

(एक त्रिभुज के सभी अभ्यांतर कोणों का योगफल 180° होता है।)

$\Rightarrow \frac{1}{2}\angle Q + \frac{1}{2}\angle R + \angle E = 180°$

$\Rightarrow \frac{1}{2}(\angle Q + \angle R) + \angle E = 180°$

$\Rightarrow \frac{1}{2}(130°) + \angle E = 180°$

$\Rightarrow \angle E = 180° - 65°$

$\Rightarrow \angle E = 115°$

$\therefore \angle QER$ 115° है।

अतः विकल्प (A) सही है।

8. दिया है:

AC = 5 सेमी

तो, $AO = \frac{AC}{2}$

$= \frac{5}{2} = 2.5$ सेमी

हमें यह भी ज्ञात है कि,

$\angle DAB = 120°$

तो, $\angle CAB = \frac{120°}{2} = 60°$

$\cos 60° = \frac{AO}{AB}$

$\frac{1}{2} = \frac{2.5}{AB}$

AB = 5 सेमी

AB = EA = BF = 5 सेमी

इसलिए, EF = 3 × 5 = 15 सेमी

हालांकि, ΔEFG एक समबाहु त्रिभुज है = EF = FG = EG = 15 सेमी

ΔEFG का अर्द्ध परिमाप $= \frac{(15+15+15)}{2} = 22.5$ सेमी

अतः विकल्प (B) सही है।

9. दिया गया है:

ल.स.प. = 40 गुना म.स.प.

संख्याओं का गुणनफल 1440 है

प्रयुक्त सूत्र:

ल.स.प. × म.स.प. = संख्याओं का गुणनफल

माना संख्या का म.स.प. 'H' है

⇒ ल.स.प. = 40H

अब,

ल.स.प. × म.स.प. = संख्याओं का गुणनफल

⇒ 40H × H = 1440

⇒ $H^2 = \frac{1440}{40} = 36$

⇒ H = 6

∴ म.स.प. = 6

अत: विकल्प (A) सही है।

10. दिया गया है:

दो संख्याओं का महत्तम समापवर्तक = 8

गणना:

8 लघुत्तम समापवर्तक का गुणनखंड होना चाहिए।

32 = 8 × 4

56 = 8 × 7

64 = 8 × 8

76 = 19 × 4

∴ 76 इन दो संख्याओं का लघुत्तम समापवर्तक नहीं हो सकता है क्योंकि 8, 76 का गुणनखंड नहीं है।

अत: विकल्प (D) सही है।

11. दिया हुआ:

5 अक्षर का शब्द MUNCH दिया गया है

चूंकि U और N को हमेशा शामिल किया जाता है, इसलिए हम शेष 3 अक्षरों (M, C और H) में से 2 अक्षरों का चयन करते हैं, जो किया जा सकता है = 3C2 = 3 तरीके में

अब इन 4 अक्षरों को 4! तरीकों में व्यवस्थित किया जा सकता है $= 24$ तरीके

इसलिए, अभीष्ट संख्या 72 तरीके (3×24) है।

अतः विकल्प (A) सही है।

12. 2 पुरुषों और 3 महिलाओं को चुनने के तरीकों की संख्या $= {}^5C_2 \times {}^6C_3$

$\Rightarrow \frac{5!}{2! \times 3!} \times \frac{6!}{3! \times 3!}$

$\Rightarrow \frac{5 \times 4}{2} \times \frac{6 \times 5 \times 4}{3 \times 2}$

$\Rightarrow 5 \times 2 \times 5 \times 4$

$\Rightarrow 200$

∴ दी गई समिति से 2 पुरुषों और 3 महिलाओं को चुनने के तरीकों की संख्या 200 है।

अतः विकल्प (B) सही है।

13. दो बिंदुओं के बीच की दूरी:

कोई भी दो बिंदु (x_1, y_1) और (x_2, y_2) के बीच की दूरी को निम्न रूप में दूरी सूत्र द्वारा ज्ञात किया गया है:

$$d = \sqrt{(x_2 - x_1)^2 + (y_2 - y_1)^2}$$

पाइथागोरस प्रमेय का व्युत्क्रम:

यदि भुजा a, b और c वाला एक त्रिभुज समीकरण $c^2 = a^2 + b^2$ को संतुष्ट करता है जहाँ c सबसे लंबी भुजा है, तो त्रिभुज सदैव समकोण त्रिभुज होता है।

सर्वप्रथम हम दिए गए युग्मों से बिंदुओं के सभी युग्मों के बीच की दूरी की गणना करेंगे।

सर्वप्रथम बिंदु (4,0) और (-1,-1) को लेते हैं।

दूरी को निम्न रूप में ज्ञात किया गया है:

$$d_1 = \sqrt{(4 - (-1))^2 + (0 - (-1))^2}$$

$= \sqrt{25 + 1}$

$= \sqrt{26}$

अब युग्म (-1, -1) और (3, 5) को लेते हैं।

दूरी को निम्न रूप में ज्ञात किया गया है:

$$d_2 = \sqrt{(3 - (-1))^2 + (5 - (-1))^2}$$

$= \sqrt{16 + 36}$

$= 2\sqrt{13}$

अब युग्म (4, 0) और (3, 5) को लेते हैं।

दूरी को निम्न रूप में ज्ञात किया गया है:

$$d_3 = \sqrt{(3 - 4)^2 + (5 - 0)^2}$$

$= \sqrt{1 + 25}$

$= \sqrt{26}$

इसलिए, दो दूरियाँ बराबर हैं, इस प्रकार त्रिभुज समद्विबाहु है।

सबसे बड़ी भुजा की लम्बाई $2\sqrt{13}$ है।

जैसा कि हम देख सकते हैं कि,

$$d_2^2 = d_1^2 + d_3^2$$

d_1, d_2 और d_3 का मान रखने पर

$\Rightarrow (2\sqrt{13})^2 = (\sqrt{26})^2 + (\sqrt{26})^2$

$\Rightarrow 4 \times 13 = 26 + 26$

$\Rightarrow 52 = 52$

इसलिए, पाइथागोरस प्रमेय के व्युत्क्रम का प्रयोग करने पर, हम यह निष्कर्ष निकालते हैं कि त्रिभुज समकोण त्रिभुज है।

अत: विकल्प (A) सही है।

14. दिया है:

रेखा की ढलान 4 और (4, 3) से होकर गुजरती है

m = 4

$(x_1, y_1) = (4, 3)$

जैसा कि हम जानते हैं,

∴ रेखा का समीकरण निम्न है

$$(y - y_1) = m(x - x_1)$$

$$\Rightarrow y - 3 = 4(x - 4)$$

$$\Rightarrow y - 4x + 13 = 0$$

अतः विकल्प (C) सही है।

15. दिया है:

$$\left|\frac{z-12}{z-8i}\right| = \frac{5}{3}, \left|\frac{z-4}{z-8}\right| = 1$$

माना $z = x + iy$, तब $\left|\frac{z-12}{z-8i}\right| = \frac{5}{3}$

$$\Rightarrow 3|z - 12| = 5|z - 8i|$$

$$\Rightarrow 3|x + iy - 12| = 5|x + iy + 8i|$$

$$\Rightarrow 3|(x - 12) + iy| = 5|x + (y - 8)i|$$

$$\Rightarrow 9(x - 12)^2 + 9y^2 = 25x^2 + 25(y - 8)^2 \quad \text{.....(i)}$$

तथा

$$\left|\frac{z-4}{x-8}\right| = 1$$

$$\Rightarrow |z - 4| = |z - 8|$$

$$\Rightarrow |x - 4 + iy| = |x - 8 + iy|$$

$$\Rightarrow (x - 4)^2 + y^2 = (x - 8)^2 + y^2$$

$$\Rightarrow (x - 4)^2 = (x - 8)^2$$

$$\Rightarrow x^2 + 4^2 - 8x = x^2 + 8^2 - 16x$$

$$\Rightarrow x = 6$$

$x = 6$ को (i) में रखने पर, हमें प्राप्त होता है

$$9(x - 12)^2 + 9y^2 = 25x^2 + 25(y - 8)^2$$

$$\Rightarrow y^2 - 25y + 136 = 0$$

$$\Rightarrow y = 17,8$$

इसलिए, $z = 6 + 17i$ या $z = 6 + 8i$

अतः विकल्प (A) सही है।

16.

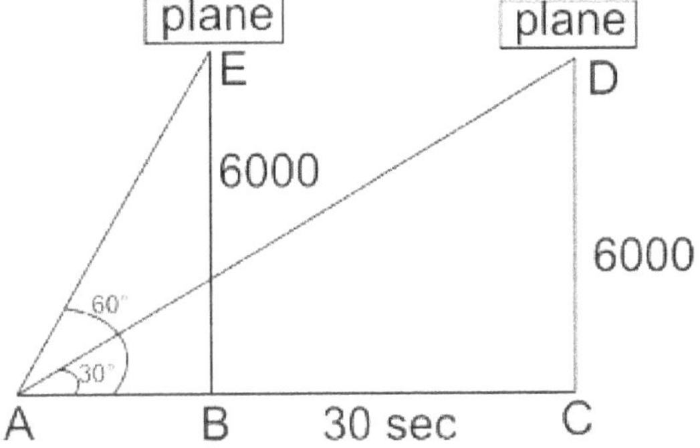

$$AB = x \Rightarrow BC = 2x$$

$$\&CD = \sqrt{3}x$$

अब,

$$CD = \sqrt{3}x = 6000 \Rightarrow x = \frac{6000}{\sqrt{3}}$$

$$BC = 2x = \frac{12000}{\sqrt{3}} \text{ मी}$$

अब,

गति $= \frac{12000}{30\times\sqrt{3}}$

$$= \frac{400}{3} \times \sqrt{3}$$

अतः विकल्प (C) सही है।

17. दिया है: $6x^2 + 3x^2 - 5x + 1$

$$= 9x^2 - 5x + 1$$

माना a और b समीकरण के दो मूल हैं।

जैसा कि हम जानते हैं कि,

मूलों का योगफल $(a + \beta) = \frac{-b}{a} = \frac{5}{9}$

मूलों का गुणनफल $(\alpha\beta) = \frac{c}{a} = \frac{1}{9}$

प्रश्नानुसार,

$$= \frac{1}{\alpha} + \frac{1}{\beta}$$

$$= \frac{\alpha+\beta}{\alpha\beta}$$

$$= \frac{\frac{5}{9}}{\frac{1}{9}}$$

$$= 5$$

अत: विकल्प (D) सही है।

18. संभावना है कि उम्मीदवार कम से कम 2 प्रश्नों को हल करने में सक्षम था,

P= उम्मीदवार द्वारा 2 प्रश्न हल करने की प्रायिकता+उम्मीदवार द्वारा 3 प्रश्नों को हल करने की प्रायिकता+उम्मीदवार द्वारा 4 प्रश्नों को हल करने की प्रायिकता+उम्मीदवार द्वारा 5 प्रश्नों को हल करने की प्रायिकता।

$= {}^{5}_{2}C\left(\frac{1}{2}\right)^{2}\left(\frac{1}{2}\right)^{3} + {}^{5}_{3}C\left(\frac{1}{2}\right)^{3}\left(\frac{1}{2}\right)^{2} + {}^{5}_{4}C\left(\frac{1}{2}\right)^{4}\left(\frac{1}{2}\right)^{1} + {}^{5}_{5}C\left(\frac{1}{2}\right)^{5}\left(\frac{1}{2}\right)^{0}$

$= \left(\frac{1}{2}\right)^{5}\left[{}^{5}_{2}C + {}^{5}_{3}C + {}^{5}_{4}C + {}^{5}_{5}C\right]$

$= \frac{13}{16}$

अतः विकल्प (D) सही है।

19. दिया है,

$P(B) = 0.4$ और $P(A \cup B) = 0$

$P(A \cup B) = 0.6$

$\Rightarrow P(A) + P(B) - P(A \cap B) = 0.6$

दो घटनाएं स्वतंत्र तब होती हैं यदि एक घटना का घटित होना दूसरी घटना की प्रायिकता पर कोई प्रभाव नहीं डालता है। यदि A और B दो स्वतंत्र घटनाएँ हैं, तो $P(A \cap B) = P(A) \times P(B)$ है।

$\Rightarrow P(A) + P(B) - P(A) \times P(B) = 0.6$ $\quad \because$ (A और B स्वतंत्र घटनाएं हैं)

$\Rightarrow P(B) + P(A)[1 - P(B)] = 0.6$

$\Rightarrow 0.4 + P(A)[1 - 0.4] = 0.6$

$\Rightarrow P(A) \times 0.6 = 0.2$

$\therefore P(A) = \frac{0.2}{0.6} = \frac{1}{3}$

अतः विकल्प (B) सही है।

20. दिए गए n वस्तुओं से r वस्तुओं के चयनों की संख्या को निरूपित किया जाता है ${}^{n}C_{r} = \frac{n!}{r!(n-r)!}$

दिया हुआ:

एक कमरे में आठ जोड़े हैं।

$\Rightarrow$ आठ जोड़े $= 16$ लोग

हमें 16 लोगों में से चार लोगों का चयन करना है

$\Rightarrow$ कुल संभव स्थितियां $= {}^{16}C_{4}$

अब हमें चार लोगों का चयन करना होगा, वे युगल हो सकते हैं

इसलिए हमें आठ जोड़ों में से दो जोड़ों का चयन करना होगा

$\Rightarrow$ अनुकूल स्थितियां $= {}^{8}C_{2}$

इसलिए आवश्यक प्रायिकता $= \frac{{}^{8}C_{2}}{{}^{10}C_{4}}$

अतः विकल्प (B) सही है।

21. दिया है,

$$\frac{8 \div [(4-9) \div \{(7 \div 4 \text{ of } 3) + 1 \div 84 + 8 \times 5 \div 21\} + 3]}{7 \times 8 \div 4 - 8 \div 4 \text{ of } 2 - 7}$$

$$\Rightarrow \frac{8 \div \left[(4-9) \div \left\{\frac{7}{12} + \frac{1}{84} + \frac{40}{21}\right\} + 3\right]}{7 \times 2 - 8 \div \frac{1}{4 \times 2} - 7}$$

$$\Rightarrow \frac{8 \div \left[(-5) \div \left\{\frac{49+1+160}{84}\right\} + 3\right]}{14 - 1 - 7}$$

$$\Rightarrow \frac{8 \div \left[(-5) \div \left\{\frac{210}{84}\right\} + 3\right]}{14 - 1 - 7}$$

$$\Rightarrow \frac{8 + \left[(-5) + \left\{\frac{210}{84}\right\} + 3\right]}{14 - 1 - 7}$$

$$\Rightarrow \frac{8 + \left[(-5) \times \left\{\frac{84}{210}\right\} + 3\right]}{6}$$

$$\Rightarrow \frac{8 \div [-2 + 3]}{6}$$

$$\Rightarrow \frac{4}{3}$$

अतः विकल्प (B) सही है।

22. प्रश्न के अनुसार,

हमें $[x \quad y \quad z]\begin{bmatrix} a & h & g \\ h & b & f \\ g & f & c \end{bmatrix}$ का मान ज्ञात करना होगा।

जैसा कि हम जानते हैं, मैट्रिक्स $[x \quad y \quad z]$ में 1 पंक्ति और 3 कॉलम हैं, इसलिए मैट्रिक्स का क्रम 1×3 है।

इसके अलावा, चूंकि मैट्रिक्स $\begin{bmatrix} a & h & g \\ h & b & f \\ g & f & c \end{bmatrix}$ में 3 पंक्तियाँ और 3 स्तंभ हैं, इसलिए मैट्रिक्स का क्रम 3×3 है।

हम जानते हैं कि, यदि A क्रम $m \times n$ के साथ एक मैट्रिक्स है और B क्रम के साथ एक मैट्रिक्स है $n \times p$, फिर मैट्रिक्स AB का क्रम $m \times p$ है।

अब हमें $[x \quad y \quad z]\begin{bmatrix} a & h & g \\ h & b & f \\ g & f & c \end{bmatrix}$ के क्रम की गणना करनी होगी,

इसलिए परिणाम प्राप्त करने के लिए मैट्रिक्स के क्रमों का गुणनफल है:

$(1 \times 3)(3 \times 3)$

$= (1 \times 3)$

इसलिए,

$$[x \quad y \quad z]\begin{bmatrix} a & h & g \\ h & b & f \\ g & f & c \end{bmatrix}$$

$= [ax + hy + gz \quad hx + by + fz \quad gx + fy + cz]$

अतः विकल्प (D) सही है।

23. संकल्पना:

समांतर श्रेढ़ी में n पदों का योग $= \frac{n}{2}(2a + (n-1)d)$

जहाँ $n =$ पदों की संख्या,

$a =$ प्रथम पद,

$d =$ सामान्य अंतर

व्याख्या:

हमें एक समांतर श्रेढ़ी के 40 पदों का योग ज्ञात करना है, जिसका प्रथम पद 2 और सार्व अंतर 4 है, अर्थात

$n = 40, a = 2$ और $d = 4$

इस प्रकार,

योग $= \frac{40}{2}\left(2(2) + (40-1)(4)\right)$

$\Rightarrow$ योग $= 20 \times \left(4 + (39 \times 4)\right)$

$\Rightarrow$ योग $= 20 \times (160)$

$\Rightarrow$ योग $= 3200$

अतः विकल्प (A) सही है।

24. दी गयी श्रृंखला $5 + 9 + 13 + \cdots + 49$ है, जो पहला पद $a = 5$ और सार्व अंतर $d = 4$ के साथ एक समांतर श्रेणी है।

माना कि अंतिम पद 49, nवां पद है।

$\therefore a + (n-1)d = 49$

$\Rightarrow 5 + 4(n-1) = 49$

$\Rightarrow 4(n-1) = 44$

$\Rightarrow n = 12$

और, इस समांतर श्रेणी का योग है:

$S_{12} =$ [(प्रथम पद + अंतिम पद)/2] × 12

$= \left(\frac{5+49}{2}\right) \times 12$

$= 54 \times 6 = 324$

अतः विकल्प (C) सही है।

25. संकल्पना:

समांतर श्रृंखला श्रेणी की n वीं संख्या $= T_n = a + (n-1)d$ जहाँ 'a' श्रृंखला की पहली संख्या है और 'd' सार्व अंतर है।

माना कि समांतर श्रेणी का पहला तत्व 'a' है और सार्व अंतर 'd' है।

दिया गया है:

$T_{25} = T_{15} + 70$

प्रश्नानुसार,

$T_{25} = T_{15} + 70$

$\Rightarrow a + (25-1)d = a + (15-1)d + 70$

$\Rightarrow 24d - 14d = 70$

$\Rightarrow 10d = 70$

$\Rightarrow d = 7$

$\therefore$ सार्व अंतर 7 है।

अतः विकल्प (C) सही है।

अनुभागीय टेस्ट 06

Q.1 10 सेमी व्यास के तीन वृत्त एक दूसरे को छूने वाले एक रबर बैंड द्वारा एक साथ बंधे हैं, रबर बैंड की लंबाई है:

[Territorial Army Officer, 2017]

A. 30 **B.** $30 + 10\pi$
C. 10π **D.** $60 + 20\pi$

Q.2 आयत का क्षेत्रफल क्या है जिसका परिमाप 31.5 सेमी और लंबाई 10.5 सेमी है?

A. 58.25 वर्ग सेमी **B.** 62.75 वर्ग सेमी
C. 55.125 वर्ग सेमी **D.** 70.25 वर्ग सेमी

Q.3 दो घनों के आयतन 27: 64 के अनुपात में हैं। उनके सतही क्षेत्रफलों का अनुपात है:

A. 3:4 **B.** 4:3 **C.** 16:9 **D.** 9:16

Q.4 एक शंकु की त्रिज्या 5 सेमी और ऊंचाई 12 सेमी है। शंकु का वक्रपृष्ठीय क्षेत्रफल और इसके आधार के क्षेत्रफल का अनुपात ज्ञात कीजिये।

A. 4:5 **B.** 14:5 **C.** 12:5 **D.** 13:5

Q.5 तीन निष्पक्ष सिक्के उछाले जाते हैं। कम से कम 2 चित आने की प्रायिकता क्या है?

A. $\frac{1}{4}$ **B.** $\frac{1}{2}$ **C.** $\frac{1}{3}$ **D.** $\frac{1}{8}$

Q.6 $\triangle ABC$ में, AE, BC पर लंबवत है $AB = 6$ सेमी और $AE = 3\sqrt{3}$ सेमी और D, BE पर एक बिंदु इस प्रकार है कि $AD = 2\sqrt{7}$ सेमी है, तो, $ED: BE$ का मान क्या है?

A. 2:3 **B.** 1:2 **C.** 1:3 **D.** 2:1

Q.7 जब दी गई सह-अभाज्य संख्याओं का गुणनफल 956 है तो 2 सह-अभाज्य संख्याओं का लघुत्तम समापवर्त्य ज्ञात कीजिये।

A. 956 **B.** 965 **C.** 936 **D.** 963

Q.8 शतरंज के बोर्ड पर आपको जितने आयत मिल सकते हैं, वे हैं:

A. 1376 **B.** 1236 **C.** 1296 **D.** 372

Q.9 5 लड़कों और 4 लड़कियों में से 3 लड़कों और 3 लड़कियों की टीम को कितने तरीकों से चुना जा सकता है?

A. 32 तरीक़े **B.** 36 तरीक़े **C.** 40 तरीक़े **D.** 42 तरीक़े

Q.10 यदि, $A(x, y)$, $P(-3,2)$ और $Q(2, -3)$ से समदूरस्थ है, तो:

A. $2x = y$ **B.** $x = -y$ **C.** $x = 2y$ **D.** $x = y$

Q.11 $3 + 4i$ का एक वर्गमूल क्या है, जहाँ $i = \sqrt{-1}$ है?

A. $2 + i$ **B.** $2 - i$ **C.** $-2 + i$ **D.** $-3 - i$

Q.12 एक पेड़ का ऊपरी हिस्सा हवा से टूट जाता है और जमीन के साथ $30°$ का कोण बनाता है। पेड़ के जड़ से उस बिंदु तक की दूरी जहां शीर्ष जमीन को छूती है, 5 मीटर है। पेड़ की ऊंचाई है

A. $10\sqrt{33}$ मी **B.** $5\sqrt{3}$ मी
C. $\sqrt{3}$ मी **D.** $\sqrt{\frac{3}{5}}$ मी

Q.13 A और B दो घटनाएं इस प्रकार हैं जिससे P(B) = 0.4 और P(A ∪ B) = 0.6 हैं। यदि A और B स्वतंत्र हैं तो P(A) का मान क्या है?

A. $\frac{1}{2}$ **B.** $\frac{1}{3}$ **C.** $\frac{2}{3}$ **D.** $\frac{2}{5}$

Q.14 एक बैग में 3 सफेद, 6 काली और 8 लाल गेंदें हैं। यदि 2 गेंदों को बिना प्रतिस्थापन के एक-एक करके निकाला जाता है तो सभी लाल गेंदों को प्राप्त करने की प्रायिकता ज्ञात करें।

A. $\frac{6}{34}$ **B.** $\frac{7}{34}$ **C.** $\frac{8}{34}$ **D.** $\frac{9}{34}$

Q.15 यदि $A = \begin{bmatrix} 1 & -1 \\ -1 & 1 \end{bmatrix}, B = \begin{bmatrix} 1 & 1 \\ 1 & 1 \end{bmatrix}$, तब AB है-

A. एक शून्य आव्यूह
B. एक तत्समक आव्यूह
C. एक अव्युत्क्रमणीय आव्यूह
D. इनमें से कोई नहीं

Q.16 ΔABC में, ∠A = 37.5° और O, ΔABC का लम्बकेन्द्र है, ∠BOC ज्ञात कीजिए।

A. 142.5° **B.** 142° **C.** 145° **D.** 135°

Q.17 $\sqrt{176 + \sqrt{2401}}$ का मान है:

A. 49 **B.** 6.08 **C.** 25 **D.** 15

Q.18 यदि k समीकरण $x(x + 1) + 1 = 0$ के मूलों में से एक मूल है, तो इसका दूसरा मूल क्या है?

[UPSC NDA, 2021]

A. 1 **B.** $-k$ **C.** k^2 **D.** $-k^2$

Q.19 यदि आयत की एक भुजा 15 सेमी है और विकर्ण की लंबाई 17 सेमी है, तो इसका क्षेत्रफल क्या है?

A. 100 वर्ग सेमी **B.** 120 वर्ग सेमी
C. 125 वर्ग सेमी **D.** 110 वर्ग सेमी

Q.20 एक कक्षा में छात्रों द्वारा प्राप्त किए गए औसत अंक 43 हैं। यदि 25 लड़कों द्वारा प्राप्त किए गए औसत अंक 40 हैं और लड़कियों द्वारा प्राप्त औसत अंक 48 हैं, तो कक्षा में लड़कियों की संख्या क्या है?

[Territorial Army Officer, 2019]

A. 20 **B.** 25 **C.** 15 **D.** 10

Q.21 यदि तीन संख्याओं का अनुपात 3: 4: 5 हो और उनका लघुत्तम समावर्तय 4200 हो तो उनका महत्तम समावर्तय क्या होगा?

[Territorial Army Officer, 2021]

A. 70 **B.** 60 **C.** 20 **D.** 15

Q.22 यदि एक समांतर श्रेणी के पांच पदों का योग 75 है, तो समांतर श्रेणी का तीसरा पद ज्ञात कीजिये।

A. 25 **B.** 10 **C.** 20 **D.** 15

Q.23 समान्तर श्रेणी 5,8,11,14, ... का कौन सा पद 320 है?

A. 103 **B.** 106 **C.** 105 **D.** 107

Q.24 तीन संख्याएँ 5, p और 11 समांतर श्रेणी में हैं, तो p का मान क्या है?

A. 8 **B.** 10 **C.** 7 **D.** 8.5

Q.25 सीधी रेखा kx - 3y = 6 बिंदु (3, 2) से होकर गुजरती है। k का मान क्या है?

A. 4 **B.** 3 **C.** 6 **D.** 2

// स्मार्ट उत्तर पुस्तिका //

सही उत्तर — उन छात्रों के प्रतिशत को इंगित करता है जिन्होंने प्रश्नों का सही उत्तर दिया था।

छोड़ दिया — उन छात्रों के प्रतिशत को इंगित करता है जिन्होंने प्रश्नों को छोड़ दिया था।

प्रश्न संख्या	उत्तर	सही उत्तर	छोड़ दिया
1	B	83.29 %	0.0 %
2	C	86.79 %	0.0 %
3	D	53.6 %	1.35 %
4	D	53.37 %	1.06 %
5	B	80.11 %	0.0 %
6	C	66.44 %	1.49 %
7	A	49.84 %	1.91 %
8	B	85.07 %	0.0 %
9	C	69.42 %	1.89 %
10	D	48.1 %	1.74 %
11	A	56.61 %	1.43 %
12	B	46.99 %	1.7 %
13	B	69.71 %	1.22 %
14	B	27.35 %	4.63 %
15	A	62.71 %	1.02 %
16	A	61.82 %	1.13 %
17	D	82.17 %	0.0 %
18	C	79.59 %	0.0 %
19	B	82.66 %	0.0 %
20	C	81.87 %	0.0 %
21	A	54.29 %	1.51 %
22	D	77.22 %	0.0 %
23	B	63.41 %	1.69 %
24	A	55.38 %	1.19 %
25	A	49.21 %	1.14 %

कार्य विश्लेषण	
औसत अंक (%)	52.0%
टॉपर्स स्कोर (%)	56.0%
आपका स्कोर	

//संकेत और समाधान//

1. दिया गया है,

तीन वृत्त एक रबर बैंड द्वारा एक साथ बंधे हैं।

तीनों वृत्त एक दूसरे को स्पर्श कर रहे हैं।

जैसा कि हम जानते हैं,

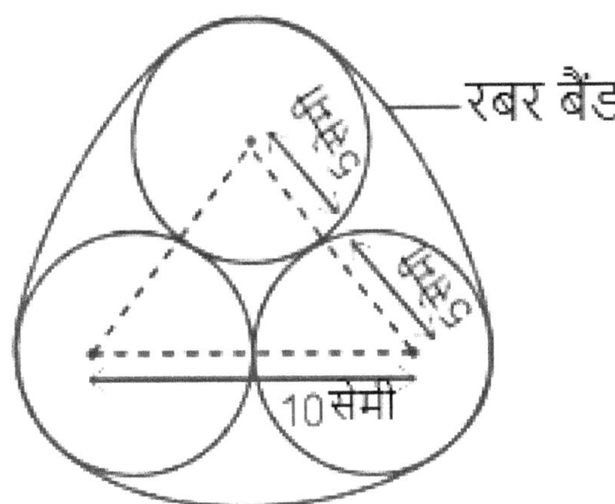

रबर बैंड की लंबाई $= 10$ सेमी $+10$ सेमी $+10$ सेमी $+2\pi r(\because$ बैंड प्रत्येक परिधि के $\frac{1}{3}$ वाले सभी तीन वृत्तों पर लपेटा जाता है)

$= 30 + 2\pi \times 5$

$= 30 + 10\pi$

$\therefore$ रबर बैंड की लंबाई $30 + 10\pi$ सेमी है।

अत: विकल्प (B) सही है।

2. दिया गया है:

आयत का परिमाप $= 31.5$ सेमी

आयत की लंबाई $= 10.5$ सेमी

हम जानते हैं कि,

आयत का परिमाप $= 2 \times$ (लंबाई $+$ चौड़ाई)

$31.5 = 2 \times (10.5 +$ चौड़ाई $)$

$\Rightarrow 31.5 = 21 + 2 \times$ चौड़ाई

$\Rightarrow$ चौड़ाई $= \frac{(31.5-21)}{2} = 5.25$ सेमी

अब, आयत का क्षेत्रफल $= 10.5 \times 5.25 = 55.125$ वर्ग सेमी

अतः विकल्प (C) सही है।

3. जैसा कि हम जानते हैं,

एक घन का आयतन $=$ भुजा ^{3}

घन का सतह क्षेत्रफल $= 6 \times$ भुजा ^{2}

दिया गया है, घनों के आयतनों का अनुपात $27:64$ है।

भुजाओं का अनुपात $= \left(\frac{27}{64}\right)^{\frac{1}{3}} = 3:4$

सतह क्षेत्रफल का अनुपात $=$ (भुजाओं का अनुपात) ^{2}

$= 9:16$

अत: विकल्प (D) सही है।

4. दिया गया है:

शंकु की त्रिज्या $= 5$ सेमी

शंकु की ऊंचाई $= 12$ सेमी

जैसा कि हम जानते हैं,

शंकु का वक्रपृष्ठीय क्षेत्रफल $= \pi r l$

शंकु के आधार का क्षेत्रफल $= \pi r^2$

$l^2 = r^2 + h^2$

$\Rightarrow l^2 = 5^2 + 12^2$

$\Rightarrow l^2 = 25 + 144$

$\Rightarrow l = \sqrt{169}$

$\Rightarrow l = 13$ सेमी

अपेक्षित अनुपात $= \pi r l : \pi r^2$

$= l : r$

$= 13:5$

अत: विकल्प (D) सही है।

5.

यहाँ $S = \{TTT, TTH, THT, HTT, THH, HTH, HHT, HHH\}$

माना $E =$ कम से कम दो चित प्राप्त करने की घटना $= \{THH, HTH, HHT, HHH\}$

$\therefore P(E) = \frac{n(E)}{n(S)} = \frac{4}{8} = \frac{1}{2}$

अत: विकल्प (B) सही है।

6. दिया गया है:

$AB = 6$ सेमी और $AE = 3\sqrt{3}$ सेमी

$AD = 2\sqrt{7}$ सेमी

प्रयुक्त सूत्र:

पाइथागोरस प्रमेय

(कर्ण)^2 = (आधार)^2 + (लम्ब)^2

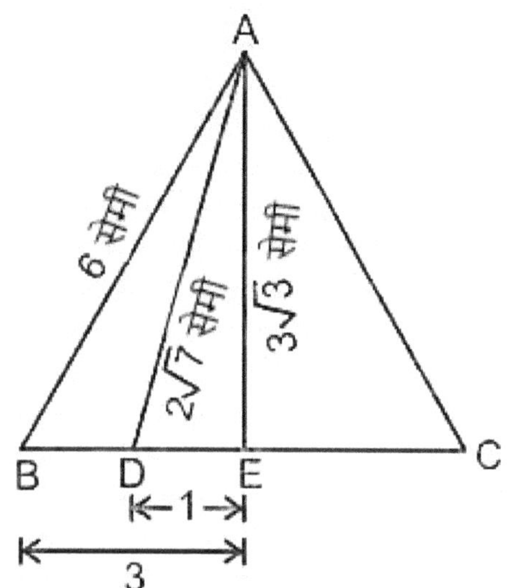

ΔADE में,

$DE^2 = DA^2 - AE^2$

$\Rightarrow DE^2 = (2\sqrt{7})^2 - (3\sqrt{3})^2$

$\Rightarrow DE^2 = 28 - 27$

$\Rightarrow DE = 1$ सेमी

ΔABE में,

$BE^2 = AB^2 - AE^2$

$\Rightarrow BE^2 = 6^2 - (3\sqrt{3})^2$

$\Rightarrow BE^2 = 9$

$\Rightarrow BE = 3$ सेमी

$\therefore ED : BE = 1 : 3$

अतः विकल्प (C) सही है।

7. दिया है:

2 सह-अभाज्य संख्याओं का गुणनफल $= 956$

2 संख्याओं का गुणनफल $=$ उनके लघुत्तम समापवर्त्य और महत्तम समापवर्तक का गुणनफल

माना कि दो सह-अभाज्य संख्याएँ ' a' और ' b' हैं।

इसलिए, $a \times b = (a, b)$ का लघुत्तम समापवर्त्य $\times (a, b)$ का महत्तम समापवर्तक

यह दिया गया है कि a और b सह-अभाज्य हैं, तो उनका महत्तम समापवर्तक $= 1$

इसलिए, दी गई उपरोक्त समीकरण से, हमें प्राप्त होता है

(a, b) का लघुत्तम समापवर्त्य $= a \times b = 956$

$\therefore$ 956,2 सह-अभाज्य संख्याओं का आवश्यक लघुत्तम समापवर्त्य है।

अत: विकल्प (A) सही है।

8. शतरंज बोर्ड में क्षैतिज रेखाओं की संख्या $= 9$

शतरंज की बोर्ड में लंबवत रेखाओं की संख्या $= 9$

1 आयताकार डिब्बे के लिए 2 क्षैतिज रेखाएँ और 2 लंबवत रेखाएँ होंगी।

आयत की संख्या $= {}^9C_2 \times {}^9C_2$

$\Rightarrow 36 \times 36 = 1296$

अत: विकल्प (B) सही है।

9. यह देखते हुए कुल 5 लड़के और 4 लड़कियाँ हैं।

हम 5 लड़कों में से 3 लड़कों का चयन ${}^5C_3$ तरीक़े से कर सकते हैं।

इसी तरह, हम 54 लड़कियों के 3 लड़कों को ${}^4C_3$ तरीके से चुन सकते हैं।

$\therefore$ 3 लड़कों और 3 लड़कियों की एक टीम का चयन ${}^5C_3 \times {}^4C_3$ तरीक़े किया जा सकता है

${}^5C_3 \times {}^4C_3 = \frac{5!}{3!2!} \times \frac{4!}{3!1!}$

$= \frac{5\times4\times3!}{3!\times2} \times \frac{4\times3!}{3!}$

$= 10 \times 4$

$= 40$

$\therefore$ 3 लड़कों और 3 लड़कियों की एक टीम का चयन ${}^5C_3 \times {}^4C_3 =$ 40 तरीक़े से किया जा सकता है।

अत: विकल्प (C) सही है।

10. दिया है:

बिंदु $P(x_1, y_1)$ और $Q(x_2, y_2)$ के बीच का अंतर-

$PQ = \sqrt{(x_2 - x_1)^2 + (y_2 - y_1)^2}$

$PA = QA$

$\Rightarrow PA^2 = QA^2$

$\Rightarrow (x+3)^2 + (y-2)^2 = (x-2)^2 + (y+3)^2$

$\Rightarrow x^2 + 9 + 6x + y^2 + 4 - 4y = x^2 + 4 - 4x + y^2 + 9 + 6y$

$\Rightarrow 10x = 10y$

$\Rightarrow x = y$

अथवा,

AB के मध्य-बिंदु के निर्देशांक, जहाँ $A(x_1, y_1)$ और $B(x_2, y_2)$ इस प्रकार से दिए गए हैं-

$\left(\frac{x_1+x_2}{2}, \frac{y_1+y_2}{2}\right)$

$\therefore (x, y) = \left(\frac{-3+2}{2}, \frac{2-3}{2}\right) = \left(-\frac{1}{2}, -\frac{1}{2}\right)$

$\Rightarrow x = y$

अत: विकल्प (D) सही है।

11. माना कि $\sqrt{(3+4i)} = \sqrt{x} + i\sqrt{y}$ है।

$\left(\sqrt{3+4i}\right)^2 = \left(\sqrt{x} + i\sqrt{y}\right)^2$

$\Rightarrow 3 + 4i = x - y + 2i\sqrt{xy}$

वास्तविक और काल्पनिक भाग की तुलना करने पर, हमें मिलता है,

$3 = x - y$ और $2\sqrt{xy} = 4 \Rightarrow xy = 4$

हम जानते हैं, $(x+y)^2 = (x-y)^2 + 4xy$

$\Rightarrow (x+y)^2 = 9 + 16$

$\Rightarrow x + y = \pm 5 (x \neq -5;$ क्योंकि $\sqrt{x}$ वास्तविक भाग है $)$

$\therefore x = 4, y = 1$

$\Rightarrow \sqrt{x} = \pm 2, \sqrt{y} = \pm 1$

$\therefore 3 + 4i$ का वर्गमूल $2 + i$ है।

अतः विकल्प (A) सही है।

12. माना, BD पेड़ की ऊंचाई है और C टूटा हुआ हिस्सा

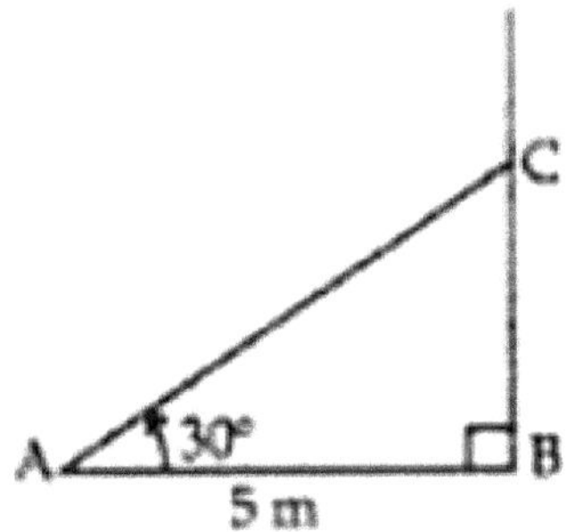

$\Delta ABC, \tan 30° = \frac{BC}{AB}$ में

$\Rightarrow \frac{1}{\sqrt{3}} = \frac{BC}{5}$

$\Rightarrow BC = \frac{5}{\sqrt{3}}$

$\cos 30° = \frac{AB}{AC}$

$\Rightarrow \frac{\sqrt{3}}{2} = \frac{5}{AC}$

$\Rightarrow AC = \frac{10}{\sqrt{3}}$

$\therefore$ पेड़ की ऊँचाई $= BC + AC = \frac{5}{\sqrt{3}} + \frac{10}{\sqrt{3}} = \frac{15}{\sqrt{3}} = \frac{15}{\sqrt{3}} \times \frac{\sqrt{3}}{\sqrt{3}} = 5\sqrt{3}$ मी

अतः विकल्प (B) सही है।

13. दो घटनाएं स्वतंत्र तब होती हैं यदि एक घटना का घटित होना दूसरी घटना की प्रायिकता पर कोई प्रभाव नहीं डालता है।

यदि A और B दो स्वतंत्र घटनाएं हैं, तो P(A ∩ B) = P(A) × P(B) है।

दिया गया है: P(B) = 0.4 और P(A ∪ B) = 0.6

P(A ∪ B) = 0.6

⇒ P(A) + P(B) - P(A ∩ B) = 0.6

⇒ P(A) + P(B) - P(A) × P(B) = 0.6 (∵ A और B स्वतंत्र घटनाएं हैं।)

⇒ P(B) + P(A) [1 - P(B)] = 0.6

⇒ 0.4 + P(A) [1 - 0.4] = 0.6

⇒ P(A) × 0.6 = 0.2

$\therefore P(A) = \frac{0.2}{0.6} = \frac{1}{3}$

अत: विकल्प (B) सही है।

14. हम जानते हैं:

$n(n > r)$ के समूह से r वस्तुओं का चयन करने के तरीकों की संख्या $= {}^nC_r$

किसी भी घटना के घटित होने की संभावना = स्थितियों की अभीष्ट संख्या/कुल संभव स्थितियों की संख्या,

गेंदों की कुल संख्या $= 3 + 6 + 8 = 17$

लाल गेंदों की कुल संख्या $= 8$

17 से 2 गेंदों का चयन $= {}^{17}C_2$

8 से 2 लाल गेंदों का चयन $= {}^8C_2$

तब, आवश्यक प्रायिकता $(P) = \frac{{}^8C_2}{{}^{17}C_2}$

$P = \frac{8 \times 7}{17 \times 16} = \frac{7}{34}$

अत: विकल्प (B) सही है।

15. दिया है-

$A = \begin{bmatrix} 1 & -1 \\ -1 & 1 \end{bmatrix}, B = \begin{bmatrix} 1 & 1 \\ 1 & 1 \end{bmatrix}$

$\Rightarrow AB = \begin{bmatrix} 1 & -1 \\ -1 & 1 \end{bmatrix}\begin{bmatrix} 1 & 1 \\ 1 & 1 \end{bmatrix}$

$\Rightarrow AB = \begin{bmatrix} 1-1 & 1-1 \\ -1+1 & -1+1 \end{bmatrix}$

$\Rightarrow AB = \begin{bmatrix} 0 & 0 \\ 0 & 0 \end{bmatrix}$

AB एक शून्य आव्यूह है क्योंकि आव्यूह के सभी अवयव शून्य हैं।

अतः विकल्प (A) सही है।

16. दिया गया है:

∠A = 37.5° और O, ΔABC का लम्बकेन्द्र है

लम्बकेन्द्र के लिए, ∠A + ∠BOC = 180°,

∠B + ∠AOC = 180°

∠C + ∠AOB = 180°

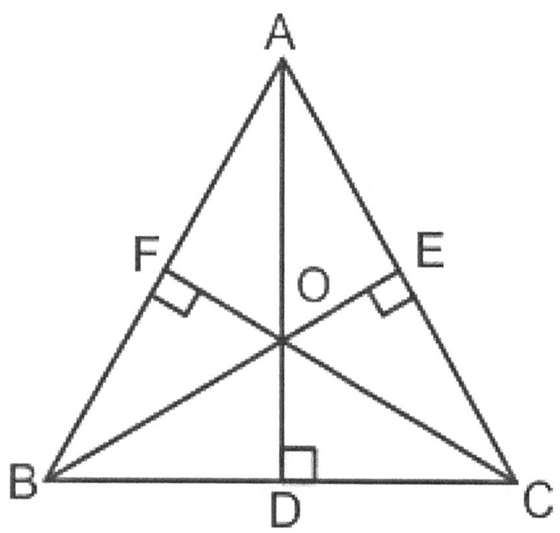

⇒∠A + ∠BOC = 180°

⇒∠BOC = 180° – 37.5° = 142.5°

∴ ∠BOC का मान= 142.5°

अत: विकल्प (A) सही है।

17. दिया गया है:

$\sqrt{176+\sqrt{2401}}$

2401 का वर्गमूल $=\sqrt{49\times 49}=49$

$=\sqrt{176+49}$

$=\sqrt{225}$

$=15$

∴ $\sqrt{176+\sqrt{2401}}$ का मान 15 है।

अत: विकल्प (D) सही है।

18. दिया गया है,

समीकरण: $x(x+1)+1=0$

माना दूसरा मूल β है।

$\Rightarrow x^2+x+1=0$

$a=1, b=1$ और $c=1$

जैसा कि k समीकरण का मूल है।

$\Rightarrow k^2+k+1=0$

$\Rightarrow k^2=-1-k \quad ...(i)$

मूलों का योग $=-\frac{1}{1}=-1$

$\Rightarrow \beta+k=-1$

$\Rightarrow \beta=-1-k \quad ...(ii)$

समीकरण (i) और (ii) से, हम प्राप्त करते हैं

$\Rightarrow \beta=k^2$

∴ दूसरा मूल k^2 है।

अतः विकल्प (C) सही है।

19. दिया है:

L=15 (लंबाई = L;B = चौड़ाई;H = क्षेत्रफल)

H=17 सेमी

जैसा कि हम जानते हैं,

आयत के विकर्ण की लंबाई $=\sqrt{(L^2+B^2)}$

आयत का क्षेत्रफल = लंबाई × चौड़ाई

$H^2=L^2+B^2$

$\Rightarrow (17)^2=(15)^2+B^2$

$\Rightarrow 289=225+B^2$

$\Rightarrow B^2=289-225$

$\Rightarrow B^2=64$

$\Rightarrow B=8$ सेमी

आयत का क्षेत्रफल = L × B

अब, आयत का क्षेत्रफल = 8 × 15 = 120 वर्ग सेमी

इसलिए, आयत का क्षेत्रफल 120 वर्ग सेमी है

अतः विकल्प (B) सही है।

20. दिया गया है,

कक्षा के कुल औसत अंक $=43$

लड़कों की संख्या $=25$

लड़कों के औसत अंक $=40$

लड़कियों के औसत अंक $=48$

जैसा कि हम जानते है,

अंकों का औसत = (कुल अंक /छात्रों की संख्या)

माना, लड़कियों की संख्या $=x$

$\Rightarrow (25\times 40)+(48\times x)=43\times(25+x)$

$\Rightarrow 1000+48x=1075+43x$

$\Rightarrow 5x=75$

$\Rightarrow x=15$

∴ लड़कियों की संख्या 15 है।

अत: विकल्प (C) सही है।

21. माना संख्या $3x, 4x$ और $5x$ है।

तब उनका लघुत्तम समावर्तय $= 60x$

$\therefore 60x = 4200$

$\Rightarrow x = \frac{4200}{60}$

$\Rightarrow x = 70$

$\therefore$ संख्याएं $(3 \times 70), (4 \times 70)$ और (5×70) हैं।

तब महत्तम समावर्तय $= 70$

अत: विकल्प (A) सही है।

22. दिया गया है,

एक समांतर श्रेणी के पांच पदों का योग $= 75$

माना पहला पद $(a - 2d)$ है,

$\Rightarrow$ दूसरा पद $= (a - d)$

$\Rightarrow$ तीसरा पद $= a$

$\Rightarrow$ चौथा पद $= (a + d)$

$\Rightarrow$ पांचवां पद $= (2a + d)$

प्रश्नानुसार,

$a - 2d + a - d + a + a + d + a + 2d = 75$

$\Rightarrow 5a = 75$

$\Rightarrow a = \frac{75}{5}$

$\Rightarrow a = 15$

$\therefore$ तीसरा पद 15 है।

अत: विकल्प (D) सही है।

23. हम मानते हैं कि अनुक्रम $a_1, a_2, a_3 \dots a_n$ एक समान्तर श्रेणी है। तब समान्तर श्रेणी का n वाँ पद है,

$T_n = S_n - S_{n-1}$

सार्व अंतर $= d = T_n - T_{n-1}$

दिया गया है: $5,8,11,14, \dots$ एक समान्तर श्रेणी है

यहाँ, $a = 5$ और $d = 3$

माना दी गई समान्तर श्रेणी का n वाँ पद 320 है

जैसा कि हम जानते हैं कि यदि समान्तर श्रेणी का a पहला पद है और d एक सार्व अंतर है तो $a_n = a + (n-1) \times d$

$\Rightarrow 320 = 5 + (n-1) \times 3$

$\Rightarrow 320 = 5 + 3n - 3$

$\Rightarrow 3n = 318$

$\Rightarrow n = 106$

अत: विकल्प (B) सही है।

24. दिया गया है:

तीन संख्याएँ 5, p और 11 समांतर श्रेणी में हैं।

चूँकि हम जानते हैं कि, यदि तीन संख्याएँ x, y, और z समांतर श्रेणी में हैं, तो 2y = x + z है।

⇒ 2p = 5 + 11

⇒ 2p = 16

⇒ p = 8

अत: विकल्प (A) सही है।

25. दिया है:

निर्देशांक (3, 2) = x = 3, y = 2

kx - 3y = 6

प्रश्न के अनुसार,

⇒ kx - 3y = 6

⇒ k (3) - 3 x 2 = 6

⇒ 3k – 6 = 6

$\Rightarrow k = \frac{12}{3} = 4$

$\therefore$ k का मान 4 है।

अत: विकल्प (A) सही है।

अनुभागीय टेस्ट 07

Q.1 लाल बहादुर शास्त्री अंतर्राष्ट्रीय हवाई अड्डा किस शहर में स्थित है?
A. हैदराबाद **B.** वाराणसी **C.** इंदौर **D.** चंडीगढ़

Q.2 इंडिया चाबहार बन्दरगाह किस देश में बना रहा है?
[Territorial Army Officer, 2021]
A. इराक **B.** ओमान **C.** ईरान **D.** पाकिस्तान

Q.3 उत्तर प्रदेश में परमाणु उर्जा केंद्र स्थापित है:
A. नरौरा **B.** कौशाम्बी
C. मथुरा **D.** फिरोजाबाद

Q.4 निम्नलिखित में से कौन सी एक उत्तर प्रदेश की प्रमुख नदी है?
A. गंगा **B.** यमुना
C. रामगंगा **D.** उपरोक्त सभी

Q.5 आंध्र प्रदेश विधान परिषद को 1985 में समाप्त कर दिया गया था। किस वर्ष इसे फिर से पुनर्जीवित किया गया था?
A. 2004 **B.** 2005 **C.** 2006 **D.** 2007

Q.6 निम्नलिखित में से किस कुषाण राजा ने धर्म-थिडा की उपाधि धारण की थी?
A. विमा कदफिसेस **B.** कुजुल कदफिसेस
C. कनिष्क महान **D.** हुविष्का

Q.7 अंग्रेजी ईस्ट इंडिया कंपनी को रॉयल चार्टर कब प्राप्त हुआ?
A. 1508 **B.** 1519 **C.** 1600 **D.** 1618

Q.8 जो भू-आकृतियाँ उभरी और चपटी हैं, उन्हें वर्गीकृत किया गया है
A. पहाड़ी **B.** पठार **C.** मैदान **D.** घाटी

Q.9 हिमालय में श्रीनगर और लेह के बीच राष्ट्रीय राजमार्ग 1 इनमें से किस दर्रे से होकर गुजरता है?
A. बनिहाल दर्रा **B.** ज़ोजिला दर्रा
C. चांगला दर्रा **D.** दीफू दर्रा

Q.10 निम्नलिखित में से किस स्थान पर एम.के. गांधी द्वारा सत्याग्रह सभा का गठन किया गया था?
A. बंबई **B.** कलकत्ता **C.** गुजरात **D.** पूना

Q.11 भारतीय राष्ट्रीय कांग्रेस द्वारा किस अधिवेशन में ऐतिहासिक "पूर्ण स्वराज्य" (पूर्ण स्वतंत्रता) का प्रस्ताव पारित किया गया?
[UPSSSC Preliminary Eligibility Test, 2021]
A. बम्बई **B.** लाहौर **C.** कराची **D.** लखनऊ

Q.12 इस्लामिक सहयोग संगठन के बारे में निम्नलिखित में से कौन-सा कथन सही नहीं है?
[Officers Training Academy (OTA), 2019], [Indian Military Academy (IMA), 2019]
A. इसका स्थायी सचिवालय जेद्दा में स्थित है।
B. यह विश्व के विभिन्न लोगों के बीच अंतर्राष्ट्रीय शांति और सामंजस्य को प्रोत्साहन देने की भावना से मुस्लिम विश्व के हितों की सुरक्षा और संरक्षण के लिए प्रयत्न करता है।
C. यह विश्व का सबसे बड़ा अन्तर-सरकारी संगठन (इन्टर-गवर्नमेंटल ऑर्गेनाइज़ेशन) है।
D. UN के साथ इसके सलाहकारी और सहयोगी संबंध है।

Q.13 एलिफेंटा की गुफाएँ किस देवता को समर्पित हैं?
A. भगवान शिव **B.** भगवान हनुमान
C. भगवान इंद्र **D.** भगवान ब्रह्मा

Q.14 ________ उत्तर प्रदेश राज्य की पारंपरिक अर्द्ध ऐतिहासिक कहानियों एवं गाथागीत का नृत्य-नाटक है।
[UPSSSC Junior Assistant, 2020]
A. घूमर **B.** कालबेलिया
C. स्वांग **D.** पुली काली

Q.15 निम्नलिखित में से भूटान की राजधानी क्या है?
A. थिम्पू **B.** टोक्यो **C.** काबुल **D.** अंकारा

Q.16 तुर्की की मुद्रा क्या है?
A. क्यूबा **B.** तुर्की लीरा **C.** बहमास **D.** चाड

Q.17 अंतर्राष्ट्रीय जैवविविधता दिवस _______ को मनाया जाता है।
A. 21 मई **B.** 23 मई **C.** 22 मई **D.** 24 मई

Q.18 ग्राफिकल यूजर एनवायरनमेंट में किस डिवाइस को मानक पॉइंटिंग डिवाइस के रूप में उपयोग किया जाता है?
A. कीबोर्ड **B.** माउस **C.** जॉयस्टिक **D.** ट्रैकबॉल

Q.19 चयनित ड्रॉप-डाउन सूची को ओपन करने के लिए _______ का उपयोग किया जाता है।
A. Shift+Down arrow **B.** Alt+Right arrow
C. Ctrl+Down arrow **D.** Alt+Down arrow

Q.20 प्रतिजैविकों की अधिक मात्रा मानव शरीर में निम्नलिखित में से किस विटामिन के संश्लेषण को रोक देगी?
A. विटामिन A **B.** कैल्सीफेरॉल
C. विटामिन K **D.** बायोटिन

Q.21 निम्नलिखित में से कौन सा विद्युत का सबसे अच्छा सुचालक है?
A. ऑक्सीजन **B.** एल्युमिनियम
C. कार्बन **D.** लकड़ी

Q.22 ASEAN का पूर्ण रूप क्या है?
A. एसोसिएशन ऑफ साउथ ईस्ट एशियन नेशंस
B. एसोसिएशन ऑफ शिपिंग नेशंस
C. एसोसिएशन ऑफ सी एंड नेशंस
D. इनमे से कोई भी नहीं

Q.23 कौन सा शहर 2022 में 'भारतीय मोबाइल कांग्रेस' का मेजबान है?
A. नई दिल्ली **B.** मुंबई
C. अहमदाबाद **D.** बेंगलुरु

Q.24 कौन सा देश 2022 में अंतर्राष्ट्रीय सौर गठबंधन की पांचवीं सभा का मेजबान है?
A. बांग्लादेश **B.** भारत **C.** नेपाल **D.** थाईलैंड

Q.25 2022 में किस शहर में, प्रधानमंत्री नरेंद्र मोदी ने 'अखिल भारतीय शिक्षा समागम' का उद्घाटन किया?
A. हरिद्वार **B.** अयोध्या **C.** उज्जैन **D.** वाराणसी

// स्मार्ट उत्तर पुस्तिका //

सही उत्तर उन छात्रों के प्रतिशत को इंगित करता है जिन्होंने प्रश्नों का सही उत्तर दिया था।

छोड़ दिया उन छात्रों के प्रतिशत को इंगित करता है जिन्होंने प्रश्नों को छोड़ दिया था।

प्रश्न संख्या	उत्तर	सही उत्तर	छोड़ दिया
1	B	65.85 %	1.61 %
2	C	78.32 %	0.0 %
3	A	49.46 %	1.03 %
4	D	28.21 %	4.64 %
5	D	48.39 %	1.4 %
6	B	67.58 %	1.59 %
7	C	46.47 %	1.36 %
8	B	62.66 %	1.67 %
9	B	60.7 %	1.92 %
10	A	88.89 %	0.0 %
11	B	50.26 %	1.72 %
12	C	14.24 %	4.1 %
13	A	77.04 %	0.0 %
14	C	67.56 %	1.35 %
15	A	65.12 %	1.64 %
16	B	31.75 %	3.71 %
17	C	43.32 %	1.41 %
18	B	77.82 %	0.0 %
19	D	54.89 %	1.11 %
20	D	57.03 %	1.48 %
21	B	45.04 %	1.67 %
22	A	41.67 %	1.51 %
23	A	64.22 %	1.08 %
24	B	58.54 %	1.94 %
25	D	54.24 %	1.46 %

कार्य विश्लेषण	
औसत अंक (%)	60.0%
टॉपर्स स्कोर (%)	64.0%
आपका स्कोर	

//संकेत और समाधान//

1. लाल बहादुर शास्त्री अंतर्राष्ट्रीय हवाई अड्डा वाराणसी, उत्तर प्रदेश, भारत की सेवा करने वाला एक अंतरराष्ट्रीय हवाई अड्डा है। यह वाराणसी से 26 किमी (16 मील) उत्तर पश्चिम में बाबतपुर में स्थित है। पहले यह वाराणसी हवाई अड्डे के रूप में जाना जाता था, इसका आधिकारिक नाम अक्टूबर 2005 में भारत के दूसरे प्रधान मंत्री लाल बहादुर शास्त्री के नाम पर रखा गया था। यह यात्री आवाजाही के मामले में भारत का 20वां सबसे व्यस्त हवाई अड्डा और उत्तर प्रदेश का दूसरा सबसे व्यस्त हवाई अड्डा है। .

अतः विकल्प (B) सही है।

2. इंडिया चाबहार बन्दरगाह ईरान में बना रहा है।

चाबहार बंदरगाह ईरान में ओमान की खाड़ी में स्थित है। यह पाकिस्तान के ग्वादर बंदरगाह से 72 किमी दूर है। भारत और ईरान के बीच एक द्विपक्षीय समझौते से, भारत को चाबहार बंदरगाह के दो बर्थ विकसित करने का अधिकार है, इस समझौते पर 2015 में हस्ताक्षर किए गए थे।

अतः विकल्प (C) सही है।

3. उत्तर प्रदेश में एकमात्र परमाणु ऊर्जा (नाभिकीय ऊर्जा) केंद्र नरौरा (बुलंदशहर) में स्थापित है। इसकी पहली इकाई 12 मार्च, 1989 को संचालित की गई तथा दूसरी इकाई 24 अक्टूबर, 1991 को आरंभ हुई। नरौरा परमाणु ऊर्जा केंद्र ISO, 14001 प्रमाणन प्राप्त करने वाला एशिया का प्रथम परमाणु ऊर्जा संयंत्र है।

अतः विकल्प (A) सही है।

4. उत्तर प्रदेश की प्रमुख नदियाँ गंगा, यमुना, रामगंगा और गोमती है।

गंगा नदी उत्तर प्रदेश की सबसे लंबी नदी है। गंगा नदी उत्तर प्रदेश में 1450 किलोमीटर लंबा मार्ग तय करती है। इसकी प्रमुख सहायक नदियाँ रामगंगा, घागरा, गंडक, कोसी और बागमती तथा दक्षिण किनारे से मिलने वाली सहायक नदियाँ यमुना, टोंस एवं सोन नदी हैं।

यमुना नदी उत्तराखंड, हिमाचल प्रदेश, हरियाणा दिल्ली तथा उत्तर प्रदेश से होकर बहती है । तथा उत्तर प्रदेश के सहारनपुर, शामली, बागपत, गाजियाबाद, गौतम बुद्धनगर, अलीगढ़, मथुरा, आगरा, इटावा, औरैया, जालौन, हमीरपुर, बांदा, फतेहपुर, एवं प्रयागराज जिलों से होकर बहती है।

रामगंगा नदी कार्बेट नेशनल पार्क से होकर बहती है। तथा रामगंगा नदी कालागढ़ जिला बिजनौर से मैदानी भागों में प्रवेश करती है।

गोमती नदी का उद्गम उत्तर प्रदेश के पीलीभीत जिले की फुलहर झील से होता है। गोमती नदी उत्तर प्रदेश के पीलीभीत, शाहजहांपुर, लखीमपुर खीरी, सीतापुर, लखनऊ, सुल्तानपुर एवं जौनपुर जिलों से प्रवाहित होती हुई गाजीपुर जिले में गंगा नदी से मिलती है।

अतः विकल्प (D) सही है।

5. आंध्र प्रदेश विधान परिषद 1958 से 1985 के बीच और 2007 से आज तक अस्तित्व में थी। आंध्र प्रदेश सरकार ने परिषद को भंग करने का प्रस्ताव पारित किया था और वह संसदीय स्वीकृति का इंतजार कर रही है।

अत: विकल्प (D) सही है।

6. कुजुल कदाफिसेस (या कडफिसेस प्रथम) कुषाण वंश के संस्थापक थे। कुजुला को अपने सिक्कों में धर्म-थिडा और सच्चा-धर्म-थिता के रूप में जाना जाता है, जो स्पष्ट रूप से बौद्ध और शैव धर्मों के पालन का उल्लेख करते हैं।

अत: विकल्प (B) सही है।

7. अंग्रेजी ईस्ट इंडिया कंपनी को रॉयल चार्टर 1600 में प्राप्त हुआ। इंग्लिश ईस्ट इंडिया कंपनी, जिसे औपचारिक रूप से गवर्नर एंड कंपनी ऑफ मर्चेंट्स ऑफ लंदन ट्रेडिंग इन द ईस्ट-इंडीज के रूप में जाना जाता है, को पहली बार 31 दिसंबर, 1600 को क्वीन एलिजाबेथ। (1533-1603) के एक चार्टर द्वारा शामिल किया गया था। 1600 में, ईस्ट इंडिया कंपनी ने इंग्लैंड के शासक महारानी एलिजाबेथ। से एक चार्टर हासिल कर लिया, जिससे उसे पूर्व के साथ व्यापार करने का एकमात्र अधिकार मिल गया। इसका मतलब था कि इंग्लैंड में कोई अन्य व्यापारिक समूह ईस्ट इंडिया कंपनी के साथ प्रतिस्पर्धा नहीं कर सकता था।

अत: विकल्प (C) सही है।

8. एक पठार एक समतल, ऊंचा भूभाग है जो कम से कम एक तरफ के आसपास के क्षेत्र में तेजी से ऊपर उठता है। पठार हर महाद्वीप पर पाए जाते हैं और पृथ्वी की भूमि का एक तिहाई हिस्सा लेते हैं। वे पहाड़ों, मैदानों और पहाड़ियों के साथ चार प्रमुख लैंडफॉर्म में से एक हैं।

अतः विकल्प (B) सही है।

9. ज़ोजिला दर्रा द्रास सेक्टर में केंद्र शासित प्रदेश लद्दाख में स्थित है और कश्मीर घाटी को द्रास और सुरू घाटियों से जोड़ता है। हिमालय पर्वत श्रृंखला के पश्चिमी भाग में श्रीनगर और लेह के बीच राष्ट्रीय राजमार्ग 1 ज़ोजिला दर्रे से होकर गुजरता है।

अतः विकल्प (B) सही है।

10. सत्याग्रह सभा बंबई में 1919 में एम.के. गांधी द्वारा स्थापित की गयी थी। रौलट एक्ट के विरोध में सत्याग्रह सभा की स्थापना हुई थी। रॉलेट को 1919 के अराजक और क्रांतिकारी अपराध अधिनियम के रूप में भी जाना जाता है। रॉलेट एक्ट ने ब्रिटिश सरकार को बंदी प्रत्यक्षीकरण के अधिकार को निलंबित करने का अधिकार दिया।

अत: विकल्प (A) सही है।

11. भारतीय राष्ट्रीय कांग्रेस द्वारा लाहौर अधिवेशन में ऐतिहासिक "पूर्ण स्वराज्य" (पूर्ण स्वतंत्रता) का प्रस्ताव पारित किया गया।

पूर्ण स्वराज घोषणा, और 'स्व-शासन या संप्रभुता' या भारत की स्वतंत्रता की घोषणा, 26 जनवरी 1930 को भारतीय राष्ट्रीय कांग्रेस द्वारा प्रख्यापित की गई थी, कांग्रेस और भारतीय राष्ट्रवादियों ने पूर्ण स्वराज या ब्रिटिश साम्राज्य से स्वतंत्र पूर्ण स्वशासन के लिए लड़ने का संकल्प लिया।

भारत का झंडा जवाहरलाल नेहरू ने 31 दिसंबर 1929 को लाहौर में रावी नदी के तट पर फहराया था। कांग्रेस ने भारत के लोगों से 26 जनवरी को स्वतंत्रता दिवस के रूप में मनाने के लिए कहा। कांग्रेस के स्वयंसेवकों, नेहरू, राष्ट्रवादियों और जनता द्वारा पूरे भारत में भारत का झंडा सार्वजनिक रूप से फहराया गया।

अतः विकल्प (B) सही है।

12. इस्लामिक सहयोग संगठन दुनिया का सबसे बड़ा अंतर-सरकारी संगठन है। इस्लामिक सहयोग संगठन संयुक्त राष्ट्र के बाद दूसरा सबसे बड़ा अंतर-सरकारी अंतर्राष्ट्रीय संगठन है। इसकी स्थापना 1969 में हुई थी। मुस्लिम जगत से इसके 57 सदस्य हैं। भारत OIC का हिस्सा नहीं है। OIC स्वयं को "इस्लामिक / मुस्लिम जगत की सामूहिक आवाज" कहता है। संगठन का उद्देश्य अंतर्राष्ट्रीय शांति और सद्भाव को बढ़ावा देने की भावना के साथ मुस्लिम जगत के हितों की रक्षा करना है। OIC के पास यूरोपीय संघ और संयुक्त राष्ट्र में स्थायी प्रतिनिधिमंडल हैं। इसका स्थायी सचिवालय सऊदी अरब के जेद्दा में स्थित है।

अतः विकल्प (C) सही है।

13. एलिफेंटा गुफाएँ:

- एलिफेंटा गुफाएँ एक यूनेस्को विश्व विरासत स्थल हैं और मुख्य रूप से हिंदू भगवान शिव को समर्पित गुफा मंदिरों का एक संग्रह है।
- बंबई के समीप ओमान के समुद्र में एक द्वीप पर स्थित 'सिटी ऑफ केव्स' में शिव के पंथ से जुड़ी रॉक कला का सांग्रह है।

- एलिफेंटा की गुफाएँ पश्चिमी भारत में एलीफेंटा द्वीप पर स्थित हैं (अन्यथा इसे घारपुरी के द्वीप के रूप में जाना जाता है), जिसमें दो पहाड़ियों को एक संकीर्ण घाटी द्वारा अलग किया गया है।
- एलिफेंटा की गुफाओं को कलचुरियों का योगदान माना जाता है और योगदान करने वाले नवीनतम शासक राष्ट्रकूट थे।

अत: विकल्प (A) सही है।

14. स्वांग उत्तर प्रदेश राज्य की पारंपरिक अर्द्ध ऐतिहासिक कहानियों एवं गाथागीत का नृत्य-नाटक है। स्वांग की उत्पत्ति अठारहवीं शताब्दी के अंत में हुई थी। इसका मंचन भी नौटंकी की भाँति किया जाता है। स्वांग कलाकार विभिन्न वेशभूषा में स्वांग भर कर आपसी संवादो व गीतों के द्वारा लोगों का मनोरंजन करते हैं।

अतः विकल्प (C) सही है।

15. थिम्पू पर्वतीय राष्ट्र भूटान की राजधानी और सबसे बड़ा शहर है। यह भूटान के पश्चिमी मध्य भाग में स्थित है, और आसपास की घाटी भूटान के ज़ोंगखाओं मे से एक थिम्फू जिला है। 1955 में थिम्पू को भूटान की प्राचीन राजधानी पुनाखा के स्थान पर राजधानी बनाया गया था, और 1961 में भूटान के तीसरे ड्रुक ग्याल्पो जिग्मे दोरजी वांगचुक ने थिम्पू को भूटान साम्राज्य की राजधानी घोषित किया था।

अत: विकल्प (A) सही है।

16. तुर्की की मुद्रा लीरा है। प्रमुख शहरों और पर्यटन क्षेत्रों में एटीएम व्यापक रूप से उपलब्ध हैं। आप बैंकों और विनिमय ब्यूरो से स्थानीय मुद्रा प्राप्त कर सकते हैं, जिसे तुर्की में डोविज़ के नाम से जाना जाता है।

अत: विकल्प (B) सही है।

17. जैवविविधता के मुद्दों के बारे में लोगों को जागरूक करने के लिए 22 मई को अंतर्राष्ट्रीय जैवविविधता दिवस मनाया जाता है। यह तिथि 22 मई 1992 को नैरोबी में जैविक विविधता पर कन्वेंशन के सहमत पाठ को अपनाने की तिथि की याद दिलाती है। अंतर्राष्ट्रीय जैवविविधता दिवस 2022 के लिए चुना गया विषय "सभी जीवन के लिए एक साझा भविष्य का निर्माण" है।

अतः विकल्प (C) सही है।

18. माउस का उपयोग ग्राफिकल यूजर एनवायरनमेंट में मानक पॉइंटिंग डिवाइस के रूप गें किया जाता है। एक पॉइंटिंग डिवाइस मूल रूप से माउस कर्सर को स्थानांतरित करने के लिए उपयोग किया जाता है और कैमरा माउस, कंप्यूटर माउस इत्यादि जैसे पॉइंटिंग डिवाइस के विभिन्न उदाहरण हैं।

अत: विकल्प (B) सही है।

19. किसी चयनित ड्रॉप-डाउन सूची को ओपन करने के लिए "Alt+Down arrow" शॉर्टकट कुंजी का उपयोग किया जाता है। ड्रॉप-डाउन सूची सूची बॉक्स के समान एक ग्राफिकल कंट्रोल एलिमेंट है, जो यूजर को सूची से एक मान चुनने की अनुमति देता है। जब कोई ड्रॉप-डाउन सूची निष्क्रिय होती है, तो वह सिंगल मान प्रदर्शित करती है। सक्रिय होने पर, यह मानों की एक सूची (ड्रॉप-डाउन) प्रदर्शित करता है, जिसमें से यूजर एक का चयन कर सकता है।

अत: विकल्प (D) सही है।

20. एंटीबायोटिक दवाओं के ओवरडोज से मानव शरीर में संश्लेषण बायोटिन का दमन होगा। बायोटिन को विटामिन H, विटामिन B_7 या विटामिन B_8 के रूप में भी जाना जाता है और यह चयापचय प्रक्रियाओं की एक विस्तृत श्रृंखला में शामिल है, जो मुख्य रूप से वसा, कार्बोहाइड्रेट और अमीनो एसिड के उपयोग से संबंधित है।

अत: विकल्प (D) सही है।

21. ऑक्सीजन, कार्बन, एल्युमिनियम और लकड़ी में एल्युमिनियम एक धातु है जबकि अन्य अधातु हैं। धातुएँ विद्युत की सुचालक होती हैं।

अत: विकल्प (B) सही है।

22. ASEAN का पूर्ण रूप "एसोसिएशन ऑफ साउथ ईस्ट एशियन नेशंस" है। यह दक्षिण पूर्व एशिया में 10 सदस्य राज्यों का एक राजनीतिक और आर्थिक संघ है, जो अंतर-सरकारी सहयोग को बढ़ावा देता है और एशिया-प्रशांत में अपने सदस्यों और देशों के बीच आर्थिक, राजनीतिक, सुरक्षा, सैन्य, शैक्षिक और सामाजिक-सांस्कृतिक एकीकरण की सुविधा प्रदान करता है।

अत: विकल्प (A) सही है।

23. प्रधान मंत्री नरेंद्र मोदी ने आधिकारिक तौर पर नई दिल्ली में 2022 में आयोजित 'भारतीय मोबाइल कांग्रेस' के दौरान चुनिंदा शहरों में 5G लॉन्च करने की घोषणा की।

भारती एयरटेल और जियो जैसी प्रमुख दूरसंचार कंपनियों ने पुष्टि की है कि वह चुनिंदा शहरों में 5जी सेवाएं शुरू करेंगी।

अतः विकल्प (A) सही है।

24. अंतर्राष्ट्रीय सौर गठबंधन की पांचवीं सभा की मेजबानी 17-20 अक्टूबर, 2022 को नई दिल्ली में भारत द्वारा की जानी है।

केंद्रीय बिजली और नवीन और नवीकरणीय ऊर्जा मंत्री आरके सिंह ने आईएसए की पांचवीं विधानसभा के कर्टेन रेज़र का अनावरण किया। भारत आईएसए विधानसभा के अध्यक्ष का पद धारण करता है। पांचवीं विधानसभा तीन महत्वपूर्ण मुद्दों: ऊर्जा पहुंच, ऊर्जा सुरक्षा और ऊर्जा संक्रमण पर आईएसए की प्रमुख पहलों पर विचार-विमर्श करेगी।

अतः विकल्प (C) सही है।

25. 2022 में प्रधानमंत्री नरेंद्र मोदी ने वाराणसी में राष्ट्रीय शिक्षा नीति (NEP) के कार्यान्वयन पर 'अखिल भारतीय शिक्षा समागम' का उद्घाटन किया।

- शिक्षा मंत्रालय 7 से 9 जुलाई 2022 तक शिक्षा समागम का आयोजन कर रहा है।
- यह शिक्षाविदों और नीति निर्माताओं को NEP 2020 के प्रभावी कार्यान्वयन के लिए विचार-विमर्श करने, अपने अनुभव साझा करने और रोडमैप पर चर्चा करने के लिए एक मंच प्रदान करेगा।

अत: विकल्प (D) सही है।

अनुभागीय टेस्ट 08

Q.1 उत्तर प्रदेश का पहला कृत्रिम बुद्धिमत्ता केंद्र ______ में स्थापित किया जाएगा।

A. नोएडा **B.** कानपुर **C.** वाराणसी **D.** झांसी

Q.2 केंद्र सरकार द्वारा उत्तर प्रदेश में स्थापित किए जाने वाले कितने खिलौना उत्पादक समूह स्वीकृत हैं?

A. 5 **B.** 10 **C.** 1 **D.** 12

Q.3 उत्तर प्रदेश की दूसरी महिला राज्यपाल का क्या नाम है?

A. विजयलक्ष्मी पंडित **B.** सुचेता कृपालिनी
C. सरोजिनी नायडू **D.** आनंदी बेन पटेल

Q.4 निम्नलिखित में से कौन-सा महासागर धाराओं को प्रभावित नहीं करता है?

[Indian Military Academy (IMA), 2022]

A. सौर ऊर्जा द्वारा तापन
B. पवन
C. सूर्य-चंद्रमा द्वारा गुरुत्वीय कर्षण
D. कॉरिऑलिस बल

Q.5 भारतीय प्रतिभूति और विनिमय बोर्ड (सेबी) का मुख्यालय कहाँ है?

A. मुंबई **B.** लखनऊ **C.** वडोदरा **D.** हैदराबाद

Q.6 कथक किसका प्रमुख शास्त्रीय नृत्य है?

A. दक्षिण भारत **B.** पूर्वी भारत
C. उत्तरी भारत **D.** पश्चिमी भारत

Q.7 'हरदौल कथा', विशेष रूप से ____ के लोकगीत हैं जो कि उत्तर प्रदेश एवं मध्य प्रदेश में फैले हुए हैं।

[UPSSSC Junior Assistant, 2020]

A. मिर्जापुर **B.** बुंदेलखंड **C.** अवध **D.** ब्रज

Q.8 निम्नलिखित में से कौन सा दिन संयुक्त राष्ट्र द्वारा मानवाधिकार दिवस के रूप में मनाया जाता है?

[UP Police ASI, 2018]

A. 16 जून **B.** 10 दिसम्बर
C. 11 जनवरी **D.** 05 सितंबर

Q.9 सोडियम क्लोराइड (नमक) और अमोनियम क्लोराइड का मिश्रण ________ द्वारा पृथक किया जा सकता है।

[Indian Military Academy (IMA), 2020], [Officers Training Academy (OTA), 2020]

A. उर्ध्वपातन **B.** फिल्ट्रेशन(निस्पंदन)
C. क्रोमैटोग्राफी(वर्णलेखन) **D.** आसवन

Q.10 अंतर्राष्ट्रीय डेयरी महासंघ विश्व डेयरी शिखर सम्मेलन (IDF WDS) 2022 कहाँ आयोजित किया गया था?

A. वाराणसी **B.** ग्रेटर नोएडा
C. अमृतसर **D.** नैनीताल

Q.11 दांडी यात्रा लगभग कितने अनुयायियों के साथ शुरू हुई थी?

A. 70 **B.** 80 **C.** 50 **D.** 60

Q.12 क्रांतिकारी भगत सिंह को फांसी पर लटकाए जाने के समय उनकी आयु कितनी थी?

A. 20 **B.** 23 **C.** 30 **D.** 26

Q.13 भारत में 'मताधिकार' एक ________ है।

[Madhya Pradesh Public Service Commission (MPPSC), 2018]

A. मौलिक अधिकार **B.** प्राकृतिक अधिकार
C. संवैधानिक अधिकार **D.** कानूनी अधिकार

Q.14 15 सितंबर 2022 से किस शहर में "स्मार्ट विलेज पंचायत: एम्पॉवरिंग रूरल कम्युनिटीज: लीविंग नो वन बिहाइंड" पर दो दिवसीय सम्मेलन का आयोजन किया गया?

A. चेन्नई **B.** आगरा **C.** सूरत **D.** लखनऊ

Q.15 वायुमंडल की किस परत में मौसमी घटनाएँ होती है?

A. समताप मंडल **B.** बाह्य वायुमंडल
C. क्षोभ मंडल **D.** आयन मंडल

Q.16 जनवरी 2022 में नेताजी अनुसंधान ब्यूरो द्वारा नेताजी पुरस्कार 2022 से किसे सम्मानित किया गया?

A. के पी शर्मा ओली **B.** योशीहिको नोदा
C. शिंजो आबे **D.** शेख हसीना

Q.17 PESA का संक्षिप्त नाम क्या है?

A. अनुसूची क्षेत्र के लिए गरीबी उन्मूलन
B. पंचायत अनुसूची क्षेत्र का विस्तार
C. पंचायत विस्तार योजना संस्था
D. अनुसूची क्षेत्र के लिए अनंतिम विस्तार

Q.18 जब एक मैग्नीशियम पट्टी को हवा में जलाया जाता है, तो चमकदार ____ लौ जलती है।

A. हरा **B.** सफ़ेद **C.** लाल **D.** नीला

Q.19 अप्रैल 1929 में भगत सिंह ने किसके साथ विधान सभा में बम फेंका?

A. सुखदेव **B.** जतिन दास
C. बटुकेश्वर दत्त **D.** अजय घोष

Q.20 नीरज चोपड़ा निम्नलिखित में से किस खेल से जुड़े हैं?

A. हेप्टाथलान **B.** भाला फेंक
C. टेनिस **D.** कुश्ती

Q.21 पृथ्वी से प्राप्त ऊष्मीय ऊर्जा को ________ कहा जाता है।

A. तापीय ऊर्जा **B.** परमाणु ऊर्जा
C. सौर ऊर्जा **D.** भूतापीय ऊर्जा

Q.22 साइमन कमीशन के विरोध में किस स्वतंत्रता सेनानी की मृत्यु हुई?

A. लाला हरदयाल **B.** मदन लाल ढींगरा
C. लाला लाजपत राय **D.** शिवराम राजगुरु

Q.23 'सोन नदी' किसकी सहायक नदी है?

A. गंगा **B.** ब्रह्मपुत्र
C. कावेरी **D.** इनमें से कोई भी नहीं

Q.24 सैय्यद वंश के संस्थापक खिज्र खान निम्नलिखित में से किस शासक के अधीन मुल्तान का राज्यपाल था?

A. मुबारक खान **B.** फिरोज शाह तुगलक
C. बहलोल लोदी **D.** मुहम्मद तुगलक

Q.25 LED के संदर्भ में D का पूर्ण रूप क्या है?

A. डिस्क **B.** डायोड **C.** डिकोड **D.** डेस्क

// स्मार्ट उत्तर पुस्तिका //

सही उत्तर उन छात्रों के प्रतिशत को इंगित करता है जिन्होंने प्रश्नों का सही उत्तर दिया था।

छोड़ दिया उन छात्रों के प्रतिशत को इंगित करता है जिन्होंने प्रश्नों को छोड़ दिया था।

प्रश्न संख्या	उत्तर	सही उत्तर	छोड़ दिया
1	A	69.16 %	1.18 %
2	C	61.68 %	1.29 %
3	D	43.57 %	1.8 %
4	C	59.72 %	1.29 %
5	A	81.73 %	0.0 %
6	C	47.98 %	1.3 %
7	B	54.34 %	1.14 %
8	B	54.03 %	1.45 %
9	A	24.71 %	4.87 %
10	B	40.03 %	1.41 %
11	B	61.86 %	1.49 %
12	B	66.2 %	1.28 %
13	C	51.37 %	1.4 %
14	D	64.33 %	1.78 %
15	C	47.22 %	1.56 %
16	C	62.98 %	1.56 %
17	B	54.7 %	1.78 %
18	B	65.43 %	1.65 %
19	C	57.78 %	1.42 %
20	B	41.16 %	1.79 %
21	D	67.17 %	1.57 %
22	C	42.35 %	1.28 %
23	A	67.41 %	1.27 %
24	B	54.13 %	1.57 %
25	B	47.5 %	1.49 %

कार्य विश्लेषण	
औसत अंक (%)	56.0%
टॉपर्स स्कोर (%)	72.0%
आपका स्कोर	

//संकेत और समाधान//

1. उत्तर प्रदेश का पहला कृत्रिम बुद्धिमत्ता केंद्र नोएडा में स्थापित किया जाएगा।

- उत्तर प्रदेश में पहले कृत्रिम बुद्धिमत्ता केंद्र का प्रस्ताव आईआईटी कानपुर द्वारा दिया गया था।
- ई-कॉमर्स, उद्योग, व्यापार और स्वास्थ्य सेवाओं में अनुसंधान के माध्यम से नया सॉफ्टवेयर बुद्धिमत्ता केंद्र में विकसित किया जाएगा।

अत: विकल्प (A) सही है।

2. हाल ही में, केंद्र सरकार ने 2,300 करोड़ रुपये की लागत से 8 खिलौना विनिर्माण समूहों को मंजूरी दी है, जिसमें से एक उत्तर प्रदेश में स्थापित किया जाएगा।

- ये क्लस्टर "चीन के राष्ट्रपति" के तहत स्थापित किए जाएंगे, जिसका उद्देश्य खिलौनों पर आयात निर्भरता को कम करना है, जो कि वित्त वर्ष 2015 में 1.5 बिलियन डॉलर के आसपास था, जिसमें 90% आयात चीन और ताइवान के थे।
- ये क्लस्टर लकड़ी, लाख, ताड़ के पत्तों, बांस और कपड़ों से बने खिलौनों का निर्माण करेंगे।

अत: विकल्प (C) सही है।

3. उत्तर प्रदेश की दूसरी महिला राज्यपाल का नाम आनंदी बेन पटेल है। वह 1947 में डॉ सरोजिनी नायडू के बाद 20 जुलाई 2019 को राज्य की दूसरी महिला राज्यपाल बनी थी। उन्होंने मध्य प्रदेश की राज्यपाल और छत्तीसगढ़ की राज्यपाल के रूप में भी कार्य किया। वह गुजरात की पहली महिला मुख्यमंत्री रह चुकी हैं।

अत: विकल्प (D) सही है।

4. सूर्य और चंद्रमा द्वारा गुरुत्वाकर्षण बल महासागरीय धाराओं को प्रभावित नहीं करता है। पृथ्वी के चुंबकीय क्षेत्र अधिकांश सौर वायु को विक्षेपित करते हैं और समुद्र की धाराओं पर इसका कोई प्रभाव नहीं पड़ता है। महासागरीय धाराओं में कोरिओलिस बल, घर्षण बल और सूर्य के ताप प्रभाव का प्रभाव होता है। चंद्रमा का गुरुत्वाकर्षण पृथ्वी के हर हिस्से को अपनी ओर खींचता है, जिससे पूरा ग्रह चंद्रमा की ओर तेजी से बढ़ता है। हम इस त्वरण पर ध्यान नहीं देते हैं क्योंकि हम और हमारे आस-पास की संपत्ति समान मात्रा में त्वरण कर रहे हैं। (और हम कभी भी चंद्रमा तक नहीं पहुंच पाते हैं, क्योंकि यह हमारे रास्ते से बाहर परिक्रमा करता रहता है।) यहां तक कि पृथ्वी के विपरीत दिशा में कुछ भी चंद्रमा की ओर एक समान समान खिंचाव का अनुभव करता है।

अतः विकल्प (C) सही है।

5. भारतीय प्रतिभूति और विनिमय बोर्ड (सेबी) भारत सरकार के वित्त मंत्रालय के स्वामित्व में भारत में प्रतिभूतियों और कमोडिटी बाजार के लिए नियामक निकाय है। यह 12 अप्रैल 1988 को स्थापित किया गया था और 30 जनवरी 1992 को सेबी अधिनियम, 1992 के माध्यम से वैधानिक शक्तियां दी गई थी। इसका मुख्यालय मुंबई, महाराष्ट्र में है। श्री अजय त्यागी सेबी के अध्यक्ष हैं।

अतः विकल्प (A) सही है।

6. कथक उत्तर भारत का प्रमुख शास्त्रीय नृत्य है। कथक शब्द का अर्थ "कहानी सुनाना" है। यह प्राचीन भारत के नृत्य नाटकों से लिया गया है। जब संरक्षण मंदिरों से शाही दरबार में स्थानांतरित हो गया, तो समग्र जोर में बदलाव आया।

अत: विकल्प (C) सही है।

7. 'हरदौल कथा', विशेष रूप से बुंदेलखंड के लोकगीत हैं जो कि उत्तर प्रदेश एवं मध्य प्रदेश में फैले हुए हैं। ओरछा के प्रसिद्ध बीर सिंह बुंदेला के पुत्र हरदौल का जन्म दतिया (मध्य प्रदेश में जिला) में हुआ था। आराध्य राजकुमार की सदियों पहले मृत्यु हो गई थी, फिर भी वह "बुंदेलखंडी लोगों" के दिलों में जीवित है, जो उसे एक देवता के रूप में पूजते हैं। ऐसी मान्यता या परम्परा है कि ओरछा के राजा हरदौल को शादी-विवाह में आमन्त्रित करने से प्रायोजन में किसी प्रकार की कोई बाधा नहीं आती है।

अतः विकल्प (B) सही है।

8. मानवाधिकार दिवस हर साल 10 दिसंबर को मनाया जाता है। यह वह दिन था जब संयुक्त राष्ट्र महासभा ने 1948 में मानवाधिकारों की सार्वभौम घोषणा (यूडीएचआर) को अपनाया था।

मानव अधिकारों की सार्वभौमिक घोषणा (यूडीएचआर), मानव अधिकारों की पहली वैश्विक घोषणा और नए संयुक्त राष्ट्र की पहली प्रमुख उपलब्धियों में से एक, 10 दिसंबर 1948 को संयुक्त राष्ट्र महासभा के गोद लेने और उद्घोषणा का सम्मान करने के लिए तिथि का चयन किया गया था।

अतः विकल्प (B) सही है।

9. सोडियम क्लोराइड (नमक) और अमोनियम क्लोराइड का मिश्रण उर्ध्वपातन द्वारा पृथक किया जा सकता है।

- इस परिघटना के तहत, ठोस सीधे गैस में परिवर्तित हो जाता है या तरल अवस्था में परिवर्तित हुए बिना गैस में परिवर्तित हो जाता है।
- हालांकि, यह एक प्रक्रिया है, जिसके द्वारा यौगिकों को शुद्ध किया जा सकता है या मिश्रण को अलग किया जा सकता है और जैसे कि एक एकल चरण के रूप में या एक अधिक जटिल विश्लेषणात्मक विधि के अभिन्न अंग के रूप में महत्व हो सकता है।

अतः विकल्प (A) सही है।

10. अंतर्राष्ट्रीय डेयरी महासंघ विश्व डेयरी शिखर सम्मेलन (IDF WDS) 2022 ग्रेटर नोएडा में आयोजित किया गया था और प्रधानमंत्री नरेंद्र मोदी ने सम्मेलन का उद्घाटन किया।

भारतीय डेयरी उद्योग वैश्विक दूध का लगभग 23% हिस्सा है, जो सालाना लगभग 210 मिलियन टन का उत्पादन करता है। विगत आठ वर्षों में विभिन्न योजनाओं से दुग्ध उत्पादन में 44 प्रतिशत से अधिक की वृद्धि हुई है।

अतः विकल्प (B) सही है।

11. दांडी यात्रा लगभग 80 अनुयायियों के साथ शुरू हुई थी।

- 2 मार्च 1930 को महात्मा गांधी को कार्य योजना के बारे में बताया गया।
- उनकी योजना के अनुसार, गांधी, साबरमती आश्रम के 78 सदस्यों (लगभग 80) के समूह के साथ, अहमदाबाद में अपने मुख्यालय से गुजरात के गांवों के माध्यम से 240 मील की दूरी पर मार्च करना था।
- दांडी के तट पर पहुँचने पर समुद्र तट से नमक इकट्ठा करके नमक कानून का उल्लंघन करना था।

अतः विकल्प (B) सही है।

12. 23 वर्षीय भगत सिंह एक क्रांतिकारी थे, जब उन्हें फांसी पर लटका दिया गया था।

भगत सिंह एक भारतीय कम्युनिस्ट क्रांतिकारी थे, जिनकी भारत में अंग्रेजों के खिलाफ दो शानदार क्रूरता और 23 वर्ष की आयु में फांसी की सजा ने उन्हें भारतीय स्वतंत्रता आंदोलन का एक प्रसिद्ध नायक बना दिया।

अतः विकल्प (B) सही है।

13. भारत में 'मताधिकार' एक संवैधानिक अधिकार है।

भारत निर्वाचन आयोग के अनुसार, नागरिक निम्नलिखित शर्तों के तहत मतदाता बनने के पात्र हैं:

- प्रत्येक नागरिक जो अर्हकारी तिथि (मामले में वर्ष की 1 जनवरी) को 18 वर्ष की आयु पर है, जब तक अयोग्य घोषित नहीं है, नामांकित होने के योग्य है।
- निवास के साधारण स्थान पर ही नामांकन।

मत देने का अधिकार:

- 1950 के बाद से, भारतीय गणराज्य में मतदान के लिए नस्ल, लिंग या धर्म के परे सभी वयस्क नागरिकों को भारत के संविधान द्वारा मान्यता प्राप्त है।
- इस प्रकार, भारत में "सार्वभौमिक मताधिकार" की अवधारणा है।

अतः विकल्प (C) सही है।

14. 15 सितंबर 2022 से लखनऊ में "स्मार्ट विलेज पंचायत: एम्पॉवरिंग रूरल कम्युनिटीज: लीविंग नो वन बिहाइंड" पर दो दिवसीय सम्मेलन का आयोजन किया गया।

साझेदार संस्था GIZ के सहयोग से उत्तर प्रदेश के पंचायती राज इंस्टीट्यूट ऑफ ट्रेनिंग (PRIT) द्वारा तैयार किया गया ई-लर्निंग मॉड्यूल लॉन्च किया गया।

सतत विकास लक्ष्यों के स्थानीयकरण पर प्रशिक्षण मॉड्यूल भी जारी किया गया।

अतः विकल्प (D) सही है।

15. क्षोभ मंडल:

- यह वायुमंडल की सबसे निचली परत है - जिसमें हम रहते हैं।
- इसमें हमारा अधिकांश मौसम बादल, बारिश, बर्फ आदि का समाविष्ट होता है।
- क्षोभमंडल के सबसे निचले हिस्से को सीमा परत कहा जाता है और सबसे ऊपरी भाग को क्षोभ सीमा कहा जाता है।

इस प्रकार, वायुमंडल के क्षोभ मंडल में मौसमी घटनाएँ होती है।

अतः विकल्प (C) सही है।

16. जापान के पूर्व प्रधानमंत्री शिंजो आबे को 23 जनवरी 2022 को नेताजी रिसर्च ब्यूरो द्वारा नेताजी पुरस्कार 2022 से सम्मानित किया गया।

- कोलकाता में जापान के महावाणिज्य दूत नाकामुरा युताका ने आबे की ओर से सम्मान प्राप्त किया।
- शिंजो आबे ने 2006 से 2007 तक और फिर 2012- 2020 तक जापान के प्रधानमंत्री के रूप में कार्य किया।
- वह जापान के इतिहास में सर्वाधिक समय तक कार्यभार संभालने वाले प्रधानमंत्री हैं।

अतः विकल्प (C) सही है।

17. पंचायत के प्रावधान (अनुसूचित क्षेत्रों का विस्तार) अधिनियम, 1996 को देश के नौ राज्यों में अनुसूचित क्षेत्रों को पंचायत के राष्ट्रीय ढांचे के दायरे में लाने के लिए PESA के रूप में जाना जाता है।

अतः विकल्प (B) सही है।

18. जब एक मैग्नीशियम पट्टी को हवा में जलाया जाता है, तो चमकदार सफ़ेद लौ जलती है।

- हालांकि, अगर मैग्नीशियम को लौ से हटाया नहीं जाता है, तो यह अभी भी लौ में जलता है, लगभग इतनी अच्छी तरह से नहीं (यह हलचल करता है), और इसके ऊपर की लौ पीले-नारंगी होती है।
- ऐसा इसलिए होता है क्योंकि जब मैग्नीशियम रिबन हवा की उपस्थिति में जलते हैं तो वे मैग्नीशियम ऑक्साइड बनाने के लिए ऑक्सीकरण अभिक्रिया से गुजरते हैं।
- यह परिवर्तन ऊष्मा और प्रकाश के विकास के साथ होता है जिसके कारण हम चमकदार सफेद लौ देखते हैं।

अतः विकल्प (B) सही है।

19. बटुकेश्वर दत्ता ने भगत सिंह के साथ अप्रैल 1929 में विधान सभा में बम फेंका।

- 8 अप्रैल, 1929 को, भगत सिंह ने स्वतंत्रता सेनानी बटुकेश्वर दत्त के साथ, एक प्रतिकूल विधेयक के विरोध में नई दिल्ली में केंद्रीय विधान सभा के अंदर दो बम फेंके।
- भगत सिंह एक समाजवादी क्रांतिकारी और स्वतंत्रता सेनानी थे, जिन्हें ब्रिटिश शासन के खिलाफ नाटकीय हिंसा के लिए 23 साल की उम्र में प्राणदंड दिया गया।
- प्रसिद्ध नारा 'इंकलाब जिंदाबाद' उनके द्वारा गढ़ा गया था।
- उन्हें लाहौर षडयंत्र मामले में मौत की सजा सुनाई गई थी।

अतः विकल्प (C) सही है।

20. नीरज चोपड़ा एक भारतीय ट्रैक और फील्ड एथलीट हैं।

- वह भाला फेंक खेल के साथ जुड़े हुए है।
- वह 2018 एशियाई खेलों में स्वर्ण पदक विजेता हैं।
- वह 2018 एशियाई खेलों में उद्घाटन समारोह में भारत के ध्वजवाहक थे।
- उन्होंने 2018 राष्ट्रमंडल खेलों में भारत के लिए स्वर्ण पदक जीता।

अतः विकल्प (B) सही है।

21. भूतापीय ऊर्जा

- पृथ्वी से प्राप्त ऊष्मीय ऊर्जा को भूतापीय ऊर्जा कहते हैं।
- जैसे-जैसे हम गहराई में जाते हैं, पृथ्वी के आंतरिक भाग का तापमान लगातार बढ़ता जाता है।
- कभी-कभी यह ऊष्मा ऊर्जा स्वयं को गर्म झरनों के रूप में प्रकट कर सकती है।
- इस ऊष्मा ऊर्जा का उपयोग बिजली उत्पन्न करने के लिए किया जा सकता है।

अतः विकल्प (D) सही है।

22. साइमन कमीशन के विरोध में लाला लाजपत राय की मृत्यु हुई हो गई।

पुलिस द्वारा किए गए लाठीचार्ज के दौरान गंभीर रूप से घायल होने के बाद 17 नवंबर, 1928 को लाला लाजपत राय की मृत्यु हो गई। 30 अक्टूबर, 1928 को जब साइमन कमीशन ने लाहौर का दौरा किया, तो लाला लाजपत राय ने मौन अहिंसक मार्च में आयोग के खिलाफ विरोध प्रदर्शन का नेतृत्व किया, लेकिन पुलिस ने हिंसा का जवाब दिया।

उन्होंने आयोग का विरोध किया क्योंकि इसमें एक भी भारतीय को इसके सदस्य के रूप में शामिल नहीं किया गया था।

अतः विकल्प (C) सही है।

23. 'सोन नदी' गंगा की सहायक नदी है।

गंगा प्रणाली:

- गंगा प्रणाली भारत की प्रमुख जल निकासी प्रणाली है।
- यह उत्तराखंड में गौमुख (3,900 मीटर) के पास गंगोत्री ग्लेशियर से निकलती है।

- गंगा की बायीं ओर की सहायक नदियाँ रामगंगा, गोमती, काली या शारदा, गंडक, कोसी, महानदी हैं।
- गंगा के दायीं ओर की सहायक नदियाँ यमुना और सोन हैं।

अतः विकल्प (A) सही है।

24. सैय्यद खिज्र खान (शासनकाल 28 मई 1414 - 20 मई 1421) तैमूर के आक्रमण और तुगलक वंश के पतन के तुरंत बाद उत्तर भारत में सैय्यद वंश, दिल्ली सल्तनत के शासक वंश के संस्थापक थे।

खिज्र खान तुगलक शासक फिरोज शाह तुगलक के अधीन मुल्तान का राज्यपाल था, और एक सक्षम प्रशासक के रूप में जाना जाता था।

अतः विकल्प (B) सही है।

25. LED का पूर्ण रूप लाइट एमिटिंग डायोड है।

LED:

- यह एक ऑप्टिकल अर्धचालक उपकरण है जो वोल्टेज लागू होने पर प्रकाश का उत्सर्जन करता है इसका अर्थ है कि यह विद्युत ऊर्जा को प्रकाश ऊर्जा में परिवर्तित करता है।
- प्रकाश उत्सर्जक डायोड (LED) केवल अग्र अभिनत स्थितियों में काम करता है।

अतः विकल्प (B) सही है।

// टिप्पणियाँ //

// टिप्पणियाँ //

www.ingramcontent.com/pod-product-compliance
Ingram Content Group UK Ltd.
Pitfield, Milton Keynes, MK11 3LW, UK
UKHW061703190726
13853UKWH00008B/2382

9 789355 565372